云南文库

百人百部

当代云南社会科学百人百部优秀学术著作丛书

发展的反思

——澜沧江流域少数民族变迁的人类学研究

郭家骥/著

云南人民出版社
云南大学出版社

云南年鉴
云南年鉴
中国教育年鉴
大理州年鉴
中国教育事业统计年鉴

作者小传

郭家骥，1955年7月5日出生于昆明，男，汉族。1970年~1979年在云南汽车厂当工人；1979年考入云南大学历史系读书；1983年毕业获历史学学士学位，同年分配到云南省社会科学院从事民族学人类学研究至今，1997年破格晋升为研究员。历任省社科院民族学研究所研究室主任，社会学研究所副所长，院科研处处长。现任民族文学研究所所长，民族文化保护与发展研究中心主任。主要社会兼职有：省政协民族宗教委员会委员，云南省民族学会副会长，中国民族理论学会常务理事，中国民族学会理事。

郭家骥从事民族学人类学研究迄今已有28年，田野调查的足迹遍及云南民族地区和全国西部民族省区。先后参加和主持过多项国家级、省级和国际合作重点项目的研究。主要研究方向有：社会人类学的民族关系研究、生态人类学、民族文化保护、民族问题与民族地区发展等。

主要著作有：《西双版纳傣族的稻作文化研究》（个人专著，云南大学出版社1998）、《云南的民族团结与边疆稳定》（主编，民族出版社1998）、《生态文化与可持续发展》（主编，中国书籍出版社2004）、《发展的反思——澜沧江流域少数民族变迁的人类学研究》（个人专著，云南人民出版社2008）、《云南民族地区发展报告》（主编，云南大学出版社2003~2008，共6部）、《云南民族关系调查研究》（个人专著，中国社会科学出版社2010）等。在《民族研究》、《社会学研究》、《教育研究》、《思想战线》、《云南社会科学》、《贵州民族研究》、《学术探索》、《云南民族大学学报》等国家级刊物和全国核心期刊上发表论文70多篇。获中宣部“五个一工程”奖，云南省政府“社会科学优秀成果一等奖”，被省政府授予“云南省有突出贡献的优秀专业技术人才”（二等奖）称号。

图书在版编目（CIP）数据

发展的反思：澜沧江流域少数民族变迁的人类学研究 / 郭家骥著.
一昆明：云南人民出版社, 2011.7
（当代云南社会科学百人百部优秀学术著作丛书）
ISBN 978-7-222-07995-3

Ⅰ.①发… Ⅱ.①郭… Ⅲ.①澜沧江－流域－少数民族－变迁－社会人类学－研究 Ⅳ.①K28

中国版本图书馆CIP数据核字（2011）第154130号

责任编辑：李沭樘　西　捷　王比湘
美术编辑：王睿韬　刘　雨
责任印制：段金华

书　名	**发展的反思** ——澜沧江流域少数民族变迁的人类学研究
作　者	郭家骥　著
出　版	云南人民出版社 云南大学出版社
发　行	云南人民出版社 云南大学出版社
社　址	昆明市环城西路609号（650034） 昆明市翠湖北路2号云南大学英华园内（650091）
电　话	0871-4113185 0871-5031071　5033244
网　址	www.ynpph.com.cn　http//www.ynup.com
E-mail	rmszbs@public.km.yn.cn　market@ynup.com
开　本	787mm×1092mm　1/16
印　张	29.5
字　数	450千
版　次	2011年7月第1版第1次印刷
印　刷	昆明卓林包装印刷有限公司
书　号	ISBN 978-7-222-07995-3
定　价	80.00元

《云南文库》编辑说明

《云南文库》是云南省哲学社会科学“十二五”规划的重大项目。编辑出版《云南文库》是落实云南省委、省政府建设民族文化强省的重要举措，是繁荣发展云南哲学社会科学的重要途径，是树立云南文化形象、提升云南文化软实力的基础性工程。

中国学术文化的发展不仅有共性，还有很强的地域性。一国有一国之学术，一方有一方之学术。学术研究是社会发展的动力，是社会智慧的结晶，是文化建设的重要构成部分。云南虽地处边疆，仍不乏丰厚的学术研究传统。尤其明清以来，云南与中原的文化交流日臻密切，省外名宿大儒进入云南的代不乏人，而云南的文人学士也多有游宦中原者。在中原文化的熏陶下，云南的文化学术遂结出累累硕果，文化名人辈出，如杨慎、李贽、李元阳、师范、王崧、方玉润、许印芳等，其总体集中性的代表成果是《滇系》和《云南备征志》。至清末，云南学子开始走出国门到海外留学，成为云南与世界沟通的桥梁，也成为改造社会和推进云南文化学术发展的中坚。但由于交通不便，信息闭塞，云南的学术成果并未为内地所认知。更有甚者，清乾隆年间，四库全书馆在全国征集历代遗书，云南巡抚李右江得到云南先贤的著述，但害怕其中有什么不恰当的内容，竟私藏起来不上报，使得《四库全书》仅从它处收录了3种云南人著述，成为云南文化史上的一大缺憾。辛亥革命后，云南学人痛感地方文化学术之不彰，在地方政府的支持下，赵藩、陈荣昌、袁嘉谷、由云龙、周钟岳、李根源、方树梅、秦光玉等一批当时最负盛名的云南学者倾力收集整理云南文献，于1914年至1923年编成刻印《云南丛书》初编，共152种1064卷，及不分卷者47册；1923年至1940年编成刻印《云南丛书》二编，共69种133卷。另编定31种待刻，后由于抗日战争爆发，整个《云南丛书》的编辑刻印工作中止。历时26年编刻的《云南丛书》把保存下来的历代云南重要地方文献网罗殆尽，是云南有史以来地方文化的一次最系统的总结，对云南的文化建设发挥了不可估量的作用。

学术创新的根基是学术积淀和传承。从编辑刻印《云南丛书》之时算起至今，其间经历了抗日战争、新民主主义革命、社会主义革命和建设、改革开放的新的历史时期。在这近一百年的历史中，云南的学者为抗击日本侵略者和新中国的解放事业，为社会主义新文化的建设贡献了自己的聪明才智，也为云南地方经济、社会、文化的发展创造了一大批研究成果，并形成了自己的风格和特色。今天，文化建设又站在一个新的历史起点上。整理和出版云南学术史和文化史上的优秀成果，是继承优秀的地方历史文化遗产，建设有中国特色的社会主义新文化和民族文化强省的基础性工作。只有站在前人的肩上，我们才看得更远，走得更实。这也是我们编辑出版《云南文库》的初衷。

比之编刻《云南丛书》的时代，云南的经济政治社会文化已经发生了翻天覆地的变化，云南不再是一个封闭落后的边疆省份，而是成为了我国面向南亚、东南亚开放的桥头堡，其战略地位日益突出。云南的文化创造力也大大发展了，学者力量的壮大、学术成果的丰富早已不可同日而语。今天的《云南文库》不可能像当年《云南丛书》一样收录所有的文献资料，只可能是好中选优、优中选精，尽可能地把最能体现云南学术文化水平和云南学术特色的成果收录进来，以达到整理、总结、展示、交流和传承文化，弘扬学术，促进今日云南文化学术的建设与繁荣之目的。功在当代，利在千秋。

《云南文库》分为三个系列。

一是《云南文库·学术大家文丛》，收录云南学术大家的作品。

二是《云南文库·学术名家文丛》，收录中华人民共和国建立以前出生的云南学术名家的作品。

三是《云南文库·当代云南社会科学百人百部优秀学术著作丛书》，收录中华人民共和国建立以后出生的一代学者的优秀作品。

我们将使《云南文库》成为一个开放的体系，随着云南民族文化强省建设的推进而不断丰富它的内涵，不断发挥其在社会主义精神文明建设和云南文化建设中的积极作用。

《云南文库》编辑委员会

2011年6月

目录

第一章 发展理论探讨 …… 1
第一节 主流发展理论述评 …… 2
一、以亚当·斯密为代表的古典经济学发展理论 …… 3
二、马克思主义的发展理论 …… 5
三、文化价值观与发展 …… 7
四、发展经济学的发展理论 …… 13
五、现代化理论 …… 15
六、世界体系理论 …… 21
七、全球化理论 …… 23
八、可持续发展理论 …… 25
九、以自由看待发展 …… 27
十、科学发展观 …… 30
第二节 人类学发展理论探讨 …… 33
一、发展是以文化为中心和目的的人类全面发展 …… 38
二、发展是由文化主体自由选择和自主决定的过程 …… 43
三、发展是文化与环境持续调适的过程 …… 51
四、发展是文化主体自愿选择变迁模式的过程 …… 55
五、发展是一个文化自觉的过程 …… 58

六、发展是国家权力正确领导、帮助和干预的过程 …… 65

第二章 从人类学发展理论认识云南省情 …… 72
第一节 传统的云南省情认识论回顾 …… 72
一、从社会发展阶段视角认识云南省情的理论 …… 72
二、从云南固有特点视角认识云南省情的理论 …… 74
第二节 云南省情认识新论 …… 76
一、生态环境多样性 …… 77
二、生物多样性 …… 79
三、民族文化多样性 …… 82
四、生态环境多样性、生物多样性、民族文化多样性“三多一体” …… 90

第三章 澜沧江流域——云南基本省情的典型缩影 …… 94
第一节 澜沧江流域的基本特点 …… 94
一、生态环境多样性 …… 94
二、生物多样性 …… 96
三、民族文化多样性 …… 97
第二节 澜沧江流域少数民族发展的现状与问题 …… 118
一、发展成就 …… 118
二、存在问题 …… 119

第四章 澜沧江上游的农牧商文化及其变迁——以迪庆州及其明永、雨崩两村藏族为例 …… 131
第一节 生产方式 …… 132
一、格桑家的农业、牧业与商业 …… 136

二、洛茸旺堆家的农业和商业 …… 137

三、央宗家的畜牧业 …… 137

第二节　生活方式 …… 140

第三节　自然资源和文化资源利用状况 …… 143

一、明永村和雨崩村概况 …… 143

二、社区资源利用现状 …… 147

第四节　宇宙观 …… 168

一、神山、神湖、圣地崇拜 …… 168

二、神山、神湖、圣地崇拜中所蕴涵的生态知识 …… 175

三、田野调查中的神山崇拜与生态保护见闻 …… 175

第五节　自然资源管理机制 …… 183

一、传统资源管理机制 …… 183

二、当代资源管理机制 …… 186

第六节　婚姻家庭模式 …… 190

一、尼玛家的一妻多夫 …… 192

二、边宗家的一妻多夫 …… 193

三、鲁茸家的一妻多夫 …… 194

第七节　香格里拉落户迪庆与旅游业的崛起 …… 196

第八节　从人类学发展理论看迪庆藏族的发展 …… 200

第五章　澜沧江中游的水电建设与移民的生活变迁

——以漫湾三村为例 …… 203

第一节　坝村：城镇非农移民及其生活变迁 …… 207

一、坝村概况 …… 207

二、生存环境的变迁与移民大事记 …… 207

三、电站建设对坝村的影响 …… 211

四、电站建设对坝村不同群体的影响 …… 215
五、社区组织制度及其效用分析 …… 222
六、评估与对策 …… 224
第二节 江村：就地后靠移民及其生活变迁 …… 227
一、江村概况 …… 227
二、生存环境的变迁与移民大事记 …… 228
三、电站建设对江村的影响 …… 233
四、电站建设对江村不同群体的影响 …… 238
五、社区组织制度及其效用分析 …… 244
六、评估与对策 …… 247
第三节 岩村：远迁他乡移民及其生活变迁 …… 250
一、岩村概况 …… 250
二、生存环境的变迁 …… 252
三、电站建设对岩村移民的影响 …… 253
四、电站建设移民搬迁对岩村不同群体的影响 …… 259
五、社区组织制度及其效用分析 …… 269
六、评估与对策 …… 272
第四节 初步结论 …… 274
一、对漫湾三村移民模式的评价 …… 274
二、从人类学发展理论认识水电建设移民问题 …… 278

第六章 澜沧江下游的稻作文化及其变迁
——以西双版纳州曼远村傣族为例 …… 280
第一节 曼远村概况 …… 280
第二节 稻作文化体系中的自然环境 …… 283
第三节 稻作文化体系中的技术系统 …… 288

一、传统技术的主要内容及其特点 …… 289
二、传统技术的变迁与新型技术系统的建立 …… 297
第四节 稻作文化体系中的资源管理制度 …… 313
一、传统资源管理制度 …… 313
二、当代资源管理制度 …… 328
第五节 稻作文化体系中的生活方式与经济发展 …… 343
一、稻米生活方式 …… 343
二、以稻谷生产为中心的经济发展及其变化 …… 346
第六节 稻作文化体系中的信仰与习俗 …… 350
一、人与自然和谐的生态文化观 …… 350
二、稻作农耕礼俗 …… 351
三、水的信仰与习俗 …… 357
四、传统道德观和人生价值观中的稻作文化因素 …… 385
第七节 稻作文化体系中的民族认同与民族关系 …… 389
一、民族认同与内聚传统中的稻作文化因素 …… 389
二、以稻作文化为纽带的优长互补的山坝民族关系 …… 392
第八节 稻作文化式微与橡胶文化兴起 …… 393
一、橡胶种植面积扩大 …… 394
二、橡胶收入占据主导地位 …… 396
三、橡胶文化初见端倪 …… 398
四、橡胶种植业对生态环境的影响 …… 401
第九节 从人类学发展理论看西双版纳傣族的发展 …… 405

第七章 走向以文化为终极目的的全面发展 …… 409
第一节 树立以文化为终极目的的人类学发展理念 …… 409
一、少数民族文化在世界文化多样性中的地位和作用 …… 410
二、文化多样性促进人与人、人与社会的和谐 …… 411

三、文化多样性促进社会的创造性 …… 414
四、文化多样性促进社会的稳定性 …… 415
五、文化多样性促进人与自然和谐 …… 416
六、开创以文化为终极目的的多样化发展模式 …… 420
第二节 保护与发展民族文化多样性 …… 421
一、提高对文化保护与发展重要性的认识 …… 421
二、制定和完善保护与发展民族文化的法律、法规和政策 …… 423
三、少数民族文化保护的筛选与评估标准 …… 425
四、建立民族文化保护村（区） …… 426
五、发展民族文化产业 …… 427
六、确保少数民族参与民族文化保护与发展的权益 …… 434
七、建立重大建设项目的参与式社会文化影响评价机制 …… 434
第三节 运用国家权力认真做好水电移民工作 …… 434
一、移民安置的基本类型和模式 …… 435
二、外迁移民影响评估 …… 436
三、就地后靠移民影响评估 …… 442
四、移民安置与发展对策建议 …… 446

后 记 …… 452

第一章　发展理论探讨

“目前，人们几乎一致接受的社会目标就是经济发展，其他目标恐怕难以比拟。依我看，过去30年来，世界上没有任何一个国家的政府不坚称自己起码是为了本国利益，正迈向此目标。环顾当今世界，不论左派右派如何界定，它们的区分不在于发展经济与否，而在于谁的方针能给此目标的实现带来更大的希望。”①

“环视当今世界，现代化的浪潮掀起于东亚之滨，浪拍亚非拉三洲之岸，其势锐不可当，而中国沿海沿江正洪波涌起，大潮滂滂！”②

上述两段中外学者激情与理性皆备的论述，揭示了当今世界特别是当代中国最普遍、最显著也是最重要的时代特征。确实，在今天的中国和云南，从党和国家领导人提出的“以经济建设为中心”、“发展才是硬道理”、“发展是中国共产党执政兴国的第一要务”、“集中精力搞建设、一心一意谋发展”的口号，到云南省委省政府领导提出的“发展是云南最大的政治、是云南最硬的道理、是解决云南所有问题的关键”的认识，到从上到下贯彻“以经济建设为中心”的指导思想所自然形成的以GDP增长论英雄、出干部的政绩观和干部评价体系，再到全国上下的全民经商热、全民炒股热，发财致富的热潮在全社会四处涌流……所有这些都表明，发展和现代化已成为当代中国压倒一切的主流话语，云南省及其澜沧江流域的少数民族自然也不能例外。

然而，迄今为止，人类社会“发展的概念仍处在严重的不发达阶段”③，

① 沃勒斯坦：《发展是指路明灯还是幻象?》，许宝强、汪晖选编：《发展的幻象》，中央编译出版社2001年版，第1页。

② 罗荣渠著：《现代化新论》北京大学出版社1993年版，第1页。

③ ［法］埃德加·莫林、安娜·布里吉特·凯恩著，马胜利译：《地球 祖国》，三联书店1997年版，第78页。

什么是发展？发展为了什么？怎样发展？文化、生态、国家权力与发展的关系如何？诸如此类的问题全世界都还在争议中，在云南民族地区更需要进行深入的研究与探讨。但是，由于种种原因，在世界各地，包括在云南民族地区发展与现代化问题的探讨中，经济学、社会学和政治学的话语占据了主导地位，而真正对各民族及其文化有深入研究的民族学、人类学却长期处于边缘地位或失语状态。这也是导致人类社会“发展的概念仍处在严重的不发达阶段”的一个重要原因。有鉴于此，本书在作者多年田野调查的基础上，以云南省多民族聚居的澜沧江流域及其上、中、下游三个民族的发展个案为例，对多民族地区的发展与现代化问题作一个民族学、人类学研究，以期对澜沧江流域少数民族的全面协调可持续发展的实践有所推动，对民族学、人类学的发展与现代化理论有所贡献。

第一节　主流发展理论述评

什么是发展？著名的世界体系论的创立者沃勒斯坦指出，从最一般的意义上来说：

> “发展一词有两个不同的涵义。一是指生物有机体的生长过程。巨大的橡树源于橡树小小的果实。一切有机现象都有生命或自然发展过程。他们以某种方式开始生命，到最后死亡。然而，个别有机体的死亡并非物种的灭绝，因为他们会繁殖。……发展还有另一个与其说是生物的不如说是算术法则的涵义。发展的意思通常只是‘更多’。这里的类比不是指有机循环，而是指线性，至少是单调的投射。当然，线性的投射可延伸至无限。无限遥不可及，但总是存在的，总可以想象事物增多。如果指的是一种社会可能性，毫无疑问会令人鼓舞。今天拥有的无论是什么，明天便可能拥有更多一点。”①

① 沃勒斯坦：《发展是指路明灯还是幻象?》，许宝强、汪晖选编《发展的幻象》，中央编译出版社 2001 年版，第 3 页。

另一种解释是：

“发展（development）拉丁文之字根乃‘舒展’、‘展开’之意。一般来说，发展指生物演变、成长之阶段，没有好坏之分。到了18和19世纪，发展被用来解释社会历史的变化，其演进犹如大自然定律而且意思包含由简单变为复杂、低等变为高等、差劣变为优越。”①

以上两种解释，都包含了发展的生物涵义和社会涵义。发展的生物涵义简单明了，而发展的社会涵义却异常复杂。围绕着发展的社会涵义，便发展出了多种多样的发展理论。在对处于边缘状态的人类学发展理论展开论述之前，有必要对主流发展理论做一个简要的回顾与概述，从中可以看出应用人类学发展理论对于推动多民族地区健康发展的必要性和重要性。主流发展理论包括众多学科、众多人物、众多的理论体系和理论观点，要对其进行全面深入的梳理非笔者能力所及。这里仅选择几种特别重要的、对世界产生过广泛和深刻影响的发展理论作简要介绍。

一、以亚当·斯密为代表的古典经济学发展理论

亚当·斯密因1776年出版了《国民财富的性质和原因的研究》（国富论）一书，而被看成是政治经济学这门学科的创始人。从书的名称就可以看出，他研究的是国民财富的性质及其产生和发展的条件，目的在于找出促进或阻碍财富增长的原因。他以人们“改善境遇的欲望”为基础，以“富裕的自然增进”为中心和分析对象来构建其理论框架②。他提出，专业分工促进劳动生产率以及人口和资本的增加，是国民经济增长的决定性因素。他说：

“在未开化的渔猎民族间，一切能够劳作的人都或多或少地从事于有用的劳动，尽可能以各种生活必需品和舒适品，供给他自己和家内族内因老幼病弱而不能渔猎的人。不过，他们是那么贫乏，以至往往仅因为贫乏的缘故，迫不得已，或至少觉得迫不得已，要杀

① 黄平、罗红光、许宝强主编：《当代西方社会学·人类学新词典》，吉林人民出版社2003年版，第26页。

② ［美］亨利·威廉·斯皮格尔著，晏智杰等译：《经济思想的成长》（上），中国社会科学出版社1999年版，第211－214页。

害他们的老幼以及长期患病的亲人；或遗弃这些人，听其饿死或被野兽吞食。反之，在文明繁荣的民族间，虽有许多人全然不从事劳动，而且他们所消费的劳动产品，往往比大多数劳动者所消费的要多过十倍乃至百倍。但由于社会全部劳动产品非常之多，往往一切人都有充足的供给，就连最下等最贫穷的劳动者，只要勤勉节俭，也能比野蛮人享受更多的生活必需品和舒适品。劳动生产力的这种改良的原因，究竟在哪里？……看起来都是分工的结果。”①

在全书中，斯密贯穿着一个来源于自然秩序思想的经济自由主义中心思想。自然秩序思想是整个18世纪欧洲思想的柱石。斯密认为，人是利己主义者，每一个人都最关心他自己的利益并尽力追求他自己的利益。而社会是由许多个人组成的，社会的利益便是这许多个人利益的总和。因而各个人愈是追求个人的利益，社会的利益就愈大，所以社会应建立一种鼓励自由经营、自由竞争以追求个人利益的秩序，这种建立在个人自发的创造性、个人的利害观和利己主义基础上的社会秩序，就是从人的本性产生而又合乎人的本性的正常的社会秩序，就是合乎规律的自然秩序②。

斯密认为，一个国家如果希望增加财富，提高居民的生活标准，改善社会状况并期望在世界上发挥强大的作用，就必须围绕这一中心思想建立一个与国家任务相匹配的经济制度。这个制度所包含的主要因素有：使经济占据社会的中心地位，成为公共和私有政策及决策过程中的首要内容；承认劳动力是所有价值和财富的首要来源；促进“劳动分工”或劳动专业化；主张“生产性”劳动的重要，反对“非生产性”劳动；利用市场作为主要载体来施放经济功能；尽最大可能推动资本的积累、国际贸易和殖民地开发；在个人和社会群体方面依靠“开明的自私自利”，以及一般情况下，靠那只“看不见的手”引导经济、市场和社会③。

① ［英］亚当·斯密：《国民财富的性质和原因的研究》，王亚南主编：《资产阶级古典政治经济学选辑》，商务印书馆1979年版，第287－290页。

② 王亚南主编：《资产阶级古典政治经济学选辑》，商务印书馆1979年版，第283页。

③ 参见［加］D·保罗·谢弗著，高广卿、陈炜译：《经济革命还是文化复兴》，社会科学文献出版社2006年版，第10页。

斯密的经济发展理论对西方古典政治经济学和近现代经济学都产生了巨大影响。以其为代表的西方古典经济学，成为二次大战后形成的发展经济学的最重要的理论来源之一。

二、马克思主义的发展理论

马克思主义的发展理论是建立在社会进化论基础上的历史发展阶段论和社会经济形态演进论。这一理论在马克思的以下两部著作中得到了集中论述。

在《政治经济学批判》序言中，马克思指出：

> “大体说来，亚细亚的、古代的、封建的和现代资产阶级的生产方式可以看做是社会经济形态演进的几个时代。”①

在《资本论》中，马克思说：

> “问题并不在于资本主义生产的自然规律所引起的社会对抗的较充分或较不充分的发展。问题在于这些规律本身，在于这些以铁的必然性表现出来并且正在实现的趋势。工业最发达的国家向那些就工业规模来说跟在后面的国家所显示的，只是后者未来的景象。……一个社会即使探索到了支配它的运动的自然规律，——本书的最终目的就是揭示现代社会运动的经济规律，——它还是既跳不过也不能用法令取消它的自然发展的各个阶段，但是它能够缩短妊娠期和减轻分娩的痛苦。……我的观点是：社会经济形态的发展同自然的进程和自然的历史是相似的。”②

在这里，马克思似乎并没有提出一个后来在马克思主义理论界占主导地位的所谓五种生产方式从低到高依次演进的一元单线历史发展模式，而只是把当时所知道的几种社会经济形态作了高低水平排列。因此，罗荣渠先生认为：“马克思的历史发展观是多线式的而不是单线式的，至少他晚年的观点是明显的一元多线历史发展观。”③ 英国历史学家霍布斯鲍姆也认为：“马克思对历史发展的观点从来就不是单线式的，他也从来没有把它视为一种单纯的

① 《马克思恩格斯选集》第二卷，人民出版社1972年版，第83页。

② 马克思《资本论》第一卷，中国社会科学出版社1983年版，第2-4页。

③ 罗荣渠著：《现代化新论》北京大学出版社1993年版，第57页。

进步记录。”① 而后来占据主导地位的所谓五种社会形态依次演进的理论，是由斯大林提出而由苏联学者加以“完善”的。1938年，斯大林在《论辩证唯物主义和历史唯物主义》中明确提出：“历史上有五种基本类型的生产关系：原始公社制的、奴隶占有制的、封建制的、资本主义的、社会主义的。”② 以后，苏联学者编写的《马克思列宁主义基础》一书，将斯大林的一元单线历史发展观进一步固定化：“所有的民族都经历基本相同的道路……社会的发展是按各种既定的规律，由一种社会经济形态向另一种社会经济形态依次更替的。不仅如此，生活在更先进形态的国家对别的国家显示出他们的未来，就像别的国家显示出的是那个先进国家的过去一样。”③

其实，按照辩证法思考问题的马克思，从来就不会如此简单、机械、线性地看待复杂多变的社会历史问题。马克思指出：

> “美洲金银产地的发现，土著居民的被剿灭、被奴役和被埋藏于矿井，对东印度开始进行的征服和掠夺，非洲变成商业性地猎获黑人的场所：这一切标志着资本主义生产时代的曙光。”④ “资产阶级，由于开拓了世界市场，使一切国家的生产和消费都成为世界性的了。不管反动派怎样惋惜，资产阶级还是挖掉了工业脚下的民族基础。……过去那种地方的和民族的自给自足和闭关自守状态，被各民族的各方面的互相往来和各方面的互相依赖所代替了。物质的生产是如此，精神的生产也是如此。……资产阶级，由于一切生产工具的迅速改进，由于交通的极其便利，把一切民族甚至最野蛮的民族都卷入到文明中来了。它的商品的低廉价格，是它用来摧毁一切万里长城、征服野蛮人最顽强的仇外心理的重炮。它迫使一切民族——如果它们不想灭亡的话——采用资产阶级的生产方式；它迫使它们在自己那里推行所谓文明制度即变成资产者。一句话，它按照

① 《外国学者论亚细亚生产方式》，中国社会科学出版社1981年版，第431页。
② 《斯大林文选》，人民出版社1962年版，第199页。
③ 转引自罗荣渠著：《现代化新论》北京大学出版社1993年版，第53页。
④ 马克思：《所谓原始积累》，《马克思恩格斯选集》第二卷，人民出版社1972年版，第255页。

自己的面貌为自己创造出一个世界。"①

从中可以看出，马克思即便是对他就生活于其中，他最熟悉、研究得最透彻的资本主义社会向全球的扩张，他也指出了武力征服和商品流动迫使别的民族服从的重要作用，而不是社会发展规律自然演进的结果。因此，一些西方学者也指出："人们在历史上选择西方化和现代化作为社会存在的形式，只是由于要在充满激烈掠夺竞争的世界上进行自卫和保证安全，而不是出于他们的价值准则。"②

马克思主义的发展理论对世界产生了巨大影响，特别是这一理论的付诸实践方面，可以说远远超出了任何一种主流发展理论，随着苏联、东欧、中国、越南等一系列社会主义国家的建立，使这一理论从理想变成了现实。然而不幸的是，由于斯大林领导的前苏联发展模式的巨大影响，使得所有社会主义国家都毫无例外地奉行并非马克思本意的一元单线进化理论，形成了脱离国情、脱离实际的僵化、教条的发展模式，因而使这些国家在经过几十年的发展后，又纷纷走上了以改革探索寻求新的发展模式的道路。但是，马克思主义的辩证唯物主义和历史唯物主义的基本原理是完全正确的，将马克思主义的基本原理与本国的具体国情紧密结合起来，就能闯出一条成功的发展道路。当代中国和越南的发展实践，就完全证明了这一点。

三、文化价值观与发展

文化价值观推动经济发展理论的最重要和最有影响力的学者是德国社会学家马克斯·韦伯。1904 年和 1905 年，韦伯分两次发表了这一理论的代表作品《新教伦理与资本主义精神》。在这部重要著作中，韦伯通过分析统计资料发现了一个事实，"在任何一个宗教成分混杂的国家，只要稍稍看一下其职业情况的统计数字，几乎没有什么例外地可以发现这样一种状况：工商界领导人、资本占有者、近代企业中的高级技术工人、尤其受过高等技术培训和商

① 马克思和恩格斯：《共产党宣言》，《马克思恩格斯选集》第一卷，人民出版社 1972 年版，第 254－255 页。

② ［美］罗伯特·海尔布、罗纳等著，俞新天等译：《现代化理论研究》，华夏出版社，1989 年版，第 83 页。

业培训的管理人员，绝大多数都是新教徒。”[①] 为什么会出现这样一种状况呢?

与亚当·斯密认为个人利己主义是催生资本主义的温床的观点不一样，马克斯·韦伯认为“资本主义精神与前资本主义精神之间的区别并不在赚钱欲望的发展程度上”。“资本主义的经济行为是依赖于利用交换机会来谋取利润的行为，亦即是依赖于和平的获利机会的行为”。“资本主义在中国、印度、巴比伦，在古代的希腊和罗马、在中世纪都曾存在过”，但这些地方没有发展出资本主义精神，原因是这些地方奉行的是传统的前资本主义精神，认为“人并非‘天生’希望多多地赚钱，他只希望像他已经习惯的那样生活，挣得为此目的必需挣得的那么多钱”。在前资本主义社会，资本主义精神被认为是“从牛身上刮油，从人身上刮钱”，是“最卑劣的贪欲，是一种完全没有自尊的心态”。因此，“所谓前资本主义的，是指这样一种状况：在一个长期企业中，合乎理性地使用资本和按照资本主义方式合乎理性地组织劳动尚未成为决定经济活动的主导力量。”而在西方，却发展出了以“自由劳动的理性组织方式为特征的”资本主义秩序。这个秩序包括“理性化的经济生活、理性化的技术、理性化的科学研究、理性化的军事训练、理性化的法律和行政机关”，等等，然而，更为重要的是要有具备采取这种实际的理性行为的能力和气质的人，也就是具有资本主义精神的人群。因此，“资本主义精神的发展完全可以理解为理性主义整体发展的一部分，而且可以从理性主义对于生活基本问题的根本立场中演绎出来”[②]。

那么，什么是资本主义主义精神呢?韦伯认为，资本主义精神是一种群体“所共有的生活方式”。按照这种方式生活的群体，奉行一套有独特精神气质的伦理观念。这套伦理观念在美国早期政治家本杰明·富兰克林的身上及其著作中表现最为明确。其基本内容是：时间就是金钱，虚掷时光是万恶之首，是不可饶恕的罪孽，人生短促，必须勤奋、努力工作以创造财富；信用就是金钱，人必须诚实、守信，公正、谨慎行事，才能得到更多的人对你事

① ［德］马克斯·韦伯著，于晓、陈维纲等译：《新教伦理与资本主义精神》，三联书店1987年版，第23页。

② ［德］马克斯·韦伯著，于晓、陈维纲等译：《新教伦理与资本主义精神》，三联书店1987年版，第56、33－35页。

业的支持，获取更多的财富；金钱具有孳生繁衍性，金钱可生金钱，孳生的金钱又可再生，如此生生不已，因此要不懈地追求资本积累以使财富增值；奉行节俭、朴素的生活，任何无节制的人生享乐，都会驱使人舍弃职守而影响财富的生产和积累；奉行理性的生活态度，养成有条不紊、明达事理、理性辛劳的性格，系统地、合乎理性地安排整个道德生活……①

韦伯认为，具有资本主义精神的人群首先在荷兰、瑞典、英国和德国等北欧国家发展起来，是经过加尔文进行宗教改革后形成的脱离天主教的新教伦理培育起来的。加尔文教信奉的是预定论，即认为人类中只有一部分人能够得救，其余的人将被抛入地狱。于是，“我是不是上帝的选民”？“我如何确知自己处于恩宠状态”？便自然成为所有每一个信徒都必然面临的两个问题。对此，新教伦理的回答是：“善行是必不可少的，是成为选民的标志；”而且，“不是个别的善行，必须是一辈子的善行，并且还要结成一个完整的体系。”什么才是善行呢？就是把劳动本身作为人生的目的，上帝的神意已毫无例外地替每个人安排了一个职业，人必须各事其业，辛勤劳作，这是人的天职，是最善的，归根到底是获得恩宠确实性的唯一手段。而“一种职业是否有用，也就是能否博得上帝的青睐，主要的衡量尺度是道德标准，换句话说，必须根据它为社会所提供的财富的多寡来衡量”。要创造更多的财富，就必须勤奋工作，惜时、守信、节俭、理性地安排生活。于是，“当着消费的限制与这种获利活动的自由结合在一起的时候，这样一种不可避免的实际效果也就显而易见了：禁欲主义的节俭必然要导致资本的积累。强加在财富消费上的种种限制使资本用于生产性投资成为可能，从而也就自然而然地增加了财富”。因此，韦伯总结说：

“如果财富是从事一项职业而获得的劳动果实，那么财富的获得便又是上帝祝福的标志了。更为重要的是：在一项世俗的职业中要殚精竭虑，持之不懈，有条不紊地劳动，这样一种宗教观念作为禁欲主义的最高手段，同时也作为重生与真诚信念的最可靠、最显著

① ［德］马克斯·韦伯著，于晓、陈维纲等译：《新教伦理与资本主义精神》，三联书店1987年版，第56、33－35页。

的证明，对于我们在此业已称为资本主义精神的那种生活态度的扩张肯定发挥过巨大无比的杠杆作用。……一种特殊的资产阶级的经济伦理形成了。资产阶级商人意识到自己充分受到上帝的恩宠，实实在在受到上帝的祝福。他们觉得，只要他们注意外表上正确得体，只要他们的道德行为没有污点，只要财产的使用不至遭到非议，他们就尽可以随心所欲地听从自己金钱利益的支配，同时还感到自己这么做是在尽一种责任。此外宗教禁欲主义的力量还给他们提供了有节制的，态度认真，工作异常勤勉的劳动者，他们对待自己的工作如同对待上帝赐予的毕生目标一般。”①

马克斯·韦伯的理论一经提出便产生了广泛影响，引起了众多争议。然而，即便是持否定意见的学者，也承认他确实开创了一条从文化价值观认识发展模式的新的理论思路，这一点与人类学的立场较为接近。但是，人类学坚决反对他的西方文化中心论。而一些支持者则进一步发展了韦伯的理论。例如，20 世纪 80 年代，美国前国际开发署官员、哈佛大学国际与地区问题学会高级研究员劳伦斯·哈里森，撰写出版了《不发达是一种心态——拉丁美洲事例》一书，该书以彼此对应的个案研究表明，在多数拉美国家，文化成为发展的一大障碍。20 世纪 90 年代，哈里森又和另一位美国的著名学者塞缪尔·亨廷顿主编了一部影响广泛的著作。在这本著作中，一位美国教授在韦伯和哈里森的基础上进一步提出了一套促进或阻碍经济发展的价值观体系。他认为，价值观有两大类，一类是内在的，一类是工具主义的。内在的价值观是指我们不计个人得失而均予遵循的价值观；工具主义的价值观是指那些直接对我们有利，我们才予以遵循的价值观。在决策的关键时刻占上风的能导致经济持久发展的价值观，必须是内在的、非经济而又亲经济的、永不满足的价值观。归根到底，一个社会的经济发达或者不发达，并不是外界所强加，而是社会自身所选择、根子在于到底奉行由以下 20 种要素构成的两种价值观体系中的哪一种。

① ［德］马克斯·韦伯著，于晓、陈维纲等译：《新教伦理与资本主义精神》，三联书店 1987 年版，第 135 – 139 页。

（一）宗教。从古到今，宗教一向是最丰富的价值观源泉。宗教价值观对经济发展产生影响的关键在于怎样看待生活中的胜利者（富人）和失败者（穷人）。在基督新教中，富人为自己庆贺，认为自己的成功是受了上帝的恩典，而穷人则认为穷是上帝的谴责。不论贫富，人人都有强烈的愿望要通过积累和投资来改善自己的状况。而在罗马天主教中，穷人认为自己守穷是正当的，而富人却感到难受，觉得自己有罪过。

（二）对个人的信任。相信个人，对个人有信心，是有利于发展的价值观体系的要素之一。不相信个人，控制和监督个人，是阻碍发展的社会的典型现象。

（三）道德规范。道德有三个基本层次。最高的层次是利他主义和无私无我；最低的层次是犯罪；中间的层次是合理的利己主义。有利于发展的文化遵循的是依据中间层次的道德规范制定的法律和行为准则，阻碍发展的文化所遵循的是高低两个层次的道德规范，结果一个是乌托邦，一个是罪犯横行。

（四）两种财富观。在阻碍发展的社会中，财富首先是指已有的东西，首要的财富是土地及能从土地上获取之物。在有利于发展的社会中，财富首先是指尚不存在的东西，首要的财富在于有成功希望的创新过程。

（五）两种竞争观。要想得到财富和卓越地位，就必须竞争，这是有利于发展的社会的特点。在阻碍发展的社会中，竞争却受到谴责，主张用团结、忠诚和合作来代替竞争。

（六）两种公平观。在阻碍发展的社会中，分配上的公平涉及的是现在活着的人，强调的是现在，更重视的是消费而不是储蓄。有利于发展的社会在考虑分配上的公平时还兼顾未来几代人的利益，更重视的是储蓄而不是消费。

（七）工作价值观。在阻碍发展的社会中，工作并不受到很高评价。而在有利于发展的社会中，职业劳动是神圣的。

（八）离经叛道的作用。创新是经济发展的引擎，正统社会压制创新，不利于发展。

（九）教育。有利于发展的价值观体系所培育的人，敢于创新并提出异议。在阻碍发展的价值观体系中，教育却是灌输教条的过程，培养出唯唯诺诺的应声虫。

（十）实用性的重要。发达世界避开无法核实的理论，重视实用性，而传统社会却偏重于宏大的宇宙观。

（十一）较轻的美德。发达社会尊重办事稳妥、整洁有条理、讲礼貌、准时等一系列较轻的但人人可行的美德，而传统社会更重视的是爱、正义、勇敢、崇高等宏大美德。

（十二）时间上的重点。发达社会在时间上的重点是力所能及的未来。传统文化的特点却是为过去自鸣得意，而其看重的未来又是遥远的、关于人类最终命运的未来。

（十三）理性。现代世界的特点是强调理性。理性的人是在有所成就后才感到自慰，进步是大量的小成就的结果。而传统文化强调的是宏伟的项目，阻碍进步的国家到处都是未完工的纪念碑。

（十四）权力。在理性社会，权力来自法律。在阻碍发展的社会，君主、元首或国家机器的权力就像是一个喜怒无常、不可预测的上帝。

（十五）世界观。在有利于发展的文化中，世界等待着人们去有所作为以改变它。在阻碍发展的文化中，世界被认为是一个庞大的实体，其中充满了各种不可抗拒的势力。

（十六）生命观。在进步的文化中，生命被视为操之在我，我是主体。在阻碍发展的文化中，人们认为一切是命中注定的我只能听天由命。

（十七）救己与救世。在阻碍发展的文化中，人们的目标是拯救自己，办法是抵制各种诱惑。但在新教徒看来，拯救自己取决于个人努力转变当代世界的成就。

（十八）乌托邦。在进步的文化中，人们认为世界是通过个人的创造性和努力慢慢向遥远的乌托邦前进。在抵制进步的文化中，个人却是寻求早日进入一个实际上达不到的乌托邦，结果就经常摇摆于狂热和悲观怀疑之间。

（十九）不同的乐观主义。在阻碍发展的文化中，乐观主义表现为人们企盼交好运，得到上天和强者的恩惠。在有利于发展的文化中，乐观主义则是表现为人们作出一切必要的努力以保证有一个令人满意的命运，相信起作用的是自己的行动。

（二十）两种民主观。阻碍发展的文化是专制主义传统的继承人。进步的文化中，民主观的特点是法律至高无上[1]。

我之所以在这里不厌其烦地介绍这位美国教授的观点，一方面是从单纯经济发展的角度来讲，他所提出的文化促进或阻碍发展的思想不无道理，而这些道理今天仍被许多国家的发展实践所遵循。更为重要的一方面是，他借助韦伯的理论把西方文化中心论推到了极端，也把文化作为经济发展手段的工具主义文化观推到了极端。这种早就被人类学百年发展反复批驳的西方文化中心论和工具主义文化观，在21世纪的今天仍有如此广泛的影响，足见人类社会“发展的概念仍处在严重的不发达阶段”，也足以警醒人类学学者有责任对全人类关注的发展问题不断地发出自己的声音。

四、发展经济学的发展理论

第二次世界大战以后，马歇尔欧洲复兴计划的早期成功，激起了人们对世界经济发展的信心和热情：“所有的现代工业国家过去不也正是不发达的农业社会吗？他们从贫穷的生计农业社会转变为现代工业大国这一历史经历对亚洲、非洲和拉丁美洲这些‘落后’国家难道没有一些重要的经验可以借鉴吗?”[2] 西方的思想家和决策者假设，只要这些落后国家得到帮助，便能循序渐进地与西方国家看齐。1949年美国总统杜鲁门上任伊始，便在其就职演说中宣告发展时代之来临：“我们务必开展一项创举，将科技及工业上取得之先进成果，惠及欠发展地区，以促进其改善。”[3] 为此，许多西方经济学家投身于欠发展国家和地区经济发展问题的研究，逐步形成了发展经济学。发展经济学形成了许多理论流派，美国发展经济学家托达罗将其归纳为最重要的三种理论。

（一）线性阶段理论

其典型代表是美国经济史学家罗斯托。在其所著《经济增长阶段》一书

---

① ［美］马里亚诺·格龙多纳：《经济发展的文化分类》，［美］塞缪尔·亨廷顿、劳伦斯·哈里森主编：《文化的重要作用——价值观如何影响人类进步》，新华出版社2002年版，第81－92页。

② ［美］迈克尔·P·托达罗著，印金强、赵荣美译：《经济发展与第三世界》，中国经济出版社1992年版，第52－53页。

③ 黄平、罗红光、许宝强主编：《当代西方社会学·人类学新词典》，吉林人民出版社2003年版，第26页。

中，罗斯托说，“本书提出了一个经济历史学家对现代历史进行一般性考察所用的方法……我们可以从经济方面把所有社会分为五个阶段：传统的社会；起飞前的阶段；起飞阶段；成熟阶段；高额消费阶段……这些阶段不只是可以描述的，也不只是对现代社会发展的结果作出某些真实的一般性观察的方法，他们具有内在的逻辑性和连续性……归根到底，他们既是一种关于经济增长的学说，又是关于整个近代历史的更一般性的学说。”①

（二）新古典学派的结构变化理论

其典型代表是诺贝尔经济学奖获得者刘易斯。刘易斯认为，不发达的经济由两个部门组成：一个是传统的、生产率较低、劳动力过剩的农村生计部门；一个是劳动生产率较高的现代城市产业部门。因此，不发达国家的经济发展，就是要建立经济结构变化的机制。通过工业化、城市化的扩张和资本积累，把农村剩余劳动力从传统的生计农业，转移到更现代的、更城市化的、产业上更多样化的制造加工和服务业经济中来②。

（三）依附发展理论

这种理论又可分为两个流派。一个是新殖民依附理论，是马克思主义思想的间接派生物。它把第三世界不发达的存在和继续主要归咎于高度不平等的国际资本主义富国—穷国关系体系的历史演变。认为由中心（发达国家）和外围（不发达国家）之间的不平等关系所组成的国际体系，使得穷国谋求自力更生的努力十分困难甚至于不可能。另一个是错误示范理论，它把第三世界的不发达归咎于发达国家援助机构和多国捐赠组织的那些本意良好，但却由一些不了解实际情况、对受援国知之甚少的“专家”顾问提出的错误的或不适当的发展建议和发展政策，实施结果并没有给受援国带来发展，反而使不平等的国内国际关系得以巩固③。

从这些理论中可以看出，早期发展经济学关心的是经济增长问题，在他们的理论中，发展就是经济增长。受其影响，联合国第一个发展十年

---

① ［美］迈克尔·P·托达罗著，印金强、赵荣美译：《经济发展与第三世界》，中国经济出版社1992年版，第52－53页。

② 同上书，第57－58页。

③ 同上书，第70页、第72页。

(1960～1970)计划开始时，秘书长吴丹就概括提出了“发展＝经济增长＋社会变革”的模式。这里的社会变革也是作为经济增长的手段提出来的①。一位加拿大学者评论说：“众多发展经济学家的理论、许多政府的政策，以及国际组织——如联合国、国际货币基金组织和世界银行——的实际行动，种种因素形成一股强大的推动力，在它的推动下，发展这一概念像燃烧的野火一样，在20世纪60年代～80年代蔓延到世界的各个角落。”②

然而，奉行“发展即增长”理念的联合国第一个发展十年计划却遭到了失败，引起了社会各界的广泛批评，也促使发展经济学家对发展概念作出反思。20世纪80年代，世界著名的发展经济学家托达罗提出了一个涵义更宽也更为切合实际的发展理论。他说：

> “我们必须把发展看成是涉及社会结构、人的态度和国家制度以及加速经济增长、减少不平等和根除绝对贫困等主要变化的多方面过程。……至少有三个重要的价值标准应该对我们理解发展的‘内在’涵义有着基础的和实际的指南作用。这些重要的价值标准是维持生存、自我尊重和自由。它们代表了所有个人和社会所寻求的共同目标。它们也与几乎所有社会和文化都一直得到表现的人类的基本需要相联系。”③

托达罗的发展理论，无疑向着正确理解发展的本质迈出了一大步，这是发展经济学的发展理论向着人类学发展理论靠近的一个可喜的进步。

五、现代化理论

> “现代化以及追求现代性的热望，或许是当代最普遍和最显著的特征。今天，大多数国家均陷于这一网络之中——成为现代化的国家，或延续自己的现代性传统。”④

---

① 参见左停、陈利君著：《不发达区域经济学》，云南大学出版社1997年版，第84页。

② ［加］D·保罗·谢弗著，高广卿、陈炜译：《经济革命还是文化复兴》，社会科学文献出版社2006年版，第123页。

③ ［美］迈克尔·P·托达罗著，印金强、赵荣美译：《经济发展与第三世界》，中国经济出版社1992年版，第79－80页。

④ ［以］S·N·艾森斯塔德著，张旅平等译：《现代化：抗拒与变迁》，中国人民大学出版社1988年版，第1页。

> “无论从中国历史本身的脉络来看，或从世界变迁的大框景中来看，一个最能掌握中国近百年发展的性格的概念便是现代化……中国的现代史实际上可视为中国现代化的故事。”①

这两段中外现代化理论家的论述，准确地揭示了当今世界和当代中国的特征。其实，人类社会的变化和发展古已有之，任何社会相对于过去的社会而言都是现代社会。对于人类社会的变化发展，启蒙时代以前的历史学家用神意和循环论来解释；18 世纪的启蒙思想家用理性的发展来解释；19 世纪的思想家用进化论的原理来解释；20 世纪以来又用工业化、西化、欧化和经济增长等概念来解释。二战以后，人们感到理性、进化、发展、西化、欧化、经济增长等概念都难以完全说明自启蒙运动以来在世界范围所发生的各方面的巨大而复杂的变迁过程，于是便逐渐用现代化概念来表述这一过程，形成了现代化理论。现代化理论经过半个多世纪的发展已形成多种流派，但对中国影响较大的主要有以下三种。

（一）传统现代化理论

20 世纪 80 年代以前的现代化理论均属这一流派，其特点是带有浓厚的欧洲和西方中心论色彩。这一点可从以下几种有代表性的现代化定义中表现出来。

现代化是“西欧和北美产生的制度和价值观念从 17 世纪以后向欧洲其他地区的传播过程，18 世纪至 20 世纪向世界其他地区的传播过程”②。

> “‘现代性’……表述那些在技术、政治、经济和社会发展诸方面处于最先进水平的国家所共有的特征。‘现代化’则是指社会获得上述特征的过程。……在这一过程中，历史上形成的制度发生着急剧的功能变迁——它伴随着工业革命而到来，反映了人类知识的空前增长，从而使人类控制环境成为可能。这一适应过程的发源地和最初的影响是在西欧社会，到 19 和 20 世纪，扩展到了所有其他社

① 金耀基：《现代化、现代性与中国的发展》，乔健、李沛良、马戎主编：《社会科学的应用与中国现代化》，北京大学出版社 1999 年版，第 20 页。

② 勒纳：“现代化”，《国际社会科学百科全书》，第 6 卷，纽约，1965 年，第 324 页。转引自［美］西里尔·E·布莱克编，杨豫、陈祖洲译：《比较现代化》，上海译文出版社 1996 年版，第 2 页。

会，引起了影响全部人类关系的世界性变革。政治科学家们通常把'现代化'的概念限定于随工业化而来的政治与社会的变化，而一个完整的定义最好能够适合于这一过程各个方面的复杂性和相关性。……现代社会并不享有传统的多样性，到目前为止，现代性的功能特征对全人类都是相同的。"“众所周知，现代化已经带来了人类已知的巨大灾难……所有这些问题中最基本的问题，是建立新的生活方式必然导致摧毁旧的生活方式。如果人们把现代化想象为社会在新原则基础上的整合或重新整合的话，那么他也必须把现代化看成是一个传统社会的解体过程。合理的整合社会中，体制运行是高效的，人们的目标与手段普遍一致，暴力的混乱被限制在最低水平。但当巨大急速的变迁引进时，社会中没有两个要素以同样的速度适应变化，全面失调开始出现，广泛的暴力开始爆发，大批民众开始迁移，正常的管理开始散失，——所有这些在现代将经常发生。"①

“大多数现代化理论家主张现代社会和传统社会的主要区别在于现代人对其自然环境和社会环境有更强的控制能力。而这种控制能力又建立在科学和技术知识扩大的基础之上。……现代化过程有九个特征：现代化是革命的过程；现代化是复杂的过程；现代化是系统的过程；现代化是全球的过程；现代化是长期的过程；现代化是有阶段的过程；现代化是一个同质化的过程；现代化是不可逆转的过程；现代化是进步的过程。"② “现代性意味着稳定，而现代化意味着不稳定。"③

这种传统的现代化理论，遭到了人类学家的猛烈抨击。著名人类学家格尔兹就批评说：

“不少关于现代化的分析均始于这样一种假设，即现代化就是用

① ［美］C·E·布莱克著，景跃进、张静译：《现代化的动力——一个比较史的研究》，浙江人民出版社1989年版，第5－8页、23页。

② ［美］塞缪尔·P·亨廷顿：《导致变化的变化：现代化，发展和政治》，西里尔·E·布莱克编，杨豫、陈祖洲译：《比较现代化》，上海译文出版社1996年版，第42－47页。

③ ［美］塞缪尔·亨廷顿：《变革社会中的政治秩序》，华夏出版社，1988年版，第43页。

外来的取代本土的，用现代的取代以往的。但是，发展进步所呈现的曲线是无法套入那些有关发展的精妙公式的。这一不可否认（虽然常常被人否认）的事实，使得那些关于现代化的分析很难成立。人们越来越趋向于这样一个双重的目标：既保留自己的传统，又跟上21世纪的步伐。”①

（二）多元现代性理论

20世纪80年代以后，随着日本和亚洲四小龙（台湾、香港、新加坡、韩国）现代化的成功，特别是中国大陆的迅速崛起，使东西方的许多学者开始质疑西方现代性的普世性，认为在儒家学说指导下的亚洲价值观同样可以推动现代化取得成功。以下两位学者的论述，代表了多元现代性理论的思潮。

一位是美籍华裔学者杜维明，这位现代新儒家的代表学者提出的是“多种现代性”概念。这一概念基于三个论断：传统作为在界定现代化过程方面起积极作用的因素是持续存在的；非西方文明涉及现代西方的自我认识；地区的知识具有全球意义②。他阐述儒学东亚的社会理想是：

“●在市场经济中，政府的领导不仅是必要的，而且是可取的。有人认为政府是一个不得不有的坏东西，认为市场本身可以提供‘无形的手’来维持社会秩序，可是西方和东方的现代经历却是与这种理论相反。对公众需求能作出反应、对人民的福祉尽心尽职、对广大社会负责的政府，在建立和维持秩序方面，是极其重要的。

●虽然法律是必不可少的，是保持社会稳定的最起码的必备条件，但‘有机的团结’只能是人们保持仁爱之心以礼相待的结果。文明的行为模式是绝不可能靠强制手段传播的。榜样的教育作用作为鼓舞人心的标准会促使人们自觉参与。单靠法律不可能产生羞恶之心以引导文明的行为。礼节的行动能促使人们不辜负自己的愿望。

●家庭作为社会的基本单位，是使最核心的价值观得以传播的

① ［美］克利福德·格尔兹著，纳日碧力戈等译：《文化的解释》，上海人民出版社1999年版，第366页。

② 杜维明：《多种现代性：东亚现代性涵义初步探讨》，［美］塞缪尔·亨廷顿、劳伦斯·哈里森主编：《文化的重要作用——价值观如何影响人类进步》，新华出版社2002年版，第371页。

源泉。家庭之中人们的双向关系随年龄、性别、权威、地位和等级而有所区别，这就为学习做人提供了内容丰富的自然的环境。人际双向交往的互惠原则界定着家庭内部的所有各种关系。人类基本生存环境中最重要的差距之中，大概就包括年龄和性别，这二者在家庭中被纳入持续不断的亲切关怀之情的交流。

●文明社会并不是因为它是家之上、国之外的一个自立的舞台而茂盛。它的内在力量在于它是在家和国之间起着有力的相互作用。家作为国的缩影，国则被认为是家的扩大，这表明家的稳定对于国体至关重要，国的一个极其重要功能则是确保家的有机团结。文明社会提供着多种多样的起调节作用的文化机制，使家与国之间保持富有成效的连接。公与私之间有活力的相互作用使文明社会得以提供各种不同的和丰富的资源以促进人类繁荣。

●教育应成为社会的文明之教。教育的首要目的是人格养成。学校应致力于培养全面的人，德育和智育并重。学校应使学生学会通过交流而积累‘社会资本’的艺术。除了掌握知识和技能以外，通过学习还应同时培养文化素质和领会精神价值观。

●修身是立家、治国、平天下的根基，所以一特定社会的生活质量有赖于社会成员修身的水平。社会鼓励修身，将此作为人类繁荣的必要条件，那么这样的社会就会珍视以美德为中心的政治领导，将互勉作为共同实现自我的一种方式，重视家庭作为学习做人的适当场所的价值，将文明作为人际交往的规范，重视教育以养成人格。”①

基于以上东亚社会理想，他总结说：

“推动西欧和北美现代化进程的历史原因并不一定是现代性的结构组成部分。启蒙运动的价值观，例如工具主义理性，自由、权利意识，重视法制，保护隐私，发挥个人作用等等，都是可普遍适用

① 杜维明：《多种现代性：东亚现代性涵义初步探讨》，[美] 塞缪尔·亨廷顿、劳伦斯·哈里森主编：《文化的重要作用——价值观如何影响人类进步》，新华出版社 2002 年版，第 379－380 页。

的现代价值观。但儒学事例表明，一些‘亚洲价值观’，例如同情心、分配上的公正，义务感，礼仪，公心，群体取向等等，也是可普遍适用的现代价值观。正如前者应纳入亚洲现代性一样，后者也可供美国生活方式作批判性的和适时的参考。……儒学的东亚能在不彻底西方化的情况下充分现代化，这表明现代化可以有不同的文化形式。……但东亚现代性的意义是在于多样性，而不是搞另一个一元论。"①

另一位是以色列希伯来大学教授、世界著名的现代化理论家艾森斯塔特。这位现代化理论"修正派"的代表学者认为，传统的现代化"经典"理论假设："现代欧洲发展起来的现代性文化方案和那里出现的基本制度格局，将最终为所有正在现代化的社会和现代社会照单全收；随着现代性的扩张，它们将在全世界流行开来。"② 然而，二次大战后现代化发展的现实，驳斥了这种假设。"现代性确实蔓延到了世界大部分地区，但却没有产生一个单一的文明，或一种制度模式，而是产生了几种现代文明的发展，或至少多种文明模式，也就产生了多种社会或文明的发展。"③ 即使在西方文明框架内，现代性也发展出了多种文化方案和制度。因此，他力主"多元现代性"的观念。主张"理解当代世界——实际上是解释现代性的历史——的最好方法，是将它视为文化方案多样性不断构建和重构的一个故事。"④

（三）新型现代性理论。

如果说，多元现代性理论主要从空间上，亦即从世界不同地区和不同民族的传统文化角度来反思传统现代化理论的弊端的话，那么，新型现代性理论则主要从时间上，亦即从时代变化和发展的角度来反思传统现代化理论的弊端。自20世纪六七十年代以来，西方现代性的负面后果日益明显。后现代主义者如福柯等对现代性展开了全面彻底的批判，而现代性论者如哈贝马斯、

① 杜维明：《多种现代性：东亚现代性涵义初步探讨》，［美］塞缪尔·亨廷顿、劳伦斯·哈里森主编：《文化的重要作用——价值观如何影响人类进步》，新华出版社2002年版，第381页。

② ［以］S·N·艾森斯塔特著，旷新年、王爱松译：《反思现代性》，三联书店2006年版，第6－7页。

③ 同上。

④ 同上书，第37页。

吉登斯等则一方面承认现代性的弊端，另一方面又对否定现代性的后现代主义进行反击，双方的论争长期处于胶着状态。有鉴于此，社会互构论另辟蹊径，着重对“现代性”概念的内涵进行了肯定与拓展，提出了与旧式现代性相对的“新型现代性”理论。中国的郑杭生教授是力主新型现代性理论的一个代表。他指出：

> “目前人类社会正处在由旧式现代性向新型现代性转向的境地之中，这是不可抗拒的世界潮流。所谓旧式现代性，就是那种以征服自然、控制资源为中心，社会与自然不协调，个人与社会不和谐，自然和社会付出双重代价的现代性。其负面后果的表象有‘绿色惩罚’、对资源控制权力的争夺、价值尺度的扭曲、伦理准则的变形，以及风险景象的日益普遍等。这表明旧式现代性已经进入了明显的危机时期，必须实现从旧式现代性向新型现代性的跨越。而所谓新型现代性，是指那种以人为本，人和自然双盛、人和社会双赢，两者关系协调和谐，并把自然代价和社会代价减少到最低限度的现代性。”①

综上所述，以西方为中心、以西方价值观为尺度向全球扩展的传统现代化理论和实践，经过半个多世纪的发展已经陷入空前的危机，而多元现代性和新型现代性理论的提出，则从时、空两个维度，向人类学素来主张的文化相对论、文化多元发展和人与自然、人与社会和谐发展的理念靠拢，显示出人类学的发展理念具有强大的生命力。

六、世界体系理论

这是美国学者沃勒斯坦，于20世纪70年代在批判继承依附发展理论的基础上提出的一种新的发展理论。他重视较长历史时期和较大空间范围的经济分析，主张将整个世界作为一个分析单位进行历史解释。他认为，任何单个国家和社会都不是一个自足的社会体系，当代已形成世界体系规模的是资本主义经济体系，任何国家和民族的发展都受这一体系的制约。他在依附理

① 郑杭生：《新型现代性及其在中国的前景》，《学术月刊》2006年第2期。

论提出的中心、核心（发达国家）—边缘、边陲（发展中国家）格局中，加进了一个“半边缘”（半边陲）的概念①，认为整个世界都由分属于这三个等级和层次的民族国家所构成。世界体系是变动的，边缘国家可以通过结构位置的流动而上升为半边缘甚至中心国家。但这种机遇只有当世界经济在周期性上升或停滞阶段才有机会获得，并且地位的升降是受世界体系整体结构制约的，而不是可以由一国自身努力所左右的。世界体系论还认为，一种世界体系的灭亡，可能一是反体系力量的强大，二是这一体系本身发展到不能再继续进行资本积累时，体系才会崩溃，而代之以更平等、更能满足全人类需求的体系；当前的各种反体系力量，包括核威胁，都不足以改变现时的世界体系结构，它呈愈来愈巩固的趋势②。这种“坐等体系安排”发展命运的观点，受到了社会各界的批评③。

为此，沃勒斯坦在20世纪90年代发表的一篇文章中，提出了另外一个说法。他说：

> “资本主义世界经济的多次扩展，间歇地但是持续地进行，从17世纪开始一直到19世纪。到了19世纪末，地球上已没有一个地区处于国际体系之外。如果仍有一些地区未纳入资本主义经济运作的商品链的话，数量也不多了；到了第二次世界大战时期，其余的也都并入进去了。……当今的情况确实起了变化，整个体系无法再在地域上扩展，因此中心地带的地域无法再扩大。如果说某些类中心地带的地域有什么显著的变化，就只能是一个得失抵消的游戏：一个新地带加入，一个老地带就要退出。过去由于体系整体上在扩展，上述情况可能只有部分是对的。现在却完全是这样。再过30年，中国或印度或巴西如果真的‘赶上’了，这个体系内其他地区的世界人口的显著部分进行的资本积累会相应衰减。不管中国或印度或巴

① 参见［美］苏耀昌著：《华南丝区：地方历史的变迁与世界体系理论》，中州古籍出版社1987年版，第3页。

② 参见萧新煌编：《低度发展与发展——发展社会学选读》，台北巨流图书公司1985年版，第314－316页。

③ 参见周长城：《当代西方发展理论及其演变》（下），《社会科学动态》1997年第6期。

西透过脱钩还是以外向型经济还是用其他什么方法‘赶上’，情况也都如此。只要国家（独立的国家）各自寻求发展，情况就会如此。赶上先进国家意味着竞争，竞争意味着一个国家的发展将以损害别国的利益为代价。”①

因此他认为，无论是发展中国家还是这些国家的民众，应该分清发展概念的两种基本涵义：是追求更多，还是追求更平等？亦即发展是以赶上先进国家为目标，还是以增加民众的平等分配为目标？他得出的答案是：如果是靠国家政权推动发展，那么，赶上先进国肯定是优先目标，这样的发展因得不到公平分配就只能是幻象；如果是生产者在政治上动员起来，要求更多地参与和更平等的分配，而且国家机器也支持这个目标，那么，发展就会是指路明灯②。

沃勒斯坦建议发展中国家将追求公平的分配作为优先考虑的发展目标，与人类学的发展理念和对发展的关切是一致的，因而也是人类学发展理念所完全赞同的。但是，他将发展中国家赶上先进国家的追求视为必将损害别国的利益，所坚持的仍然是“坐等体系安排”的结构决定论，这一理论的缺陷也就显而易见了。

七、全球化理论

20 世纪 80 年代以来，一个与现代化理论密切相关的发展理论——全球化理论，首先在西方，紧接着在全球范围内迅速兴起。自 1993 年第一位美国教授到中国来介绍西方的全球化理论以来③，短短的十多年时间，全球化理论就迅速成为中国社会科学多种学科的重点研究对象，全球化成了一个时髦话语，足见这一理论影响力之大。

那么，究竟什么是全球化呢？迄今为止没有一个公认的权威定义。不过，

① 沃勒斯坦：《发展是指路明灯还是幻象?》，许宝强、汪晖选编《发展的幻象》，中央编译出版社 2001 年版，第 9 页、16 页、20 页。

② 同上。

③ 俞可平：《全球化研究的中国视角》，李惠斌主编：《全球化：中国道路》，社会科学文献出版社 2003 年版，第 14 页。

基本的共识是：全球化首先是一个经济过程，指的是“经济增长要素特别是资本要素、技术要素乃至人力要素在市场法则的驱动下出现的全球性流动和组合，以至于国民经济和区域经济越来越多地被纳入一个一体化的全球经济体系之中。人类社会经济发展的互补性、关联性和依赖性也由此增强；各种商品互通有无、竞价出售，为人类所共享”①。经济全球化是不可抗拒的，各个国家、各个民族都要主动融入全球化过程，才能与全人类共享经济发展的利益。但是，在如何看待经济全球化带来的政治、社会和文化影响方面，学者们就发生了严重分歧。一种意见认为，随着经济生活的一体化，各国的政治和文化或迟或早也会出现同质化的趋势，形成文化的全球化。另一种意见则主张将全球化严格限定在经济领域，反对政治和文化的全球化②。

怎样看待全球化的政治、社会尤其是文化影响呢？正确的看法必须从回顾全球化的历史发展中得出。其实，全球化理论虽然迟至20世纪80年代才出现，但全球化的实践早在几百年前就已开始。全球化进程是伴随着15世纪末的航海大发现，西方国家向亚非国家的殖民掠夺和资本原始积累的扩展而开始的，是与现代化进程同步发展的。前引马克思在《所谓原始积累》和《共产党宣言》中对资本主义扩张的描述，就生动展现了现代化、全球化进程的起源与发展。因此，“全球化实质上是现代化这一持久挑战的继续，虽然是以一种强化和加速化的形式表现出来的继续”③。全球化其实是“现代性的全球化”④。

明白了全球化与现代化相依相伴的历史，认识了传统现代化理论与实践面临的危机，我们就能正确认识经济全球化所带来的政治、社会尤其是文化影响了。这就是：经济全球化必然对各个国家、各个民族的政治、社会和文化带来深刻的冲击和影响。但影响是互相的和多元的。多元现代性的理论与

① 穆光宗：《经济全球化与中国人口》，《当代世界与社会主义》（季刊）1998年第3期。

② 俞可平：《全球化研究的中国视角》，李惠斌主编：《全球化：中国道路》，社会科学文献出版社2003年版，第23页。

③ ［美］塞缪尔·亨廷顿、彼得·伯杰主编：《全球化的文化动力》，新华出版社2004年版，第14页。

④ 金耀基：《现代化、现代性与中国的发展》，乔健、李沛良、马戎主编：《社会科学的应用与中国现代化》，北京大学出版社1999年版，第31页。

实践表明，21 世纪所展现的，不会是西方文化和西方现代性的全球化，而是各个国家、各个民族在现代性与传统性、全球化与地方化挑战与回应中创造出来的“全球多元现代性（global modernities）”。这种全球化不能意含地球上有任何一个伟大的统一者，而是一个去西方化的、去全球中心的、多元的现代世界①。

八、可持续发展理论

20 世纪是人类社会经济发展取得巨大成就而自然环境遭到巨大破坏的世纪。严重的生态危机使人类对传统发展模式进行反思，逐步形成了可持续发展思想。“可持续发展”一词，最早出现在 20 世纪 80 年代对世界保护战略的公开讨论中，但直到 1987 年世界环境与发展委员会的报告发表后，才引起广泛关注。这篇题为《我们共同的未来》的长篇报告，对可持续发展给出了一个明确的定义：“可持续发展是既满足当代人的需要，又不对后代人满足其需要的能力构成危害的发展。”② 接着，报告强调指出，可持续发展包括两个重要的概念：“需要”的概念，尤其是世界上贫困人民的基本需要，应将此放在特别优先的地位来考虑；“限制”的概念，技术状况和社会组织对环境满足眼前和将来需要的能力施加的限制。报告认为，“一个充满贫困和不平等的世界将易发生生态和其他的危机，可持续的发展要求满足全体人民的基本需要和给全体人民机会以满足他们要求较好生活的愿望。”③

自可持续发展概念形成之后，国内外自然科学和社会科学界对可持续发展问题的研究掀起了高潮，发表了众多研究成果，不同学科也给出了不同的可持续发展定义。但由《我们共同的未来》报告中提出的可持续发展定义，仍然得到了较为广泛的认同。这一定义内涵丰富，主要体现了以下三大原则：

（一）公平性原则。包括两层意思：一是本代人的公平即同代人之间的横

---

① 金耀基：《现代化、现代性与中国的发展》，乔健、李沛良、马戎主编：《社会科学的应用与中国现代化》，北京大学出版社 1999 年版，第 36 页。

② 世界环境与发展委员会著，王之佳、柯金良等译：《我们共同的未来》，吉林人民出版社 1997 年版，第 52 页。

③ 同上书，第 53 页。

向公平性，强调可持续发展要满足全体人民的基本需求和给全体人民机会以满足他们要求较好生活的愿望。二是代际间的公平，即世代人之间的纵向公平性，强调可持续发展应合理利用资源，给世世代代的人以公平利用自然资源的权利。

（二）可持续性原则。可持续发展是要满足人类的需求，而需求的满足并不是没有限制的，主要限制因素是自然资源和环境。发展要以环境的承载力为极限，不应损害支持地球生命的自然系统：大气、水、土壤、生物……一旦破坏了人类生存的物质基础，发展本身也就衰退了。可持续性原则的核心指的是人类经济和社会发展不能超越资源与环境的承载能力。

（三）共同性原则。由于各国历史文化、自然条件、发展水平各异，可持续发展考虑的各因素的重要性就不一样，发展的具体目标、发展模式和实施步骤不可能是同一的。但是，可持续发展作为全球发展的总目标，所体现的公平性和持续性原则，却是共同的①。

根据得到广泛认同的可持续发展的定义和原则，各门学科从自己的专业方向出发，又形成了不同的研究取向。

一是可持续发展理论研究的经济学方向，是以区域开发、生产力布局、经济结构优化、实物供需平衡、发展循环经济等作为基本内容。该方向的一个集中点，是力图把“科技进步贡献率抵消或克服投资的边际效益递减率”，作为衡量可持续发展的重要指标和基本手段。

二是可持续发展理论研究的社会学方向，是以社会发展、社会分配、利益均衡等作为基本内容。该方向的一个集中点，是力图把“经济效益与社会公正取得合理的平衡”，作为可持续发展的重要指标和基本手段。

三是可持续发展理论研究的生态学方向，是以生态平衡、自然保护、资源环境的永续利用等作为基本内容。该方向的一个集中点，是力图把“环境保护与经济发展之间取得合理的平衡”，作为可持续发展的重要指标和基本手段。

四是可持续发展的系统学方向，这是中国科学院可持续发展研究组独立

① 王军：《可持续发展》，中国发展出版社1997年版，第41页。

开创的。这一方向的主要特色是以综合协同的观点，探索可持续发展的本源和演化规律，将“发展度、协调度、持续度三者的逻辑自洽”作为中心，有序地演绎了可持续发展的时空耦合与互相制约、互相作用的关系。建立了人与自然、人与人关系统一解释的基础和评判规则。其代表作是《持续发展导论》和《1999 中国可持续发展战略报告》①。

五是可持续发展的伦理学方向。从伦理学上看，可持续发展观念的核心是公平与和谐。公平包括代际公平以及不同地域、不同人群之间的代内公平；和谐则是指全球范围的人与自然的和谐。解决代际公平问题的关键在于建立“正义的储存原则”，这个原则只能通过人与自然和谐，使人类发展行为与环境运动相协调的原则来落实。具体地说，就是当代人以及每一代人在满足本代人的生存和发展需要的同时，应当使资源和环境条件保持相对稳定性，从而持续供给后代。通过这一原则，实际上是把代与代之间的公平问题放到每一代人内部的实践中来解决。因此，人与自然和谐的原则，是伦理学意义上可持续发展的根本原则②。

六是可持续发展的民族学、人类学方向。这一方向以自然与文化的互动和文化对自然的适应及其可持续利用和管理为主要内容。该方向的一个集中点，是力图把生态环境多样性、生物多样性和民族文化多样性的良性互动，作为可持续发展的重要指标和主要手段。生态人类学、环境人类学和近年来兴起的民族植物学、民族生物学等学科，都不同程度地涉及可持续发展问题，是民族学、人类学方向中研究可持续发展的重要学科③。

九、以自由看待发展

这是印度经济学家 1998 年诺贝尔经济学奖获得者阿马蒂亚·森，于 1999 年出版的一部著作的名字。从书名即可看出，他在吸收 20 世纪八九十年代国

① 《持续发展导论》，科学出版社 1994 年版；《1999 中国可持续发展战略报告》，科学出版社 1999 年版。

② 参见徐嵩龄主编：《环境伦理学进展：评论与阐释》，社会科学文献出版社 1999 年版，第 160 页。

③ 参见郭家骥主编：《生态文化与可持续发展》，中国书籍出版社 2004 年版。

际社会先后形成的“环境可持续发展”、“人类发展”、“有利于穷人的发展”、“公平的发展”和“包容性发展”等发展理念基础上，提出了一个新的发展理论[①]。

森首先指出发展所面临的难题：

“我们生活的世界仍然存在大规模的剥夺、贫困和压迫……包括长期的贫困与得不到满足的基本需要，饥荒和大范围饥馑的发生，对起码的政治自由和基本的自由权的侵犯，对妇女的利益和主体地位的严重忽略，对我们环境及经济社会生活的维系力不断加深的威胁……克服这些困难是发展的中心目标。”[②]

他认为，将发展仅仅视为国民生产总值（GNP）增长、或个人收入提高、或工业化、或技术进步、或社会现代化等等的狭隘的发展观是不能克服这些困难的。“发展是一个相互依赖的过程，而且经济的成功不可能与社会、政治和文化的成就相分离。”[③]

为有效克服这些困难，森提出了一个全新的发展理念：

“发展可以看做是扩展人们享有的真实自由的一个过程。”[④]“对进步的评判必须以人们拥有的自由是否得到增进为首要标准；发展的实现全面地取决于人们的自由的主体地位。”[⑤]“促进人的全面自由，从而享受他们有理由珍视的生活。”[⑥]“自由的压倒一切的价值……有一个基本特点，即以强烈的普适主义为前提。”[⑦]

根据这一发展理念，“自由不仅是发展的首要目的，也是发展的主要手段”[⑧]。为此就“必须把人类自由作为发展的至高目的的自身固有的重要性，与各种形式的自由在促进人类自由上的工具性实效性区分开来”[⑨]。因此，森

---

① 朱玲《理解森的视角》，《读书》2007年第5期。
② 阿马蒂亚·森著，任赜、于真译《以自由看待发展》，中国人民大学出版社2002年版，第23－24页。
③ 同上。
④ 同上书，第20页。
⑤ 同上书，第1页。
⑥ 同上书，第2页。
⑦ 同上书，第7页。
⑧ 阿马蒂亚·森著，任赜、于真译《以自由看待发展》，中国人民大学出版社2002年版，第245页。
⑨ 同上。

进一步区分了实质性自由和工具性自由。“实质自由包括免受困苦——诸如饥饿、营养不良、可避免的疾病、过早死亡之类——基本的可行能力，以及能够识字算数、享受政治参与等等的自由。”① “一个社会成功与否，主要应根据该社会成员所享有的实质性自由来评价。”② 工具性自由包括参与公共决策讨论和自由发表意见的政治自由；个人享有的为了消费、生产、交换的目的而运用其经济资源机会的经济条件；个人享有教育和健康服务的社会机会；保证个人知情权和信息自由的透明性保证；借助社会安全网应对生存危机的防护性保障等五类。“各种类型的自由相互关联，而且一种自由可以大大促进另一种自由。”③

作为一位视野开阔的经济学家，森还对人类学者所特别关注的民族传统文化与发展的问题提出了自己的见解。他承认：“我们所看到的这种经济发展，实际上可能对一个国家有害，因为它可能使传统和文化遗产消亡。”④ “当出现一种经济上的调整时，人们不会为废弃的生产方法和淘汰的技术而落泪……然而，在文化事务方面，消失的传统却可能令人百般怀念。放弃古老的生活方式会导致极度的痛苦和深深的失落感。”⑤ 对于发展中国家普遍面临的这种问题，森给出的解决方案是：按照自由导向的视角，应该由那个社会来决定。“在对传统的维护与现代性的优点之间的任何真实的冲突，都需要通过参与来解决，而不能由政治统治者、或宗教当局、或历史遗产的人类学崇拜者单方面做出决定来拒绝现代性。这个问题不仅不是已有定论的，而且相反，必须对全社会的人们广为开放，让他们来讨论并共同做决定。”⑥

综上所述，应该说，由森所提出的“以自由看待发展”的理念，是迄今为止主流发展理论中最具有包容性和综合性、因而也是迄今为止最为“发达”的发展理论之一。这一理论一经提出，便受到国际社会的高度评价。联合国前秘书长安南评价说：“全世界贫穷的、被剥夺的人们在经济学家中找不到任

① 阿马蒂亚·森著，任赜、于真译：《以自由看待发展》，中国人民大学出版社2002年版，第31页。
② 同上书，第30页。
③ 同上书，第13页。
④ 同上书，第23页。
⑤ 同上书，第243页。
⑥ 同上书，第24页。

何人比森更加言理明晰地、富有远见地捍卫他们的利益。通过阐明我们的生活质量应该不是根据我们的财富而是根据我们的自由来衡量，他的著作已经对发展的理论和实践产生了革命性的影响。联合国在自己的发展工作中极大地获益于森教授观点的明智和健全。"[①] 他的发展学说已成为联合国每年发表的《人类发展报告》所涉及的内容和指标的理论来源之一。

但是，从人类学视角来看，森的发展理论在对待文化与发展的问题上仍有值得商榷之处。一个核心的问题是，虽然他一再强调他"不反对每一种文化的独特意义"[②]，但他仍然把文化仅仅视为发展的手段，所持的仍然是工具主义文化观，因而在文化问题上并没有摆脱马克斯·韦伯的影响。还有一个技术性的问题是，虽然他提出了由全社会来自由地讨论和决定传统文化在发展中的存亡抉择的正确观点，但他却没有充分考虑到在经济利益驱动下缺乏文化自觉意识的民众很难正确认识自己传统文化的未来价值，因而将力主保护传统文化的人类学者和文化专家视为传统文化的"卫道士"而加以否定。这两点，当是森这位杰出的经济学家和发展理论家的失误。当然，瑕不掩瑜，森的发展学说仍然堪称是迄今为止最为发达的发展理论之一。

十、科学发展观

这是中国共产党在总结中国发展的经验教训、吸收国际上较为发达的发展理论的基础上提出的切合中国实际的新的发展理论。我们知道，以1840年英帝国主义侵略中国的鸦片战争为开端，西方现代化潮流的全球扩张在炮舰武力的推动下，使中国从一个历史上经济文化较为发达的大国，沦为一个落后的半殖民地、半封建国家。从那时开始，赶上西方发达国家，实现中华民族的伟大复兴，就成为一代又一代中国人的梦想。因此，在反抗帝国主义侵略的战争结束和中华人民共和国成立后，中国共产党就领导中华民族开始了以追赶西方发达国家为目标的大规模的现代化建设。特别是1978年中国实行改革开放政策后，在"以经济建设为中心"、"发展才是硬道理"、"发展是中

① 阿马蒂亚·森著，任赜、于真译:《以自由看待发展》，中国人民大学出版社2002年版，第2页。
② 同上书，第245页。

国共产党执政兴国的第一要务”的思想指导下，短短30年时间，中国的经济发展和现代化建设取得了举世瞩目的巨大成就。中国从一个贫穷落后的国家，迅速成长为一个初步摆脱了贫穷落后、在世界上迅速崛起的发展中国家。但是，经济建设单边突进的发展战略，也给中国带来一系列严重的问题：生态环境恶化、贫富差距、区域差距、城乡差距、民族差距不断扩大，经济与社会发展严重脱节等等。

针对这些问题，2003年，在中国共产党第十六届三中全会上，以胡锦涛为总书记的党中央，提出了科学发展观。科学发展观的基本要求是：“以人为本，全面、协调、可持续，促进经济社会和人的全面发展。”落实科学发展观的基本方法是：“统筹城乡发展、统筹区域发展、统筹经济社会发展、统筹人与自然和谐发展、统筹国内发展和对外开放。”①

2007年10月，在中国共产党第十七次全国代表大会上，中共中央总书记胡锦涛在向大会所作的报告中，进一步对科学发展观提出的背景、科学发展观的涵义和怎样落实科学发展观等问题，作了深刻阐述。关于科学发展观提出的背景，他指出：

> “科学发展观，是立足社会主义初级阶段基本国情，总结我国发展实践，借鉴国外发展经验，适应新的发展要求提出来的。进入新世纪新阶段，我国发展呈现一系列新的阶段性特征，主要是：经济实力显著增强，同时生产力水平总体上还不高，自主创新能力还不强，长期形成的结构性矛盾和粗放型增长方式尚未根本改变；社会主义市场经济体制初步建立，同时影响发展的体制机制障碍依然存在，改革攻坚面临深层次矛盾和问题；人民生活总体上达到小康水平，同时收入分配差距拉大趋势还未根本扭转，城乡贫困人口和低收入人口还有相当数量，统筹兼顾各方面利益难度加大；协调发展取得显著成就，同时农业基础薄弱、农村发展滞后的局面尚未改变，缩小城乡、区域发展差距和促进经济社会协调发展任务艰巨；社会

---

① 《中共中央关于完善社会主义市场经济体制若干问题的决定》，人民出版社2003年版，第12－13页。

主义民主政治不断发展、依法治国方略扎实贯彻，同时民主法制建设与扩大人民民主和经济社会发展的要求还不完全适应，政治体制改革需要继续深化；社会主义文化更加繁荣，同时人民精神文化需求日趋旺盛，人们思想活动的独立性、选择性、多变性、差异性明显增强，对发展社会主义先进文化提出更高要求；社会活力显著增强，同时社会结构、社会组织形式、社会利益格局发生深刻变化，社会建设和管理面临诸多新课题；对外开放日益扩大，同时面临的国际竞争日趋激烈，发达国家在经济科技上占优势的压力长期存在，可以预见和难以预见的风险增多，统筹国内发展和对外开放要求更高。”

关于科学发展观的涵义，他指出：

“科学发展观，第一要义是发展，核心是以人为本，基本要求是全面协调可持续，根本方法是统筹兼顾。”

关于如何落实科学发展观，他指出：

“——必须坚持把发展作为党执政兴国的第一要务。发展，对于全面建设小康社会、加快推进社会主义现代化，具有决定性意义。要牢牢扭住经济建设这个中心，坚持聚精会神搞建设，一心一意谋发展，不断解放和发展社会生产力……

——必须坚持以人为本。全心全意为人民服务是党的根本宗旨，党的一切奋斗和工作都是为了造福人民。要始终把实现好、维护好、发展好最广大人民的根本利益作为党和国家一切工作的出发点和落脚点，尊重人民主体地位，发挥人民首创精神，保障人民各项权益，走共同富裕道路，促进人的全面发展，做到发展为了人民、发展依靠人民、发展成果由人民共享。

——必须坚持全面协调可持续发展。要按照中国特色社会主义事业总体布局，全面推进经济建设、政治建设、文化建设、社会建设，促进现代化建设各个环节、各个方面相协调，促进生产关系与生产力、上层建筑与经济基础相协调。坚持生产发展、生活富裕、生态良好的文明发展道路，建设资源节约型、环境友好型社会，实现速度和结构质量效益相统一，经济发展与人口资源环境相协调，使人民在良好生态环境中生产生活，实现经济社会永续发展。

——必须坚持统筹兼顾。要正确认识和妥善处理中国特色社会主义事业中的重大关系，统筹城乡发展、区域发展、经济社会发展、人与自然和谐发展、国内发展和对外开放，统筹中央和地方关系、统筹个人利益和集体利益、局部利益和整体利益、当前利益和长远利益，充分调动各方面积极性。统筹国内国际两个大局，树立世界眼光，加强战略思维，善于从国际形势发展变化中把握发展机遇，应对风险挑战，营造良好的国际环境。既要总揽全局、统筹规划，又要抓住牵动全局的主要工作、事关群众利益的突出问题，着力推进、重点突破。"①

关于科学发展观的意义，国务院总理温家宝指出："发展观是关于发展的本质、目的、内涵和要求的总体看法和根本观点。有什么样的发展观，就会有什么样的发展道路、发展模式和发展战略，就会对发展的实践产生全局性、根本性的影响。""这样完整地提出科学发展观，是我们党对社会主义现代化建设指导思想的新发展，牢固树立和全面落实科学发展观，对于全面建设小康社会进而实现现代化的宏伟目标，具有重大而深远的意义。"②

客观公正地讲，即便是放到国际视野中来比较，中国共产党提出的科学发展观，也堪称是迄今为止世界上最为发达的发展理论之一。但是，科学发展观并没有穷尽真理，它仍然处于发展过程之中，仍然有丰富、发展和完善的广阔空间。从人类学视角来看，在运用科学发展观指导多民族地区发展的实践中，就应该将民族文化这一核心理念补充进去。

第二节　人类学发展理论探讨

人类学是一门研究人及其文化的学问。根据约定俗成的学科分类，人类

① 胡锦涛：《高举中国特色社会主义伟大旗帜 为夺取全面建设小康社会新胜利而奋斗——在中国共产党第十七次全国代表大会上的报告》（2007 年 10 月 15 日），《中国共产党第十七次全国代表大会文件汇编》，人民出版社 2007 年版，第 13－16 页。

② 温家宝：《提高认识 统一思想 牢固树立和认真落实科学发展观》，《人民日报》2004 年 3 月 1 日。

学分为体质人类学、考古人类学、语言人类学和社会—文化人类学（民族学）四大部分。由于本书是研究民族发展问题的，其内容不涉及前三个部分，因而所使用的人类学概念，指的就是社会—文化人类学（民族学）。

现代意义上的人类学学科体系是在19世纪中叶以后逐步形成的。“现代人类学是欧洲在工业革命之后到全世界去开拓殖民地时，与非西方文化尤其是原始文化接触之后所发展出来的一门新学问。”[①] 在这一过程中，由于殖民统治和处理殖民者与土著之间矛盾冲突的需要，人类学的应用实践也相应开展起来，人类学者便开始应用学科的理论与方法，为殖民当局实施有效统治和为土著民族争取利益和发展服务。人类学发展史上的许多学科巨匠，都曾做过人类学的应用和土著民族的发展工作。如摩尔根曾为塞纳卡印第安人的利益，向白人地产公司提起诉讼，使塞纳卡人的利益得到保障[②]。泰勒认为人类学本质上是一门革新者的科学，它能够援助进步，清除障碍，为治理殖民地和改善人类生活服务[③]。拉德克利夫—布朗于1916年~1918年在汤加任皇家学院院长时，曾从事过土著的教育改造工作，努力使土著适应当时的西方文化和政策，以减少因文化冲突带来的困扰。1920年，他在南非好望角大学任教时，曾为殖民地官员和传教士开设人类学补习班，给他们灌输人类学知识。1926年~1931年，他在澳洲悉德尼大学任教期间，也在那里创办“人类学学校”和一些培训班，为澳大利亚和新几内亚委任统治区的官员开比较社会学和殖民地行政等课程，使他们了解当地的文化和习惯法，以便减少因文化矛盾而造成的冲突。[④] 二次大战期间，美国著名人类学家本尼迪克特受美国政府委托，专门研究日本的民族性格，提出促使日本政府投降和战后治理日本的策略。被美国政府采纳付诸实施后，整个事态的发展进程与其提出的建议和预测基本一致，极大地提高了人类学应用与发展研究的声誉[⑤]。二次大战后，随着资本主义殖民体系的瓦解和新独立的发展中国家的加快发展，人类

---

① 张光直：《考古人类学随笔》，三联书店1999年版，第66－67页。
② 参见黄淑娉、庄孔韶：《原始社会史学的奠基人摩尔根》，商务印书馆1981年版。
③ ［英］爱德华·泰勒著，连树声译：《原始文化》，广西师范大学出版社2005年版，第756页。
④ 参见《吴文藻人类学社会学研究文集》，民族出版社1990年版，第173页。
⑤ ［美］鲁思·本尼迪克特著，吕万和等译：《菊与刀》，商务印书馆1990年版，第1页。

学的应用与发展研究扩大到了人类社会发展的几乎每一个方面。随之不仅形成了应用人类学、发展人类学等专门的人类学分支学科，一些人类学家还直接参与指导发展实践，形成了著名的维柯斯计划和福克斯计划①。

人类学在中国的发展进程也如此。自1926年蔡元培先生发表《说民族学》一文，将民族学介绍到中国来以后②，以李济、杨成志、凌纯声、林惠祥、孙本文、吴文藻、吴泽霖及其后的林耀华、费孝通为代表的老一辈民族学、人类学家，便开始应用自己的专业知识，通过田野调查和社区研究来认识中国的历史与文化，以期为改变旧中国的面貌服务。中华人民共和国成立后，大批民族学、人类学家投身于政府组织的民族社会历史大调查，为中国的民族识别、民族地区的民主改革和民族区域自治的实施，作出了卓越贡献。改革开放以来，大批民族学、人类学学者又投身于民族地区的发展与现代化进程中，应用自己的专业知识和深入实地的田野调查研究成果，为民族地区发展政策的制定和扶贫工作、环境保护、妇女权益、移民利益、文化保护以至毒品、艾滋病防治等诸多方面的实际工作，作出了重要贡献。

鉴于人类学在发展与现代化研究中作出的重要贡献，一些西方学者认为，人类学在发展与现代化问题研究中，具有其他学科所不具备的优势。这些优势至少有下列几点：

1. “人类学家研究了各式各样的社会，从原始社会、农业社会、最初的城市社会直至今天的工业社会，所以他们对正在搞现代化的国家所面临的问题看得透，想得远。”

2. “人类学家承认种族优越感的局限性，并谨小慎微地加以避免，所以他们对文化的比较分析有助于我们理解社会发展问题。”

3. “一般来说，人类学家看问题是从全局着眼的，所以正在搞现代化的社会共同关心的问题，即整个社会一体化的特征，是人类学家社会调查的目标。”

4. “人种史学家从事的社会研究在阐明个人在其所处的社会中

① 石奕龙：《应用人类学的途径》，庄孔韶主编：《人类学通论》，山西教育出版社2003年版，第617－621页。

② 《蔡元培选集》，中华书局1959年版，第225页。

面临的一系列问题时，具有这样的特色：他们在手法上，比其他学科的社会学家用城市化—工业化观点分析这类问题更为直截了当，而且倾向于更广泛的文化基础。”①

其实，只要我们认真分析一下前述的10种主流发展理论就会发现，没有任何一种主流发展理论未受到过人类学的影响，我们甚至也可以这样说，凡是受人类学影响越多的主流发展理论，其发展理念就越科学、越正确、越全面，也越有生命力。

然而，我们也不能不承认，尽管人类学对主流发展理论有过重要影响，但也仅仅是影响而已。一个明摆着的事实是，人类学虽然在一百多年前的学科建立之初就参与了发展的研究和发展的实践，但迄今为止却仍未能向人类社会贡献出一套系统的人类学发展理论。这与人类学拥有众多“不发达”，因而迫切需要发展的研究对象、独创的田野调查方法、独特的理论视角和众多学术大师的地位是不相称的。而经济学、社会学、政治学、法学甚至历史学都已形成了自己的发展与现代化理论。所以，人类学与这些学科相比，就一直处于边缘地位。有学者评论说：“人类学这门学科与其他社会科学学科之间，存在着一个重要的区别：其他社会科学学科，更关心怎样建设现代性，怎样实现现代性的历史转型，而人类学则纠缠于‘传统’之中，对于‘现代’这个历史时段中生存的那些‘非主流’的‘落后民族’、‘落后文化’十分关注。似乎人类学家是一群‘好发好古之心’的人。……于是，人类学家的形象，通常有些古怪。”②

之所以形成这样的局面，原因很多，但其中有两个原因十分重要。一是人类学传统的研究对象，都是相对封闭的小型社区和“落后民族”。从中发展出来的理论与方法，要用来研究大规模的现代工业社会，需要有一个转型、调适和发展的过程。但更为重要的另一个原因，就是人类学的理念要求人类学家对自己研究的弱势群体和少数民族具有深切的人文关怀，特别关注文化多样性尤其是少数民族文化的延续与发展，因而对来自于西方的、对“落后

① ［美］贝迪阿·纳思·瓦尔马著，周忠德、严炬新编译：《现代化问题探索》，世界知识出版社1983年版，第60页。

② 王铭铭：《人类学是什么》，北京大学出版社2002年版，第55页。

民族”传统文化造成毁灭性破坏的发展与现代化潮流，从一开始就持质疑、反思和批判的态度。“社会学家到了三十年前才开始系统地反思现代性，而现代人类学开始就带有这样的关怀。”[①] 这既是人类学在现代社会的独特价值之所在，但同时也是人类学对发展与现代化问题的正面建设性话语缺失从而日趋边缘化的重要原因。“人类学对发展的态度非常矛盾。近年来，人类学家几乎一致认为发展这个概念有问题且带有侵略性。做学问的搞实践的都这么认为。……一部分人站在穷人的立场上，主张积极参与发展，企图从发展内部改变发展；另一部分人激烈地批评发展，主张远离发展。”[②] 故一些西方主流理论家批评人类学：“人类学家在世界银行和美国国际开发署之类的发展机构已经工作了二十多年。但是几乎在所有的场合中，他们所作的努力都是力争让有关的决策者了解，什么样的文化现实应反映在政策与规划的设计和执行之中。几乎不曾有人费心去设法倡导文化的改变。实际上，倡导文化的改变整个概念成了一个禁忌。”[③] 这几乎就等于说，人类学家虽然参与发展，但其作用仅仅是向决策者敲敲边鼓而已。这样的批评虽然难听，但也确乎道出了人类学在发展与现代化问题上的尴尬处境。

这种尴尬处境，在很大程度上已影响到人类学学科在现代社会的生存与发展[④]。著名人类学家乔健说，他在其曾经做过田野调查的台湾原住民地区和美国的 Navajo 印第安保留区，都遇到了被研究者的质疑：“你的研究对你有好处，对我们却没有好处。”美国人类学界流传着一个笑话：一个 Navajo 的家族包括母亲、父亲、子女和人类学家。可见研究 Navajo 的人类学家之多。到 1965 年时，已有 7000 多种已发表的论文和书籍，但 Navajo 人的生活呢？却一点也没有改善。接着，乔健向自己其实也是向整个人类学界，提出了一连串

① 王铭铭：《人类学是什么》，北京大学出版社 2002 年版，第 55 页。

② ［美］阿图罗·埃斯科瓦尔：《人类学与发展》，中国社会科学杂志社编：《人类学的趋势》，社会科学文献出版社 2000 年版，第 74 页。

③ ［美］劳伦斯·哈里森：《文化为什么重要》，［美］塞缪尔·亨廷顿、劳伦斯·哈里森主编：《文化的重要作用——价值观如何影响人类进步》，新华出版社 2002 年版，第 19 页。

④ 麻国庆认为，应用研究缺乏规模和力度，是人类学研究的盲点，是关系人类学这一学科生死的重要问题。参见麻国庆：《人类学：理解与应用》，纳日碧力戈等著：《人类学理论的新格局》，社会科学文献出版社 2001 年版，第 87－88 页。

值得认真思考的问题："我们的研究究竟对被研究者能有什么好处？我们真能为他们做些什么？我们的立场是纯粹只顾自己？顾到政府？还是也顾到被研究者？如果三者有冲突时，我们的立场又是什么"①？看来人类学确实已经到了需要自我反思的时候了。

我认为，面对滚滚而来的全球化发展与现代化浪潮，作为深切理解少数民族文化的民族学、人类学学者，回避和抗拒都是不足取的；仅仅对其采取质疑、反思和批判的态度也是不够的。一个民族学、人类学学者的使命，就是要积极地投身和参与进去，站在被研究对象即少数民族、弱势群体的立场上，应用本学科的理论和知识，在质疑、反思和批判主流发展理论所存在的缺陷的同时，积极探索适合少数民族的发展路子，以期从发展内部改变发展，或从发展中引导和指导发展。同时做出相应的理论建树，提出一整套能够深刻影响主流发展理论的人类学发展理论，并使其逐步完善而成为主流发展理论。基于这一立场，我谨就人类学的发展与现代化理论，作一番尝试性的探讨。经初步研究，我认为，这一理论可由以下几个核心观点组成。

一、发展是以文化为中心和目的的人类全面发展

这是人类学发展理论的第一个核心观点。它反对主流发展理论仅仅把文化视为经济发展的有利因素或阻碍因素，亦即把文化视为发展手段的工具主义文化观。认为文化既是发展的手段，更是发展的目的，发展是以文化为中心和目的的包括政治、经济、社会和生态的人类全面发展。这一核心理论观点建立在以下两个人类学基础理论之上。

（一）广义文化论

任何一门学科都有自己的核心概念。这个核心概念就规定了这门学科的研究对象、研究领域、研究目标和研究任务，同时也就内在地规定了这门学科与其他学科的根本区别和这门学科存在的根据。"文化"（culture），就是人类学这门学科从创始以来就一直坚持的核心概念。因此，人类学的发展理论

① 乔健：《人类学家与原住民研究——一些个人的经历与反思》，王筑生主编：《人类学与西南民族》，云南大学出版社1998年版，第117页。

也必须从文化这一核心概念出发。

什么是“文化”呢？据美国人类学家克鲁伯和克拉克洪的统计，到1952年，关于文化的定义就已多达164种①，每一个人类学家都可以基于自己独特的视角根据研究问题的性质和特点提出自己的文化定义。因此至今也没有一个公认的权威定义。这里，我筛选出以下几种定义，分别代表了西方、苏联、中国大陆和台湾省的民族学、人类学界对文化这一概念的基本看法。

一是最早在人类学研究中采用文化一词并加以较科学定义的英国人类学家泰勒。他在1871年出版的名著《原始文化》中提出了对后来的文化研究具有重大和深远影响的经典性文化定义：

> “文化，或文明，就其广泛的民族学意义来说，是包括全部的知识、信仰、艺术、道德、法律、风俗以及作为社会成员的人所掌握和接受的任何其他的才能和习惯的复合体。”②

二是苏联民族学家、苏联科学院院士B·勃罗姆列依提出的。他指出：

> “广义的文化，也就是把文化理解为人类的有明确目标的特殊活动方式及其结果的总和。”“文化的内部结构也像人们的活动本身那样是多方面的。……可以划分三个文化组成部分：一、人们‘内感的’社会意识（既是思想理论等级的，又是社会心理等级的）；二、这种社会意识在行为和行动中的表现；三、‘物体化的’活动结果（既是物质的，又是精神的）。”③

三是中国老一辈民族学家吴文藻先生提出的。他认为：

> “文化最简单的定义可说是某一社区内居民所形成的生活方式；所谓方式系指居民在其生活各方面活动的结果。文化也可以说是一个民族应付环境——物质的、概念的、社会的和精神的环境——的总成绩。文化可以分为四个方面：一、物质文化，是顺应物质环境的结果；二、象征文化，或称‘语言文字’，系表示动作或传递思想

① 和少英：《社会——文化人类学初探》，云南民族出版社1997年版，第6页。

② ［英］爱德华·泰勒著，连树声译：《原始文化》，广西师范大学出版社2005年版，第1页。

③ ［苏］B·勃罗姆列依著，李振锡等译：《民族与民族学》，内蒙古人民出版社1985年版，第10页、第51-52页。

的媒介；三、社会文化，亦可称为‘社会组织’，其作用在调适人与人之间的关系，乃应付社会环境的结果；四、精神文化，有时仅称为‘宗教’，其实还有美术、科学与哲学，也须包括在内，因为它们同是应付精神环境的产品。”①

四是人类学家李亦园先生提出的。他从英国哲学家罗素的一句名言说起。罗素说，人类自古以来有三个敌人：其一是自然（nature），其二是他人（other peoples），其三是自我（ego）。李亦园认为，人类的文化就是在克服这三个敌人的过程中产生的②。因此，他提出了一个两层面三类文化的概念，并表列为下面的形式：

文化
- 一、可观察的文化（observable culture）
  - （一）物质文化或技术文化：因克服自然并借以获得生存所需而产生，包括衣食住行所需之工具以至于现代科技。
  - （二）社群文化或伦理文化：因营社会生活而产生，包括道德伦理、社会规范、典章制度律法等。
  - （三）精神文化或表达文化：因克服自我心中之困境而产生，包括艺术、音乐、文学、戏剧，以及宗教信仰等。
- 二、不可观察的文化（unobservable culture）　　文化的文法

五是西方学者提出的被认为是目前许多人类学家愿意接受的文化概念：“一个特定社会中代代相传的一种共享的生活方式，这种方式包括技术、价值观念、信仰以及规范。”③

① 此看法系吴文藻先生为《花篮瑶社会组织》一书所写的导言中提出，见费孝通、王同惠：《花篮瑶社会组织》一书导言，商务印书馆1936年版。

② 李亦园：《人类的视野》，上海文艺出版社1996年版，第102－103页。

③ Raymond Scupin：Cultural Anthropology：A Clobal perspective，Englewood Cliffs，New Jersey，Prentice－Hall，1992，p.46. 转引自庄孔韶主编：《人类学通论》，山西教育出版社2003年版，第21页。

从上述诸种有代表性的文化定义中可以看出，虽然民族学、人类学界对文化的定义至今仍众说纷纭，但大多数民族学、人类学家还是倾向于从广义角度来定义文化。笔者也持广义文化论的观点。我认为："文化是一个民族对所处的自然环境和社会环境的适应性体系及其世代相处的生活方式，是一个民族在长期的历史发展中创造出来的所有文化成果的总和，包括物质文化、制度文化和精神文化三元结构。"因此，本书的所有分析，都是基于广义文化论的观点立论的。

（二）文化整体观

所谓文化整体观，指的是构成一个民族文化的各个要素、各个方面、各个组成部分及其内部的层次和结构，都是相互联系、相互依存、互相作用和互相影响的有机整体。任何一个局部和文化单元的变化，都会影响到整体的变化。因此不能孤立、片面地看待任何一种文化事项，而必须从相互联系的整体观点来观察和理解民族文化。人类学大师拉德克利夫·布朗指出"文化是一个整合的系统。在一个特定共同体的生活中，文化的每一个因素都扮演一个特定的角色，具有一定的功能"。"只有当文化被看成是一个各部分相互联系的整体时，才能确定任何文化元素的意义"。"文化整体性的观点是新人类学最重要的特点之一……新人类学把任何存续的文化都看成是一个整合的统一体或系统，在这个统一体或系统中，每个元素都有与整体相联系的确定功能。"① 从文化整体观出发，就可以自然得出结论：任何一个民族和社会的良性发展，都必须是文化的全面和整体的发展。虽然我们在分析发展问题时可以将一个民族文化的发展分为物质文化、制度文化、精神文化等层面；也可以将一个社会的发展分为经济、政治、社会、文化、生态等维度，但在谋划和思考任何一个层面和维度的发展时，都必须同时谋划和思考其他层面和维度的发展和整体的全面发展。

基于以上两个观点，著名人类学家萨林斯提出了以文化为发展终极目的和人类社会整体全面发展的人类学发展理念。他指出：

① ［英］A·R·拉德克利夫—布朗著，夏建中译：《社会人类学方法》，山东人民出版社1988年版，第32页、56页、60页。

> “如果我们不把文化概念的人文含义与人类学含义（特别是把文化看作人类生活方式的总和的观点）区分清楚，无论在学术层面还是政治领域，都会引起很多困惑。从后一种观点看来，谈论‘文化与经济的关系’是毫无意义，因为经济本身就是人类文化的一部分……事实上，这种语义上的模糊给世界文化与发展委员会提出了一个严肃的问题：‘文化’究竟是‘发展’的一个方面一种手段，抑或‘文化’是‘发展’的终极目的？第一个发展指的是纯粹的物质进步，而后者的发展指的是人类社会作为一个整体在各方面的繁荣。”①

另一位著名人类学家格尔兹则从与人类本能相比较的角度指出人类文化的极端重要性。他说：“没有文化的人类将是几乎没有什么有用本能的无可救药的怪物。……的确，没有人类，就没有文化；但同样，而且更重要的是，没有文化，就没有人类。”②

人类学的这些观点，得到了联合国及其教科文组织的高度赞同。由联合国及其教科文组织共同成立的、由联合国秘书长亲自担任主席的“世界文化与发展委员会”所发表的研究报告明确指出：

> “在强调经济增长的发展观看来，文化并不起基础性的作用，它只是一种工具，能够促进或阻碍经济增长……我们既要明白文化对于促进发展的工具性作用，同时又要认清文化的作用远不限于此。文化赋予人类存在以意义，它本身就是人类发展的目的。……正是文化，使人们得以相互沟通、联系，也正是文化，使每个个体的发展成为可能。同样，文化规定了人如何与自然、与周遭的物质环境发生联系，文化决定了人如何看待人与地球、人与宇宙之间的关系，文化决定了人对其他生命形式（无论是动物还是植物）的态度。正

① Marshall Sallins, “A Brief Cultural History of ‘Culture’”, paper prepared for the World Commission on Culture and Development, August 1994. 转引自《文化多样性与人类全面发展——世界文化与发展委员会报告》，广东人民出版社2006年版，第1页。

② 克利福德·格尔兹著，纳日碧力戈等译：《文化的解释》，上海人民出版社1999年版，第56－57页。

是在这种意义上，包括人的发展在内的所有形式的发展，归根结底都取决于文化因素。从这个观点来看，谈论所谓‘文化与发展的关系’是没有意义的。这好像是说文化与发展是两个截然不同的概念，其实经济与发展都是人类文化的一个组成部分，或者说是一个方面。所以，文化不是促进物质进步的一种手段，如果我们把人的发展看作是人类生存的整体繁荣，那么，文化恰恰就是这种‘发展’的最终目标和归宿。”①

综上所述，在人类学广义文化论和文化整体观的基础上，人类学建立起了自己的发展理论的第一个核心观点：发展是以文化为中心和目的的人类全面发展。在这里，文化的各个组成部分或单元，诸如物质文化、制度文化、精神文化或经济、政治、社会、生态等，在分解的情况下均可视为发展的手段，即每一个部分或单元的改善和优化都可以促进发展；而在整合的情况下又都是目的，亦即文化的各个要素、各个方面、各个组成部分及其内部的层次和结构的改善和优化，都是为文化这一发展的最终目的服务的。

二、发展是由文化主体自由选择和自主决定的过程

这是人类学发展理论的第二个核心观点。这个观点建立在人类学的如下两个重要理论基础之上。

（一）人类普同论

这是人类学从诞生之日起，就在吸收启蒙哲学和自然科学研究成果的基础上形成的重要理论。这一理论认为，现代智人种自形成以来就是一个统一的物种。不论是白种人还是黑种人、欧洲人还是亚洲人、爱斯基摩人还是美国人，他们全都是人。人这个物种中的所有成员，在用双足直立行走，具有发达的大脑，能够创造各种文化事物，且能通过性繁殖生育出健康的子代等最基本的特点上是完全一致的②。人类主要靠文化而不是躯体来适应环境，所以遍及全球和多达60亿的人类没有生殖隔离，说明人类掌握和运用文化的能

① 《文化多样性与人类全面发展——世界文化与发展委员会报告》，广东人民出版社2006年版，第3-4页。

② 参见林耀华主编：《民族学通论》（修订本），中央民族大学出版社1997年版，第54页。

力是普同的[①]。运用这一理论，人类学与形形色色的“种族主义”展开了长期、持续的斗争，为人类抛弃“种族偏见”、“种族歧视”和“种族隔离”等反人类的理论和政策作出了重大贡献。

（二）文化相对论

文化相对论的最早倡导者是美国著名人类学家博厄斯（Franz Boas）。从泰勒时代开始，人类学家凡谈论“文化”（culture）一词时所用的往往是单数，而自博厄斯为代表的文化历史学派兴起后，复数的文化（cultures）概念开始逐渐占据上风[②]。单数文化概念从与西方霸权主义相关的社会进化论中逐渐形成，认为存在普遍的进步，文明会随着时间发展，人类也同样会变得更加富有创造性和更为理性，也就是说，人们的文化内涵会增长。文化和理性的增长被认为属于同一进程。……相反，现代人类学则站在文化相对主义的立场上，反对种族主义，坚定自己富有解放意义的主张，认为文化必须总是理解为复数的，只可在其特定的背景中才能进行判断[③]。博厄斯认为，没有一种单一的价值量表可用来衡量所有的社会，每个民族都有自己的尊严和价值观，民族文化没有高低之分，一切道德评价标准都是相对的，各族文化珍品是无法比较的。他说：“从离现代文明之外的文化去加以考察……例如中央非洲的黑人、澳大利亚人、爱斯基摩人、中国人的社会理想，同我们的社会理想是如此不同，以至他们对人的行为的评价是无法比较的。一些人认为是好的，另一些人则认为是不好的。”[④] 简而言之，文化相对论认为，每一个民族都有自己独特的文化，每一种文化也都有自己独特的价值，没有高低优劣之分，世界上从来就不存在一种超然的可以衡量民族文化优劣的价值标准。因此，必须平等地看待每一个民族的文化，对之采取尊重、宽容乃至欣赏的态度。

人类学的这两个重要理论观点，确立了人类统一与文化多样的世界观，

① 参见国际人类学和民族学联合会“关于种族的声明”，《都市人类学会通讯》第9期，1995年。

② 和少英：《社会——文化人类学初探》，云南民族出版社1997年版，第46页。

③ ［英］奈杰尔·拉波特、乔安娜·奥弗林著，鲍雯妍、张亚辉译：《社会文化人类学的关键概念》，华夏出版社2005年版，第77页。

④ 博厄斯著，杨成志译述：《人类学和现代生活》，商务印书馆1985年版，第148页。

对反对种族主义和民族中心主义发挥了重要作用，也是人类学发展理论的重要基石。张光直先生说：

“这个新学科的特点，是把个别文化放在从时间上空间上所见的多种文化形态当中来研究，同时这种研究是要基于在个别文化中长期而深入的田野调查来进行的。用这种做法所获得的有关社会人文的新知识，一方面能够深入个性，一方面又照顾了世界性；一方面尊重文化的相对性，一方面确认文化的一般性。这种做法，这样的知识，是别的学科所不及的，因而造成人类学在若干社会科学领域内的优越性。”①

然而，文化相对论在反对民族中心主义斗争中取得节节胜利的同时，也受到了来自多方面的猛烈抨击。王铭铭说：

“在近代以来的世界中，什么是最严重的民族中心主义？对于我们这个时代来说，最严重的民族中心主义，不幸与我们希望想达到的‘发达目标’构成了难以切割的关系，这种新式的民族中心主义，就是被逐步衍生出来的‘现代中心主义’（modern - centrism），它是我们今天生活的世界的最大问题之一。我们知道，‘现代性’这个概念，原来也是起源于西方民族中心主义的，它表达了欧洲近代以来逐步形成的对自己的近代文化的推崇，它的根基与进化的文化观一致。现代性将欧洲近代史当成是世界史的总体未来，将现代国家的预期混同为社会的现实，相信其他不同的文化传统只有接受或接近这种新的政治方式之后，才能够拥有‘适者生存’的能力。因而，‘现代中心主义’的基本主张，就是与传统的决裂，就是将人从原有的生活方式、社会组织、经济、信仰与仪式中‘解放出来’，成为国家机器的螺丝钉。这些变化带有深刻的地方差异性和历史复杂性。但是，作为一种观念形态的现代性，却相信这几个方面的变化已经成为事实，或者注定成为事实。”②

---

① 张光直：《考古人类学随笔》，三联书店1999年版，第67页。
② 王铭铭：《人类学是什么》，北京大学出版社2002年版，第53－54页。

正是由于人类学对现代中心主义的批判立场，文化相对论首先受到了信奉现代中心主义的主流发展理论的猛烈抨击。1999 年 4 月，美国哈佛国际与地区学会召开了一次题为“文化价值观与人类进步”的研讨会，出席会议的都是著名的政治学家、经济学家、社会学家、历史学家、发展咨询专家，也有美国和发展中国家的人类学家。会议主持者、美国前国际开发署官员、哈佛大学国际与地区问题学会高级研究员劳伦斯·哈里森，就直截了当地批评人类学家。他说：

> “许多人类学家——以及受他们影响的另一些社会科学家——的首要问题，是近百年来主导人类学这一学科的文化相对主义传统，这一传统拒绝评估另一社会的价值观和习俗。……‘进步’的概念在那些坚持文化相对主义的人看来是可疑的，因为他们认为每种文化都有自己明确的目标和伦理，不能以另一种文化的目标和伦理为尺度加以评价。有些人类学家认为西方企图把进步的概念强加于别人的文化。极端的文化相对主义者和文化多元论者甚至会争辩说，西方人无权批评别人的毁伤妇女生殖器、殉夫自焚直至奴隶制等等制度。但是，经过半个世纪以来的传播革命以后，西方所理解的进步已几乎成为普遍的愿望。……我相信世界上绝大多数人都会同意：
>
> 活比死好。
>
> 健康比疾病好。
>
> 自由比受奴役好。
>
> 富裕比贫穷好。
>
> 教育比无知好。正义比非正义好。”①

如此美好的说词自然富有蛊惑性和煽动性，加之用同样美好的语言写就的联合国《世界人权宣言》，又在 1947 年被美国人类学联合会的执行委员会当作一个种族主义的文件而加以拒绝，就更给主流发展理论家留下了批评人类学的理由。

---

① ［美］塞缪尔·亨廷顿、劳伦斯·哈里森主编：《文化的重要作用——价值观如何影响人类进步》，新华出版社 2002 年版，第 12 – 14 页。

其次，文化相对论也受到追求“进步”、对现代化充满预期的第三世界国家和少数民族精英人物的抨击。他们以第三世界国家民众和少数民族群体代言人的身份，强烈地表达了对“现代中心主义”的认同和追求。就在哈佛学会召开的同一个研讨会上，一位来自非洲的学者指出，非洲国家普遍存在的垂直社会结构、群体主宰个人、崇拜权力、崇尚传统、安于现状、耽于欢乐而回避冲突、乐于消费而不储蓄，以及魔术和巫术盛行等非理性的文化，是导致非洲贫穷落后的内部原因①。另一位来自拉美的学者说：人类学家需要让他们研究的社会保持相对稳定和可以预测，就像昆虫学家研究蜜蜂和蚂蚁一样。但我们就来自这样的社会，我们热爱它，我们希望它前进到新的水平，让人们的生活接近于发达世界的水平。如今有成百万的拉美人“用自己的脚投票”而迁徙到发达国家，事实雄辩地证明，我们的观点是和广大民众共有的。我们希望拉美各国得到民主的稳定、正义、进步的机会和繁荣，如同我们在先进国家中所见到的一样②。

第三，文化相对论还受到了迫切要求摆脱贫困、改善生活的第三世界国家中部分民众的批评。在“现代中心主义”和“发展主义”通过国家主流意识形态的强行灌输而深入人心的今天，人类学、民族学学者到任何一个“不发达”地区或群体中去做田野工作，都会碰到如乔健先生亲身体验的来自被研究者的质疑：“你的研究对你有好处，对我们却没有好处。”这在当代中国特别是云南民族地区尤其明显。一心一意追求发展的这个“潘多拉魔盒”一旦被打开，发财致富的急切愿望很快就会演变成一种不顾一切疯狂“发展”的推动器。在这种横扫一切、无坚不摧的欲望面前，一个人类学、民族学学者要想凭借学术良心，站在文化相对论的立场，对某些所谓的大发展但其结果却极有可能带来大破坏的疯狂举动，哪怕是提出一点批评意见，也会担心受到少数民族群众的反对。

第四，文化相对论还受到了某些人类学家的质疑。例如，美国人类学家马尔库斯和费彻尔就批评说：“学者们总惯于把相对主义描述成一种教条，而

① ［美］塞缪尔·亨廷顿、劳伦斯·哈里森主编：《文化的重要作用——价值观如何影响人类进步》，新华出版社2002年版，第106－122页。

② 同上书，第257页。

没有把它看成一种方法以及对解释过程本身的认识论反思。这就使得这种观念特别地易于遭受批评家们的批评。批评家们指责说，相对主义所声称所有的文化价值系统都具有平等的有效性，因而导致我们无法进行道德评判；而且它主张对所有人类社会文化差异性给予基本尊重，使得我们无法进行任何科学进步所不可缺少的理论纲领的建构。"①

面对社会各界对文化相对论的抨击，一些人类学大师进行了反击。

早在半个多世纪前，人类学大师列维—斯特劳斯就从承认文化多样性出发，将进步观念与文化相对论结合起来，撰写发表了著名的《种族与历史》一书。在书中，他明确指出："人类有史以来的进步是如此地明显和巨大，任何对它的论证都属于修辞学的练习。"但是，对进步问题我们应当谨慎把握。"首先，'进步'不是必然的，也非连续的；其次，它是跳跃性地进行的，或正如生物学家所言，以突变方式进行。这些突变和跳跃并非总是在同一方向上跳得更远，它还伴随着方向上的变化，有点像国际象棋中的马，总是可以跳几步，但永远不在同一方向上。演进中的人类不大像人上楼梯，一步一个台阶，直至到顶，而是令人不由得想到弈者，他的运气靠扔几次骰子，每次掷下去，都有一个数，人们在一个上赢得的，在另一个上失去。"基于对进步的这种看法，他指出：

> "西方文明两三个世纪以来，完全转向使人拥有越来越强大的技术手段。如果采纳这个标准，人们自然以人均所拥有的能量作为人类社会发展的标准。西方文明，以其北美形式为准占据首位，欧洲国家随后，落在后面的是大量的亚洲和非洲社会……如果以战胜最恶劣地理条件的能力作为标准，无疑爱斯基摩人和贝督因人会摘取王冠。印度比其他文明更懂得建立一个哲学——宗教体系。而中国，一种生活方式能够把人口不平衡所带来的心理后果减小。伊斯兰文化在1300前就形成人类生活——经济、技术、社会精神所有形式的连带关系理论，西方只是最近随着马克思的某些思想和现代种族学

① 乔治·E·马尔库斯、米开尔·M·J·费彻尔著，王铭铭、蓝达居译：《作为批评的人类学》，三联书店1998年版，第55页。

的诞生才找到这些理论。我们知道，这先见之明使阿拉伯人在中世纪的精神生活中占有怎样卓越的地位。西方，机器的主人，却明显对人体这一高级机器所知甚少。在这一领域一如其他相关领域，东方和远东反过来都比西方先进几千年；印度的瑜伽、中国的气功理论、古马里人的体育运动都产生了包罗万象的庞大理论和实践体系。无土栽培不久前才列入议事日程，而波利尼西亚人已经实践几百年了。他们还教会世界航海术，18 世纪曾经震惊了整个世界。他们向世人展现了一个比任何可以想象出来的更为自由高级的社会伦理生活。”①

面对土著民族生活贫困，宣扬文化相对论就是希望保持贫困，就是只顾人类学家自己的研究而对土著民族的命运不负责任的指责，另一人类学大师萨林斯直面矛盾，振聋发聩地指出，正是现代文明的发展，才造成了人类的贫穷。他说：“在‘进步’这个形而上学理想的牵制之下，西方社会思潮，自来即设定文化之演化主要存在于一种累积的‘经济发展’之中。在这样的背景下，旧石器时代的狩猎采集社会遂命定被打扮为一种低条件的角色：一种以绝对贫困为印记的‘糊口经济’，缺乏用以‘建立文化’的闲暇，无穷尽的生产活动仅足以维持生存等等。”但是，从世界范围和各地的现代狩猎民族中得到的证据却表明，狩猎采集民族的食物品种之多、其所摄取的蛋白质之丰富、获取食物之容易因而享受生活、发展文化的闲暇时间之多，是令今日的许多农耕民族所望尘莫及的。因此，完全可以将其称之为“原初的丰裕社会”。他总结说：

“我们今天的世界又怎样？全人类的一半或三分之一以上的人每晚以饥腹入眠。在旧石器时代，这比例必定小得多。我们现在才是空前的饥饿时代。今日，在这个伟大的技术能力的时代饥饿成了一种建制。……世界上最原始的人们拥有很少的物件，但他们并不穷。贫穷不是少数量的财货，也不只是手段与目标间的关系；最根本的，

① ［法］克洛德·列维—斯特劳斯著，于秀英译：《种族与历史 种族与文化》，中国人民大学出版社 2006 年版，第 25 页、27 页、33－34 页。

贫穷是人与人间的一种关系。贫穷是一种社会地位。是故，它是文化的再造物，它与文明同生共长；同时，它是阶级之间一种为人怨愤的区分。而更重要的，是一种朝贡式的关系——这关系可以使得农作的乡民比起任何爱斯基摩人的冬季宿营，更易于受到自然灾厄的威胁。”①

就连新进化论的干将马文·哈里斯也说：

“石器时代的人们比紧随其后的多数人活得更健康：在罗马时代，世界上的疾病之多并无前例；即使到了19世纪初，英国儿童的预期寿命恐怕和20000年前也无多少差别。此外，石器时代的猎人维持生计的工作时间比典型的中国和埃及的农民或当代工人（虽然他们有工会）都要短。至于美食娱乐、审美情趣一类人生乐事，只有今天美国的一流阔佬才能享受到早期狩猎采集者所享受到的乐趣。当代的经理们工作5天才能换取两天时间去享受森林、湖泊和清新空气。今天全家人30年的辛勤工作和积蓄才能使他们有权欣赏窗外的几平方英尺绿草地。而这些人还只是享有特权的少数人。美国人常说：‘食不可无肉，’他们的食物中动物蛋白确实不少（有人说太多了），而三分之二的当代人却不得不甘于蔬食淡泊。在石器时代，所有人都吃高蛋白、低淀粉食物，而且是未经抗菌素和人工色素处理，未经冷冻和真空消毒的肉类。”②

应该说，人类学大师们的反击是有力的。但是，主流发展理论和社会各界对文化相对论的抨击和质疑确实也不无道理。因此，要想使人类学的文化相对论在与“现代中心主义”的斗争中重新焕发生机与活力，就必须避免陷入绝对的、极端的相对主义的误区，而采取相对的、有限的相对主义立场。这就要求回到人类普同和文化相对的理论原点上来，回到张光直先生精辟阐述过的兼顾文化相对和文化一般的正确道路上来。如果做到了这一点，文化相对主义就可以成为人类学发展理论的核心观点之一。

① 塞林斯（Marshall Sahlins）（萨林斯）著，丘延亮译：《原初的丰裕社会》，许宝强、汪晖选编《发展的幻象》，中央编译出版社2001年版，第56－77页。

② 马文·哈里斯著，黄晴译：《文化的起源》，华夏出版社1988年版，第2页。

根据人类普同、文化相对的理论和兼顾文化一般与文化相对的要求，我认为，人类确实具有追求发展与进步的普同性，这种普同性追求就是：所有的人都希望生活得比过去更好。至于什么才算是比过去生活得更好，就没有任何普同模式可言了。它既不能来自外部强加，也不能来自西方引导，更不能来自自上而下灌输，而必须是，也只能是由文化主体自由选择和自主决定。这样，我们就能明确地提出人类学发展理论的第二个核心观点，那就是：发展是由文化主体自由选择和自主决定的过程。这里的自由，指的是具有文化自觉意识的民族集体的自由，这种集体自由既是保证个人自由的基本条件，又强调个人在享受自由权利和作出自由选择时，要履行集体义务并接受集体自由的制约，以此区别于阿马蒂亚·森的不具备文化自觉意识的个体的自由。根据这一观点，一个民族群体追求比过去生活得更好，就一定是在继承和改进自己所珍爱的生活方式和文化基础上的、以文化为中心和目的的全面发展；而世界上多种多样的民族文化所自由选择的发展目标和自主决定的发展模式，就一定是多样化的。这样一来，长期困惑人们的发展进步的人类一元性追求与文化多元的人类多样化追求，就在人类普同和文化相对的理论基础上，在人类学发展理论中得以统一起来。在这种统一的发展理论指导下，世界上众多的民族文化主体，就一定能够自由地开拓出丰富多样的发展道路和进步模式来。

三、发展是文化与环境持续调适的过程

这是人类学发展理论的第三个核心观点。这个核心观点建立在以下两个人类学基础理论之上。

（一）文化适应论

文化适应论认为，不断适应变化着的文化生存的自然和社会环境，是文化的基本特性和重要功能。因此，文化适应又可分为自然环境适应和社会环境适应两个方面。

从达尔文开始，进化论一直强调生物界“适者生存”的观念。但是人类对生态环境的适应与其他的生物有机体有一个最大的不同点，就是其他生物有机体对周围环境只有靠遗传或变异的生理机能和生理机制来适应，而人类

除了遗传和生理适应外，还有更为复杂、发挥更大作用的文化适应机能和文化适应机制。而且，环境固然会影响文化，文化也会反作用于环境。因此，“在物质环境和人类行为之间，始终存在着一个中间项，一个由特殊的目标和价值组成的集合，一个知识和信仰的体系：换言之，就是一个文化范式”。“人作用于生物圈的时候，与其把他视作一种生物类属，不如把他看作一种文化动物。”① 为了深入研究文化与环境的相互作用关系，著名人类学家斯图尔德开创了“文化生态学”。他指出：

“根据整体论的观点，文化的各个方面彼此存在着功能上的依赖性。但是，应当明了，构成文化的各种特质，它们彼此之间的依存性，无论在程度上还是性质上并不完全一样，而是存在着差别。我……提出‘文化核’这样一个概念，它是指某一文化中与生计活动和经济安排关系最为密切的一组特征，它包括与生计和经济安排关系紧密的社会政治、宗教范式，其间的紧密关系是可以依凭经验来加以证明的。其余难以数计的那些特征，由于与文化核的关系不是那么密切，因此就有极大的变化潜力；它们属于‘从属特征’，很大程度是由纯粹的文化——历史因素，也就是不经意的发明或者传播所决定，而它们又使得具有相似文化核的多种文化呈现出多姿多彩。文化生态学首先关注的，就是那些与特定文化所限定的利用环境方式方法存在着最密切关系的特征（即文化核），而把握这种关系凭借的是经验分析和判断。……尽管‘环境适应’这个概念构成了整个文化生态学的理论基础，但是适应的步骤和次序与文化的水平和复杂性是密切相关的，对此我们必须予以重视。文化生态学有如下三个基本的（研究）步骤：首先，必须分析开发技术或者生产技术与环境之间的内在关系。……其次，必须研究以特定技术开发特定地区所产生的相关行为方式。……再次，要弄清楚文化的其他方

① ［美］朱利安·H·斯图尔德著，贾仲益译：《文化生态学的概念与方法》，张海洋主编：《民族研究文集·学科建设与应用研究卷》，中央民族大学出版社2006年版，第625页、628页。

面受到开发环境所必须的行为模式的影响程度。”①

文化生态学对人类学的研究产生了巨大影响，使环境与文化相互作用的文化适应论和互动论思想逐步深入人心。以后，在文化生态学基础上又形成了生态人类学和环境人类学。在应对人类面临的生态危机和可持续发展潮流的推动下，把人类学对人与自然的关系亦即文化适应的研究推进到了一个新阶段。

文化适应的另外一个重要内容是对社会环境的适应。任何一个民族和族群都不可能是一个完全封闭和孤立的社会，每一个民族和族群的生存与发展都必然与周围的其他民族和族群乃至更大范围的国家发生联系。因此，每一个民族和族群的文化在适应所处自然环境的同时，还必须适应周围的社会环境。文化对社会环境的适应比文化对自然环境的适应要复杂得多，两种适应也会互相影响。由于人们“容易把自幼习得的行为当做全人类都自然的、在各处都应有的”②，因而每一种民族文化都天然地倾向于“本民族文化中心主义”，都会把自己的文化认为是最好的、最优秀的，从而驱动着文化主体超越自己的民族文化边界向更大的范围扩展。于是就必然产生不同民族文化之间的竞争。在竞争中获得优势地位进而掌握了国家权力的民族，便会利用国家权力将自己的文化向全国范围内扩展。而弱小的民族文化为着自己的生存与发展，只有被迫放弃自己的与所处环境高度适应的文化而采用优势民族的文化，从而造成自然生态环境和社会文化关系的严重破坏，优势民族文化的所谓“优势”随之也就自然衰落，代之而起的便是新一轮的文化调整与适应。

总之，“适应包括与自然界的关系和与其他文化系统的关系（除非一个社会完全孤立）。对自然界的适应将造就一种文化的技术并由此造就该文化的社会成分和观念成分。而对其他文化的适应亦会造就社会和观念，后者又反过来影响技术并决定其进一步的发展。适应过程的全部结果就是产生一个有组织的文化整体，一种综合性的技术、社会和观念，它应付着可供其选择的自

① ［美］朱利安·H·斯图尔德著，贾仲益译：《文化生态学的概念与方法》，张海洋主编：《民族研究文集·学科建设与应用研究卷》，中央民族大学出版社2006年版，第630页、634－636页。

② 博厄斯语，转引自王铭铭著：《人类学是什么》，北京大学出版社2002年版，第1页。

然界和外部文化的双重影响。……这就是文化的适应机制。”[①]

（二）地方性知识

由于任何民族文化都有自己生存的特定空间范围，因而任何民族文化对所处生态环境和社会环境的适应体系，就必然打上地方和民族的烙印而成为“地方性知识”。著名人类学家格尔兹说：

> “理论框架是文化人类学的精华所在。文化人类学的基本宗旨是发现人们行为的初衷……甚至在其最有影响力的理论学派——如进化论者，传播论者，功能论者以及最近的结构主义者及社会生物论者，它们都有一个共识，即对事物的观察是否正确取决于观察人的角度和观察的方式。对文化人类学者而言，从一些陌生的不同的观念中理清其结构，去塑造自己的知识，总是不可避免地要地方化。”[②]

为此，格尔兹开创了阐释人类学。他说：

> “我与马克斯·韦伯一样，认为人是悬挂在由他们自己编织的意义之网上的动物，我把文化看作这些网，因而认为文化的分析不是一种探索规律的实验科学，而是一种探索意义的阐释性科学。我追求的是阐释，阐释表面上神秘莫测的社会表达方式。”[③]

阐释人类学的核心理念是，通过“深度描写”来认识地方性知识，从文化持有者的内部眼界和本地人的观点出发来解释本地人的文化。“阐释人类学的基本使命不是回答我们最深切的问题，而是让我们了解在其他山谷放牧其他羊群的其他人所给予的回答，从而把这些答案收入可供咨询的有关人类言说的记录当中。”[④] 而正是这些其他人的回答，提供了丰富多彩的地方性知识，在无意之中却为回答我们最深切的问题——可持续发展问题，提供了有价值

① ［美］托马斯·哈定等著，韩建军、商戈令译：《文化与进化》，浙江人民出版社1987年版，第39页。

② ［美］克利福德·吉尔兹（格尔兹）著，王海龙、张家瑄译：《地方性知识——阐释人类学论文集》，中央编译出版社2000年版，第3页。

③ ［美］克利福德·格尔兹著，纳日碧力戈等译：《文化的解释》，上海人民出版社1999年版，第5页。

④ ［美］克利福德·格尔兹著，纳日碧力戈等译：《文化的解释》，上海人民出版社1999年版，第34页。

的咨询。

基于文化适应论和地方性知识的理论，人类学形成了关于发展的第三个核心观点：发展是文化与环境持续调适的过程。这个观点认为，“文化通过适应而变异成多种文化使得人类可能利用地球上的各种资源”①。地球环境资源的多样性通过文化适应和文化与自然的互动，形成了民族文化多样性和多样化的生存与发展模式；民族文化多样性和多样化的生存与发展模式在社会环境适应中会因为竞争而走向趋同，但趋同造成的恶果又会启动新一轮的文化调整与适应，重新走向多样化。每一个文化对生态环境和社会环境的适应体系都是一种极其宝贵的生态智慧和社会智慧，即便是最弱小的民族，他们也“保持着一种与自然环境亲密和谐的传统生活方式。他们的生存本身一直取决于他们对生态的意识和适应性。……这些社区是使人类同它的远古祖先相联系的传统知识和经验的丰富宝库。它们的消亡对更广大的社会是一种损失，否则，社会可以从它们那里学到大量的对十分复杂的生态系统进行可持续管理的传统技能”②。即便是最强大的民族，他们对生态环境和社会环境的文化适应体系，也只是一种地方性知识，尽管它导致了这个民族的强大及其在竞争中的优势地位，但并不具备向全世界推广的普同性。因此，发展必须是也只能是每一个民族文化与所处环境持续调适的过程。

四、发展是文化主体自愿选择变迁模式的过程

文化变迁是人类学的基本理论之一。文化变迁论认为，就像世间万事万物都在不断变化一样，民族文化也处在永恒的变化过程之中。文化是一条流动的长河，所有历史积淀的传统都将经过今天的变化形成新的传统并成为明天变化的基础。这个理论其实并不新鲜，古希腊哲学家赫拉克利特在他每日去洗澡的河边发现人不能两次走进同一条河流，中国古圣贤孔子在不断流逝的大河边感叹：“逝者如斯夫，不舍昼夜。”说的都是同样的道理。不同的是，

① ［美］托马斯·哈定等著，韩建军、商戈令译：《文化与进化》，浙江人民出版社 1987 年版，第 41 页。

② 世界环境与发展委员会著，王之佳、柯金良等译：《我们共同的未来》，吉林人民出版社 1997 年版，第 143 页。

在发展和现代化潮流席卷全球的今天，“不发达地区和民族”的文化变迁，其变迁规模之大、变迁程度之深、变迁范围之广、变迁速度之迅猛、变迁引起的冲突之激烈，都远远超过了历史上的任何一个时期。因此，人类学又将现代化看作是“全球性的文化和社会经济变迁过程，借此过程，发展中社会努力想获得工业发达的西方社会的很多特质。这一过程包含四个亚过程：技术发展，农业发展，工业化和城市化。在政治组织、教育、宗教和社会组织等领域内也随之发生变化。……然而……就全世界范围而言，我们可以相当恰当地说：现代化导致人民生活质量的恶化而非改善”①。为什么会这样呢？只有通过对人类学文化变迁模式的理解才能够回答。

在人类学理论中，文化变迁可以分为以下三种模式。

（一）创新变迁

创新很好理解。一种新的动植物品种和农作物品种的发现，一种适应环境的新技术的发明，一种切合实际的新思想、新观念的诞生，都是创新，都能推动文化变迁朝着改善的方向发展。

（二）传播变迁

一个社会成员向另一个社会借用文化元素的过程叫做传播。文化借用是如此之广泛，以至人类学家林顿认为，任何一种文化90%的内容都可以是借用的但仍然能保持这种文化的独特性②。因为文化借用是经过文化主体自主选择和改进吸收的，他们借用的文化元素都是与自己的文化兼容的，或直接兼容，或经过改进创造后兼容。林顿描述美国文化的下面这段话，可以看出文化传播和文化借用对于发展的重要性。他说：

> “我们十足的美国公民从床上醒来，这床的式样起源于近东，在传入美洲前被北欧人所改造。他盖的被子是棉制的——棉花最早在印度种植；或是亚麻的——亚麻为近东的产品；或是羊毛的——那也是出于近东所开始驯养的动物；或是绸缎——这则是中国人的创

① ［美］威廉·A·哈维兰著，瞿铁鹏等译：《文化人类学》（第十版），上海社会科学院出版社2006年版，第488页。

② ［美］威廉·A·哈维兰著，瞿铁鹏等译：《文化人类学》（第十版），上海社会科学院出版社2006年版，第461页。

造。全部这些的纺织方法是近东的发明。他匆匆穿上他的拖鞋，这是东部林地印第安人的用品。然后走进洗澡间，里面的设备是欧洲和美洲的发明的混合物，这都是近代的。他脱掉睡衣，这原是印度的长袍，洗澡的肥皂是古代高卢人的所有物。随后他刮胡子，这种自我虐待的方式看来是从苏美尔或古埃及传入的。

再转回到卧室，脱掉睡衣放在南欧风格的扶手椅上，开始穿衣服。他穿上外套，这种式样源于亚洲草原上游牧民族的皮袍。把脚伸进皮鞋，其鞣制方法是古埃及的发明，而制鞋的模式则可追溯到地中海沿岸的高加索人的古文明。再把领带系在脖子上，这种色泽鲜艳的布条是17世纪的克罗地亚人所披围巾的残余。在去就早餐前他朝窗外瞟了一眼，玻璃发明于埃及。如果天正下雨，他会套上雨鞋，橡胶是美洲中部印第安人所发现的；带上雨伞，这是东南亚的出品。在他头上戴着毡帽，这种材料创造于亚洲草原。

在去早餐的路上他停下来买报纸，支付了硬币。硬币是古林德人的发明。餐馆里一系列借取来的东西展现在他面前：陶瓷是中国人发明的，钢制餐刀的合金技术源于南印度，叉子是中世纪意大利人的产品，汤匙要追溯到古罗马。他开始吃东地中海沿岸传入的橘子、波斯传入的甜瓜，或许还有一片非洲传入的西瓜。随后他端起咖啡，一种阿比西尼亚的植物，并加上奶油和糖。驯养牛和挤奶都起源于近东，糖则首创于印度。喝完第一杯咖啡后他开始吃奶蛋饼、蛋糕。这是斯堪的纳维亚的技术加小亚细亚的麦子。并在上面涂上蜜糖，东部林地印第安人的食物。在碟子里他可能还有鸡蛋，鸡是印度支那驯养的。或许加上一片瘦肉，东亚人驯养的牛，北欧洲发明的熏肉技术。

我们的朋友结束早餐后坐下来吸烟，一种道地美国人的习惯，消费的却是一种巴西种植的植物。他或者使用烟斗，源于弗吉尼亚的印第安人；或是香烟，源于墨西哥；或者瘾很大的话甚至可能是一支雪茄，从安的列斯群岛通过西班牙传给我们的。抽烟时他浏览报纸，字母印刷是古代闪米特人的发明，依靠的则是中国人的材料和德国人的方法。当他关注国外骚乱的新闻报道时，如果是一位健谈的人，他会用印欧语感谢希伯莱的造物主——上帝使他生为一个纯粹的美国人。”①

（三）涵化变迁

涵化是指由于两个社会之间发生密集而直接接触，人们被迫做出重大文化改变的过程②。如果这一过程发生在一个弱小民族与一个经济文化强大的民族之间，那么，被迫做出重大文化改变的一方肯定是弱小民族，于是，文化涵化就变成了文化同化。涵化与传播虽有相同之处，都是一方借用另一方的文化，但其性质却截然不同。传播是自愿地、有选择地对某些文化要素的吸收，而涵化则是在外来的压力下进行的、对异质文化的大量输入③。所谓外来的压力，形式是多种多样的，既可以是强迫性的压力，也可以是诱导性的压力；既可能是直接的压力，也可能是间接的压力。其极端的例子就是征服。上面提到的现代化导致人民生活质量的恶化而非改善，就是许多弱小民族和不发达国家，在全球现代化浪潮冲击下被迫做出涵化变迁而造成的。

从上述三种模式的文化变迁中可以看出，一个民族、一个社会，要实现以文化为中心和目的、由文化主体自由选择和自主决定、文化与环境持续调适的发展，就必须大力鼓励创新变迁，积极支持传播变迁，坚决反对和有效规避涵化变迁。一句话，就是要由文化主体自愿选择文化变迁的模式。因此，发展是一个文化主体自愿选择文化变迁模式的过程，而由文化主体自愿选择文化变迁模式，就成为人类学发展理论的第四个核心观点。

五、发展是一个文化自觉的过程

20 世纪 90 年代以来，针对全球现代化进程中文化发展出现的新情况，两

---

① Linton，R. 1936：The Study of Man，P. 326－327. 转引自［美］克莱德·伍兹著，施维达、胡华生译：《文化变迁》，云南教育出版社 1989 年版，第 25－27 页。

② ［美］威廉·A·哈维兰著，瞿铁鹏等译：《文化人类学》（第十版），上海社会科学院出版社 2006 年版，第 464 页。

③ 参见童恩正著：《文化人类学》，上海人民出版社 1989 年版，第 281 页

位人类学大师先后提出了“文化自觉”的理论。

（一）萨林斯的文化自觉理论

在萨林斯发表于1993年的一篇文章中，他在大量田野调查中看到：“全球现代化通常是由各地的多样化而产生的。”

他指出：“帝国主义原受害者中如今觉醒的文化自觉意识是20世纪末叶世界历史中的一个更瞩目的显著现象。……无论西藏人还是夏威夷人、奥吉布韦人、基瓦玖多人还是爱斯基摩人、哈萨克人还是蒙古人、还是澳洲土著、巴厘人、克什米尔人或纽西兰的毛利人，都发现他们自己原来有一个‘文化’。千百年来，他们竟然没有觉察到。如今，正如一个新几内亚人对人类学家所说：‘要不是我们有风俗我们不就跟白人一样了？’……二十年前对民族成丁礼规避惟恐不及的警察、教员和其他城里人，在1979年纷纷返回故里修订成丁礼俗的缺陷，其中一人公开向所有部落男性成员和等待成丁的少年们宣称，该礼俗必须坚持不断，以便从中吸取力量，抵制城市生活方式及其伴随的失业和匮乏。人民必须学会自卫。当着我的面，他慷慨高呼：我们应该从自己的风俗中找到动力。”①

上述的文化复兴，正是典型的“传统的发明”。“传统的发明”由英国历史学家霍布斯鲍姆等合著的同名著作提出。该书认为：“那些表面看来或者声称是古老的‘传统’，其起源的时间往往是相当晚近的，而且有时是被发明出来的。……‘被发明的传统’这一说法，是在一种宽泛但又并非模糊不清的意义上使用的。它既包含那些确实被发明、建构和正式确立的‘传统’，也包括那些在某一短暂的、可确定年代的时期中（可能只有几年）以一种难以辨认的方式迅速确立的‘传统’。……在历史学家所关注的任何时代和地域中，都可能看到这种意义上的传统的‘发明’。然而，我们可以认为，在以下情况中，传统的发明会出现得更为频繁：当社会的迅速转型削弱甚或摧毁了那些与‘旧’传统相适宜的社会模式，并产生了旧传统已不再能适应的新社会模式时；当这些旧传统和它们的机构载体与传播者不再具有充分的适应性和灵

① ［美］马歇尔·萨林斯著，李怡文译：《别了，忧郁的譬喻：现代历史中的民族志学》，王筑生主编：《人类学与西南民族》，云南大学出版社1998年版。

活性，或是已被消除时；总之，当需求方或供应方发生了相当大的且迅速的变化时。”①

因此，萨林斯认为，所有的传统都是在今天“发明”并且为今天之用而“发明”的。西方传统也不例外。“十五六世纪之间，一伙欧洲的知识分子和艺术家聚集一堂，开始发明他们的文化传统和他们自己，他们企图复兴。据称是代表了自己祖先成就的古代文化，对此其实他们自己也不知其详，因为这种文化在几千年的岁月中或已湮灭或被遗忘。……所有这一切后来被命名为欧洲史上的文艺复兴运动，因为它产生了‘现代文明’。”现代文明在对土著民族带来冲击的同时，也被土著民族将其收编进自己的文化体系，并通过传统的发明而展现出来。“就这样，当地的人民将世界体系结合进一个包涵更为广阔的体系中，那是他们自己的世界体系。”因此，“历史上迄今所有的社会，其实都是全球社会，每一种文化也都是包容宇宙万象的体系，将大千宇宙纳入各自的文化版图。……其结果是，在全球体系的任何一个地方部门，转换都呈现出同化和异化的双重性。本地人与主导文化规则接轨时，甚至可以作出拒之千里的姿态：踩着世界节拍扭摆，并不妨碍同时演奏本地的音乐。”②

在另一篇文章中，萨林斯指出，过去那种对本土人类历史上的能力和他们的文化的生命力持怀疑态度的观点是错误的。“我们发现，那些被依附论者认为已经死了或正在死去的民族，正在使他们的依赖性变成自己独特的文化理论。面对早期人类学连梦想都没有梦想过的文化过程和形式，我们正带着与那些把我们推向20世纪的观念不同的观念离开20世纪。”接着，他以爱斯基摩人为例，详细阐述了其既大量采用现代的生产、运输和通讯手段从事旧石器时代的狩猎生计，同时又在文化上使传统遍地开花，“从亲属之间紧密的互惠关系，到人与动物之间奉献生命的互惠宇宙观，都借助恢复传统的互换效应在冬季庆典仪式中扩展开来。”以至于一位爱斯基摩人首领非常理智和清

① ［英］E·霍布斯鲍姆、T·兰格著，顾杭、庞冠群译：《传统的发明》，译林出版社2004年版，第1－5页。

② ［美］马歇尔·萨林斯著，李怡文译：《别了，忧郁的譬喻：现代历史中的民族志学》，王筑生主编：《人类学与西南民族》，云南大学出版社1998年版。

醒地对人类学家说："我们应用所有有用的技术并把它们塑造成为我们所用的东西……显然，那使那些要我们保持原始状态或要我们承认我们一方面要技术另一方面要控制和保留我们自己的资源构成一个矛盾的人感到烦恼……为什么不双管齐下呢？我们总是从我们自己考虑出发来接受和改造技术的。"萨林斯对此评论说："非西方民族为了创造自己的现代性文化而展开的斗争，摧毁了在西方人当中业已被广为接受的传统与变迁对立、习俗与理性对立的观念。尤其明显的是，摧毁了 20 世纪著名的传统与发展对立的观念。"因此，萨林斯认为：

> "若从人类学的视角来表达这个问题，也就是见微知著地看待事物，那么这种……对西方力量的主动利用，便是一种文化的星球性重新组织。最近几个世纪以来，以被西方资本主义的扩张所统一同时，世界也被土著社会对全球化的不可抗拒力量的适应重新分化了。在某种程度上，全球化的同质性与地方差异性是同步发展的，后者无非是在土著文化的自主性这样的名义下做出的对前者的反应。因此，这种新的星球性组织才被我们描述为'一个由不同文化组成的文化'（a culture of cultures），这是一种由不同的地方性生活方式组成的世界文化体系。……'文化自觉'的真实含义就是，不同的民族要求在世界文化秩序中得到自己的空间。这不是一种对世界体系的商品与关系的排斥，而……是对这些商品与关系的本土化的渴求。它所代表的方案，就是现代性的本土化。"

基于上述认识，萨林斯对土著民族的文化和人类学的发展前景十分乐观，认为"文化不再消失"。他说："我这里更为关注的是，新形式的不同文化在现代世界文化中被接连不断地创造出来的过程。没有人会否认，在过去的 5 个世纪中，世界上出现了文化多样性的全面衰落。因而，现在也没有什么特殊理由来对文化的死亡抱恐慌的态度。……其实，历史为我们呈现出了一套新的文化、实践和政治结构，人类学者应该借此机会使自己的学科焕发生机。看来，这门学科与以前一样过得很好：文化在我们探询如何去理解它时随之消失，接着又会以我们从未想象过方式重现出来。”①

（二）费孝通的文化自觉理论

1997 年 1 月，费孝通在北京大学重点学科汇报会上首次提出了“文化自觉”的概念。他指出：

“文化自觉只是指生活在一定文化中的人对其文化的‘自知之明’，明白它的来历，形成过程，在生活各方面所起的作用，也就是它的意义和所受其他文化的影响及发展的方向，不带任何‘文化回归’的意思，不是要‘复旧’但同时也不主张‘西化’或‘全面他化’。自知之明是为了加强对文化发展的自主能力，取得决定适应新环境时文化选择的自主地位。

文化自觉是一个艰巨的过程：首先要认识自己的文化，根据其对新环境的适应力决定取舍。其次是理解所接触的文化，取其精华，去其糟粕，加以吸收。各种文化都自觉之后，这个文化多元的世界才能在相互融合中出现一个具有共同认可的基本秩序和形成一套各种文化和平共处、各舒所长、联手发展的共同守则……我瞻望人类学的前途时所说的‘各美其美，美人之美，美美与共，天下大同’这一句话，其实就是我今天提出的文化自觉历程的概括。”②

接着，他在北京大学社会学人类学研究所举办的第二届社会文化人类学高级研讨班和第五届“中国文化与现代化研讨会”的发言中作了补充。他说：

“‘各美其美’就是不同文化中的不同人群对自己传统的欣赏。这是处于分散、孤立状态中的人群所必然具有的心理状态。‘美人之美’就是要求我们了解别人文化的优势和美感。这是不同人群接触中要求合和共存时必须具备的对不同文化的相互态度。‘美美与共’就是在‘天下大同’的世界里，不同人群在人文价值上取得共识以

① 以上引文均见［美］马歇尔·萨林斯著，赵旭东译：《什么是人类学的启蒙？——20 世纪的一些教训》，马戎、周星主编：《21 世纪：文化自觉与跨文化对话》（一），北京大学出版社 2001 年版。

② 费孝通：《开创学术新风气》，《费孝通论文化与文化自觉》，群言出版社 2007 年版，第 176 - 177 页。

促使不同的人文类型和平共处。……如果大家能够同意现代化是当代世界中人际关系的新发展，那么也当可以认为现代化应当是一个‘文化自觉’的过程，即人类（包括学术人）从相互交往中获得对自己和‘异己’的认识，创造文化上的兼容并蓄、和平共处局面的过程。从这个角度来理解现代化，为的是在跨入21世纪之前，对20世纪世界‘战国争雄’局面应有一个透彻的反思；为的是避免在未来的日子里‘现代化’的口号继续成为人与人、文化与文化、族与族、国家与国家之间利益争夺的借口；为的是让我们自身拥有一个理智的情怀，来拥抱人类创造的各种人文类型的价值，克服文化隔阂给人类生存带来的威胁。”①

其后，他又在多篇文章和报告中，对文化自觉理论提出的背景和应用范围，作了进一步阐释。关于文化自觉理论提出的背景，他说：

“我在提出‘文化自觉’时，并非从东西文化的比较中，看到了中国文化有什么危机，而是在对少数民族的实地研究中首先接触到了这个问题。20世纪80年代末我去内蒙古鄂伦春聚居地区考察，这个民族是个长期在森林中生存的民族，世世代代传下一套适合于林区环境的文化，以从事狩猎和饲鹿为生。近百年来由于森林的日益衰败，威胁到了这个现在只有几千人的小民族的生存。90年代末我在黑龙江又考察了另一个只有几千人、以渔猎为生的赫哲族，他们也存在同样的问题。中国10万人口以下的‘人口较少民族’就有22个，在社会的大变动中他们如何长期生存下去？特别是跨入信息社会后，文化变得那么快，他们就发生了自身文化如何保存下去的问题。我认为他们只有从文化转型上求生路，要善于发挥原有文化的特长，求得民族的生存与发展。可以说文化转型是当前人类共同的问题。所以我说，‘文化自觉’这个概念可以从小见大，从人口较少的民族看到中华民族以至全人类的共同问题。其意义在于生活在一

① 费孝通：《人文价值再思考》，《费孝通论文化与文化自觉》，群言出版社2007年版，第201－202页、206页。

定文化中的人对其文化有‘自知之明’，明白它的来历、形成的过程，所具有的特色和它的发展的趋向，自知之明是为了加强对文化转型的自主能力，取得决定适应新环境、新时代文化选择的自主地位。”①

关于文化自觉理论的应用范围，他指出：

“西方人用现代的科学技术制造了一个统一的、人工化的物质环境，同时在这样的基础上出现了一个统一的、大的、新的文化环境。作为非西方国家的人怎样去适应这样的一个环境，如何走向世界一体化，解决这个问题是非常困难的。因为各自的文化基础不一样，各自文化发展的初始条件也不一样。

不仅如此，就是西方国家本身也还没有适应自己造出来的这样一个新的、人工的物质环境。当今的物质文明和精神文明还没有真正的协调一致，新的物质文明需要有一个新的精神文明、一个新的文化观念、一个新的道德标准。但是，到现在为止，这个新的精神文明还没有真正跟上来，还在探索和完善之中。人类新的发展建造了一个新的人文世界，这个人文世界不是和自然统一的，而是对立，是和自然相对抗而存在的。这种对抗的结果，就是自然环境的被破坏，河流、空气被污染，地球成了不适合人类和其他生物居住的地方。如何解决物质发展和自然环境相协调的关系，这就是西方文化所面临的问题。而且，在当今的世界上，还有很多落后的国家并没有参与创造这个环境，这些人和这个环境相隔很远，要他们适应这样的环境就更难了。

在全球一体化迅速发展的今天，我们不时听到一些唤起种族和民族情感的、强烈的呼声。这些力量所表现出来的外在形式是多种多样的，从根本上来讲，它们都代表了一种在失范的和混乱的世界上寻找归属的渴望。这一切都证明了这个世界的文化发展是不和谐、

① 费孝通：《关于“文化自觉”的一些自白》，《费孝通论文化与文化自觉》，群言出版社 2007 年版，第 389 – 390 页。

不平衡的。这里有两个问题：一个问题是，一些落后的非西方国家有自己本身的文化传统，但这些文化传统已不适应现代社会的发展了，它们面临的问题是如何去适应现代社会的发展；第二个问题是，西方社会也要面临如何与这些发展中国家的文化发展相互协调，避免造成各种文化的对立化，从而保证整个世界能和平相处下去。其结果是，各民族都要面临一个文化自觉的问题，也就是如何去认识每个民族自身的文化的问题。"①

从上述两位人类学大师的"文化自觉"理论可以看出，文化自觉意识是在全球发展和现代化浪潮冲击下土著民族和少数民族文化面临生存危机的情势下觉醒的。因此，文化自觉首先表现为不发达国家和民族要求在全球化世界体系中获得自己的地位和空间，从而成为推动本土化发展或现代性本土化的强大动力。然而，由西方国家在现代化过程中创造的人工化的物质环境和新的人文世界，造成了人与自然、国家与国家、民族与民族、文化与文化之间的对立，就连其创造者——西方国家也不能适应了，文化转型成为全人类所面临的共同问题。因此，文化自觉同时还表现为世界上所有的国家、所有的民族，都必须对自己的文化有"自知之明"，对别人的文化有"知人之明"，在"各美其美，美人之美"的基础上，方能实现"美美与共，天下大同"，开创出一个世界性和全球化的人与自然和谐，不同民族、不同国家、不同文化和平共处，各舒所长，联手发展的新格局，从而成为推动世界和谐发展的强大动力。因此，发展和现代化必然是一个文化自觉的过程，而文化自觉论也就自然成为人类学发展理论的第五个核心观点。

六、发展是国家权力正确领导、帮助和干预的过程

这是根据中国少数民族发展经验总结出来的一个中国化的但却具有普遍意义的人类学发展理论观点。也与前述杜维明总结的儒学指导下的亚洲价值观有某些共同之处。

---

① 费孝通：《关于"多元化的西部文化"和"文化生态失衡问题"的谈话》，《费孝通论文化与文化自觉》，群言出版社2007年版，第333－334页。

什么是国家？不同的学科有不同的认识。在社会人类学界，代表性的认识主要有下列几种。

马克斯·韦伯认为："国家恰如历史上在它之前的政治团体一样，是一种依仗合法的（也就是说：被视为合法的）暴力手段的人对人的统治关系。因此为了使国家存在，被统治的人就必须服从进行统治的人所要求的权威。"什么是政治呢？"'政治'就是：争取分享权力或者争取对权力分配施加影响，不管是国家之间的权力分配也好，也不管是国家所包括的人的群体之间的权力分配也好。"①

安东尼·吉登斯认为："日常用语中的'国家'具有双重含义……'国家'有时指政府机构或权力机器，有时却又指归这种政府或权力所支配的整个社会体系。"②

安东尼·史密斯认为："国家的概念可以被定义为一套与其他制度不同的自治制度，拥有在给予的疆界内对强制性和家世（extraction）的合法垄断。"③

国家也通常被认为"是一种管理机构，具有统一的宪法，合法的防暴机构和税收制度，以及全民共享的教育体系和商品市场。"④

总结上述几种有代表性的认识，可以认为，国家就是一种在特定疆界内行使合法的强制性权力的政治团体和政府组织，国家权力也就是政府权力。政府权力肩负着维护国家统一和社会秩序，推动社会经济发展和促进社会公平等重要职责。

在中国，由于少数民族在人口上居于少数地位，经济社会发展水平与汉族相比存在着较大差距，因此，为了促进各民族共同繁荣发展，从中华人民共和国成立之日起，执政的中国共产党和中华人民共和国中央人民政

① ［德］马克斯·韦伯著，约翰内斯·温克尔曼整理，林荣远译：《经济与社会》（下卷），商务印书馆1997年版，第732页、731页。

② ［英］安东尼·吉登斯著，胡宗泽、赵力涛译，王铭铭校：《民族—国家与暴力》，生活·读书·新知三联书店1998年版，第18页。

③ ［英］安东尼·史密斯著，叶江译：《民族主义 理论，意识形态，历史》，上海世纪出版集团2006年版，第12页。

④ Eriksen. Thomas Hylland. 1993. Ethnicity and Nationalism：Anthropological Perspectives. London and Chicago：Phuto Press. 转引自李永祥：《国家权力与民族地区可持续发展——云南哀牢山区环境、发展与政策的人类学考察》（未刊打印稿），第13页。

府，就确定了用国家权力帮助少数民族发展的大政方针。在中华人民共和国成立之初起临时宪法作用的《中国人民政治协商会议共同纲领》第六章第五十三条明确规定："人民政府应帮助各少数民族的人民大众发展其政治、经济、文化、教育的建设事业。"[①] 其后，《中华人民共和国宪法》规定："中华人民共和国是工人阶级领导的、以工农联盟为基础的人民民主专政的社会主义国家。""中华人民共和国是全国各族人民共同缔造的统一的多民族国家。""中华人民共和国各民族一律平等。国家保障各少数民族的合法的权利和利益，维护和发展各民族的平等、团结、互助关系。""国家根据各少数民族的特点和需要，帮助各少数民族地区加速经济和文化的发展。"[②] 在党和国家上述大政方针指引下，中华人民共和国成立以来，各级政府就运用国家权力，采取一系列特殊优惠政策、投入大量资源帮助少数民族和民族地区加快发展。

在改革开放实行市场经济体制后，面对市场经济的自由竞争规律，中国的人类学家如费孝通先生就清醒地认识到："如果我们放任各民族在不同的起点上自由竞争，结果是可以预见的，那就是水平较低的民族走上淘汰、灭亡的道路。"因而明确反对走这条道路，并建议政府按照"先进帮后进"的原则办事，"先进的民族从经济、文化各方面支持各后进的民族的发展。国家对少数民族地区不仅给优惠政策，而且要给切实的帮助。"[③]

我在相关著作中也指出："改革的根本目的，就是解放生产力、发展生产力。因此，民族地区的经济体制改革，应按照有利于解放和发展生产力的原则来进行。计划与市场作为两种经济体制是不能并存的，但作为两种经济调节手段则是可以并存和相互结合的。作为与社会主义基本制度相联系的社会主义市场经济体制，应该既能充分发挥市场机制解放生产力、促进生产力高速高效发展的优点，又能通过社会主义国家的宏观调控，有效地防止完全自由竞争所必然造成的两极分化的弱点，逐步实现全国人民共同富裕和各民族共同繁荣这一社会主义制度的本质要求。因此，在民族地区深化改革与贯彻

① 中共中央统战部：《民族问题文献汇编》，中共中央党校出版社 1991 年版，第 1290 页

② 《中华人民共和国宪法》（1982），人民出版社 1982 年版，第 7 页、9 页、10 页。

③ 费孝通：《中华民族的多元一体格局》《北京大学学报》1989 年第 4 期。

执行党和国家的民族政策是并行不悖、相辅相成的。在建立社会主义市场经济体制过程中通过国家计划对民族地区发展予以扶持和帮助，也是相互补充和完全必要的。其中某些表面看来是违背市场经济要求的政策措施，恰恰是在帮助民族地区创造市场经济必需的平等竞争的条件，因而从长远和本质上是符合市场经济要求的。”① 也就是说，按照社会主义市场经济体制的要求，一方面要让市场在资源配置中起基础性作用，按市场经济规律办事，另一方面又要通过国家的宏观调控和计划干预，确保全国人民共同富裕和各民族共同繁荣发展这一社会主义本质的实现。具体到民族地区就是，一方面放手让民族地区充分利用市场机制来解放生产力，另一方面又利用国家权威、政府权力和计划手段继续帮助和扶持民族地区发展生产力②。

正是基于这样清醒的认识，党和国家在民族地区加快改革步伐建立社会主义市场经济体制的同时，仍然运用国家权力，采取一系列特殊优惠政策，投入大量资源帮助少数民族和民族地区加快发展，从而对使包括澜沧江流域各民族在内的全国民族地区，取得了举世瞩目的发展成就。

因此，人类学学者评论说：“中国的国家权力在乡村发展的各项事务中扮演着重要角色……从少数民族地区乡村的实际情况上看，乡村发展需要政府来制订计划。市场的建立需要政府来完成，乡村的各项事务都与地方政府紧密联系在一起。私营企业、国营企业以及那些行政性垄断企业与农民的利益冲突，也需要政府来协调。在乡村发展的过程中，政府始终处于核心的地位。”③ “我国是社会主义国家，政府代表着广大人民群众的利益，是人民群众的主心骨，政府在人民群众的心目中是至高无上的。”④

然而，国家权力是一把双刃剑，国家权力正确的领导、帮助与干预已经给民族地区的发展带来了巨大成就；但是毋庸讳言，国家权力错误领导、“帮助”与干预，也给民族地区的发展造成过巨大损失。中国自20世纪50年代

---

① 郭家骥主编：《云南的民族团结与边疆稳定》，民族出版社1998年版，第283页。

② 参见郭家骥：《中国的民族政策：成就与挑战》，《云南社会科学》，2002年第5期。

③ 李永祥著：《国家权力与民族地区可持续发展——云南哀牢山区环境、发展与政策的人类学考察》（未刊打印稿），第24页。

④ 尹绍亭：《优势弘扬：民族文化的保护与发展》，《锻铸发展的魂魄》，云南人民出版社2002年版，第148页。

后期开始直到“文化大革命”十年内乱，由于中国共产党在国家发展的指导思想上出现了严重错误，给包括民族地区在内的整个国家的发展都造成了巨大破坏甚至是严重的灾难。

有时候，国家权力的用心是良好的，国家确实想帮助少数民族加快发展，但由于缺乏全面的民族学、人类学知识，对民族地区的实际情况了解不够，在指导思想上片面遵循某种并非放之四海而皆准的理论，也给少数民族的发展带来了始料不及的后果。例如，中华人民共和国成立后，各级政府在单线进化论思想指导下，在云南的若干少数民族中建构起了原始社会的概念，并通过帮助其大力发展经济文化，领导他们跨越单线进化论规定的奴隶社会、封建社会和资本主义社会等几个社会发展阶段，直接向社会主义过渡。应该承认，引导若干社会发育程度低的民族向社会主义直接过渡的方针政策，在当时的情况下确实有利于这些民族的稳定发展，使其有效规避了当时激烈的阶级斗争的冲击和反复折腾，其所取得的积极成果是应当充分肯定的。然而始料不及的是，原始社会的概念也给这些民族的文化和心理带来了一定的负面影响。云南老一辈民族工作领导人王连芳同志回忆录中所记载的一个真实的故事，就生动地说明了这种负面影响。1957 年，被政府认定为是原始社会末期民族的独龙族的领袖人物、时任贡山县县长的孔志清，参加民族参观团来到昆明，王连芳与他进行了以下一番对话：

“我问孔志清：‘民委调查组的同志回来讲，你们生活很苦，有许多原始社会的风俗习惯，你给我讲一讲。’他一听‘原始’二字就有点不太高兴：‘我们民族苦是真苦，可什么叫原始社会？你先讲吧！’我说：‘你看昆明有很多很高的楼房，独龙兄弟住的是低矮简陋的房子。外面的人这么多，独龙兄弟人很少。’他颇不以为然：‘昆明汉人房子高，比我们的山崖高吗？他们人多，比我们的大树多吗？我们森林中有飞禽走兽，野牛、岩羊、马鹿、雪豹、狗熊……多得很。想吃野鸡，随时出去就可以打一只回来，昆明行吗？’我笑着说：‘有人讲我们独龙兄弟至今还不太会做买卖。’他一脸鄙夷的样子：‘会做买卖有什么好？他们心眼多，狡猾得很，赚我们的黑钱。’随即很神秘地凑近我耳朵边悄声说道：‘他们的人还会偷人家的东西呢，多怪！'其神态令人难以忘怀。"

"谈到独龙族的内部团结和良好的社会风尚，孔志清的神气立即充满了自豪：'我们独龙人只打洋人、土司，自己内部各个家族和和气气，从来不打架，有困难还相互帮忙。外出打猎或到贡山买盐巴，沿途在岩洞和树上挂放粮食，绝对没有人去偷。即使别人饿了吃掉一些，也老老实实插上根草棍作为记号，以示谢意。到独龙人家，即使主人不在家，客人不论与主人相识与否，都可以进屋找吃的，等主人回家向他说一声就行了。'我又说独龙族要向先进民族学习的问题。他表示：'好的就学，不好的就不学。'……孔志清的一席话，显露了独龙族兄弟独特的民族心理。我深感每个民族都有自己的自豪感，从那以后，我再不用'民族落后'这个词，改用'先进'和'后进'。在这一点上，孔志清同志是我的第一位老师。"①

王连芳同志是令人尊敬的民族工作领导人，他能够向少数民族学习而改变自己的观点。但是，作为国家的主流意识形态，要改变起来就不容易了。这种意识形态所导致的一个始料不及的消极后果，就是使这些所谓原始社会末期的民族，对自己民族的文化与发展信心不足。经过50多年的扶持发展，直到2003年，有关学者在同样被认定为属于原始社会末期民族的基诺族山区调查时，基诺族群众普遍反映说，基诺族穷，政府应该多给点钱，帮助基诺族和全国55个民族一起进步。但当问及怎样想办法去挣钱、去进步时，他们就认为基诺族从原始社会一步跨入社会主义社会已经不容易了，下一步应该怎么办，就要靠政府了②。

分析下来，要保证国家权力对民族地区发展的领导、帮助和干预的正确，国家就必须尊重少数民族主体地位，倾听少数民族群众的声音，发展政治民主，实施参与式发展，一句话，国家权力必须和前述五个方面的人类学发展理论紧密结合起来，才能确保实现民族地区的良性健康发展。因此，国家权力对发展的正确领导、帮助和干预，便成为人类学发展理论的第六个核心观

① 王连芳：《王连芳云南民族工作回忆录》，云南人民出版社1999年版，第46-47页。

② 参见格桑顿珠、纳麒主编，鲁德忠、郭家骥执行主编：《云南民族地区发展报告（2003-2004）》，云南大学出版社2004年版，第451页。

点。由于当今世界90%以上的国家是多民族国家，这些国家普遍是以某个强势民族为核心裹带若干弱势民族或曰少数民族形成的多民族国家[①]，故根据中国经验得出的这个人类学发展理论的核心观点，同时还具有普遍意义。

综上所述，人类学发展理论可以概括为这样六句话：发展是以文化为中心和目的的人类全面发展；发展是由文化主体自由选择和自主决定的过程；发展是文化与环境持续调适的过程；发展是一个文化主体自愿选择变迁模式的过程；发展是一个文化自觉的过程；发展是国家权力正确领导、帮助和干预的过程。再进一步将其总结为一句话就是：发展是在国家权力正确的领导、帮助和干预下，文化主体自由、自愿、自主、自觉选择和决定的以文化为中心和目的的人类全面发展。

① 参见朱伦：《论民族共治的理论基础与基本原理》，《民族研究》2002年第2期。

第二章 从人类学发展理论认识云南省情

云南是一个多民族、多文化汇聚共生的省份。澜沧江流域是云南民族文化多样性的一个典型地区。要研究澜沧江流域少数民族的发展问题，有必要对云南的基本特点即云南省情有一个基本的认识。中华人民共和国成立以来，为搞好云南的工作，推动云南的发展，云南的各级干部和专家学者们，就如何科学地认识云南省情的问题，进行了实践与理论紧密结合的、不懈的探索，对推动云南发展发挥了重要作用。本章按照解放思想、实事求是、与时俱进、开拓创新的精神，拟根据人类学发展理论，重新认识云南省情，以便为反思和创新云南的发展道路和发展模式，提供一个讨论和参照的平台。

在第一章中，我们已经论证，人类学发展理论认为：发展是文化主体自由、自愿、自主、自觉选择和决定的以文化为中心和目的的人类全面发展。云南由于民族众多，文化主体多样，因而多样性就是云南的最大特点，故本书对云南省情的重新认识，自然就要从多样性这一根本特点出发。

第一节 传统的云南省情认识论回顾

迄今为止的云南省情认识论，主要从两个视角展开，一是从进化论和社会发展阶段的视角；二是从云南固有的自然环境、地理位置和人文特点的视角。在具体认识上二者又互有交叉与重合，但都从一个侧面比较深入地揭示了云南的省情特点。

一、从社会发展阶段视角认识云南省情的理论

中华人民共和国成立初期，根据云南地处边疆、少数民族众多且发展极不平衡的实际，为顺利完成云南民族地区的民主改革和社会主义改造，中国

共产党和中国政府组织了大批专家学者到云南边疆民族地区进行大规模的社会历史调查。按照进化论人类学理论和斯大林及苏联学者固定化了的社会发展阶段理论，对云南各民族在民主改革前所处的社会发展阶段进行了认真分析，得出了云南“是一部活的社会发展史”的理论认识。根据这一理论，云南各民族当时所处的社会发展阶段被大体上划分为这样几个层次：

一是独龙、怒、傈僳、布朗、基诺、佤、景颇、德昂等民族，以及分布在国境边沿一线的拉祜、苗、瑶等民族，尚处于原始社会末期；

二是宁蒗、永胜、华坪等三县的小凉山彝族尚处于奴隶占有制阶段；

三是傣、阿昌、藏、哈尼、拉祜、普米等族以及部分纳西族，尚处于封建领主制或封建农奴制社会；

四是壮、布依、水、蒙古等民族以及部分彝族、汉族、回族、白族、纳西族，已和祖国内地汉族一样处于封建地主经济社会；

五是居住于城镇坝区和交通要道的部分汉族、回族、白族、纳西族，在封建地主经济基础上还有了资本主义工商业的初步发展，属于半殖民地半封建社会。

今天看来，在单线进化论指导下形成的这一理论认识，其理论缺陷是非常明显的。但在当时的中国，在进化论和社会发展阶段论一统天下的条件下，却不失为一种富有解释力的理论认识。其所带来的重大实际成果，就是党和政府根据云南各民族社会发展阶段多层次不平衡的实际，分别采取“直接过渡”、“和平协商”、“缓冲土改”等一系列特殊政策措施，顺利完成了云南各民族的民主改革和社会主义改造，使云南各民族从不同的历史起点，分别跨越一至几个历史阶段全都进入了社会主义社会①。

20世纪50年代末至70年代末，由于“左”的错误指导思想在党内占据了统治地位，先后多次批判“民族落后论”、“边疆特殊论”，在全国各地采取“一刀切”的政策，致使从社会发展阶段视角对云南省情的认识停顿下来。

改革开放以来，随着中国共产党实事求是思想路线的恢复和以经济建设

① 参见王连芳主编：《云南民族工作的实践与理论探索》，云南人民出版社1995年版，第三章、第六章。

为中心的基本路线的确立，为从云南实际出发加快云南发展，深化省情的认识又一次成为迫切需要。1987年，党的十三大报告第一次系统阐述了我国尚处于社会主义初级阶段的理论，根据十三大报告并结合云南实际，已故的原中共云南省委书记普朝柱同志创造性地提出了云南尚处于社会主义初级阶段低层次的理论认识[①]，有力地推动了云南解放思想大讨论的深入和各项改革的深化。1997年，党的十五大报告进一步发展了社会主义初级阶段理论，阐述了社会主义初级阶段的九个基本特征。而中共云南省委六届六次全会则进一步发展了云南尚处于社会主义初级阶段低层次的理论，阐述了云南社会主义初级阶段低层次的“四低四高”特征[②]，这对各级干部解放思想，加快云南发展产生了重大推动作用。

二、从云南固有特点视角认识云南省情的理论

早在中华人民共和国成立初期，伴随着对云南各民族社会发展阶段认识的进展，对云南固有的自然环境、地理区位和人文特点的认识也在深化，逐渐形成了云南边疆、民族、山区三大特点的理论概括。根据这一认识，省委省政府采取了对边疆和内地、山区和坝区、汉族和少数民族进行分类指导的方针。

改革开放以来，为加快云南发展，从这一视角对云南省情的认识也在不断深化。20世纪80年代在省情认识上取得的一个重要理论成果，就是把以往分开论述的边疆、民族、山区三大特点贯通或串连起来，形成边疆、民族、山区三位一体的认识。这种看法认为，云南地处祖国西南边陲，国境线长4060公里，边境地区由于远离政治、经济、文化发展的中心，长期处于与祖国内地联系的末梢地位和边远、落后的状态。占全省总面积94%的山区，由于交通闭塞、信息不灵，亦长期处于封闭、落后的状态。云南有5000人以上

① 参见普朝柱：《坚持马克思主义民族观做好新时期云南民族工作》，云南民族出版社1996年版，第4－5页。

② 所谓“四低四高”，是指云南“社会发育程度低，地区发展不平衡程度高；生产力发展水平低，自然、半自然经济比重高；劳动者科学文化素质低，文盲、半文盲比重高；人民生活总体水平低，贫困人口比重高”。参见令狐安：《坚持实事求是的思想路线，走有云南特色的发展路子——纪念党的十一届三中全会20周年》，载《云南社会科学》1998年第1期。

的世居少数民族25个，中华人民共和国成立前或民主改革前，这些民族还分别处于原始社会末期、奴隶制、封建领主制、封建地主制和资本主义工商业发展阶段。中华人民共和国成立后在中国共产党领导下，这些民族分别跨越一至几个历史阶段，在社会形态和政治制度上全都进入了社会主义。但在生产力发展水平上却仍然处于原始农业和传统农业阶段。加之，云南少数民族在人口分布上有两大特点，一是平面分布以边疆为主，二是垂直分布以山区为主，因此，作为地理区位特点的边疆和作为自然特点的山区，均可由作为社会性特点的民族多这一根本特点所贯通。于是，边疆、民族、山区三位一体的省情认识理论得以成立。根据这种理论，云南的边疆、山区、民族地区都是封闭、落后和生产力水平极端低下的地区，因此中央和省委省政府应采取特殊的政策措施，扶持这些地区加速发展①。应该承认，这一对云南省情的理论认识于20世纪80年代形成后，对于推动中央和省委省政府采取特殊政策扶持边疆山区民族地区发展，确实发挥了积极作用。

进入20世纪90年代，随着邓小平南方谈话的发表和中央正式将中国经济体制改革的目标，确定为建立社会主义市场经济体制之后，如何从云南省情实际出发推进市场经济的发展？在社会主义市场经济条件下，云南边疆、民族、山区三位一体的省情将发生什么样的变化？诸如此类的问题再次引起各级领导和专家学者的关注，不少人撰文进行讨论。其中，有代表性的论述认为，在市场经济条件下，云南边疆、民族、山区三位一体的省情特点，将从经济社会发展的劣势逐步转化为优势。其主要依据是：在传统体制下，云南边疆因远离国内政治经济文化中心而长期处于内地末梢。改革开放以来虽有所变化，但在东、中、西梯度推移的沿海倾斜战略下，边疆在对外开放中的末梢地位仍没有多少突破。山区资源富集，但传统计划经济既不遵循价值规律又不反映供求关系，使民族地区开发优势资源生产的原材料和初级产品，在全国分工体系中不能获得应有的利益。改革以来，由于下游产品率先放开而许多上游产品仍旧管死，反而使民族地区陷入低价输出原材料而又高价购进工业制成品的双重利益流失的困境。众多少数民族则由于社会发育程度低

① 参见杜玉亭主编：《传统与发展》，中国社会科学出版社1990年版，第47页。

和生产力发展缓慢，在传统体制下几乎成了落后的代名词。

然而，在大力发展社会主义市场经济和扩大对外开放的条件下，国家的对外开放已从沿海扩大到沿边、沿江以至全国各地全方位开放，云南边疆的区位特点便从内地末梢一变而成为对外开放的前沿。随着大西南走向东南亚、东南亚伸入大西南的双向交往的不断扩大，云南边疆的区位特点还将从开放前沿进一步转化为中国西南与东南亚双向交往的汇聚与辐射中心。随着社会主义市场经济的发展，价值规律和供求关系必然在资源配置和价格形成中发挥基础性作用。山区民族对优势资源的开发利用在全国分工体系中就将逐步获得真实的利益。对某些全国性以至世界性稀缺资源的开发利用，甚至还将获得垄断利润。社会发育程度低仍然是少数民族的劣势，但因此而存活至今的丰富多彩的民族文化、绚丽多姿的民族风情以及各民族特有的饮食、服饰、歌舞等人文资源，在对外开放和市场经济条件下便具有了无比珍贵的价值，因而也正在转变为有利于经济发展的突出优势①。

应该说，这是在社会主义市场经济条件下对云南省情特点认识的深化，对民族地区发挥优势、克服劣势，加快市场经济的发展和扩大对外开放起到了积极的推动作用。

第二节 云南省情认识新论

20 世纪 90 年代以来，随着联合国环境与发展大会的召开、中国 21 世纪议程的公布以及党中央、国务院正式将可持续发展确定为国家发展战略以后，云南省也将可持续发展确定为全省的发展战略，并在 2001 年召开的第七次党代会上再次予以确认。2003 年，中共中央正式提出科学发展观，并逐步将其提升到统领经济社会发展全局的战略高度，成为指导中国发展的战略指导思想。2004 年以后，又提出了构建民主法治、公平正义、诚信友爱、充满活力、安定有序、人与自然和谐相处的社会主义和谐社会的要求。于是，如何结合

① 参见郭家骥：《云南民族地区生产力跨越式发展的理论与实践》，载《云南社会科学》1993 年第 6 期。

云南省情贯彻落实科学发展观，实施可持续发展战略，构建和谐社会？或者说，是否需要从新的视角重新审视或深化对云南省情认识的问题，又一次引起了人们的关注。不少中央领导人到云南视察后认为云南具有生物物种和气候多样性的优势；许多外国朋友到云南观光游览后认为云南具有自然景观和人文景观多样性的优势，完全可以建成可持续发展的全球示范区之一，等等。然而，怎样才能将这些优势转化为云南实施科学发展、和谐发展和可持续发展的资源与财富呢？要回答这个问题，我认为就有必要从新的视角重新认识云南省情。由于云南是一个民族众多、文化多样的省份，因此，根据人类学发展理论，从多样性这一云南最大的特点出发，应当是重新认识云南省情的最佳视角。当然，这里所说的重新认识，并不是要否定传统的两个视角的认识。这两种省情认识理论还将继续发挥它的积极作用。我们这里所强调的，只是从多样性角度来认识云南省情，力争提出一个从云南实际出发，能推动云南实现科学发展、和谐发展和可持续发展的认识框架来。

根据人类学发展理论，从多样性角度重新认识云南省情，我认为，云南具有下列基本特点。

一、生态环境多样性

生态环境是指对生物的生长生活发生直接或间接影响的一切自然形成的物质环境的总和。地球上的大气圈、水圈、岩石圈早在生物出现以前就已存在，但只是在生物有机体出现以后它们才具备环境的意义，因此环境是一个相对于生物有机体而存在的概念①。云南的生态环境多样性由以下内容构成：

（一）地形地貌多样性

云南地处我国西南边陲，北靠四川、东临贵州、广西，西北角连西藏，南、西南和西部与缅甸相接，东南及南部与越南、老挝毗邻。约在北纬21°08′~29°15′，东经97°32′~106°12′之间，总面积39.4万平方公里，居全国第八位。北回归线从本省南部通过，因而全省基本处于低纬度内陆地区。从地

① 参见欧晓昆：《生态学与生物多样性》，载裴盛基、龙春林主编：《应用民族植物学》，云南民族出版社1998年版，第24页。

理位置分析，云南处于亚洲大陆的偏南部分。其西北角紧倚“世界屋脊”青藏高原的东南边缘，东南经中南半岛面临太平洋；东北与华南大陆相接，西南面经缅甸通向印度洋，处在两大洋的热带暖湿海洋季风和亚洲大陆气流以及高原气流的控制之下，这种地形的交叉和气候的过渡形成了云南大部分地区与国内其他省区不同的、相当复杂多样的自然地理环境。

云南的地势自西北向东南倾斜呈梯状递降，大致可以分为三个梯层。滇西北一级梯层海拔一般在3000米~4000米；云南的最高点德钦县境内的卡瓦格博峰海拔6740米；滇中高原二级梯层海拔为2300米~2600米，其山间盆地在1700米~2000米左右；滇东南、滇南和滇西南为第三梯层，其低山丘陵海拔在1200米~1400米，河谷盆地在500米~900米，最低点在河口县南溪河与红河交汇处，海拔仅67.4米。三个梯层均有不同程度的高中山和河谷相切，纵横交错，使地形更加复杂①。云南地形一般以元江为界，分东西两部分。元江以西为滇西横断山脉纵谷区，其北段高山大河平行排列，自西向东依次为高黎贡山、怒江、怒山、澜沧江、云岭、金沙江、玉龙雪山，高山峡谷相间，地形极为险峻，属青藏高原南延部分。其南段为横断山余脉，地势向南、西南缓降，河谷逐渐宽广，主要山脉有哀牢山、无量山、大雪山等，一般海拔不到3000米。在南部、西南部边疆地带，山势较低，宽谷、盆地较多，是云南主要的热带、亚热带地区。元江以东为云贵高原主体，亦称滇东高原。地表为起伏和缓的低山和浑圆丘陵。这种复杂多样的自然地理条件，使云南拥有盆地、河谷、丘陵、山地、低山、中山、高山、高原等多种地形，拥有分布广泛的河谷地貌、喀斯特地貌、一定面积分布的冰川地貌、冰缘地貌、风化重力地貌，以及颇具观赏价值的火山、泉华、钙华、丹霞、石林、土林、沙林等多种特殊地貌②。

（二）气候多样性

云南属于低纬高原季风气候，同时受到东亚季风和印度季风的交替影响，

---

① 参见黄思铭等编著：《刚性约束——生态综合评价指标体系研究》，科学出版社1998年版，第29页。

② 云南省环境保护局编：《云南省生态环境现状调查研究》，云南科技出版社2004年版，第7页。

形成了云南特殊的气候特点。其基本特点是年温差小、日温差大，干湿季节分明，气温随地势高低呈垂直变化异常明显。从各地区看，滇西北高海拔地区属寒带型气候，长冬无夏，春秋较短；滇东、滇中属温带型气候，四季如春，“一雨成冬”；滇南、滇西南的低热河谷区，有一部分在北回归线以南，为北热带，长夏无冬，“一雨成秋”。在一个省内，同时具有寒、温、热（包括亚热带）三带气候，相当于从海南岛到黑龙江的所有气候类型，为其他省区所少见。特别是在高山峡谷区，从谷底到山顶，由于海拔上升而产生“一山分四季、十里不同天”的气候差异。在梅里雪山下横跨澜沧江的西当铁索桥，从桥面至卡瓦格博峰顶，高差 4700 米，两者之间直线距离仅 12 公里，但其自然风貌从亚热带干热河谷到冰山雪野，竟相当于从广东到黑龙江所跨过的纬度，为全国所仅见。

（三）水文多样性

云南有大小河流 600 余条，分属伊洛瓦底江、怒江、澜沧江、金沙江、红河、珠江等 6 大水系。云南还是国内著名的淡水湖泊区，有大小淡水湖泊 40 多个。此外，还有“潭”、“箐”、“塘”等泉水上千个，大小瀑布 500 多处。

（四）土壤多样性

云南土壤类型丰富多样，共有 7 个土纲，14 个亚纲，18 个土类，35 个亚类，占全国土类的 30%。地带性土壤中以砖红壤、红壤系列的土类为主，占全省土壤面积的 56.4%，故云南有“红土高原”、“红土地”之称。土壤垂直分布明显，并有水平地带与垂直地带交错分布的现象。大部分土壤的光、热、水条件好，为全面发展农、林、牧业提供了适宜的土壤资源。在干热河谷和高寒山区，由于光、热、水诸因子配合不协调，常成为发挥土壤潜力的制约因素，但经改造后可利用①。

二、生物多样性

生物多样性即生物之间的多样性和变异性及物种生境的生态复杂性。它

① 云南省环境保护局编：《云南省生态环境现状调查研究》，云南科技出版社 2004 年版，第 10 页。

包括了所有植物、动物、微生物物种以及所有的生态系统和它们形成的生态过程①。云南地跨10个纬度，南北地势高差悬殊达6600多米，地貌类型多样，不同地理位置的不同海拔高度上有多样的气候类型；多样的自然条件造就了多样的生态系统，从而为物种栖息、生长、繁衍提供了多样化生境。云南省是世界十大生物多样性热点地区的东喜马拉雅地区和缅甸北部地区的核心区域，生物物种种类及特有类群之多均居全国各省之首。生物多样性在全国乃至全世界均占有重要地位②。通常认为生物多样性可分为三个不同的层次，现分述如下。

（一）生态系统多样性

生态系统多样性是指生物圈内栖息地、生物群落和生态过程的多样化以及生态系统内栖息地差异、生态过程变化的多样性。云南生态环境的多样性，决定了生态系统的多样性，而生态系统多样性又是生物物种多样性的基础。在云南这块只占全国总面积4%的土地上，有着热带雨林季雨林、热带稀树灌木草丛（干热河谷）、各种亚热带常绿阔叶林、亚高山针叶林、高山草甸、高原湖泊、河流、岩溶山地等自然生态系统和人工林、农田等人工生态系统。除缺少典型的温带草原生态系统、典型的荒漠生态系统和海洋生态系统三个类型外，云南省几乎包括了全国所有的生态系统类型，其生态系统多样性堪称是全国的一个缩影③。

（二）物种多样性

物种多样性是指地球上生物有机体的种类多样性。中国与云南的生物种类还处在不断的发现过程之中，但从已描述的种类来看，云南也堪称是中国乃至世界上物种多样性最丰富的地区之一。各种动植物种数均接近或超过全国动植物种数的一半以上。其中鸟类、蕨类和苔藓植物所占比例最高，分别为60.3%、57.7%和51.1%；哺乳类、被子植物和淡水鱼类其次；爬行类、

① 参见欧晓昆：《生态学与生物多样性》，裴盛基、龙春林主编：《应用民族植物学》，云南民族出版社1998年版，第24页。

② 参见云南省环境保护局编：《云南省生态环境现状调查研究》，云南科技出版社2004年版，第61页。

③ 参见陆树刚：《云南物种的富源与生态类型多样性》，许建初主编：《云南民族植物学与植物资源可持续利用的研究》，云南科技出版社2000年版，第26页。

两栖类和裸子植物居后。详情参见表 2－1。

表 2－1　云南省部分分类群物种种数初步统计及与全国的比较

分类群	云南物种数	中国物种数	百分比
苔藓植物	1500	2900	51.7
蕨类植物	1500	2600	57.7
裸子植物	82	225	36.4
被子植物	13278	32083	41.4
哺乳类	304	613	49.6
鸟类	802	1329	60.3
两栖类	110	279	39.4
爬行类	151	376	40.2
淡水鱼类	432	1070	40.4

资料来源：云南省环境保护局编：《云南省生态环境现状调查研究》，云南科技出版社 2004 年版，第 68 页。

云南的植物多样性有三个特点：

一是起源古老。如最原始的被子植物木兰科，世界上现存有 17 属 240 种，中国有 11 属 240 种，云南就分布有 11 属 62 种，分别占世界的 64.7% 和 25.8%，占中国的 100% 和 54.4%。它们大都是第三纪的残遗植物。

二是特有种类繁多。中国特有的 3 个科有 2 个科分布在云南，特有属约 190 余属。据不完全统计，西双版纳有特有植物 153 种，包括细蕊木莲（Manglietia microgyne）、景洪暗罗（Polyalthia cheliensis）、滇琼楠（Beilschmeidia yunnanensis）等。

三是成分复杂，分布交错。中国植物区系成分的 15 个主要地理成分在云南省境内均有分布，且热带区系成分与温带区系成分相互渗透、相互交错。

云南的动物多样性有两个特点：

一是云南动物的特有类群特别多，如兽类中的小熊猫科、树鼩科、鼹科中的鼩鼹亚科、猬科中的鼩猬亚科、长臂猿科等，都是我国或亚洲东南部的特有类群，属种就更多。据统计，云南西部、西北部的横断山脉地区特有属种占该区兽类属种的30%～50%。

二是有许多单型种属或少数属和科，它们中的许多是生物进化系统中的孑遗类群或关键类群，不少是某一生态系统中的关键种或建群种，有一些是家畜家禽的祖先和野生近缘种①。

（三）遗传多样性

遗传多样性蕴藏在所有物种的群体内，储存在染色体、细胞器基因组的DNA序列中，内容十分丰富。中国是世界上遗传多样性最丰富的国家之一，除了极其丰富的野生遗传资源外，很多农作物、家养动物都起源于中国。云南是世界上栽培作物野生种和野生近缘种、家养动物及昆虫种质资源最丰富的地区之一。各种经济植物如药用植物、食用植物等种质资源极其丰富，分别达5000种和400种，云南地方畜禽品种达172个②。

三、民族文化多样性

民族文化多样性是指民族和族群种类众多以及由此而形成的丰富多彩的文化现象。云南的民族文化多样性主要由下列内容构成：

（一）民族成分多样性

云南是祖国多民族大家庭中民族成分最多的一个省。有5000人以上的世居少数民族25个，即彝族、白族、哈尼族、傣族、壮族、苗族、傈僳族、回族、拉祜族、佤族、纳西族、瑶族、景颇族、藏族、布朗族、布依族、普米族、阿昌族、怒族、基诺族、德昂族、蒙古族、水族、满族、独龙族。加上汉族，一共有26个民族长期共存。此外，还有尚待识别的芒人、拉基人、克木人等，如果再加上民族内部不同支系即族群之间的差异，云南与民族相关

① 云南省环境保护局编：《云南省生态环境现状调查研究》，云南科技出版社2004年版，第68－69页。

② 参见云南省科学技术委员会编：《云南生物资源开发战略研究》，云南科技出版社1998年版，第2页。

的群体将更加复杂多样。

（二）语言文字多样性

全省25个少数民族中，除回族、满族、水族已通用汉语外，其余22个少数民族都有自己的语言。其中，怒族有三种语言，即碧江县自称“怒苏”的怒苏语、福贡县自称“阿侬”的阿侬语、兰坪和泸水二县自称“柔若”的柔若语；景颇族有二种语言，一是自称“景颇”的景颇语，二是自称“载佤”的载佤语；瑶族有二种语言，一是自称“勉”等和自称“门”等的瑶语，二是富宁县自称“布咋”的布努语，不包括未定族称的人的语言，云南共有26种少数民族语言。

云南少数民族原有文字的种类较多，文字的体系也相当复杂。据20世纪50年代的调查，傣文有五种，即西双版纳的傣仂文、德宏州的傣哪文和傣绷文、金平傣文（又称傣端文）和新平傣文；纳西文有四种，即东巴文、哥巴文、玛丽玛萨文和外国传教士拟制的拼音文字；傈僳文有三种，一种为傈僳族农民汪忍波所创造，两种为外国传教士所拟制；景颇文有三种，一种景颇文、两种载佤文；彝文有二种，一种为本民族原有文字，另一种为外国传教士所拟制。此外还有藏文和外国传教士所拟制的苗文、哈尼文、拉祜文、佤文、独龙文以及方块白文、方块瑶文和方块壮文。云南原有民族文字的使用情况也各不相同，除藏文、傣仂文、傣哪文和景颇文在本民族中通用外，其余文字使用范围都不广泛。中华人民共和国成立后，在中国共产党尊重和发展少数民族语言文字政策的指导下，中国科学院派出民族语言专家，帮助哈尼、傈僳、纳西、佤、景颇、白、苗、布依、壮、彝等10个民族创制了15种文字，帮助改进了西双版纳傣文、德宏傣文、拉祜文、景颇文等4种文字，加上传统的藏文、彝文等，现在，全省有14个少数民族使用着22种民族文字①。

语言是人们最重要的社会交际工具，文字则是记录语言的符号。民族语言文字既是民族文化载体，对民族文化的保存、传递、创造与发展发挥着重

① 参见郭家骥主编：《云南的民族团结与边疆稳定》，民族出版社（北京）1998年版，第410－412页。

要作用；同时又是沟通民族感情、促进民族认同、满足民族文化心理需求的有力工具。因此可以毫不夸张地说，民族语言文字是民族文化的精华。

（三）宗教信仰多样性

云南是一个多种宗教信仰并存的地区。全省26个民族都有自己的宗教信仰，各民族信奉的宗教种类较多，有佛教、道教、伊斯兰教、天主教、基督教和各民族的民间传统宗教。除伊斯兰教主要为回族群众信奉外，其余各种宗教都有若干民族共同信仰。据统计，2004年，五大宗教的信教人数共计404万人。详情请参阅下表。

表2-2　2004年云南五大宗教信教人数表

单位：人

宗教类别	汉传佛教	藏传佛教	南传上座部佛教	道教	伊斯兰教	基督教	天主教	合计
信教人数	1437557	187387	937411	239705	625077	535929	85260	4048326

资料来源：熊胜祥、杨学政主编：《2004-2005云南宗教情势报告》，云南大学出版社2005年版，第4页。

在400多万信教人数中，少数民族占90%以上。其基本情况是：

西双版纳、德宏、思茅、临沧和保山等州（市）的傣、布朗、德昂和阿昌等族及部分佤族信仰巴利语经典系佛教，又称南传上座部佛教，俗称小乘佛教，信徒93万多人。

迪庆、丽江、怒江等州（市）的藏族和部分纳西族、普米族信仰藏语经典系佛教，亦称藏传佛教，俗称喇嘛教，信徒18万多人。

昆明、大理、保山、玉溪、红河、楚雄、曲靖、临沧和昭通等市（州）的部分汉族、白族、纳西族信仰汉语经典系佛教，简称大乘佛教，俗称汉地佛教或汉传佛教，信徒133万多人。云南是全国唯一的佛教三大部派汇聚并存的边缘地区。

伊斯兰教除主要为回族信仰外，还有部分傣族、白族、藏族、壮族群众信仰，信教人数62万多人。

道教主要为昆明、大理、保山、临沧、昭通、丽江等市（州）的汉、彝、白、纳西、瑶等民族的部分群众所信仰，信徒23万多人。

天主教主要为昆明、昭通、红河、文山、大理、丽江、曲靖、迪庆和德宏等市（州）的汉、苗、彝、白、怒、傈僳和景颇等民族的部分群众所信仰，信教群众8万余人。

基督教主要为昆明、滇西交通沿线和昭通、楚雄、怒江、德宏、保山、临沧、曲靖、思茅等州（市）的汉、傈僳、彝、苗、拉祜、景颇、哈尼、佤、独龙等民族的部分群众所信仰，信教人数53万余人。

云南少数民族除回族外，还普遍信仰包括自然崇拜、祖先崇拜乃至图腾崇拜在内的民间传统宗教。例如，拉祜、景颇、佤、傈僳、独龙、怒等民族，都崇拜天、地、日、月、风、火、山、水、巨石、大树、雷电、彩虹等自然物或自然现象；许多少数民族都盛行祖先崇拜，彝族把崇拜祖先置于崇拜其他诸神之上；白族的本主崇拜，则是集中了自然崇拜和祖先崇拜等多种传统宗教观念而形成的；纳西族的传统宗教同传入的西藏本教相结合，形成东巴教；傈僳族和怒族的一部分，还曾以多种动物、植物作为自己的民族图腾。

（四）生产方式多样性

受生态环境多样性和生物多样性的影响，云南各民族的生产方式和经济结构亦呈现出多样性的特征。主要包括：

1. 生计类型多样性

从垂直角度来观察，云南的地形地貌可分为坝区、半山区和高山区三种类型。由此也就形成了垂直、立体、多样的民族分布和生产方式。坝区由于地势平坦、土壤肥沃、气候温和，常有河流蜿蜒其中，因而是稻作农业和古代城镇以及近现代工商业发达的地区。主要居住于坝区的有汉、回、满、白、纳西、蒙古、壮、傣、阿昌、布依、水等11个民族。半山区由于气候凉爽、坡度较缓，农业生产以玉米和旱稻为主，并饲养黄牛和山羊。居住在半山区的主要有哈尼、瑶、拉祜、佤、景颇、布朗、德昂、基诺等8个民族和部分彝族。高山区由于海拔较高、气候冷凉、坡度较陡，农业生产以玉米、马铃薯、青稞、荞子为主，并兼营畜牧业，盛产山货药材。居住在高山区的主要有苗、傈僳、藏、普米、怒、独龙等6个民族和部分彝族。

若从平面角度来观察，云南的自然环境又大体可以划分为滇西北高山峡谷区，滇西南、滇南热带亚热带地区，滇东南岩溶地区，滇中高原区和滇东北高山峡谷区等五种类型，由此亦形成了多样的生产方式和经济结构。在滇西北高山峡谷区，主要分布着藏、普米、纳西、独龙、怒、傈僳等民族和部分白族、彝族。他们以山地种植业为主，在旱地上实行青稞、小麦、土豆、荞麦、蔓菁等作物的轮作制；又在草场和山林间放牧牦牛、犏牛和羊、马等牲畜，以获取乳、肉、畜力和肥料；另外，出售木材、药材和食用菌等，也是其生活的重要来源。在滇西南、滇南热带和亚热带地区，除坝区以水稻种植为主外，山区则同时分布着一条刀耕火种旱作农业带和梯田水稻农业带。同时以这两种生产方式为主要生计的有哈尼、拉祜、怒、傈僳、景颇、独龙、基诺、德昂、佤、彝、苗、瑶、普米等10多个民族。其一般规律是，在一个民族或几个民族居住的山区，人们将海拔较低、坡度较缓、水源充足的河谷地区和半山区开辟为梯田，种植精耕细作的水稻；而将海拔较高、坡度较陡的半山区和高山区作为耕种一年即抛荒休闲的无轮作刀耕火种地，种植粗放的旱地农作物。这样，在某些地方就形成一个民族既从事刀耕火种，又从事梯田农耕。而有的地方则形成居住在低山和半山的民族从事梯田稻作；居住在高山的民族从事刀耕火种的格局。在滇东南岩溶地区，由于石山裸露、耕地分散、地表水渗漏严重，因而除居住在坝区的壮族以种植水稻为主外，居住在山区的苗族、瑶族均以种植玉米、旱谷等旱作农业为生计。在滇中高原区，由于地势平坦、水利化程度高，加之靠近城镇，因而居住在这里的汉、彝、白、回等族人民在种植水稻的同时还兼营工商业。而在滇东北高山峡谷区，由于开发历史早、人口压力大、生态破坏严重，加之气候冷凉、干旱少雨，因而居住在这里的汉、彝、苗等族人民，主要在高山梯地中种植玉米、小麦、土豆等耐寒耐旱作物为生计。

2. 农业物种多样性

在长期的农业生产实践中，云南各民族因地制宜驯化、培育了大量的适应不同地形、气候、海拔、土壤和水利条件的水稻、小麦、大麦、玉米、荞麦和其他农作物物种，为各民族群众提供了丰富多样的食物资源。

云南是中国拥有3种野生稻原产地的两个省份之一。云南的3种野生稻是普通野生稻、药用野生稻和疣粒野生稻。此外，云南具有十分丰富的栽培稻资源，现已编目保存的稻种资源份数达 5128 份，其中籼水稻 2329 份，粳水稻 1622 份，籼陆稻 73 份，粳陆稻 1104 份。在这 5128 份稻种资源中，有 1351 份为糯稻资源。云南的小麦有 4 个种和 1 个亚种。分别是普通小麦种、密穗小麦种、圆锥小麦种和硬粒小麦种。云南的大麦有 1 个种、2 个亚种。玉米是云南最主要的粮食作物之一，现已收集到地方性玉米资源 1863 份。云南已发现荞麦野生种和变种 9 个，还有许多栽培的荞麦资源。此外，云南的粮食作物种质资源还有高粱、谷子、黍和稷等，其中，高粱种质资源已收集到 198 份；谷子资源已收集到 97 份；黍和稷各有 6 份收集入库①。

3. 农业生态系统多样性

农业生态系统是指人类为满足某些方面的物质文化需要，经过一定的技术方法、社会规则而建立起来的人工生态系统；或者是对自然生态系统的人工管理而形成的特殊生态系统，它是人类在利用野生植物和单一栽培植物基础上的进一步系统化发展。云南农业生态系统多样性最为典型的体现是混农林系统的丰富多样性。据中国科学院昆明植物研究所、西双版纳热带植物园和云南省林业科学院的调查，云南各地各民族经营管理的混农林系统共计有 4 大类、11 个亚类、82 型和 220 个组合。此外，西双版纳傣族铁刀木林、庭园、高黎贡山地区的黄栎薪炭林系统等，都是极具地方特色的由当地少数民族群众创造和发展的农业生态系统类型②。

（五）生活方式多样性

受云南生态环境多样性和各民族生产方式多样性的影响，云南各民族的生活方式亦表现出鲜明的多样性特征。主要包括：

1. 建筑文化多样性

典型的有傣族的干栏式楼房；哈尼族的“蘑菇房”；彝族的土掌房；藏族的碉楼；纳西族和永宁摩梭人的井干式木楞房、土木结构瓦房及其庭院；白

① 参见云南省环境保护局编：《云南省生态环境现状调查研究》，云南科技出版社 2004 年版，第 69－71 页。

② 参见云南省环境保护局编：《云南省生态环境现状调查研究》，云南科技出版社 2004 年版，第 71 页。

族的“三坊一照壁”、“四合五天井”民居院落；傈僳族的“千脚落地”干栏式楼房；怒族的石片顶房等。此外，还有五大宗教各具特色、风格迥异的宗教寺院建筑。

2. 服饰文化多样性

云南各民族都有自己服饰的基本形制，但同一民族的不同支系，或同一个民族居住的地域不同，服饰也有差异。仅云南彝族服饰，可区别的就有近百种，何况云南有26个民族、上百种民族支系。因此，云南民族服饰之种类、形制、色调之丰富多彩，为我国各省区所罕见①，除非亲临实地亲眼观察，用语言很难形容出来。

3. 节日文化多样性

云南各民族都有自己独特的节日，一般每个民族都有几个、多则10几个，故全省各民族节日不下两三百种，全年12个月，从岁首到年终，月月都有节庆，形成云南极为丰富多彩的节庆文化。著名的有白族三月街、傣族泼水节、彝族火把节、怒族鲜花节、傈僳族“阔时”节和纳西族“三朵”节等。

4. 歌舞文化多样性

云南各民族都有自己独特的数种以至数十种歌舞文化，总数当在三四百种以上。著名的如彝族的大三弦舞；傣族的象脚鼓舞；拉祜族的摆舞；藏族的锅庄舞、茶会歌、弦子舞、热巴舞；纳西族的东巴乐舞、丽江古乐；白族的曲艺大本曲、戏剧吹吹腔、霸王鞭舞；彝族的三跺脚；傈僳族的摆时舞、四声部无伴奏合唱；普米族的琵琶调；怒族的达比亚乐舞等等。

5. 饮食文化多样性

云南少数民族的食物上取山珍海味，下拾山茅野菜为原料，都是无污染、无残毒的绿色食品，再加上烹调方式独特，每个民族都有自己的数种以至数十种美味佳肴，形成极为丰富多样的饮食文化。著名的有藏族的酥油茶、青稞酒、糌粑；白族的乳扇、生皮、冻鱼、砂锅鱼、三道茶、八大碗；彝族的

① 参见林荃：《云南民族文化资源的开发、利用与保护》，中共云南省委宣传部编：《走向21世纪的云南民族文化》，云南人民出版社1999年版，第361页。

坨坨肉；傈僳族的烤乳猪、杵酒；怒族的石板粑粑；佤族的水酒以及自成体系的傣族饮食风味等。

6. 体育文化多样性

在长期的生产生活实践中，云南少数民族出于强身健体、自娱自乐的人类本性的需要，创造了许多因地制宜、因陋就简而又特色鲜明的体育运动项目。著名的有彝族、拉祜族等民族的打陀螺，傣族、壮族的赛龙舟，傣族的武术，苗族的射弩，佤族的摔跤，哈尼族的荡秋千，白族的舞龙，基诺族的跳竹竿，壮族的抢花炮，傈僳族的“上刀杆、下火海”，哈尼族、拉祜族的荡磨秋，藏族的赛马，独龙族的掷梭镖等等。

7. 工艺文化多样性

云南各民族在长期的生产生活实践中，因地制宜、就地取材，利用草、木、竹、藤、土、石、棉、毛，金、银、铜、铁、锡、铝，还有动物皮革、羽毛、兽骨、兽牙、兽角、海贝、珊瑚，玛瑙、碧玉、绿松石等原料，创作、制造出了丰富多样、异彩纷呈的民族工艺品。著名的有傣族、藏族、白族、纳西族的陶制工艺品，建水紫陶工艺品和永胜瓷器工艺品，藏族、白族、纳西族的铜制工艺品，东川、会泽、昆明等地的斑铜工艺品，石屏等地的乌铜工艺品，阿昌族、白族、纳西族的铁制工艺品，个旧的锡制工艺品，鹤庆新华村白族的银制工艺品，剑川白族木雕，迪庆奔子栏藏族木制工艺品，宁蒗彝族漆器工艺品，纳西族的麻纺织、羊毛纺织和火草布纺织工艺品，傣族、基诺族、彝族、拉祜族的棉纺织工艺品，大理白族的扎染，文山苗族的蜡染工艺品，纳西族、傣族的手工造纸，白族的大理石工艺品，腾冲的玉石工艺品以及多个民族精美的草编、竹编、藤编工艺品等。这些工艺品从日常生活需要的杯盘碗盏、桌椅板凳、衣服铺盖，到美饰人体所需要的耳环、项链、手镯、戒指、腰箍、腿箍，到仅供美学观赏的花瓶、书画，再到敬天娱神的宗教用品等等，无不应有尽有。充分反映了各民族艺人适应环境、美化生活的智慧和匠心。其中的许多工艺品，无论从创意、造型、制作等方面来看，都堪称是工艺美术方面的精品，具有巨大的开发利用价值。

8. 医药文化多样性

云南少数民族在与自然界相适应以求生存的实践中，为治疗各种伤痛疾病，为使产后妇女能够尽快恢复劳动，为保持健康的体魄，为使老人能够延年益寿等目的，通过千百年来长期的探索与实践、总结与提高，发现了多种多样治病强身的纯天然药物并发明了多种治疗方法。这些多样性的民族药物和多样性的医疗方法，与各民族的传统文化和各民族所处的自然环境紧密联系在一起，形成了多样化的民族医疗体系。正是这种多样性的民族医疗体系，保障了少数民族群众在长期缺乏现代西方医学和医疗条件的情况下，得以正常地生存和繁衍下来。目前，经民族学和医学专家调查整理并经国家医疗管理部门鉴定认可的自成体系的主要有藏医学、傣医学、苗医学、彝医学、瑶医学等，但尚未系统调查整理的其他民族的医药文化还很多，是一个有待深入发掘的民族文化多样性宝库。

（六）风俗习惯多样性

风俗习惯指的是一个民族在衣食住行、婚丧嫁娶、生老病死和待人接物等方面广泛流行的喜好、风习、礼仪、禁忌等。风俗习惯是在民族形成发展过程中逐渐形成的，与各民族所处的生态环境、生产方式、宗教信仰和心理素质有着不可分割的关系。尽管不同民族有某些风俗习惯可能相似、相近甚至相同，但通常是每个民族都有其特殊的风俗习惯。周恩来指出："风俗习惯常常是一个民族一种。"[①] 因此，即便排开同一民族不同支系或同一民族不同分布区域风俗习惯的差异，云南26个民族也有26种风俗习惯，其多样性也是显而易见的。

四、生态环境多样性、生物多样性、民族文化多样性"三多一体"

云南的生态环境多样性、生物多样性、民族文化多样性三大特点，并非相互孤立、隔绝发展，而是在漫长的历史过程中互动磨合，逐渐形成了三多一体、高度融合的格局，可概括为"三多一体"格局。

如前所述，环境是一个相对于生物有机体而存在的概念。生物在其生活生长的过程中，要不断地与其环境进行物质与能量的交换。环境一方面向生

---

① 周恩来：《关于我国民族政策的几个问题》，《周恩来选集》下卷，人民出版社1984年版，第270页。

物有机体提供生长发育、繁衍后代所需要的物质能量，对生物有机体具有制约作用；而另一方面，生物也在不断地改造环境[①]。根据这一规律，我们可以大致找到云南的生态环境多样性、生物多样性和民族文化多样性三多一体互动关系形成与发展的基本脉络和轨迹。这就是：云南在洪荒时代便自然形成的生态环境多样性，孕育形成了云南的生物多样性。而生态环境多样性和生物多样性交互作用形成的适宜人类生存与发展的环境，又孕育形成了云南的民族文化多样性。民族文化多样性一经形成，各民族人民便应用人类及其文化特有的理性与创造力，对生态环境多样性和生物多样性进行文化调适，经过漫长的互动磨合后逐渐形成并保持了三多一体、良性互动、高度融合的格局。这一格局可抽象并形式化为下面这个模型，简称“三多一体”互动模型。

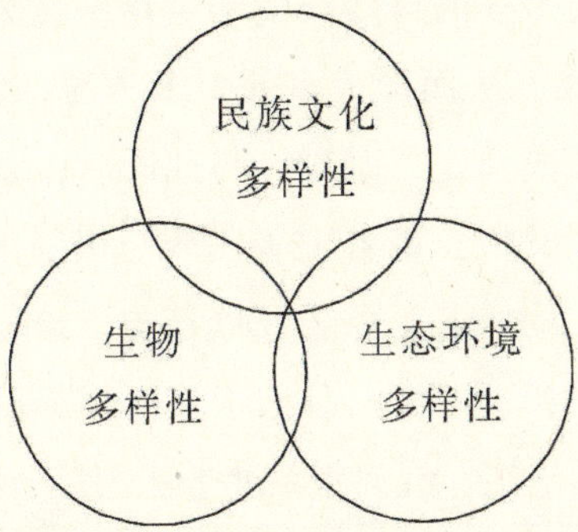

图 2－1 “三多一体”互动模型

在这个模型中，最晚形成的民族文化多样性处于核心位置，对于维持模型是良性互动还是恶性循环，发挥着关键作用。故这里我们有必要对云南民族文化多样性的早期形成，及其与自然良性互动关系的建立，作一简略的论述。

费孝通先生指出：“民族格局似乎总是反映着地理的生态结构。”[②] 从地理环境的大势来看，云南位于中国的西南角，处于东亚亚热带季风区、南亚热带季风区和青藏高原三大区域的交汇与过渡地带。人类文明起源的规律表

① 参见欧晓昆：《生态学与生物多样性》，裴盛基、龙春林主编：《应用民族植物学》，云南民族出版社 1998 年版，第 24 页。

② 费孝通：《中华民族的多元一体格局》，载《北京大学学报》1989 年第 4 期。

明，地理过渡带比单一地带具有更为复杂多样的自然条件，为古人类的生存繁衍提供了更为广阔的可选择空间①，因而使云南成为我国迄今所知最早的古人类发源地之一。从距今170万年前元谋人牙齿化石所在地层中还出土了29种哺乳动物化石，主要有云南马、牛、鹿、象、原始麝、剑齿虎等。从哺乳动物中多为草食类，以及植物孢粉谱所反映的气候和植被生态环境看，元谋人生活在比较凉爽的草原—森林环境中。这种环境有利于人类的生存和繁衍，所以云南还发现了晚更新世时期的晚期智人（俗称新人）化石丽江人、西畴人和昆明人等。这些遗址同时还出土了多种共生的草食类哺乳动物化石如鹿、牛、马、猕猴等②。进入新石器时代以后，人类活动的足迹已遍布云南全境。迄今所发现的300多处新石器时代遗址和地点，几乎遍及全省所有县市。这些土著居民在如此复杂多样的自然环境中生存，就必然发展出适应各自环境的生产方式和生活方式，从而形成多元、多类型、多区域异彩纷呈的文化，这就为多民族格局的形成奠定了基础。与此同时，云南的六大江河体系及其自然形成的河谷通道，又把云南各土著民族与祖国内地、东南亚—南亚国家和青藏高原联系起来，构成若干条各民族迁徙、流动的走廊。氐羌族群自甘青高原沿怒江、澜沧江和金沙江河谷南下，百越族群自东南沿海顺珠江水系西进，或自东南亚溯澜沧江、红河水系北上③，使云南在拥有众多土著民族的基础上又增加了大量的外来民族。因此，早在新石器时代，云南就已是一个多民族聚居地区。新石器时代之后，在数千年漫长的历史发展过程中，祖国内地和青藏高原又有一些新的民族群体迁入云南，最终使云南这块39.4万平方公里的土地上聚居了26个民族，成为全国民族成分最多的地区。

多民族格局的存在本身就自然形成了多种多样的民族文化。而每一个民族和每一个民族的不同支系由于分布在不同的地区，为适应不同的生态环境和利用不同的生物资源而进行文化调适的过程中，便自然发展出不同的生态文化。生态文化是一个民族对生活于其中的自然环境的适应性体系。它包括民族文化体系中所有与自然环境发生互动关系的内容，主要包括这个民族的

① 参见《中华文明史》第一卷，河北教育出版社1989年版，第10页。
② 参见汪宁生：《云南考古》（增订本），云南人民出版社1992年版，第3-5页。
③ 参见马曜主编：《云南民族工作40年》上卷，云南民族出版社1994年版，第18-24页。

宇宙观、生产方式、生活方式、社会组织、宗教信仰、风俗习惯等。在这种生态文化指导下，各民族都在宇宙观、生产方式、生活方式、社会组织、风俗习惯等方面采取了一系列具体行动来适应各自所处的自然环境。例如，为适应生态环境多样性和生物多样性，仅各民族培育的稻种就有5000多种，在混农林系统方面，则创造了4大类、11亚类、82型、220个不同的组合①。所有这些，都证明云南早在历史上就形成了生态环境多样性、生物多样性和民族文化多样性三多一体良性互动的关系。

当然，在云南各民族数千年的发展史中，人及其文化对生态环境和生物多样性的破坏无疑也是存在的。诸如历史上的战乱、兵荒；明代内地汉族大规模移民云南屯田垦殖；清代改土归流后滇中居民向全省的拓展开发，以及20世纪50年代以后由于政策失误盲目开发导致的一系列破坏等，都对云南的生态环境多样性、生物多样性以至民族文化多样性的保持造成了严重的不利影响，在局部地区甚至出现了三多一体恶性循环的危机。然而尽管如此，从总体上、全局上看，云南至今仍是中国乃至全球为数不多的继续保持着生态环境多样性、生物多样性和民族文化多样性三多一体良性互动关系的地区之一。这是云南各民族未来发展的最大优势和最大资本。

---

① 参见龙春林、郭辉军：《云南生物多样性概述》，“云南民族文化、生态环境及经济协调发展”高级国际研讨会论文（未刊稿），1999年。

第三章 澜沧江流域——云南基本省情的典型缩影

云南省境内的澜沧江流域，包括迪庆州、丽江市、怒江州、大理州、保山市、临沧市、普洱市①、西双版纳州共8州市所辖的德钦、维西、玉龙、古城②、兰坪、大理、洱源、剑川、南涧、巍山、漾濞、云龙、永平、隆阳、昌宁、沧源、凤庆、耿马、临翔③、双江、永德、云县、思茅、景谷、景东、澜沧、宁洱、镇沅、孟连、江城、景洪、勐海32个县（市、区）。

第一节 澜沧江流域的基本特点

澜沧江流域是云南“三多一体”格局的一个典型缩影。

一、生态环境多样性

云南省境内的澜沧江夹峙在怒山与云岭之间，干流全长1170公里，是云南省内第二大河。云南全省地势北高南低，由西北向东南倾斜，大体分为三个阶梯逐层递降，从北向南，平均每公里降低6米。澜沧江上游的德钦、香格里拉一带属于青藏高原的南延部分，为全省最高一级阶梯，海拔一般在3000米~4000米。德钦县境内澜沧江西岸的梅里雪山主峰卡瓦格博峰海拔6740米，是云南的最高点。往南即进入横断山脉，地势缓降，澜沧江中游的大理、保山一带与滇中高原同属于第二级阶梯，海拔一般在2300米~2600米左右，镶嵌于其中的山间盆地（坝子）在1700米~2000米左右。再往南即进

① 原思茅市已经国务院批准更名为普洱市，原普洱县更名为宁洱县，原翠云区复名为思茅区。

② 澜沧江流域包括原丽江县。原丽江县在丽江地区撤地设市中已经国务院批准一分为二，分设为玉龙县和古城区。

③ 原临沧县在临沧地区撤地设市中已经国务院批准更名为临翔区。

入横断山余脉，地势起伏和缓，澜沧江中下游的思茅、临沧、西双版纳一带与滇东南地区同属于第三级阶梯。其低山丘陵海拔在1200米~1400米，河谷盆地在500米~900米[①]。三个梯层均有不同程度的高中山和河谷相切，纵横交错，使地形更加复杂，自然造成生态环境的多样性。

从河谷景观来看，兰坪县营盘街以北为澜沧江上游，山高谷深，水流湍急。特别是从德钦县北部滇藏交界处的上盐井到维西县巴迪附近的澜沧江峡谷段，西为梅里雪山、碧罗雪山，东为察里雪山、甲午雪山、白茫（马）雪山。澜沧江奔腾于两山之间，呈深切峡谷状。江底海拔2000米~2200米，山顶海拔一般在5000米以上，最高点海拔6740米，相对高差3500米~4500米[②]。峡谷峭壁直立，似刀劈斧削，岩壁危石累累。江中巨石遍布，水流湍急。在两岸短小的支流上，常形成落差大的瀑布或大型泥石流扇。从营盘街以下至临江桥为中游，江面较宽，水流较平缓。临江桥以下为下游，河谷较宽，江面宽达140米~400米，从思茅港以下便可通行大吨位轮船。

从气候来看，一方面，澜沧江在云南境内从北向南依次经过了寒带、温带、亚热带、热带地区，囊括了从黑龙江到海南省的多种气候类型；另一方面，由于气候随地势、地形和海拔高低所产生的垂直变化异常明显，因而在每一种气候带内，甚至是一个小区域内，又形成了从河谷平坝到半山、高山和山顶的热、温、寒多种气候的垂直变化[③]。澜沧江流域纵贯云南西部，由北到南直线距离850公里，山地与西南气流斜交，迎风坡气流抬升，增雨作用显著。降雨量700毫米~1800毫米，由北向南，由河谷沿山坡递增，流域平均降雨1352毫米，降雨总量1198.6亿立方米，是全省总产水量最多的流域[④]。多样的气候和丰沛的降雨为生物多样性的形成提供了良好的生境。

---

① 参见黄思铭等编著：《钢性约束——生态综合评价考核指标体系研究》，科学出版社1998年版，第29页。

② 参见云南百科全书编纂委员会编：《云南百科全书》，中国大百科全书出版社1999年版，第31页。

③ 参见郭家骥主编：《生态文化与可持续发展》，中国书籍出版社2004年版，第35页。

④ 参见云南省地方志编纂委员会编：《云南省志·地理志》，云南人民出版社1998年版，第293页。

二、生物多样性

澜沧江流域的生态环境多样性孕育形成了丰富的生物多样性。其主要内容包括：

（一）植物多样性

澜沧江流域处于泛北极植物区系和古热带植物区系交汇地带，植物组成复杂，种类丰富，兼有寒、温、热三带植物。目前，已查清楚的即有264科、1471属、3893种及变种，占全国分布总数25700种的6.4%，占云南分布总数12000种的33%，是云南植物生物多样性最丰富的地区。澜沧江流域森林资源十分繁茂，从南到北主要分为热带北缘雨林、季雨林类型；南亚热带山地季风常绿阔叶林类型；滇西山地半湿性绿阔叶林，云南松林类型；滇西北山地寒湿性针叶林类型等。澜沧江流域植被类型不仅纬度地带性分布较为明显多样，垂直地带性分布也同样如此。

（二）动物多样性

野生动物多样性。澜沧江流域的动物具有明显的过渡性及复杂性。由于北部与青藏高原相连，南部与中印半岛相连，河川多南北走向，形成动物南北迁徙的通道。加之流域南部未受到第四纪冰川的作用，因而有不少第四纪以前的孑遗动物和后期的转化类动物。从地域上看，流域南部有丰富的热带种，仅西双版纳自然保护区一带，就有哺乳动物102种，占云南兽类动物的40%以上，全国总数的25%左右。主要动物种属有长臂猿、豚尾猴、叶猴、印支虎、亚洲象、野牛、多种犀鸟、太阳鸟、绿孔雀、灰头鹦鹉、平胸龟、大树蛙、雨蛙等；流域中部主要有云豹、岩羊、穿山甲、短嘴金丝燕等；流域北部高寒地区主要分布有滇金丝猴、麝鹿、扭角羚、榛鸡、黑角太阳鸟、湍蛙等。

鱼类多样性。澜沧江水系是云南境内鱼类物种丰富而独特的一条水系。共有鱼类153种及亚种，占云南鱼类总种数的41.8%，占全国淡水鱼总种数的20%。其中，该水系共有特有属28个，占云南鱼类特有属的70%。西双版纳是这条水系鱼类资源多样性的典型代表。共有100种鱼，分属18科54种，有4个特有科，18个特有属，75个特有种。

（三）珍稀动植物

截至2006年，澜沧江流域共有省级以上自然保护区10个，其中国家级3个。流域内的珍稀动植物均在自然保护区内有分布。澜沧江流域共分布有国家级保护的珍稀植物80种，其中一级1种，二级17种，三级62种，主要有望天树（*Parashorea chinensis*）、光叶珙桐（*Davidia involucrate var. vilmoriniana*）、十齿花（*Dipentodon sinicus*）、独叶草（*Kingdonia uniftora*）、铁力木（*Mesua ferrea*）、云南石梓（*Gmelina arborea*）、疣粒野稻（*Oryza granulata*）、澜沧黄杉（*Pseudotsuga forrestii*）、见血封喉（*Anfiaris toxicaria*）等。有国家级保护的珍稀动物131种，其中一级34种，二级97种，主要有亚洲象、犏野牛、蜂猴、黑长臂猿、绿孔雀、黑颈长尾雉、滇金丝猴、虎纹蛙等。①

三、民族文化多样性

人类文明起源的规律表明，地理过渡地带比单一地带具有更为复杂多样的自然条件，为古人类的生存繁衍提供了更为广阔的可选择空间②。澜沧江从青藏高原奔腾南下，沿途穿越了多种地形地貌和气候条件，为古人类的生存繁衍提供了广阔的空间；河流冲刷所形成的天然河谷通道，又成为古人类迁徙流动和不同人群进行文化交流的天然走廊。因此，在澜沧江上游的维西、澜沧江中游的云县、景东和澜沧江下游的景洪、孟连等县，都发现了新石器时代的人类遗址。这些遗址出土的石器、陶器等器物，既有地方特点，又分别与祖国的西北地区和东南沿海地区有共同和相似之处③。从而表明，澜沧江流域早在远古时期就有人类在此生存繁衍。这些远古人群已形成各自的地方特点同时又与祖国其他地区保持着文化联系与交往。新石器时代以后，随着生产力的发展，人类的活动与交流更为频繁。这些土著居民在如此复杂多样的自然环境中生存，就必然发展出适应各自环境的生产方式、生活方式和多

① 参见曾广权等编著：《云南省生态环境保护研究》，云南科技出版社2006年版，第278－280页。

② 《中华文明史》第一卷，河北教育出版社1989年版，第14页。

③ 参见李昆声、肖秋：《试论云南新石器时代文化》，载云南省博物馆编：《云南人类起源与史前文化》，云南人民出版社1991年版，第275－282页。

元、多类型、多区域异彩纷呈的文化，从而逐渐形成了今天澜沧江流域多民族分布的格局。澜沧江流域的文化多样性除了与云南全省的文化多样性具有共同点外，还有下列一些内容值得关注。

（一）民族成分多样性

澜沧江流域是一个多民族聚居的地区。按照在澜沧江流域居住着本民族人口10%以上的标准，从北向南主要分布着藏族、傈僳族、纳西族、白族、普米族、回族、彝族、傣族、拉祜族、佤族、哈尼族、布朗族、基诺族、德昂族等14个少数民族和汉族，共有15个民族。其中，除藏、彝、回、汉4个民族外，其余11个民族均为云南特有民族。这15个民族在云南的总人口及其分布在澜沧江流域的人口数量可参见表3－1。

表3－1（1） 15个民族的人口总量及其在澜沧江流域的分布数量（2003）

单位：全省：万人；各县（市、区）：人

地区＼民族	总人口	汉族	藏族	傈僳族	纳西族	白族	普米族	回族
云南省	4375.60	2775.60	12.70	61.60	28.10	151.50	3.40	64.10
德钦县	58726	589	47708	8761	994	204	1	179
维西县	144551	24172	11237	79407	17987	8055	138	78
玉龙县	350547	59991	2212	26528	203959	39304	5121	544
古城区								
兰坪县	190471	12440	61	64386	255	91707	14316	34
昌宁县	340124	304314	5	383	41	656		993
隆阳区	846166	734927	37	8622	781	33516	13	3606
大理市	525556	152492	464	878	1553	337484	41	14761
洱源县	329755	90687	239	1008	438	220673	39	7239
剑川县	168871	6084	36	1940	1123	154848	63	1275

续表

民族 地区	总人口	汉族	藏族	傈僳族	纳西族	白族	普米族	回族
南涧县	215399	109157	4	238	51	2034	2	2479
巍山县	301692	171357	5	515	48	6388	7	21149
漾濞县	100056	36738	47	2463	164	11412	9	3186
永平县	171667	104218	4	2135	73	5289		13792
云龙县	197926	27548	9	10059	25	144728	8	410
沧源县	159731	10867	2	46	14	420	5	141
凤庆县	424147	293548	9	737	73	5745		2428
耿马县	254978	123401	7	2887	281	1572	9	1029
临翔区	278020	225687	36	344	70	2776	10	971
双江县	163797	91136	8	10	20	658	1	90
永德县	326118	256678	5	1304	23	2710		353
云　县	404531	205898	12	1404	95	14548	133	3757
江城县	93802	17701		6	23	517	1	246
景东县	352983	190506	20	236	22	610	8	1582
景谷县	293035	159908	9	23	11	566	1	1896
澜沧县	470563	107664	4	33	32	539	1	3373
孟连县	114214	16175	3	422	10	170		214
宁洱县	185083	93392	35	597	40	4312	27	1157
思茅区	198310	131416	20	3576	107	2243	9	1441
镇沅县	204342	98501	5	35	16	1411	4	1973
景洪市	374200	122885	11	154	81	1857	5	1374
勐海县	196072	40457		48	28	452	6	1742
澜沧江流域总计	8435373	4020532	62253	219155	228438	1097584	19978	73492
澜沧江流域所占比重%	19. 27	14. 46	49. 01	35. 57	81. 29	72. 44	58. 75	11. 46

表3-1（2） 15个民族的人口总量及其在澜沧江流域的分布数量（2003）

单位：全省：万人；各县（市、区）：人

地区＼民族	彝族	傣族	拉祜族	佤族	哈尼族	布朗族	基诺族	德昂族
云南省	463.00	115.80	42.90	37.60	139.40	9.50	2.00	1.80
德钦县	13	3		2				
维西县	1891	9			14			
玉龙县	8452	450	14	9	182	10		1
古城区								
兰坪县	5210	7		1	4			
昌宁县	20286	6338	8	201	29	1566	1	
隆阳区	37657	19126	45	363	105	136	2	953
大理市	15039	505	67	82	249	38	2	6
洱源县	9009	317	10		12	4	1	
剑川县	3449	3	3	1	2	1	1	
南涧县	99343	58	23	39	34	521		
巍山县	100486	42	16	7	20	6		
漾濞县	44757	228	1	5	10			
永平县	43582	142	6	93	31		3	
云龙县	10405	1146	1	2	1			
沧源县	1457	7572	3696	135316	32	37		
凤庆县	113700	1217	424	894	15	804		
耿马县	6042	52236	18847	42102	94	3671		1117
临翔区	14505	16356	14870	1041	34	488		2
双江县	2518	9386	33630	13084	36	12611		
永德县	29191	5906	1940	19936	91	6948		423
云　县	150541	13400	4672	1002	203	6938		5

续表

地区＼民族	彝族	傣族	拉祜族	佤族	哈尼族	布朗族	基诺族	德昂族
江城县	13596	7185	1526	54	49034	145		
景东县	138390	2670	1473	140	11732	809		
景谷县	58664	56441	10689	46	2742	1208	13	
澜沧县	31355	17205	199301	54930	48572	6196	2	4
孟连县	2210	25589	32970	28454	7674	28		
宁洱县	34281	5446	1157	371	43168	100	1	1
思茅区	28075	6926	2793	2311	12012	373	81	1
镇沅县	53718	8375	15094	29	24318	34	2	
景洪市	16542	129768	903	630	62221	6928	18902	10
勐海县	5287	115535	37396	1577	59380	31979	46	
澜沧江流域总计	1099651	506587	389576	302725	322043	81579	19057	2523
澜沧江流域所占比重%	23.75	43.74	90.81	80.51	23.10	85.87	95.28	14.0

说明：2003年正是原丽江县分设为玉龙县和古城区的时间，原丽江县的人口已全部统计在玉龙县内，故古城区的人口数据空缺。

资料来源：根据云南省统计局编：《云南统计年鉴》（2004）的相关数据整理计算而成，中国统计出版社2004年版。

（二）生产生活方式多样性

澜沧江流域多民族分布格局和多元文化的形成，与澜沧江流域多样化的生态环境和多样化的生物资源所提供的生产生活环境具有密切的联系。一方面，为适应澜沧江流域北高南低的大地势、北寒南热的大气候和北部多高山、南部多平坝的地形地貌特点，大体形成了氐羌系统诸民族如藏族、傈僳族、纳西族、普米族、彝族、白族、拉祜族分布在偏北的上游和中游地区，百濮系统诸民族如德昂族、布朗族、佤族和百越系统诸民族如傣族分布在南部下游地区的平面分布格局；从而也就形成了上、中、下游地区不同的生态环境和各具特色的生产生活环境。另一方面，为适应每一个小区域内随海拔高差而形成的立体地形、立体气候、立体生物资源所提供的立体的生产生活环境，又形成了白族、纳西族、回族、傣族等主要居住在坝区，哈尼族、拉祜族、佤族、布朗族、德昂族、基诺族和部分彝族主要居住在半山区，藏族、傈僳族、普米族和部分彝族主要居住在高山区的立体分布格局；从而也就形成了坝区民族种植水稻、蔬菜并发展工商业，半山区民族种植玉米、旱稻、茶叶、甘蔗并饲养猪、牛、羊，高山区民族种植玉米、马铃薯、青稞、荞麦并饲养牦牛、犏牛的立体生产方式和生活方式。

（三）历史文化多样性

澜沧江流域具有丰富的历史文化遗产。截至 2004 年 10 月，全省共计有国家级重点文物保护单位 32 项、省级文物保护单位 289 项。其中，分布在澜沧江流域的国家级重点文物保护单位共计有 12 项，占全省总数的 37.5%；省级文物保护单位共计有 74 项，占全省总数的 25.60%。详情见表 3－2 和表3－3。

表 3－2　分布在澜沧江流域的国家级重点文物保护单位（截至 2004 年 10 月）

序号	名称	类别	年代	地点
1	石钟山石窟	石窟寺	南诏·大理（公元649年~1094年）	剑川县
2	崇圣寺三塔	古建筑	唐·五代	大理市
3	太和城遗址	古建筑	南诏（649 年~902 年）	大理市
4	广允缅寺	古建筑	清	沧源县
5	景真八角亭	古建筑	清	勐海县
6	曼飞龙塔	古建筑	清	景洪市
7	石佛洞遗址	古遗址	新石器时代	耿马县

续表

序号	名称	类别	年代	地点
8	大宝积宫与琉璃店	古建筑	明	玉龙县
9	汉庄城址	古遗址	汉	隆阳区
10	喜洲白族古建筑群	古建筑	明、清	大理市
11	元世祖平云南碑	石刻	元	大理市
12	沧源崖画	石刻	新石器时代	沧源县

表 3－3　分布在澜沧江流域的省级文物保护单位（截至 2004 年 10 月）

序号	名称	类别	年代	地点
1	兰津渡及霁虹桥	古遗址	汉、明	隆阳区
2	杨振鸿墓	古墓葬	民国	隆阳区
3	玉皇阁	古建筑	明	隆阳区
4	塘子沟遗址	古遗址	旧石器时代	隆阳区
5	双虹桥	古建筑	清	隆阳区
6	光尊寺	古建筑	唐至清	隆阳区
7	民族团结誓词碑	纪念建筑	1951 年	普洱县
8	景东文庙	古建筑	清	景东县
9	景东卫城遗址	古遗址	明	景东县
10	林街清真寺	古建筑	清	景东县
11	迁糯佛寺	古建筑	清	景谷县
12	勐卧佛寺双塔	古建筑	明至清	景谷县
13	曼岛佛寺	古建筑	清	景谷县
14	景谷大石佛	古建筑	清	景谷县
15	糯福教堂	古建筑	民国	澜沧县
16	整控渡摩崖	石刻	元	澜沧县
17	孟连宣抚司署	古建筑	清	孟连县

续表

序号	名称	类别	年代	地点
18	中城佛寺	古建筑	清	孟连县
19	芒中佛寺	古建筑	清	孟连县
20	西文笔塔	古建筑	明	临翔区
21	勐旺塔	古建筑	明	临翔区
22	凤庆文庙	古建筑	明	凤庆县
23	班洪人民抗英盟誓址	近现代史迹	1934 年	沧源县
24	金沙江石鼓渡口	近现代史迹	1936 年	玉龙县
25	福国寺五凤楼	古建筑	清	玉龙县
26	北岳庙	古建筑	唐至明	玉龙县
27	宝山石头城	古建筑	元	玉龙县
28	指云寺	古建筑	清	玉龙县
29	文峰寺	古建筑	明	玉龙县
30	金龙桥	古建筑	清	古城区
31	毛泽东塑像	近现代史迹	1969 年	古城区
32	普济寺	古建筑	清	古城区
33	大觉宫	古建筑	明	古城区
34	曼春满佛寺	古建筑	清	景洪市
35	周恩来总理活动史迹	近现代史迹	1961 年	景洪市
36	曼阁佛寺	古建筑	清	景洪市
37	曼短佛寺	古建筑	清	勐海县
38	杜文秀墓	古墓葬	清	大理市
39	弘圣寺塔	古建筑	唐	大理市
40	佛图寺塔	古建筑	唐	大理市
41	周保中故居	近现代史迹	近代	大理市
42	圣源寺观音阁	古建筑	元	大理市

续表

序号	名称	类别	年代	地点
43	苍山神祠	古建筑	唐	大理市
44	法藏寺董氏宗祠	古建筑	明	大理市
45	羊苴咩城遗址	古遗址	唐	大理市
46	杜文秀帅府	古建筑	清	大理市
47	大唐天宝战士冢	古遗址	唐至民国	大理市
48	凤仪文庙	古建筑	明至清	大理市
49	兴教寺及寺登街古建筑群	古建筑	明至清	剑川县
50	景风阁	古建筑	明至清	剑川县
51	金华寺石刻	石刻	大理国	剑川县
52	宝相寺	古建筑	元至清	剑川县
53	赵藩墓	近现代史迹	1928 年	剑川县
54	通京桥	古建筑	清	云龙县
55	顺荡大慈寺火葬墓群	古墓葬	元、明	云龙县
56	德源城遗址	古遗址	南诏国	洱源县
57	段信苴宝摩崖碑	石刻	明	洱源县
58	云龙桥	古建筑	明	漾濞县
59	苍山崖画	石刻	汉	漾濞县
60	巍宝山古建筑群	古建筑	清	巍山县
61	拱辰楼	古建筑	明	巍山县
62	垄圩图城遗址	古遗址	唐	巍山县
63	玉皇阁及文华书院	古建筑	清	巍山县
64	圆觉寺及双塔	古建筑	明、清	巍山县
65	菟峨土司衙署	近现代史迹	1912 年	兰坪县
66	杨玉科家祠建筑群	古建筑	清	兰坪县
67	东竹林寺	古建筑	清	德钦县

续表

序号	名称	类别	年代	地点
68	茨中教堂	古建筑	清	德钦县
69	茶马古道梅里段	古遗址	唐	德钦县
70	飞来寺	古建筑	清	德钦县
71	奔子栏佛塔殿壁画	壁画	清	德钦县
72	叶枝土司衙署	古建筑	清	维西县
73	达摩祖师洞	古建筑	清	维西县
74	寿国寺	古建筑	清	维西县

表3-2、表3-3资料来源：根据云南省文物局编：《云南文博简讯》(37) 的有关记载整理而成。

（四）生态文化多样性

澜沧江流域的几乎每一个民族，都在长期适应多样性的生态环境、开发利用多样性的生物资源以求得生存与发展的过程中，创造了各具特色的生态文化，形成了多样性的生态文化。这里仅以几个典型的民族为例说明之。

1. 纳西族的生态文化

纳西族的生态文化主要由人与自然是同父异母兄弟的生态文化观，以村社为载体的护林管林制度和保护环境的乡规民约，以及人人遵守的生态道德等三个方面的内容所构成。

纳西族先民在长期的生产生活实践中，经过总结人与自然关系的正反两方面的经验教训，从自然崇拜意识中概括出一个代表整个自然界的超自然神灵“署”，并形成了大规模的“署谷”仪式。“署”是草木鸟兽、山林川泽、风雨雷电即整个大自然力量的总称；“谷”意为力之正反双向运动，略同于汉语的曲、往来、交会等意思。纳西族神话《鹏龙（署）争斗》说：洪荒时代，自然（即“署”）与人类是同父异母的亲兄弟，人即自然，自然即人，他们彼此不分，同枕共食。两兄弟长大成人后，分家析产时发生争执，反目为仇。署龙占了九成天地，人诉于神，神使大鹏捉了署龙，署龙反诉人之不是，神从中调解而和谐。从文本中透出这样的情景：人有猎具，肆无忌惮地捕杀兽类；人还有铁制农具与火，疯狂地毁林开荒。大自然却不慌不忙，后发制人。暴雨骤降，电闪雷鸣，山洪狂泻，吞没田舍，野兽奔腾，追捕人畜。人类在大自然的报复面前是如此之弱小，他们不得不求助于天神帮忙。在天神的帮助下，人与自然（“署”）坐到谈判桌前，签订了条约。条约大意是：人类应遵守勿射玉龙山的鹿，勿捕金沙江的鱼，勿猎林中熊，勿毁高山树，勿污江河水……

自然（“署”）应遵守：不让狂风卷冰雹，不让山崩洪流起，不让天响炸雷地震荡，不让人畜遭病难生存。

条约还规定：“署”神适量地让人们狩猎、放牧、开荒及采伐树木。而人与自然要想永远保持互利互惠、和谐共处的良好关系，就必须定期举行“谷”这种祭祀仪式来与自然相互对话和交流。自然不会说话，但人可以通过自我检讨、自我约束并承担义务来实现与自然的和谐共处。“署谷”仪式有的地方每年 2 月举行，有的地方每年 2 月和 8 月各举行一次，每次都由东巴主持，全民参与，历时 3 天。人要沐浴斋戒，整个村寨场地要除秽。仪式用东巴经书 120 种，法物数百种。经书内容主要有三：一是人与自然同源异流及其矛盾、和解的形象描绘。二是在人与自然相互关系中人应承担的义务，诸如不得在水源之地杀牲，以免让污血秽水污染水源；不得随意丢死禽死畜于野外；不得随意挖土取石；不能在生活用水区洗涤污物；不得在水源旁大小便；不得滥搞毁林开荒。特别是立夏一过，不得在山上砍树，整个夏季不得砍一棵树，等等。三是讲述人类侵犯掠夺自然，遭受报复损失而醒悟赔偿的故事。除了“署谷”仪式外，在丽江县塔城乡，还有另外一种反映纳西族生态文化的祭祀仪式，名叫“字若寸若”，意为砍一棵树还一棵树。神山上的树不能砍，但不懂事的小孩随手砍了，病痛便会随之而来，于是便要请大东巴帮忙举行“字若寸若”仪式。届时，要把小孩带到神山上，供上酒、茶等祭品，烧香磕头，东巴念经祷告，然后由家人帮助小孩在砍树的地方种上一棵树，浇上水，才能保佑小孩身体康复。

在用超自然神灵的不可冒犯性威慑民众，用宗教信仰统一民众认识的基础上，丽江纳西族各村寨都制定了保护生态环境的乡规民约和护林管理制度。而且通过村民大会公推德高望重的老人组成老民会，督促乡规民约和护林管林制度的实施。每个村寨都有自己的护林员和巡山员，其权威比乡保长还大，其生活费用由全村农户分担，高于普通农户三倍。各村寨每年都统一安排一天组织村民集体到林中修枝打杈做烧柴，各户能砍多少量的枝杈有统一规定，砍好后要先堆放在一处，经护林员过目验收没有过量砍伐后，方可背回家。由于护林员的威望足以慑服民众，一般人绝不敢以身试法，乱砍山林。

超自然神灵的威慑、宗教信条的规范和乡规民约管理制度的约束等外部禁律，久而久之便自然内化为纳西人心目中根深蒂固的环境保护意识和生态道德。少年儿童自小就由上辈人谆谆告诫，不能做任何污染破坏生态环境的事，长大以后即使再有权势，也都能谨守这一传统道德，从而为丽江赢得了山清水秀的良好生态环境，直到20世纪50年代初，丽江还保持了森林覆盖率达53.7%。

然而，自20世纪50年代以来，由于国家建设对木材的需要，丽江也未能幸免对森林的大规模采伐。特别是在市场经济的利益驱动下，纳西族群众的生态保护意识已日趋淡薄，传统的人与自然和谐共处的生态文化正处于危机之中，亟需开拓新的发展路子。

2. 白族的生态文化

白族人民开发利用森林资源已有久远的历史，同时也养成了植树护林、保护环境的优良传统，形成了自己的生态文化，主要内容如下：

一是定期植树，封山禁伐。相传古代白族人民每年都有植树、封山育林的节日，如插柳节、缀彩节、祭山节等，都是集体植树的节日。插柳节在春节前的蛇日举行，是坝区白族的一种类似春游到村外河边种柳树的活动。山区植树活动称为缀彩节，一年中分别在惊蛰后的第一个蛇日和芒种日举行。进入农历七月，各地便相继封山，要在该月的第一个寅日举行祭山仪式，从此便禁止任何人进山采伐、放牧；到第二年正月初二又一次祭过山神之后，才开禁采伐放牧。

二是本主崇拜和佛道教信仰中所包含的生态保护意识。对于生态环境保护，白族人民普遍认为人手不如神手，人管不如神管，因而凡是在有神“居住”的地方，诸如鸡足山、巍宝山等佛、道教名山和遍布白族村寨的众多本主庙，以及有龙“居住”的众多的龙潭水系，便成了白族地区大大小小的

“自然保护区”，至今仍保有葱郁的树木和清澈的流水。在白族庞大的本主神灵体系中，就有许多“龙”神，而且，在同一水源和水系中的本主，往往被人们赋予了父子、兄妹、亲戚等血缘和亲缘关系。他们共同保佑着这条水系长年不断和畅通无阻。过去，各地白族祭天、祭鬼以求避祸得福，所有祭祀活动一般都在大树下进行，这些大树被称为天树、天牛树、祭鬼树等。这些树都是神树，人们对这些树非常敬畏，谁也不敢乱砍伐。

三是用传统的村规民约和习惯法来约束村民，加强森林和水源管护，违者将被处以重罚。例如，剑川县把森林分为公山林和家族林两种，各派有护林员常年居住在林区管护。护林员的生活由全村每家付米麦 1 升予以供给。为了切实保护好公山特别是老君山，还于清乾隆四十八年在金华山麓立下保护公山碑记一块。碑记指出：

“剑西老君山为全滇山祖……安容任意侵踏。如敢私占公山及任意砍伐、过界侵踏等弊，许看山人等扭禀（即扭送官府）。”

接着还规定了一系列禁令，摘录于下：

“禁岩场出水源头处砍伐活树；

禁放火烧山；

禁砍伐童松；

禁挖树根；

禁各村过界侵踏；

禁贩卖木料。”

在今剑川县沙溪乡石龙村本主庙中于清道光年间所立的乡规碑上，还详细规定了对违规者的处罚。诸如，凡山场自古所护树处及水源林不得乱砍，有不遵者，一棵罚钱一千；凡童松宜禁砍伐，不遵者，拿获罚银五钱，等等。在洱源县牛街中学院内，也有一块清光绪年间立的护林碑，碑文规定不能砍伐松柴，剪获松枝，违者，马驮松柴，每驮罚银五两；肩挑背负，每棵罚银四两；刀砍松枝，每人罚银二两等。

在鹤庆县，民国十七年由县长亲自颁布六禁，并勒石成碑，立于县城。这六禁是：禁宰耕牛；禁烹家犬；禁卖鳅鳝；禁毒鱼虾；禁打春鸟；禁采树尖。

大理市下关镇旧铺村是一个白族聚居的村子。乾隆年间，因山上生态较差，影响了当地农业的发展，在村里乡绅的带领下，村民奋然上山种松，改善生态环境，并立《护松碑》以警示后人。该碑立于乾隆四十五年，现存于村里的本主庙大殿前。碑文如下：

“从来地灵人杰者，理然也。以余村居赤浦（旧铺村原名赤浦——引者注)，虽曰倚麓山而对玉案，尚惜主山有缺陷，宜用人力以补之。而所以补其缺陷者，贵乎林木之阴翳。因上宪劝民种植，全村众志一举，于乾隆三十八年奋然种松。由是青葱蔚秀，自现于主山，而且培养日久，可以为栋梁，可以作舟楫。良材之产于此，即庙宇倾朽，修建不虑其无资。日后合村公众种松之主山，永为公山。合村不得横认地主，私自扦葬。所有古冢任各拜扫。夫是以主山之要尝美矣，想亦材木不可胜用之一道。其所以不可胜用之，实皆斧斤不可轻入林中。执是以行，孰非上遵于王政之禁令乎。倘有无知之徒，希图小利，窃为刊损者，干罚必不能免。统而言之，补山为上，取材次之，不言利而利在其中矣。所序之言，勒于碑石，将以垂诸奕世云。

乾隆四十五年菊月上浣之吉赤浦合村士庶同立石”

此碑将植树造林，改善生态，保护山林为上，取材次之，不轻易进山砍树，即使不讲利益而利益自然就在其中的道理，讲得非常明白。说明白族人民对生态环境保护和建设的重要性早有相当清醒、理性的认识①。正因为有这套生态文化的保护，才使20世纪50年代初大理州的森林覆盖率仍高达64.8%。以后，在国家工业化、现代化建设的推动下，大理州的森林和水源也受到了很大破坏。传统生态文化的影响在白族人民的心目中日趋淡薄。

3. 彝族的生态文化

小凉山彝族传统的游牧游耕生产生活方式对生态环境的破坏较大，但分布在全省其他地区的彝族，有的也形成了保护生态环境的传统生态文化。

① 参见郭家骥主编：《生态文化与可持续发展》，中国书籍出版社2004年版，第177－179页。

2000年2月，我们来到位于大理市市郊乡的吊草村调查，发现这里虽位于楚雄——大理，大理——巍山两条大公路之间，但村寨周围和山前山后全都种满了树，显得郁郁葱葱，生机勃勃。村党支部书记瞿金标告诉我们说，吊草村共有1465人，其中大多数是彝族。全村人均有林达10亩以上，早就形成了“山上种两松（云南松、华山松），山腰种果木，山脚种粮草，户户养猪鸡”的经济发展格局。为什么这个村子的彝族会有如此清晰的造林护林意识呢？调查后发现，早在历史上，这个村的彝族就形成了保护生态的优良传统。吊草村彝族是从大麦地村搬来的，迁徙的路上全是茫茫的林海，领头的人为使跟随的人不至于迷路掉队，便在沿途的树枝上拴上一根根醒目的稻草，于是跟随的人群就在这些吊在树上的稻草的指引下，来到了现在这块地方定居下来，并将村子命名为吊草村。从村名就可看出，这是一块森林茂密、生态环境良好的地方。定居下来之后，村民们逐渐意识到，这些树木是全村的财富，必须严加保护才不致被毁，遂于清咸丰元年（公元1851年）经全村公议勒石立下了《永远护山碑记》，碑记全文如下：

“尝思国以民为本，民以食为天。食也者，出于地而成于人也。吾先代自梅地迁此，名吊草村，又名尖隆村，居依山林，则所得者林木也。上而国家钱粮出其中，下而民生衣食出其中，且为军需炭户，则军需炭，亦出其中，所关诚大也，讵得不为之轻心哉。今有远近之人不时盗砍，若不严守保护，恐砍伐一空，不惟国课民生无所。故垂之贞珉以图永久。是为记。”

立此碑50多年后，清光绪三十年（公元1904年），全村又公议立下了《尖隆村初草砍树牧养水利序》碑。碑序全文如下：

“盖自天生水来，原以养人。水也者，源之远者流自长，必有得天时之善者也。不然岁序之推迁靡定，天时之失运无期，或遇天干有几年，遇雨水有几岁，则水之不平，迹人事之不明。特恐因水以起其事也。迄今自于光绪丙午年，尖隆村绅耆老幼人等，好意大存，公同妥议，言振起以水利，非但有益于一家，而在益于一邑，免前后以口舌相争，永断祸害之根也。是故水利议定：每年到栽插之天，尊举三人挖巡，工价送定叁仟。自栽插一开，守水三人昼夜招呼。

须上潢下流自首以至于尾。勿得私意自蔽，不可纵欲偷安，要存大公无私之间。倘有护蔽，不论何人，见者报明，齐公加倍重罚。自一夺栽毕后，添苗水者，须从目前干伤反转还至，守到十五日满为挖息焉。自议水利后，各人听其自然。水利不准私家大小男女来偷挖，各顾自己也。水利一严，人人各宜凛遵，莫到临时异言，倘有不遵纪者，守水三人拿获，速还村报明村中头人绅老，齐公重罚银两，究治不贷。勿谓言之不先也。兼有论居深山者，以树木为重，以牧养为专自，树林一律不准以连根砍抬还家。牧养马诸物，自收获准放十日。其余诸物之类，通年永不准滥放。自议数项之后，各人谨守牧养，如有不遵者，一再齐公重罚，勿得抗赦乡规也。近因世道浇漓，人心险阻，恐口无凭，遵请先生采择，故垂碑勒石，永为万古不朽云云，是为序。”①

然而，20 世纪 50 年代以来，由于国家经济建设的需要和以粮为纲生产指导方针的影响，吊草村的生态环境也受到了很大破坏。但自 80 年代以后，在国家政策的倡导下，吊草村群众又恢复了植树造林、保护生态的传统。他们把上述两块碑石供奉到村子的土主庙中，使其披上了“神”的外衣变成了“神灵”的意志，村党支部则年年组织村民植树造林。经过近 20 年的努力，使吊草村又恢复了前述我们所见的四处绿阴，生机勃勃的景象。良好的生态环境也开始给吊草村群众带来了相应的经济收益。目前，吊草村已成为大理市民外出休闲踏青所选择的地点之一。

4. 普米族的生态文化

我们在兰坪县调查，一说起民族传统文化与生态环境保护这个题目，县委县政府的领导就跟我们说，根据这个题目，你们最值得研究的就是普米族了。普米族堪称是“森林的朋友”，凡是有普米族居住的地方，周围必定有大片保护完好的森林。究其原因，一是他们喜欢选择森林环抱的地方定居；二是他们有一套保护森林的文化。两方面的原因结合起来，就使每一个普米族村寨都是一个人与自然互为朋友、和谐共处的乐园。听完县上领导的介绍，

① 以上两块碑现在均保存于吊草村彝族的土主庙内。

我们便深入到通甸乡的罗锅箐村去进行实地调查，观察与访谈的结果，完全证实了县上领导的看法。

罗锅箐村坐落在一个海拔3000多米的高山草甸上。背靠葱郁的山林，面对开阔的草甸，左右两边亦为森林所环抱，现已被列为省级风景区。在调查中，该村村长和国臣对我们说：普米族保护自然生态环境的办法，主要是神山神树和动物神灵崇拜。在罗锅箐村，全村有一座保护全村人的神山。每逢正月初一，全村家家户户都要去祭拜，去时每家人带3炷香、1瓶酒、1团茶和一点豆腐，到神山上烧香磕头，唱普米族祭龙调，祈求山神保佑全村五谷丰登、六畜兴旺、山长青、水长流。神山上的树不能砍，否则手脚、身子都会生疮。除了全村共有的神山外，每户人甚至每个人又有自己的神树。普米族有一个独特的习俗，就是孩子出生后，都要将其拜寄给一棵粗壮的大树或某种强悍、灵敏的动物，以求得人与动植物的相互保佑并希望人像动植物一样生机勃勃、强壮敏捷。例如，拜寄给松树的人，就取乳名叫“信新祖”，寄寓孩子长大后像松柏一样长青。拜寄给栎树的人，就取乳名叫“夸信祖”，拜寄给野猪的取名叫“查利珠”，拜寄给老熊的取名叫“温珠”，拜寄给山鹿的取名叫“字字珠”，拜寄给麂子的取名叫“施珠”等等。人拜寄给树木，要由家长给孩子换上干净衣服，将其抱到选定的大树下，在树边洒上一点酒，让孩子向大树磕头。拜寄仪式结束后，要在树周围编上栅栏，从此这个孩子及其家人，就与这棵树形成了相互支撑、相互保佑的关系。村中任何人看见树旁边的栅栏，就没有人再动这棵树。与此相类似，人一旦拜寄给某种动物，他一生中就不能再猎取这种动物。因此，尽管历史上普米族就是从事狩猎的民族，但通过拜寄方式客观上就减少了对动物的猎取量。也正因为每户人、每个家庭、村寨以至整个民族，都有自己的神山，才使普米族聚居地区的森林得到了较好的保护，因为人们相信，如果对神山上的树施加过破坏，那么你非病即死。据说，“文化大革命”中，有一个人在“神山”上砍了一棵树，他本人是县武装部长，结果有一次在全村过节耍龙时用冲锋枪朝天打枪，却鬼使神差地摔了一跤，自己把自己打死了。这个故事一出，就更增加了神山的神圣性和其中“神灵”的威慑力，使普米族人即使在“文化大革命”那样的混乱年代，也不敢乱砍神山上的树木。因此，普米族居住的地方至今仍然保持着林中有人、人中有林，人与森林互为朋友的绝妙景观。

5. 傈僳族的生态文化

在20世纪50年代以前，怒江州的森林覆盖率达60%左右，江边以上400米范围内很少有人居住，除一些台地已辟为水田外，全为参天大树和芦苇、竹子所覆盖。在山上根本看不到江水。总之，当时的生态环境是良好的。当时之所以能够保持这样良好的生态环境，主要有两个原因：一是人口稀少对资源需求量不大；二是傈僳族传统有一套以鬼神崇拜观念为核心的生态文化在发挥作用。傈僳族传统信仰的是万物有灵的民间宗教，在这套信仰体系中，山有山神，树有树鬼，山岩有岩子鬼，凡是山神、树鬼、岩子鬼所在的地方，里面的森林、野兽都是不能乱砍乱打的。即便是确实需要砍一棵树去盖房子，也要先行祭祀才能砍，砍了以后要留下树桩，并在树桩上压一块石头，以使将来树鬼生气了不要来惩罚砍树的人，而去惩罚那块石头。正因为有这套对各种鬼怪与神灵的信仰和崇拜体系，才使许多地方的森林树木得以保存下来。例如在福贡县架料底乡的里吾底村，村头有一片巨大的岩石群，上面长满了茂密的森林，因而被傈僳族认为这是岩子鬼“米斯尼”的所在地。一次，村中人看见岩子上有一窝岩蜂，不懂事的孩子就去烧蜂掏蜜吃，不久以后其中的两个孩子就浑身长泡重病垂危，于是全村人赶紧杀牛宰羊去祭祀酬鬼，才保住了两个小孩的性命。从此以后上边的一草一木、一鸟一兽就再也没有人敢动了。然而，20世纪50年代以后，一方面由于医疗卫生条件的改善而使人口急剧增多，对资源的需求量大大增加；另一方面破除迷信的无神论宣传打碎了傈僳族传统的鬼神崇拜，当地村民至今还记得，正是“天上没有玉皇，地上没有龙王”的口号，鼓舞着他们向鬼岩上的树木举起了砍刀，很快就将其砍伐殆尽了。由于上述两方面的原因，才导致今天怒江州出现了严重的生态危机。

6. 拉祜族的生态文化

拉祜族的生态文化主要由其传统生态观、民间宗教信仰、社区资源管理机制和村规民约所构成。

“公母对称、阴阳和谐”，是拉祜族认识自然规律的基础，也是拉祜族对待大自然的一种态度。在拉祜族的宇宙观中，世界万物都是成双成对、密不可分的，天宇和大地是一对、男人和女人是一对，人类和自然万物是一双。在这种观念指导下，拉祜族先民历经千辛万苦，辗转东西南北，历史上不断从甘青高原南迁，为的就是寻找一块人与自然和谐相处的好地方。在拉祜族迁徙史诗《根古》中，描述了这样的地方是“马鹿角上缠灵草、蹄里夹黑土，大树大如囤箩样，九十九枝伸四方，蜜蜂酿蜜如雷响，鸟儿天天唱着歌，地上落叶三尺厚，水里鱼儿成群游”。定居滇南后，拉祜族对找寻到的好生境主动加以养护，民间流传着“养树就是养金养银”，“养树养森林就是养鼠养小雀养动物”，“没有森林就没有村寨可建，没有树成不了家”等谚语，就是养护行为的反映。

拉祜族的传统生态观还渗透在其民间宗教信仰中。在万物有灵的影响下，拉祜族认为世上万物皆有生命，而人和万物（包括土地）的生命，都是拉祜族至高无上的神——厄莎赐予的。树和草是厄莎的头发，土壤是厄莎的肉，水是厄莎的血液，大象、老虎、猴子是厄莎的宠物，岩羊是厄莎的坐骑，等等。因此，人类对动植物资源的利用必须适度，不能乱砍滥伐和乱捕滥猎。

在这种观念指导下，拉祜族村寨形成了自己的社区资源管理机制。其主要内容是由村寨头人“卡些”充当资源管理者，由他来监督村民执行保护自然资源的村规民约和传统习惯法。例如，在澜沧拉祜族自治县南段村，传统村规民约就规定：砍薪柴时不许砍小树，以利于小树长成大树；采摘野果时不砍果树大枝，必须由人爬上树去摘；不许砍神山、水源林和佛事圣地的树木；不可随意放火烧山……违者将受到处罚，如罚款、罚其打扫村寨卫生，严重的甚至赶出寨子。因此，尽管经过了1958年大炼钢铁的破坏，南段村至今还保留下了一大片森林茂密的神山①。

7. 基诺族的生态文化

基诺族的生态文化，主要集中反映在其森林保护和刀耕火种生计方式对生态环境的调适上。基诺族根据对自然条件的认识，将各村社所属的森林资源划分为6种林区，每一种林区都有特定的用途。

---

① 许建初等主编：《中国西南生物资源管理的社会文化研究》，云南科技出版社2001年版，第53页。

寨神林，基诺话称之为“左米生巴”，位置一般在寨子背靠的大山，面积几百亩上千亩不等，视各寨地形及森林资源而定，因是村社祖先居住的地方，严禁砍伐。为求祖先保佑村社人畜兴旺，四季平安，风调雨顺，五谷丰登，每年还要以猪牛作牺牲，定期祭祀。

坟林。基诺族各寨都有坟林，面积几十亩至百亩不等，为本寨公墓林，实行木棺土葬。坟林内禁忌很多，归纳有九不准，即不准伐木做材，不准修枝砍柴，不准开荒种地，不准狩猎打鸟，不准积肥铲草，不准拾菌摘果，不准大小便，不准唱歌吼叫，不准谈情说爱。均自觉遵守，没有人敢犯禁。

村寨防风防火林，守护神名“司巴”。村寨周围的森林，既是村寨的防火防风林，也是私人的茶园、紫胶园、建材林及薪炭林，谁家种植归谁家所有，世代相传。林地自己管理，每年刈草一次；茶叶每年自采3次；林中成材的树养起来，留着盖房子，不成材的杂木砍做柴烧。

山箐水源林，守护神名“勒司”。基诺族认为，凡山箐两边森林100米至200米内为山区和坝区共同的水源林，要严加保护，因此，1958年以前均系原始森林。

山梁防火林。基诺族主要从事刀耕火种农业，一般冬季砍树，春季2月烧地，正值风高物燥，为了防止烧地之火越界，距山梁100米~200米以内的森林不能砍，必须留作防火林带。而且还要在地头10米~20米内，清除已砍倒、晒干的树木、树枝，甚至连草地也铲光，做好拦火道才能烧地。

轮歇耕作林。这才是基诺族从事刀耕火种的林地。在这类林地中，基诺族又根据对自然条件的科学认识，将其依海拔高低、土壤肥瘠、坡度大小等指标划分为三种类型。一类叫“折岗”，二类叫“折交”，三类叫“迭它”。一类地多为海拔较低、气候炎热、坡度平缓、团粒土壤结构，土层深厚，保水力强的肥沃林地。三类地是分布海拔较高的土地，一般气候较冷、坡度较大、土壤瘠薄。二类地海拔、气候、坡度、土壤大致介于一、三类地之间。根据对土地类型的科学划分，基诺族在条件较好的一类地中实行长期轮作制，一般可持续耕种五六年然后休闲；在条件稍次的二类地中实行短期轮作制，一般连续耕种两三年然后休闲；在条件较差的三类地中严格实行砍种一年便休闲的无轮作刀耕火种。这样，既使各类林地都能地尽其力，又保证了各类林地中的植被都能尽快恢复以维持生态平衡。所以尽管基诺族的刀耕火种已历时数百年之久，但直至20世纪50年代基诺山的森林覆盖率仍高达65%①。

此外，基诺族还有5种树不砍的规矩。

一是大青树不砍。大青树可以寄生紫胶，收获可卖线，并有守护神名"牛泽阿梅"守护，据说谁砍了会使其脚跛、手疼、发肿，需杀鸡祭祀保护神才会好。砍懒火地不砍大青树，因此寨旁、箐边、茶叶地中大青树最多。

二是野果树不砍。野果子可供人充饥，允许摇树、采摘，但不许修枝或砍伐，砍伐野果子树，如杀鸡取卵，不道德，传说谁犯禁，将断子绝孙或生病死亡。

三是路边树不砍。路边树为行人遮阴，为疲倦者纳凉，砍路边树缺德，要罚款。

四是棕树不砍。可作棕衣、棕垫褥、棕垫牛鞍子，并有守护神。

五是雷打树不砍。雷打树不吉利，谁砍了将有雷劈之灾。

按基诺族风俗，凡村社男性13岁~14岁，必须参加村社青年组织，为村社服务，锻炼办事本领，服务满5年，达18岁~19岁始退出。各村青年组织，小寨10多人，大寨二三十人，从中推选年龄稍大、能说会讲、办事公道、敢于领导者为头，领导青年定期巡视本村山林地界，发现谁犯禁忌，则视情节轻重加以处罚，或罚酒10碗~20碗，或罚半开1元~5元。如若不服青年组织裁决，报到村社长老头人处，则加倍处罚②。

上述案例，不仅反映了澜沧江流域少数民族文化的普遍特点，也揭示了世界土著居民与少数民族文化中的一个普遍特点。联合国世界文化与发展委员会的报告指出：

"土著人口世世代代生活在自然之中，通过与大自然的亲密接触，他们积累了丰富详尽的关于自然环境与自然资源的知识。因为世代繁衍在这个复杂的生态系统中，他们摸透了这个生态系统的功

① 参见尹绍亭：《云南刀耕火种志》，云南人民出版社1994年版，第109－111页。

② 参见高立士：《西双版纳山区民族历史上的传统生态保护》，许建初主编：《民族植物学与植物资源可持续利用的研究》，云南科技出版社2000年版，第234页。

能以及其中的动植物特性，也学会了利用、管理这个生态系统的办法。对于生态环境的关心，自始至终贯穿在他们为争取生存、文化身份、民主权利和自治而拼搏奋斗的历程之中。”①

第二节　澜沧江流域少数民族发展的现状与问题

一、发展成就

中华人民共和国成立以来特别是改革开放以来和“十五”计划期间，澜沧江流域各州（市）、县（市、区），认真贯彻落实党和国家帮助少数民族和民族地区发展的各项方针政策，按照云南省委省政府确定的建设绿色经济强省、民族文化大省和面向东南亚、南亚开放的国际大通道的战略目标，发挥澜沧江流域“三多一体”的优势和对外开放的有利条件，大力调整产业结构、开发优势资源、发展特色经济，使整个流域地区的经济社会都有了长足发展，进入了历史上发展最快的时期。仅以云南境内地处澜沧江上游的迪庆藏族自治州、中游的大理白族自治州和下游的西双版纳傣族自治州为例：

一是固定资产投资快速增长，推动经济持续快速发展。2000 年～2004 年，迪庆州全社会固定资产投资总额 53.28 亿元，年均递增 30.8%；大理州全社会固定资产投资总额 182.32 亿元，年均递增 18.3%；西双版纳州全社会固定资产投资总额 84.3 亿元，年均递增 26.3%。在固定资产投资的强劲推动下，迪庆州 GDP 年均增长 19.8%，大理州 GDP 年均增长 10%，西双版纳州 GDP 年均增长 8.4%。

二是产业结构调整成效显著，产业结构升级和产业结构高度化取得明显进展。2004 年与 2000 年相比，迪庆州的三次产业比重从 35∶21∶44 调整为 23∶38∶39，产业结构从原来的“三、一、二”型转变为“三、二、一”型；大理州的三次产业比重从 34∶29∶37 调整为 30∶32∶38，产业结构亦从原来的“三、一、二”型转变为“三、二、一”型；西双版纳州的三次产业比重从

① 联合国教科文组织、世界文化与发展委员会编，张玉国译：《文化多样性与人类全面发展——世界文化与发展委员会报告》，广东人民出版社 2006 年版，第 140 页。

40:16:44 调整为 33:23:44，产业结构虽然仍为“三、一、二”型，但第一产业下降了 7 个百分点，第二产业提高了 7 个百分点，向产业结构高度化和合理化方向迈出了重要步伐。

三是自然生态和民族文化旅游等特色产业快速发展，逐渐成长为地区支柱产业。2004 年，迪庆州接待国内外游客 194.71 万人次，实现旅游总收入 10 多亿元；大理州接待国内外游客 603.6 万人次，实现旅游总收入 33.15 亿元；西双版纳州接待国内外游客 274.37 万人次，实现旅游总收入 24.75 亿元。与此同时，迪庆州的藏药、球根花卉、青稞干红、干白酒，大理州的乳制品、茶产业、特色精品花卉和西双版纳州的橡胶、茶叶、南药、热带花卉、热带水果等特色优势产业也得到了长足发展。

四是生态环境保护与建设成效显著。2000 年～2004 年，迪庆州累计完成天然林管护 2583 万亩，公益林建设 74.35 万亩，退耕还林（草）工程 25.9 万亩，荒山荒地造林 11.7 万亩；大理州累计完成退耕还林 72.56 万亩，人工造林 194.96 万亩，治理水土流失面积 719 平方公里；西双版纳州累计完成公益林建设 56 万亩，实施退耕还林 14.3 万亩，义务植树 576.8 万株，被国家环保总局命名为“全国生态建设示范区”①。

二、存在问题

在充分肯定澜沧江流域少数民族发展取得显著成就的同时，我们也要清醒地看到，澜沧江流域少数民族发展还面临着许多严峻的问题，主要表现在如下几个方面。

（一）生态环境遭到破坏，生物多样性面临危机

1. 天然林遭到大规模砍伐，生物多样性受到严重威胁。中华人民共和国成立后，随着国家工业化建设对木材的需要，国家先后在云南民族地区建立了大批森工企业从事大规模的木材采运。仅澜沧江流域的丽江、大理、迪庆 3 个市（州）8 个县（市），就先后建成国有森工企业 31 个，职工 1.3 万人。

① 参见迪庆州人民政府：《迪庆州“十一五”规划期间需要解决的若干问题及对策建议》，大理州人民政府：《大理州经济社会发展有关情况汇报》，西双版纳州人民政府：《西双版纳傣族自治州经济社会发展情况汇报》等资料，打印稿。

仅丽江市，从20世纪50年代到1998年，累计采伐木材达2400万立方米，占全市国土面积的15%以上；而迪庆州直到天然林禁伐后才停止林木采伐，遭到采伐的都是对生态环境保护和生物多样性保护具有重要作用的天然林。由于人类活动的日益加剧，对生物资源的不合理开发和生态环境破坏，对各种生物及其生态系统产生了极大冲击。野生动植物丰富区面积不断减少，珍稀野生动植物栖息地环境恶化，珍贵野生药用植物数量锐减，生物资源总量下降。1957年以来，仅澜沧江流域的苍山种子植物名录中记录到的物种已有200多种不复存在①。澜沧江流域北段的红豆杉，由于药用价值的发现，很快便被“开发”为“濒危”物种；具有观赏价值的兰花，由于过度开采，资源量急剧下降……

2. 滑坡泥石流灾害严重。澜沧江流域生态环境多样而脆弱，在大规模开发建设中很容易遭到破坏。经过几十年的开发建设，澜沧江流域形成了两条大面积的滑坡泥石流发育带。一是澜沧江中上游，包括德钦、维西、兰坪、云龙、永平、凤庆、云县等地，沿澜沧江大断裂发育。计有灾害点150余处，其中大型滑坡、泥石流70余处，主要分布在德钦至盐井、巴洛至维西、营盘至兰坪、云龙至功果、杉阳至水寨、小湾至漫湾、云县等地段。1965年功果桥泥石流，造成21人死亡，损失30多万元。兰坪老县城1977年泥石流冲进县城，导致县城搬迁。漫湾电站坝库岸有19个滑坡体，对水库大坝和库容有不良影响②。1986年10月12日澜沧江上游滑坡，导致干流截流8~10分钟，当时，水位超过霁虹桥桥面7米，桥被冲垮；1992年9月15日又在同一地点发生滑坡，巨大的泥石流从干流右岸往下滑至江底，再次造成截流③。二是澜沧江下游滑坡泥石流发育带，在景临桥南、思澜桥以北地段，计有滑坡17处、泥石流沟10条。严重灾害点有下允河泥石流群，历来活动频繁，河谷沙石化，毁坏1500亩农田，每年有数百亩遭冲埋。1986年8月，下观音河西面

① 参见杨为民：《云南环境保护形势和行动》，“云南民族文化、生态环境与经济社会协调发展高级国际研讨会”论文，1999年。

② 参见云南省地方志编纂委员会编：《云南省志·地理志》，云南人民出版社1998年版，第503-504页。

③ 参见曾广权等编著：《云南省生态环境保护研究》，云南科技出版社2006年版，第43页。

山梁的10条箐沟发生崩塌，滑坡和泥石流危及镇沅县城安全①。

3. 水环境污染严重。社会主义初级阶段以经济建设为中心，使各级干部和群众很容易着眼于当前脱贫致富的需要而忽视环境保护，牺牲长远的可持续发展。怒江州和大理州的云龙县都是云南有名的贫困地区，为了摆脱贫困，怒江州加大了对兰坪铅锌矿的开发，但却严重破坏了云龙的生态环境，这种破坏是通过比江的污染而造成的。比江属澜沧江水系，发源于怒江州兰坪县境内的羊锯山，全长约150公里，由北向南流经兰坪、云龙两县到功果桥附近汇入澜沧江。其中流经云龙123公里，流域面积1888.4平方公里，是云龙县白石、长新、果郎、宝丰和石门四乡一镇75000多人生产生活的主要水源。但自1985年兰坪铅锌矿开发以来，由于随意丢置废渣和选矿废水只是稍加沉淀后便直接排入比江，使每年排入比江的废水量约180万立方米，冲入比江的尾矿和废渣约36万吨。其中所含的有害物质较多，仅重金属镉就有约360吨，铅达一万吨以上。据大理州环保部门对比江上游水质近期的取样化验结果表明：比江上游水质比国家规定的地表水二级标准，砷含量超过16.5倍，锌含量超过32倍，铅含量超过897.5倍，镉含量超过975.6倍。这表明污染已到了非常严重的程度。比江污染给两岸人民的生产生活带来了严重危害。江水不能再用于农田灌溉，不能再用于人畜饮水，给云龙这个本来就是“大雨大灾、小雨小灾、无雨旱灾”的多灾县，增加了人为的灾难，使沿江两岸7万多人的生活陷入困境之中②。

（二）民族文化多样性遭到严重破坏，自然流失严重

1. 在“左”的错误影响下历次政治运动对民族文化的摧残。“左倾”错误对云南民族文化的摧残主要有两次，一是1957年反右斗争扩大化后批判地方民族主义；二是在“文化大革命”中对民族文化的全面摧残。两次政治运动，给澜沧江流域的民族文化带来了下列恶果。

在民族文化教育和民族语文方面，云南民族学院和澜沧江流域州（市）的民族师范、民族中学均被迫停办，民族语文工作机构被撤消，民族文字被

① 参见云南省地方志编纂委员会编：《云南省志·地理志》，云南人民出版社1998年版，第505页。
② 参见郭家骥主编：《生态文化与可持续发展》，中国书籍出版社2004年版，第112页。

停止使用。在“民族融合风”影响下，认为使用和发展民族语言文字是“落后”、“倒退”、“无用”，是“加重负担、多此一举”，不如“直接过渡”，直接学汉语文来得便捷的错误认识，至今仍在一些干部包括民族干部中具有广泛影响。在这种错误认识指导下，在城市中长大的少数民族已基本不会说本民族语言，而无论城市和农村，精通本民族文字的人也很少了。

在生产方式上，不顾澜沧江流域少数民族大多居住在高寒山区、峡谷山区，其自然环境一般不宜农耕的实际情况，强制推行“以粮为纲”的生产方针，迫使少数民族大规模毁林毁草种粮。而在“学大寨、赶大寨”的浪潮下，有的地方强迫群众在25度以上的山坡上开“大寨田”，搞“人造平原”。对粮食生产品种也要“一个样”，提出“枪毙旱谷，打倒小红米，消灭老苦荞”的错误口号，全部山地只准种包谷，使澜沧江流域各民族为适应多样的生态环境而创造的多种生产方式遭到严重破坏。

在生活方式上，喜食酥油糌粑的藏族人民被强令种植小麦，不让他们种青稞，结果藏族人民吃不上糌粑自然便引起很大的不满。而西双版纳傣族亦因政府认为糯谷产量不高而不允许其种植传统的粮食作物，并用行政手段消灭老品种、引进新品种，甚至把已经栽下的糯谷秧苗拔掉改种其他稻谷。结果从外地引进的“优良品种”因不适合当地的气候和土壤条件而大大减产，使得西双版纳这个号称“滇南谷仓”的地方，每年需从外地调进5000万斤粮食才能维持州内人民生活。由于糯米文化已经成为傣族文化的象征，所以傣族群众气愤地说：“不准我们吃糯米饭，就是不承认我们是傣族”①。

在风俗习惯方面，澜沧江流域少数民族传统的节日、舞蹈、山歌以至民族服装都被作为“四旧”加以横扫。有的地方强行锯掉彝族三弦琴上的龙头，砸烂藏族的漆雕花木碗，砍倒少数民族的龙树林，平毁坟地等。

在宗教方面，早在1958年“大跃进”和人民公社化时期，党的宗教信仰自由政策就已受到猛烈冲击，有的地方已经公开提出“宗教迟早要消灭，晚

① 参见王文光：《西双版纳傣族糯米文化及其变迁》，杜玉亭主编：《传统与发展》，中国社会科学出版社，1990年。

消灭不如早消灭”的口号。到了“文化大革命”期间，与宗教作斗争，消灭宗教，便从口号变成了工作方针和实际行动。于是，从省到县的宗教工作部门一律被撤消，已建立的爱国宗教团体被停止活动。全省寺观教堂，除昆明地区的佛寺得以幸存外，其余大部被毁。傣族地区的佛塔除个别外也被捣毁，经书、法器、佛像和与宗教有关的文物古迹也被糟踏殆尽。许多宗教上层人士被戴上各种政治帽子，成了“牛鬼蛇神”、专政对象，被肆意批斗。边疆有的少数民族信教群众因被视为“政治上不可靠”而移居境外，许多地方的宗教活动被迫由公开转入隐蔽，边境沿线的一些群众则跑到国外去过宗教生活①。

在生态文化方面，澜沧江流域各民族万物有灵的传统观念以及由此而来的自然崇拜、图腾崇拜、植物崇拜、动物崇拜、神山圣湖崇拜和佛教、道教信仰中的生态保护意识，均被当作封建迷信思想而加以批判。与此相联系，在这种观念指导下的生态保护行为，也被强制改变。一些地方甚至强迫群众砍倒龙林、密枝林、坟林、风水树以示“革命”。各民族传统的保护生态的习惯法、乡规民约、社区组织等，均被取缔，使各民族宝贵的生态文化受到了严重破坏。

2. 改革开放以来工业化、现代化浪潮的猛烈冲击。1978 年中国共产党召开十一届三中全会，彻底纠正了“左”的错误，恢复了党的民族政策，政治运动破坏民族文化的历史宣告结束。然而，随之而来的波澜壮阔的改革开放和现代化发展，又使云南民族文化陷入了自然流失的危机。随着现代化进程和社会转型速度的加快，云南各民族的传统文化面临着前所未有的全面冲击。以经济建设为中心的现代化进程和以建立市场经济体制为核心的社会转型，驱动着各民族为获取更多的物质利益而奋斗。由于经济社会发展长期滞后，一些民族特别是弱小民族逐渐对自己的文化丧失了信心，他们盲目模仿内地生活方式，致使民族服饰、语言、传统民居、歌舞艺术、礼仪习俗以至生态保护文化等，出现了自然流失加速的危机。在奔现代化的急切心情驱使下，传统的价值观和生活方式对年轻一代失去了吸引力，在对外来文化和本民族

① 参见郭家骥主编:《云南的民族团结与边疆稳定》，民族出版社 1998 年版，第 167 页。

传统文化的双重认同矛盾之间，很多人选择了前者，从而形成了民族文化自我认同的危机。两个危机交织在一起，就有可能使云南少数民族经数千年历史发展积淀下来的珍贵民族文化遗产，在20至30年或更长一些的时期内大部消失。下面几个典型的实例，可基本反映出澜沧江流域民族文化面临的危机程度。

实例之一，是基诺族的族籍迷失问题。基诺族是云南人口较少的民族，也是改革开放以来经济发展较快的民族。据云南省社会科学院的学者杜玉亭所调查，基诺山生活条件较好的村寨，1995年的人均收入已达1600元。按此发展水平，到2000年该地区可达到小康标准。

但与快速发展相伴随的，是基诺族作为一个单一民族的特性日益消失。该族长老在与民族学者座谈时作出预测："鉴于中青年已不穿或压根儿不再有传统民族服装，甚至有些老年人也跟随时尚穿上西装，所以民族传统服饰有可能在十年左右消失；民族口碑文史及其风俗传承机制，有可能在20年内消失；民族传统歌舞有可能在20年内消失；作为民族文化载体且是民族特征之一的语言，有可能在30年内消失。"面对这个预测，基诺族长老的感叹是："基诺族不久就没有了！"①

这种现象，反映的是民族自我认同的淡化。基诺族仅有2万余人，且与人口众多的傣、汉等族为邻；加之因其社会发育程度较低，而受到多方照顾，成为重点扶贫对象和少数民族现代化的典范。由此施加的大量外来影响，这样一个小民族是难以抵御的。在奔现代化的急切心情中，传统的价值观和生活方式对年轻一代失去了吸引力。在对外来文化和传统文化的双重认同矛盾之间，很多人选择了前者。

实例之二，是纳西族东巴文化的失落。在云南的少数民族中，纳西族是较善于吸收外来文化而为自己所用的、拥有较高文化自觉的民族。尤其在宗教方面，纳西族利用自己地处滇、川、藏文化交界点的优势，将本土信仰与西藏苯教、藏传佛教、汉传佛教、道教、儒学等因素圆融并蓄，创造了一个色彩多样的宗教体系，而东巴教便是这一体系的典型代表。尽管东巴文化的

① 参见郭大烈主编：《云南民族传统文化变迁研究》，云南大学出版社1997年版，第275页。

研究已成为国际性的学术领域，东巴文化自身却陷入濒于灭绝的境地。如今在丽江县，东巴仅有不到10人。正如纳西族学者指出："目前这一推动了纳西族的国际知名度和当代社会经济发展的文明瑰宝正在民间不断绝迹，所剩无几的东巴和达巴多至耄耋之年，且无人传承。英国独立报曾刊登《正处于消失危险中的最后的东巴》，惊呼纳西东巴文化即将在这个星球上消失。此非危言耸听，如照目前各地所剩无几的老东巴无传人的情况发展下去，十多年之后，将不复有东巴文化活动存活民间。"①

东巴教是一种有书面记载的信仰体系，用来书写经文的纸张是这一宗教存在的基础之一。但受近几十年现代书写和阅读习惯的影响，纳西族传统的手工造纸技术几近失传。唯一会造纸的东巴和志本也于近年加入东巴山庄的旅游活动，负责卖门票和工艺品，很少再造纸，也没有带徒弟。而更严重的问题是东巴文化赖以生存的背景——全民性的宗教信仰已大体被现代化运动所摧毁，致使民间的仪式活动大量减少。东巴的存在与社区和民众的心理需求日益脱节，所谓"东巴文化"基本成了旅游开发的点缀物，由"社区文化"迅速演变为"展演文化"。这等于把它生存的根基拔除，再将其变为人工栽培的观赏植物；其服务对象已非纳西族的民众，而是外来的观光客和研究者②。

实例之三，是各民族生态文化中有利于生态环境保护的内容日趋淡化。从上述7个民族的生态文化中可以看出，在科学技术和生产力不发达的情况下，各民族基本上是通过人与自然浑融一体的宇宙观、民间传统宗教信仰中的万物有灵观、神山、神树、圣境、龙地、龙泉、祖先坟地等等的信仰和崇拜以及村规民约、习惯法、社区管理等传统习俗和民间组织来保护生态环境，实现人与自然和谐发展的。然而，在现代化浪潮的冲击和外来文化的影响下，传统生态文化日趋淡薄。其传统的宇宙观、万物有灵观和各种自然崇拜虽未完全改变，但其对行为的约束力已大大弱化，许多地方传统的民间组织已经失传，村规民约和习惯法成了一纸空文。例如原丽江县的玉湖村，过去在保

---

① 吴良镛主编：《滇西北人居环境可持续发展规划研究》，云南大学出版社2000年版，第84页。

② 参见郭净：《论无形文化的保护》，"云南民族文化、生态环境与经济社会协调发展高级国际研讨会"论文，1999年。

护集体山林，恪守乡规民约等方面是有较好声誉的，特别是传统的“老民会”组织十分有特色，对监督和约束村民的行为规范，促进村社公共道德的传承，保护村子的生态环境等方面曾起了很好的作用。据老人介绍，50多年前传统的“老民会”，由村中十多位深孚众望的老人组成。每3年由村民大会选一次。“老民会”负责制订全村的村规民约，调解民事纠纷，监督选出或指定的管山员和看苗员看护好公山和田地。如有乱砍滥伐、破坏庄稼等违犯村规民约者，由“老民会”依村规民约惩罚。因此，该村一直正气很盛，保持了良好的生态环境。然而，随着时代的变迁，这种很具权威的民间组织已荡然无存，乡规民约也更多地成了只是写在墙上的东西。

实例之四，是地方政府为追求GDP增长和政府政绩而对民族文化进行破坏性开发。2007年4月，我对澜沧江流域的大理州和丽江市的民族文化保护与传承情况，进行了为期半个月的实地调查，其间就亲眼看到了地方政府对民族文化进行破坏性开发的两个典型案例。

大理州鹤庆县是闻名遐迩的“中国民间工艺之乡”。该县所辖的新华村是民间工艺的一个典型代表。该村白族的银铜器民间工艺品手工作坊式生产与销售已有上千年历史。1999年我到新华村调查时，全村1000多户3000多人中，从事家庭手工作坊银铜器工艺品生产与销售的分别占总户数的60%多和劳动力总数的50%多。生产的银铜工艺品有几十种，形成了“一家一品、一村一业”的格局。国内外游客在村寨中走家串户，既观赏了工艺品的生产过程和生产技艺，又买走了工艺品，整个村子是一派欣欣向荣的繁荣景象。但在后来的旅游开发中，地方政府为扩大旅游规模引进民间投资建起了豪华商场。其中的许多店面均被外来人员租用以出售外来商品，乍看起来市场内熙熙攘攘，市场外车水马龙，而本地工匠和艺人生产的民族民间工艺品，既被市场经营者排斥在外，又因游客的参观路线被商家控制，每个旅行团都被直接拉到豪华商场里，并且逗留时间只有45分钟。使游客根本不可能到村寨中去参观工艺品加工，也就根本不可能向民间工匠和民间艺人购买产品。结果就使新华村白族传统的家庭式作坊经营难以为继，经济效益明显下降。昔日繁华的村庄小巷，而今变得异常冷清。令人担心的是“新华村”在强大的外来物品冲击下，人如潮涌的境况还能维持多久？

丽江市玉龙纳西族自治县的黎明乡，因其地处著名的老君山风景区，拥有神奇的丹霞地貌和独具特色的傈僳族风情，近年来迅速发展为丽江市旅游业的一个新亮点。根据丽江市旅游业二次创业的“一鸟两翼”（丽江古城为鸟身，玉龙县老君山和宁蒗县泸沽湖为两翼）的发展规划，丽江市拟加大对黎明景区的开发。这本来是无可非议的和完全正确的。但是，具体负责开发的丽江市旅游投资公司，却制订了一个没有任何创意的破坏性开发方案。这个开发方案拟投巨资18亿元，除了搞一些基础设施建设外，在文化开发上主要建设下列项目：在黎明乡政府所在地，在并非傈僳族主要聚居区的地方，建设一个国际傈僳族文化广场，让国内外游客喝着咖啡欣赏傈僳族歌舞；在一个少数民族聚居的、民族文化为主要特色的、没有任何道家文化底蕴、仅仅是将老君山附会为“太上老君”的地方，建设一个“老庄文化”广场，向游客展示道家文化；用灯光效果改造自然景观“神鸟彩屏”等等。这些荒唐的设想自然遭到当地少数民族干部群众的强烈反对。但是，旅游投资公司以自己是投资者的强势身份，将反对意见一概斥之为“保守”、“落后”而执意付诸实施。可预见的是当地独特的自然景观和民族文化将遭到严重破坏。

（三）贫困问题依然严峻

由于自然、历史、社会等多方面的原因，澜沧江流域迄今仍然是云南省的一个欠发达区域，澜沧江流域的很多少数民族仍然生活在贫困之中。

澜沧江流域迪庆州、怒江州、丽江市、大理州、保山市、临沧市、普洱市、西双版纳州8个州、市的德钦、维西、玉龙、古城、兰坪、大理、洱源、剑川、南涧、巍山、漾濞、云龙、永平、隆阳、昌宁、沧源、凤庆、耿马、临翔、双江、永德、云县、思茅、景谷、景东、澜沧、宁洱、镇沅、孟连、江城、景洪、勐海32个县（市、区）中，除古城、大理、隆阳、思茅、景谷、景洪、勐海7个县（市、区）外，其余24个县（区）都是国家扶贫开发重点县。玉龙纳西族自治县是云南省扶贫开发重点县。这32个县（市、区）主要经济指标与全省平均水平的差距可参见表3－4。

表 3－4　澜沧江流域 32 个县（市、区）主要经济指标与全省平均水平的差距（2004）

地区＼项目	人均地区生产总值（元）	人均地方财政收入（元）	农民人均纯收入（元）	人均粮食产量（千克）
云南省	6733	599	1864	343
德钦县	3528	156	1271	318
维西县	3773	85	1153	377
玉龙县	3643	178	1457	476
古城区	11223	827	2145	262
兰坪县	3358	301	1251	381
大理市	15018	823	3256	262
洱源县	3547	166	1698	417
剑川县	3349	200	1219	373
南涧县	3496	282	1441	376
巍山县	3507	140	1450	378
漾濞县	3601	286	1462	441
云龙县	3490	140	1283	458
永平县	4847	205	1344	391
隆阳区	4656	226	1936	337
昌宁县	3791	180	1692	400
沧源县	3578	110	1064	300
凤庆县	2628	138	1191	320
耿马县	4937	171	1379	330
临翔区	4442	170	1412	292
双江县	3353	113	906	348
永德县	2457	99	1161	341
云　县	4851	270	1409	329

续表

项目 地区	人均地区生产总值（元）	人均地方财政收入（元）	农民人均纯收入（元）	人均粮食产量（千克）
思茅区	7002	509	1737	206
景谷县	4259	243	1636	365
景东县	3065	216	1288	348
澜沧县	2010	87	848	325
宁洱县	4549	216	1650	335
镇沅县	2358	131	1238	353
孟连县	2779	179	1205	357
江城县	4275	182	972	308
景洪市	10333	395	2266	351
勐海县	4343	140	1809	468

资料来源：云南省人民政府、云南省统计局编：《2005 云南领导干部经济工作手册》，云南民族出版社 2005 年版。

表 3－4 给出的数据表明，澜沧江流域 32 个县（市、区）经济发展的基本特点是：总体发展水平低而又极端不平衡。

从人均 GDP 这一反映地区经济综合实力的最重要的指标来看，32 个县（市、区）中只有古城区、大理市、景洪市和思茅区超过全省平均水平，其余 28 个县（市、区）均低于全省平均水平；最高的大理市超出全省平均水平的一倍半，而最低的澜沧县却只有全省平均水平的不到三分之一，只有大理市的不到七分之一。发展不平衡的特征极为明显。

从人均财政收入这一反映地区经济效益的最重要的指标来看，32 个县（市、区）除古城区、大理市外全部低于全省平均水平，最低的维西县只有全省平均水平的七分之一，说明澜沧江流域地区的经济发展效益较低、财源有限。总体发展水平低的特征十分明显。

从农民人均纯收入这一反映农村发展和农民生活的最重要的经济指标来看，32 个县（市、区）中只有古城区、大理市、景洪市和隆阳区超过全省平均水平，最低的澜沧县不及全省平均水平的二分之一，说明农业人口占绝大多数的澜沧江流域的人民生活水平较低，贫穷的特征十分明显。

与经济发展水平低相适应的是社会发展滞后。澜沧江流域的一些县至今尚未普及九年义务教育，教育基础设施薄弱，中小学校舍危房面积较多，许多文化馆（站）有站无房，医疗卫生条件普遍较差。

综上所述，从总体上和一般情况上来讲，中华人民共和国成立五十多年来特别是改革开放近三十年来，澜沧江流域少数民族发展取得了巨大成就，但同时也面临着生态环境遭到破坏、生物多样性面临威胁；民族文化多样性遭到破坏、自然流失严重和经济社会发展水平低、人民群众生活贫困等三大问题。迫切需要在认真贯彻落实科学发展观的同时，应用人类学发展理论，探索新的发展思路，开拓新的发展路子。为此，下面几章，我将深入分析澜沧江上游、中游、下游几个少数民族发展的典型案例，为反思和创新澜沧江流域少数民族的发展模式，提供事实依据。

第四章　澜沧江上游的农牧商文化及其变迁——以迪庆州及其明永、雨崩两村藏族为例

云南藏族主要聚居在迪庆藏族自治州，是全国10个藏族自治州之一。迪庆州国土面积23870平方公里，下辖香格里拉、德钦、维西3个县，29个乡镇。2004年末，全州总人口355417人，其中少数民族人口285864人，占总人口的85.61%。在少数民族人口中，藏族115299人，占总人口的34.53%（占全省藏族人口的近90%）；傈僳族97842人，占总人口的29.30%；纳西族44059人，占总人口的13.19%；此外还有普米、白、彝、怒、独龙等民族。

迪庆州地处青藏高原至云贵高原的过渡地带，位于喜马拉雅山东坡的横断山脉纵谷区。三山（怒山、云岭、贡噶山）夹两江（金沙江、澜沧江）的高原地形地貌，使雪山草原和高山峡谷成为这里的主要生态景观。云南最高峰德钦县梅里雪山卡瓦格博峰海拔6740米，而境内河谷地带最低处海拔仅1486米，相对高差5254米。这种较小区域内的巨大高差，使州内呈现出典型的“一山分四季、十里不同天”的立体地形、立体气候、立体生态环境、立体农业生产和立体民族分布的特点。特殊的地理环境和多样的生态环境，孕育形成了迪庆州丰富的生物多样性，使其成为全球生物物种最富集的地区之一。全州有森林2583万亩，森林覆盖率66.8%；天然草甸、草山和草坡910万亩，占全州国土面积的18.8%①。生态环境多样性和生物多样性孕育形成了全州以藏族文化为主的民族文化多样性。藏族人民早在历史上就经过文化调适，创造了一整套适应多样性的生态环境、开发利用多样化的生物资源以

① 云南省迪庆藏族自治州统计局：《迪庆藏族自治州统计年鉴》（2005年）。

求得生存与发展的农牧商文化体系。20世纪末，藏族人民又通过“传统的发明”，在传统文化体系中加进了新的旅游文化元素，实现了传统文化体系的延续与转型，形成了澜沧江流域少数民族发展的一种典型模式。本章以地处澜沧江上游的迪庆藏族自治州及其德钦县的明永和雨崩两个典型的藏族村寨为例，对这一模式作初步研究。

第一节 生产方式

藏族渊源于古代氐羌系统，远古时期是以游牧为主的族群①。历史上不断游牧南迁的羌人进入滇西北后，与当地土著相融合，成为藏族先民的一支。他们在继续保留游牧传统的同时，为适应当地高山草原与河谷台地相间的自然环境，亦逐步开始从事农业生产。公元7世纪吐蕃南下与唐朝争夺云南洱海地区，导致大批吐蕃人迁入滇西北，与当地人群逐步融合形成今天的云南藏族②。藏族形成后为适应当地的自然环境，采用的是以游牧为主兼事农耕的生产方式。与此同时，由于汉藏“茶马互市”的开辟和滇、藏、印茶马古道的开通，大批藏民投身于商贸活动中，滇西北藏族经济结构中的商业要素得到加强③。以后，随着明代丽江木氏土司势力扩展至迪庆藏区后大规模扩大农耕，以及清初改土归流和清末引入粮食新品种后，耕地面积不断扩大。“明成化十九年（1483年）至清康熙六年（1667年），木氏土司进占中甸，移民开垦屯殖，实行荒地税二斗，耕地税一斗的耕地税政策，鼓励农民开垦荒地，修建农田。清雍正二年（1724年），改土归流，江边‘招佃开垦’，‘开山地、辟农田、修道路、兴水利、建村舍’。清末引入包谷（玉米）、洋芋（马铃薯）品种，耕地面积扩大。”④ 随着茶马古道贸易的不断扩大和日趋活跃，最终形成了迪庆藏族农、牧、商三业并举的生产方式和经济结构。清·余庆远：《维西见闻纪》说：“古宗（明清时期汉文史籍对云南藏族的称呼）……垦山

① 参见尤中：《中国西南民族史》，云南人民出版社，1985年版，第9页。
② 参见尤中：《中国西南民族史》，云南人民出版社，1985年版，第275页。
③ 参见木霁弘等：《滇藏川大三角文化探秘》，云南大学出版社1992年版，第243页。
④ 中甸县地方志编纂委员会编：《中甸县志》，云南民族出版社1997年版，第455页。

地，种青稞、麦、黍，畜牛、羊取酥……”又说：“古宗……习勤苦，善治生，甚灵慧。耕耘之暇，则行货为商……”①

由于这种三足鼎立的生产方式和经济结构是以山地、草原和茶马古道为依托的，完全适应当地的自然环境和生产条件，因而一经形成就不断巩固和发展。其间，虽有20世纪50年代以后牧业经济的不断萎缩和茶马古道商业贸易的逐渐衰落，但演变至今，草原畜牧业已基本稳定，商业贸易则借助现代交通工具和市场体系得到了复兴。因此，云南藏族为适应自然生态环境早在历史上就创造形成的农、牧、商三业并举的生产方式，至今仍在持续发展，其具体表现是：

图4－1　明永村藏民收麦回家

在农业方面，迪庆高原的主要农作物有玉米、青稞、小麦、马铃薯、大麦、荞子、蔓菁等。在澜沧江河谷地区也能种植水稻。藏族人民总结多年的实践经验，形成了一套适应当地气候和土壤情况的轮作制度。例如，在江边河谷区水田中，实行稻谷→蚕豆→小麦（油菜）→稻谷→小麦三年六熟制，或稻谷→小麦→玉米→蚕豆（油菜）两年四熟制；在旱地实行玉米→绿肥（小麦）→玉米→豌豆（春马铃薯）→玉米三年五熟制。高寒地区熟地实行马铃薯（荞子、蔓菁）→青稞（马铃薯）→青稞（春小麦）→荞子（蔓菁）三年轮作制；瘦地（低湿地）实行春小麦→蔓菁→青稞→荞子五年轮作制；二荒地实行荞子→马铃薯→青稞→青稞四年轮作制；半山区实行小麦（豌豆）→玉米→青稞两年三熟制，或小麦→玉米→豌豆→青稞（马铃薯）两年四熟

① 方国瑜主编：《云南史料丛刊》第十二卷，云南大学出版社2001年版，第63页。

图4－2　明永村藏民在打麦

制。这种轮作制度既保证了农业品种和粮食作物的多样化，又有效地保持了地力，使农业在不盲目扩大耕地的条件下实现了可持续发展。

在畜牧业方面，藏族人民饲养的牲畜主要有牦牛、犏牛、黄牛、马、山羊、绵羊、骡子等。根据迪庆高原天然草场因海拔高低不同而分为寒、温、热三带的实际情况，藏族人民为适应这种环境，创造了牲畜随季节变化而在海拔高低不同的牧场间迁徙，独具特色的立体畜牧业。每年4月~5月，位于海拔3500米~3800米中温层的亚高山草甸草场因气温升高、降雨较多而春草萌发，牧民们便将牲畜赶到此类草场就食。这是“过渡性牧场”，藏民称其为“西巩”，意为“春秋牧场”。6月份以后，位于海拔3800米~4600米的高寒层草甸牧草返青，气候转暖，牧民们便将牲畜迁往此类草场就食。此类草场青草萌发迟、枯萎早，但牧草品质高，适口性好，生活力强，耐牧，藏民称其为“日巩”，意为“热季牧场”。9月底以后，热季牧场青草枯萎，牧民们又将牲畜迁下来到春秋牧场进行“过渡性放牧”。10月底以后，春秋牧场青草枯萎，牧民又将牲畜迁往海拔3500米以下的冷季牧场过冬，藏语称之为“格巩”，牧期为11月至翌年3月。一些分布在海拔3000米以上的藏族村寨，就将牲畜迁回村寨周围的零星牧场和收割完毕的农田中就食。这种牲畜春季由低至高过渡，秋季由高至低过渡的轮牧制，既有效地利用了不同海拔、不同类型的各种草场，又有效地避免了大量牲畜集中于同一牧场而必然造成的过牧和滥牧现象，保证了畜牧业的可持续发展[1]。

图4－3　高山牧场

在商业贸易方面，藏族善于经商做生意的传统有更大的发展。在我们实地调查的香格里拉县建塘镇红坡村、德钦县云岭乡明永村、奔子栏镇习木贡村、升平镇巨水村等，几乎家家户户藏族都有专人从事商业贸易活动。他们采集松茸菌、羊肚菌、各类药材，制作多种木制工艺品到市场出售后买回生产生活必需品。不少藏族家庭都拥有手扶拖拉机、东风牌大卡车等现代交通工具。除了运送农副土特产品和生产生活必需品外，还到西藏、四川藏区以及丽江、大理、昆明等地跑运输、做生意。许多人家仅经商做生意一项，年收入就超过万元。以松茸菌、羊肚菌为代表的森林小产品，还与全球市场接轨，销售到日本等发达国家。因此，除少数极度偏僻的乡村仍在使用马帮运输外，历史上沟通滇、川、藏各区域和藏、汉民族关

图4－4　制作木制工艺品

① 参见中甸县地方志编纂委员会编：《中甸县志》，云南民族出版社1997年版，第487页、488页。

系的茶马古道，已基本为今天的汽车大道和空中运输所取代。而藏族善于经商做生意的传统，则借助现代交通工具和市场体系得到了更大的发展。

为了对藏族传统生产方式有深入的了解，我们走访了大宝寺周围村落和属都岗草场上的3户农牧民家庭。现将这3户家庭的生产经营情况报告如下。

一、格桑家的农业、牧业与商业

这是香格里拉县建塘镇红坡村民委员会达拉村的一户人家。户主本人叫格桑，时年（1999年）60岁。全家8口人，分别是：格桑夫妇两个，大儿子、儿媳妇和小儿子，儿子儿媳生育了两个孙女、一个孙子。老两口共生育5个儿子，留大儿子在家，二、三、四儿子都到媳妇家上门去了，小儿子尚未成婚，故继续留在家中。

农业。全家种有31亩土地，因海拔高、气候寒冷，只能种一季大春。其中18亩种青稞，每亩单产200斤，共收3600斤；6亩种马铃薯，每亩单产1500斤，共收9000斤；其余6亩土地种蔓菁，主要用做饲料。由于这点粮食既要供人吃，又要供牲畜做饲料（牛到冬季都要喂粮食），故每年都有半年粮食不够吃，要到市场去购买。

畜牧业。全家有70头牛，其中，牦牛28头，犏牛16头，黄牛26头。有绵羊13只，马3匹，还养着大小14口猪。按照当时当地的市场价格，1头牦牛可卖1500元，1头犏牛可卖3500元，1头黄牛可卖五六百元，1只羊可卖100元。养牛除了用公犏牛犁地外，主要用于产奶做酥油。平均15斤鲜奶可打1斤酥油，产奶渣2斤。格桑家一年可以做成酥油250饼，每饼2斤，共有500斤酥油，1000斤奶渣。按市场价，1斤酥油可卖20元，1斤奶渣可卖2元。1998年，格桑家卖酥油250斤，得7000元（其余自食）；卖奶渣700斤，得1400元；卖了3头犏牛，得7500元。一年平均要杀4口猪，除人吃外，还要用猪肉喂牛，才能产出质量好的奶子。

商业。1998年采松茸卖得收入2000多元；家中有一辆东风牌大卡车，外出做生意、跑运输收入1万多元。

家庭中的劳动分工是，格桑老人与小儿子专门负责放牧，一年中有10个月都在山上转，夏天上雪山，冬天就下到海拔低一点的地方。每年都要转好几个放牧点。牧场上都有简易房屋，从家里带去粮食、饲料、茶叶，就能维持生活了。山上的草场村与村、户与户之间没有界限，乡与乡之间才有界限。大儿子专门负责外出跑车做生意；老伴、儿媳和孙子在家干农活，两个孙女还在读书。由此可见，这是一种典型的农牧商三足鼎立的家庭经济结构。

二、洛茸旺堆家的农业和商业

这是香格里拉县建塘镇红坡村民委员会给诺村的一户人家。户主名叫洛茸旺堆，时年40岁，是给诺村的村长。家有5口人，家庭结构是，村长夫妇两人，加大儿子、大儿媳和小儿子。老二是女儿，已嫁出去。农业。全家耕种17亩土地，其中9亩种青稞，收得3000斤；4亩种马铃薯，收得12000斤；1亩种甜菜，还有3亩种蔓菁。由于家中喂养牲畜较少，故粮食已自给有余。

畜牧业。全家有4头黄牛，2头犏牛，10只羊，3匹马。1998年卖出1头黄牛，收入400元。家中的黄牛每年每头可产酥油20斤，犏牛可产40斤，一共产酥油160斤，全部用于自食，不出售。

商业。洛茸旺堆说：“1998年捡松茸出售收入5000元，因亚洲金融危机的冲击，日本到当地收购松茸量减少了，价格大幅下滑，否则每年可得15000多元。前几年还可以上山砍点木料卖卖，现在天然林保护又断了这条财路。”因此，他幽默地说，“现在找钱就靠小日本了，否则就完蛋了。”此外，家中还有一辆手扶拖拉机，偶尔也跑跑运输。

在家庭分工方面，由于这家人牲畜少，且没有牦牛，因此不必到高山上去放牧，只需在村子周围的草场上放牧就可以了，故全家人的主要精力都放在农业和商业上。

三、央宗家的畜牧业

考虑到迪庆藏族的天然牧业文化是云南民族文化的一种特殊类型，故我们一定要到一个牧业比重大的村子或居民点去看一看。于是我们来到了属都岗草场。这是一个野外放牧点，草场上稀稀疏疏地建有几座简易的木楞房，完全不同于藏族村落中高大、宽畅的大房子。木楞房大约有20来平方，呈长方形，一人多高，分隔成内外两间。外间堆放粮食等杂物，里间中心设一火塘，两边地上铺有木板，这就是牧民夜晚的栖息处了。在藏语中，村落的房子叫“穹”，意为“家”、“屋”，牧场上的房子叫“过”，意为“棚”。牧民在野外放牧，平均每半个月或20天或一个月便要迁徙一次，称为“赶青”。而每一个草场都建有一些简易房屋“过”，“过”不一定是自己建的，别人建的也可以去住。我们进入到一户牧民所住的房屋，就不是自己建的。

这户人家在牧场点上只有一个女人，名叫央宗，尼汝村人。我们调查的时间是1999年10中旬，她刚从高山夏季牧场迁到现在这块秋季牧场来。她现在放牧的地方是属都岗草原的“当赤卡”草场。“属都”意为像石头一样硬的奶酪，“岗”是高原牧场。因此，属都岗就是能使牛羊产出像石头一样硬的奶酪的高原牧场。

图4－5　高山牧场藏民家

央宗当时44岁，家有9口人。家庭结构是：老母亲，已有70多岁；3个兄弟；丈夫；3个孩子。央宗是长女，按藏族传统留家，丈夫来家上门。

农业。全家耕种18亩土地，大春收玉米40袋，每袋80斤，共3200斤；小春因遭灾，只收得小麦5袋，共400斤。此外，还种了点青稞、马铃薯、豆子等。由于牲畜需要喂粮，故全家粮食还不够吃，一年平均要买1000多斤粮食才行。

畜牧业。全家有57头牛，30只羊，13匹骡马，13头猪。其中，在牧场上放牧的有48头牦牛，2头犏牛，30只羊和9口猪。养在村寨家中的有6头黄牛，主要用于挤奶打酥油供家人食用。1头公犏牛供犁地使用，13头骡马用于驮运东西。牧场上的牦牛和犏牛主要用于挤奶打酥油。每年春、夏、秋有9个月时间天天都要挤奶。冬季奶少，就给小牛吃一点，剩下的才挤一点。全家一年可产100饼酥油，1998年自食50饼，出售50饼，每饼售价45元，收入2250元。出售羊子3只，收入300元；卖出中、小牦牛5头，收入5000元。牛产奶多的季节，每天可得四五斤奶渣。因在牧场上远离人群，故不能出售，除人吃一点外，全部喂给小牛吃了。

图 4－6 家人送粮来了

商业。家中有一辆东风车跑运输，年收入 1 万多元；捡松茸卖，原来每年可收入五六千元，1998 年只收入了 600 元。

家庭分工。央宗和其丈夫轮流上牧场，因丈夫不善挤奶，故产奶多的春、夏、秋 3 季 9 个多月都是央宗一个人在牧场，冬季产奶少了，才由其丈夫上牧场。因此，家中的农活主要由丈夫料理。三个兄弟一个是残疾人不能干活；一个到碧塔海帮人开船，每年可收入五六千元；一个专门开车外出做生意。

据央宗介绍，整个尼汝村有 3 个合作社，90 多户，700 多人。生产方式都是农牧商并举，但牧业比重大一些。全村牲畜多的人家有 180 多头牦牛，少的也有 20 多头牦牛。村中每年有藏历年、春节、农历七月十五朝圣地等节日；村里也有自己的神山，有土地神、房子神等。尼汝村的圣地是一个仙人洞，洞中有多种钟乳石形成的法号、锣、锅、酥油灯等，因而被认为是仙人住过的地方，久而久之便成了人们朝拜的圣地。

看着茫茫的属都岗草原，我不理解一个 40 多岁的妇女怎样在这片很少见到人烟的牧场上生活。于是我问央宗：“你不害怕吗？”央宗笑着回答说，“害怕处不有嘛！我每天早上天蒙蒙亮就起床，忙着去挤奶，挤完奶就把牛羊放出去，然后回屋来喝点酥油茶、吃点糌粑，稍稍休息后就忙着打酥油。以前用手工打时要花几小时打上千下才能打出一饼酥油来，现在用机器打省事多了，一个小时不到就打成一饼酥油了。晚上天黑之前把牲畜叫回来，羊子要圈起来，由藏獒保护着，否则会被狼杀死；而牛只要叫回到房子周围来睡觉就行了。我一天喝 4 顿酥油茶，晚上吃点米饭，用蔓菁煮点菜汤喝，偶尔吃一次肉。每年家中都要杀四五口猪，但猪肉要喂牛，人吃得不多。我一年四季都在属都岗转，每年都要上下迁徙七八次。家里不时派人送点粮食和饲料来，又把这里打好的酥油饼驮运回去。”

第二节 生活方式

生境决定生产，生产决定生活。由生境和生产所决定的生活方式一经形成，并固定为传统和习俗，便会反作用于生产并影响生境。这是民族文化体系中生态环境、生产方式与生活方式之间相互关系的一般规律①，云南藏族也不例外。

图4－7 核桃树掩映的藏族村庄

高原山地适宜生产耐寒耐旱之农作物——青稞。草原牧业提供了肉、奶、奶渣和酥油。吃牛羊肉和奶制品一方面提高了藏民在高寒缺氧地区身体的耐受力和生存能力，另一方面又需要茶叶去油腻、净膻腥、助消化，并补充身体因缺少蔬菜所需的各种养分。而茶马古道上的商业贸易又为其提供了茶叶。这样，就使藏族拥有了在高原缺氧地区生存的四样必需品：青稞、肉、奶和茶叶，也使藏族形成了饮青稞酒、喝酥油茶、吃酥油糌粑的饮食习惯。熬砖茶为浓液，加酥油、食盐，在特制的木桶中搅拌成水乳交融状，即成酥油茶；将青稞烫洗后用火焙熟磨为细面，即是糌粑。全家人围坐在火塘边，喝着酥油茶、饮着青稞酒、吃着糌粑，并以奶渣、红糖、肉类佐餐，便成为高原藏民普通家庭的日常饮食习惯。

① 参见郭家骥：《西双版纳傣族的稻作文化研究》，云南大学出版社1998年版，第98页。

图4-8　优美的藏族民居

民居建筑也是自然环境和生产方式影响的产物。属高原地区的香格里拉县建塘镇，大、小中甸和格咱等乡镇，由于地处中甸断裂带上，是地震多发区。加之平地较宽，降雨量较多，因而民居建筑多为土木结构的二层人字屋顶楼房。房屋多为二层三楹，仓房、佛堂、客厅和卧室分设于楼上，楼下为畜厩。房屋三面筑土墙，染白色，与主房相连形成院落。而在德钦县的大部分地方和中甸县的东旺、尼西等地，则因地处干热河谷、山多平地少、降雨稀少，加之有一种特殊的黏土，黏性极高，能用其夯筑成很高的墙体而没有倒塌的危险，因而民居建筑多为高层平顶碉楼。这种碉房用土夯筑而成，一般高3层，有的高达4层~5层；一般底层做畜厩，二楼做伙房、卧室、仓库，三楼做经堂、客厅。楼顶为土掌平台，可供晒粮、脱粒和休闲之用。此外，德钦藏族民居的一个显著特点，就是家家户户的院落里或房屋周围，都种植着数棵高大挺拔的核桃树，远远望去，整个村落都掩映在核桃树的绿阴之中。核桃树为地处干热河谷的村寨保持了水土，使藏民能在高原强烈的紫外线照射下有一个遮阴、纳凉和休闲的地方。其果实则被用来榨油或到外地交换大米，实现了生态效益和经济效益的互利双赢。许多藏民还在房屋周围种植了五彩缤纷的鲜花和各种各样的果树，把整个人居环境装点得如诗如画，优美宜人。

民族服饰亦是自然环境和生产方式影响的产物。云南藏族居住在高寒山区从事农牧业生产，其服饰多用皮毛和棉、麻为质料，形制多为长袍、长裙、长靴以御寒。明代云南藏族的服饰还比较简单，明·刘文征撰，天启《滇志·羁縻志》说：“古宗……披长毡裳，以牦牛或羊尾织之。”[①] 以后，随着经济文化的发展和民族文化的交融，云南藏族的服饰日趋丰富多彩，既吸收了与之相邻的纳西、白、苗、彝、傈僳等民族服饰的风格，又保持了传统服饰的特点，其服饰质料和形制基本未变。男子服饰大同小异，基本特点是肥腰、长袖、大襟。一般内着数件右襟齐腰短衫，外套圆领右襟宽袖长袍，腰系长带，佩挂精美的藏刀和其他饰品。头戴狐皮帽或金边毡帽。脚穿藏靴或长筒皮靴，平常喜欢袒露右臂。女子服饰则因居住地不同，形式差异显著。德钦藏族妇女内穿长袖彩绸衫，外着无袖大襟长袍，腰系七彩条纹带，围一片彩色条花围腰，佩带金银或珊瑚等装饰品。中

图 4－9　香格里拉藏族人家

图 4－10　奔子栏藏族女装

① 方国瑜主编：《云南史料丛刊》第七卷，云南大学出版社 2001 年版，第 80 页。

甸高原藏族妇女身穿毛呢或绸缎大襟长衣，外罩呢子或绸缎坎肩，下穿长裤，束紧身腰带①。居住在金沙江河谷地区如奔子栏、拖顶等地的藏族妇女，因气候炎热而不穿长袍，上衣为藏绸长袖衫和大襟锦缎坎肩，下身穿类似纳西族、彝族的宽而长曳的百褶裙，外系色绸腰带。

第三节　自然资源和文化资源利用状况

为了深入了解云南省澜沧江流域藏族的自然资源和文化资源的利用情况，我曾先后两次对迪庆藏族自治州德钦县云岭乡的明永和雨崩两个藏族村寨，进行了一个多月时间的深入调查，现将调查结果报告如下。

图4－11　明永村

一、明永村和雨崩村概况

我调查的明永和雨崩两个村寨，就坐落在澜沧江西岸、海拔6740米的云南最高峰——卡瓦格博峰脚下。两村相距30多公里，都属德钦县云岭乡管

① 参见中甸县地方志编纂委员会编：《中甸县志》，云南民族出版社1997年版，第154页；德钦县志编纂委员会编：《德钦县志》，云南民族出版社1997年版，第330页。

图 4 - 12　雨崩村鸟瞰

辖，但又分属于斯农和西单两个村民委员会。两村都位于澜沧江西部，不同的是，明永村位于著名的明永冰川末端，冰川从卡瓦格博峰延伸至明永村地界后便化为雪水流入澜沧江，因而明永村属于海拔 2400 米左右的河谷经济文化类型；而雨崩村则由于海拔高达 3100 多米，属于高寒山区经济文化类型。两村全为藏族聚居。由于地处边远、长期封闭，加之藏族传统有一套保护环境、管理资源的机制，故两村的生态环境目前均保持良好。相比较，雨崩村依然保持了这一地区最完整的生态体系，而明永村受以往土地扩张、林产品采集以及近年来旅游业发展的影响，海拔 3000 米以下的植被已经受到部分破坏。据村民估计，雨崩村现有国有林 2 万多亩，社有林 15000 多亩，而全村耕地仅 600 亩；明永村有国有林 3 万多亩，社有林 2 万多亩，而全村耕地仅 700 多亩。1999 年，两村人口与经济发展概况如下表。

表4－1　雨崩村1999年人口与劳力

单位：户、人

社	户数	人口	其中：男人	劳动力
雨崩上社	11	69	37	35
雨崩下社	13	64	34	34
全村合计	24	133	71	69

表4－2　雨崩村1999年经济情况

种植业、林业，单位：斤、元

项目 单位	粮食种植业（斤）						林业（元）总产量	
	总产量	玉米	黄豆	小麦	土豆	杂粮	出售核桃	竹木农具加工
雨崩上社	110185	10760	1080	41950	55400	770	276	260
雨崩下社	32730	6200	440	15900	9900	290	100	
全村合计	142915	16960	1520	57850	65300	1060	376	260

表4－3　雨崩村1999年经济情况

畜牧业、采集业、旅游业，单位：头、只、斤、元

	畜牧业（头、只、斤）								采集业收入（元）				旅游收入（元）	
社	犏牛	黄牛	马	骡	生猪	绵羊	酥油	奶渣	虫草	贝母	药材	菌类	牵马	旅社
上社	105	46	14	11	57	50	2140	1280	300	180	2800	40680	7200	
下社	111	48	16	7	69	7	1488	810		200	1860	16710	4940	800
合计	216	94	30	18	126	57	3628	2090	300	380	4660	57390	12140	800

以上3表资料来源：雨崩村统计年报。

表4－4　明永村1999年人口与劳力

单位：户、人

社	户数	人口	其中：男人	劳动力
明永一社	25	148	72	90
明永二社	25	137	67	59
全村合计	50	285	139	149

表4－5　明永村1999年经济情况（种植业、林业）

单位：斤、元

项目/单位	粮食种植业（斤）					林业（元）	
	总产	小麦	青稞	玉米	核桃	水果	采松子
明永一社	98950	49300	7350	42300	6160	622	2450
明永二社	43550	23450	4000	16020	10900	800	
全村合计	142550	72750	11350	58320	17060	1422	2450

表4－6　明永村1999年经济情况（畜牧业、采集业、旅游业）

单位：头、只、斤、元

项目/单位	畜牧业（头、只、斤）								采集收入（元）		旅游（元）
	犏牛	黄牛	马	骡	生猪	山羊	绵羊	酥油	药材	菌类	牵马
一社	51	62	60	3	137	255	22	402.5	2400	19300	150000
二社	48	59	14	44	62	279	10	440		500	150000
合计	99	121	74	47	199	534	32	842.5	2400	19800	300000

以上3表资料来源：明永村统计年报。

图4－13　雨崩村民

图4－14　明永村民

图 4－15　雨崩村射箭节

二、社区资源利用现状

调查中我们发现，两村藏民的生计主要来自于农业、畜牧业、林业、林产品采集业和旅游业等五大产业。而所有这些产业全都建立在对卡瓦格博自然资源和藏族文化资源进行开发利用的基础之上。因此可以说，卡瓦格博自然资源和藏族的文化资源是当地社区藏民的衣食之源、生存之基和发展之本。为了能够全面、准确地反映藏民生存与社区发展对自然资源和文化资源的依赖程度及其资源利用情况，我们按照贫富分层、产业侧重和家庭结构等指标，在明永村选择了 9 户人家，在雨崩村选择了 5 户人家，对每户人家的家庭经济和资源利用情况进行了逐家逐户的调查访谈。

（一）土地与农业资源利用

明永村和雨崩村的土地利用状况基本相似，但因两村的地理位置、人口数量、受外界影响等方面的不同，具体情况又有差异，详情见下表。

表 4－7　雨崩村土地利用状况

土地类型	作物	分布区域	耕种强度	肥料
基本农田	青稞、小麦、玉米	草坝	一年一季	农家肥、绿肥
旱地	玉米、土豆、蔓菁	山坡、沟谷	一年一季	农家肥、绿肥
自留地	荞麦、大豆、荨麻	山坡	一年一季	农家肥、绿肥

表 4－8　明永村土地利用状况

土地类型	作 物	分布区域	耕种强度	肥料
基本农田	青稞、小麦、玉米	平 坝	一年二季	农家肥、绿肥、化肥
旱地	玉米、土豆、蔓菁	山坡、河谷	一年一季	农家肥、绿肥
自留地	玉米、小麦、甜荞	平 坝	一年一季	农家肥、绿肥

以上 2 表资料来源：明永和雨崩两村访谈与观察所得。

在两村的总耕地面积中，基本农田约占 80%，都在平坝地区，只有少量耕地在山坡和河谷，且大于 25 度以上的坡耕地很少，其土地利用是合理的。从以下典型农户的调查统计表中，亦可证明这一点。

表 4－9　明永村典型农户 2000 年的人口与土地

单位：人、亩

户主及编号	家名	特点	人口	劳力	水浇地	旱地	开荒地	菜地
1. 阿楚	平赛巴	富裕户	9	4	7	2.8	1.2	0.1
2. 鲁茸次仁	得格泊	一妻多夫	8	6	7.8	3.2	5	0.1
3. 白桑却初	夏门巴	牧业为主	4	4	6	2	2	0.1
4. 松林争	学鲁踪	中等户	6	4	5	2	4	0.1
5. 白桑拉姆	杜达得玛	贫困户	4	3	5	0.8	2	0.1
6. 甲木错	雅哇		8	4	4	2	2	0.2
7. 平楚	唐巴	一妻多夫	8	6	8.1	2	1.9	0.1
8. 次里尼玛	格拉踪	一妻多夫	7	3	8	1	2	0.4
9. 江楚	夏良巴	旅游经营	6	3	6	6	5	0.1

表 4 – 10　明永村典型农户 1999 年种植业状况

单位：斤

户名代号	粮食作物产量（斤）						秸秆产量	粮食用途				
	玉米	小麦	青稞	土豆	荞子	蔓菁		酿酒	自食	送人	换盐	饲料
1	3000	2500	400			1000	6000	300	2380	400	120	2700
2	2300	2700	600			2000	7000	600	3000		150	2000
3	2500	2500	300	500			6000	500	1500	100	300	2500
4	2000	3000	200				6000	600	2000		300	2200
5	1600	2000	200				3200	100	1800		30	1600
6	3000	3500	400	600		300	5000	300	3000	200	500	2000
7	3000	2800	500		800		6000	200	3000		50	2800
8	2000	2500	600	100	300	300	8000	200	2500	100	100	2200
9	2500	2500	700				6000	300	2500		100	2600

以上 2 表资料来源：在明永村典型农户逐家调查访谈所得。粮食产量包括大、小春。藏民每年都用玉米、麦子或青稞交换西藏盐井的藏盐来喂牲畜，交换方式为一盆粮食换一盆盐巴。

表 4 – 11　雨崩村典型农户 2000 年的人口和土地

单位：人、亩

户主及编号	家名	特点	人口	劳动力	水浇地	旱地	开荒地	菜地
1. 斯拉顿珠	祖牛	一妻多夫、富裕	8	4	18	4	0.8	0.1
2. 阿称宗	饶巴	贫困	5	2	8	30.1		
3. 鲁追东	古哇	一妻多夫、中等	9	5	16	4	0.5	0.1
4. 格宗	热拉	贫困	3	2	8	1.5	0.3	0.1
5. 吾金丹增	术挂	一妻多夫、富裕	7	4	12	4	2	0.9

表4-12 雨崩村典型农户1999年家庭种植业状况

单位：斤

户名代号	粮食作物产量						秸秆	粮食用途		
	玉米	小麦	青稞	土豆	荞子	蔓菁		酿酒	自食	饲料
1	300	3000	1500	1000	100	1000	2000	1000	1500	2000
2	400	1000	200	1000		5000	1000	100	1000	1600
3	1000	3000	1500	5000		10000	10000	400	2500	2500
4	300	300	100				500		400	300
5	1100	3100	1000	1500	50	2000	3000	100	2700	3000

以上2表资料来源：在雨崩村典型农户逐家调查访谈所得。

从表4-7至表4-12可以看出，明永和雨崩两个村子的农业，无论从全村或个别家庭来说，人和牲畜的粮食都可以通过生产和交换来解决。每个家庭拥有的基本农田水浇地都在6亩左右，有的家庭高达18亩，故现有人口和土地的关系是平衡的。尽管在20世纪80年代初期实行家庭联产承包责任制的过程中，两村藏民由于在人民公社的“大锅饭”体制下长期处于饥饿状态，因而都到村子附近的山坡上开辟了相当数量的荒地以解决吃饭问题。近年来，随着科学种田水平的提高，两村藏民仅靠基本农田便能基本解决吃饭问题，因而对种植开荒地的热情已大为降低。为此，我们在两村就是否愿意在开荒地上退耕还林的问题做了一个问卷调查，结果如下表。

表 4－13　明永、雨崩两村典型农户关于在开荒地中退耕还林的问卷调查表

户名代号	是否愿意退耕还林（明永村）	户名代号	是否愿意退耕还林（雨崩村）
1	愿　意	1	愿　意
2	愿　意	2	粮食不够吃，不愿意
3	愿　意	3	想在山地上种核桃，愿意
4	开荒地早已不再耕种，完全愿意	4	愿　意
5	愿　意	5	愿　意
6	已在开荒地上种了苹果树，不愿意		
7	开荒地种了多年，较好，不愿意		
8	愿　意		
9	山地和开荒地已自动退耕，粮食有剩余		

以上 2 表资料来源：在明永和雨崩两村典型农户逐家调查访谈所得。

从表 4－13 中可以看出，在两村调查访谈的 14 户典型农户中，对退耕还林持否定态度的只有 3 户人家，占被调查农户的 21%，约 80% 的农户完全同意退耕还林，且有的人家早已自动退耕还林。因此，两村藏民的土地资源利用是合理的，其人地关系是协调的。

（二）畜牧业资源利用

藏族历史上就是一个游牧民族，经过数千年的发展，今天已形成农牧并重的经济结构。两村的畜牧业在其经济生活中都占有一定比重，详情请参见下表。

表 4－14　明永村典型农户 2000 年牲畜存栏数

单位：头、只

户名代号	牦牛	犏牛	黄牛	马	骡	山羊	绵羊	猪	鸡
1		2	3	1	1			15	3
2		3	2	2	3	80	2	6	20
3		5	1	1	1	37		6	3
4		2	2	1	2			10	2
5		1		1	1			7	
6		1	3		2		2	11	20
7			2		3	25		4	16
8		2	4		2	7		6	5
9		3	1		2			7	20

表 4－15　明永村典型农户 1999 年畜产品收入和青饲料采集

户名代号	出售牲畜（只、头）	收入（元）	酥油产量（斤）	出售酥油（斤）	收入（元）	奶渣产量（斤）	奶渣消费	自食牲畜（只、头）	采集青饲料（斤）
1	小猪 3	350	50	无	无	50	自食	猪 3 牛 1	1500
2	小猪 3	750	20	无	无	20	自食	猪	36000
3	羊子 1	300	40	10	160	40	自食	猪 3 羊 1 鸡 3	9000
4	无	无	无	无	无	无	无	猪 3	5000
5	被石头打死的黄牛 1 头	400	无	无	无	无	无	猪 2	1000
6	羊子 1	250	100	15	225	60	自食	猪 3	8000
7	无	无	无	无	无	无	无	猪 1	6000
8	无	无	60	自食	无	60	自食	猪 3	10000
9	牛 1 鸡 20	2000	1000	18	自食	无	15	自食 猪 2	400

表 4－16　雨崩村典型农户 2000 年牲畜存栏数

单位：头、只

户名代号	牦牛	犏牛	黄牛	马	骡	山羊	绵羊	猪	鸡
1		11	4	5			1	6	15
2		3	2	2				4	5
3	4	11	4	3				16	11
4		1	2		1			5	2
5	3	13	5	1	3		3	9	20

表 4－17　雨崩村典型农户 1999 年畜产品收入和青饲料采集

户名代号	出售牲畜（只、头）	收入（元）	酥油产量（斤）	出售数量（斤）	收入（元）	奶渣（斤）	出售数量（斤）	收入（元）	自食牲畜（头、只）	采集青饲料（斤）
1	牛 1 头	700	300	自食	无	350	自食	无	猪 3 口	6000
2	鸡 11 只	330	15	自食	无	10	自食	无	猪 3 口	2000
3	鸡 4 只	160	1000	35	500	400	自食	无	猪 3 口 牛 1 头	7500
4	无	无	无	无	无	无	无	无	猪 2 口	1500
5	小猪 3 口	150	500	自食	无	200	自食	无	猪 2 口 羊 1 只	1000

以上 4 表资料来源：在明永和雨崩两村典型农户逐家调查访谈所得。

从表 4－14 至表 4－17 中可以看出，明永村典型农户每家拥有的大牲畜（牛、马、骡）在 4 头～8 头。而雨崩村典型农户每家拥有的大牲畜在 3 头～21 头，表明雨崩村畜牧业占有更大的比重。畜牧业带来的直接经济收入虽然不多，但却为藏民生活所必需。值得注意的是，随着农耕经济的发展，两村藏民已摆脱完全依靠草原的传统畜牧业，而增加了依靠农耕即饲养生猪的畜牧业，且生猪饲养在其经济生活中日趋重要。这也是藏民为适应当地农牧并重的自然环境和经济结构的一种创造。

图 4－16　雨崩村旁的草甸、小溪和嘛呢堆

（三）森林资源利用

雨崩村和明永村，都靠种植业和畜牧业解决吃饭问题。靠林业和林产品采集解决收入问题，生活能源和建房用材亦来自森林，详情参见下表。

表 4－18　明永村典型农户 1999 年林业收入情况表

单位：棵、斤、元

户名代号	核桃棵	产量斤	收入元	苹果棵	产量斤	收入元	桃子棵	产量斤	收入元	梨树棵	产量斤	收入元
1	16	2000	3000	7	150	自食	1	200	100	1	100	300
2	14	700	榨油	1	200	400	无	无	无	3		自食
3	10	700	换米	1	100	150	1	200	自食	3	700	自食
4	16	1000	榨油换米	3	50	自食	无	无	无	4	100	自食
5	11	500	换米榨油	4	树断了		无	无	无	1	5	自食
6	15	2000	榨油	5	700	500	2	400	自食	2	400	自食
7	18	800	榨油	1	40	自食	1	30	自食	1	不知	自食
8	20	1500	榨油	6	不知	自食	无	无	无	2	不知	自食
9	30	2000	榨油	3	未结	无	1	100	自食	1	500	自食

表4－19 明永村典型农户1999年林产品采集收入情况表

单位：斤、元

户名代号	羊肚菌（斤）	收入（元）	松茸（斤）	收入（元）	药材（斤）	收入（元）	采集野菜（斤）	每天采、烧香柏叶（斤）	采树叶做肥料（斤）
1	2.5	1000	90	4000	3	自用	200	1	4000
2	2	800	22	2000	140	2800	50	0.6	6000
3	1.5	700	8	300	14	1000	无	1	3000
4	1	150	2	100	无	无	无	0.4	4000
5	1.2	300	5	200	10	300	无	0.5	1000
6	2	500	收购外销	4000	无	无	10	2	3000
7	2.5	700	3	180	无	无	60	1	4000
8	3	1000	20	2000	0.3	8	30	3	5000
9	1.5	400	10	600	9	150	30	14000	

表4－20 明永村典型农户家庭山林管理和木材使用情况

单位：亩、根、斤

户名代号	自留山（亩）	责任山（亩）	管理利用	薪柴来源	每天烧柴（斤）	建材来源	现住房用材（根）	商品材
1	4	65	无	社有林	60	社有林	350	无
2	4	65	无	社有林	80	社有林	270	无
3	4	65	无	社有林	30	社有林	300	无
4	不知道	不知道	无	社有林	50	社有林	250	无
5	不知道	不知道	无	社有林	50	社有林	不知道	无
6	不知道	不知道	无	社有林	50	社有林	不知道	无
7	3	65	无	社有林	320	社有林	320	无
8	1	65	无	社有林	100	社有林	350	无
9	3	不知道	无	社有林	30	社有林	300	无

表 4－21　雨崩村典型农户 1999 年林业收入情况表

单位：棵、斤、元

户名代号	核桃（棵）	产量（斤）	收入（元）	苹果（棵）	产量（斤）	收入（元）	桃子（棵）	产量（斤）	收入（元）
1	无	无	无	12	30	自食	无	无	无
2	无	无	无	1	不知道	自食	6	不知道	自食
3	10	300	榨油	5	未结果	无	3	不知道	自食
4	1	50	换米	2	未结果	无	1	不知道	自食
5	15	50	换米	13	50	自食	10	100	自食

表 4－22　雨崩村典型农户 1999 年林产品采集收入情况表

单位：斤、元

户名代号	羊肚菌（斤）	收入（元）	松茸（斤）	收入（元）	药材（斤）	收入（元）	采集野菜（斤）	每天采、烧香柏叶（斤）	采树叶做肥料（斤）
1	无	无	100	4000	30	1200	100	5	12000
2	无	无	10	500	6	300	40	1	15000
3	1.5	100	自捡 10 斤加收购外销	4000	3	自用	30	1	25000
4	2	100	自捡 12 斤加收购外销	1800	5	200	30	1	无
5	无	无	10	500	3	自用	100	3	10000

表 4－23　雨崩村典型农户家庭山林管理和木材使用情况

单位：亩、根、斤

户名代号	自留山（亩）	责任山（亩）	管理利用	薪柴来源	每天烧柴（斤）	建材来源	现住房用材（根）	商品材
1	2	300	无	社有林	150	社有林	500	无
2	1.5	300	无	社有林	300	社有林	200	无
3	1.5	300	无	社有林	400	社有林	400	无
4	1	300	无	社有林	300	社有林	不知道	无
5	2	300	无	社有林	300	社有林	300	无

以上 6 表资料来源：在明永和雨崩两村典型农户逐家逐户调查访谈所得。每天采烧香柏叶，系当地藏民传统宗教和藏传佛教活动中的必需品。

从上述资料中可以看出，两村都有人工栽植的核桃、苹果、桃子等果树。其中，核桃树在藏民生活中占有重要地位。藏民用核桃榨油、与外地交换大米，个别人家还获得了较高的经济收入。不过，从总体上来看，人工栽培果树对藏民的直接经济收入贡献不大。两村藏民的直接经济收入最大的来源是林产品采集业，松茸、羊肚菌等菌类和虫草、贝母、雪上一枝蒿等药材，自20世纪80年代中国改革开放与国际市场接轨以来，便对藏民经济生活的改善发挥了巨大的作用。1997年亚洲金融危机以前，每公斤松茸的价格曾一度高达上千元，驱使着大部分藏民上山采集，致使两村的名贵菌类和名贵药材都面临着采集过度而枯竭的危险。从表4－20和表4－23中可以看出，两村藏民对森林资源的直接破坏性利用主要是建房用材和木质能源。但由于藏民人口增长适度，1998年～2000年，明永村的人口净增数为5人，雨崩村的人口净增数仅为2人，因而人口对资源环境基本没有压力；加之两村藏民有一套限制采伐的传统管理办法，故建房用材和木质能源砍伐已延续了上千年，也未对生态环境造成过度破坏。因此，对内地农民视为宝贝的自留山和责任山，两村藏民都缺乏有效的管理和利用。个别农户甚至不清楚自己家到底有多少亩自留山和责任山，也不清楚这些山林位于何方。

（四）旅游资源利用

旅游业是1997年迪庆州被“认定”为“香格里拉”后才发展起来的新兴产业。这一产业之所以能在明永和雨崩两个村子中发展起来，主要得益于卡瓦格博的自然风光和当地藏民的传统文化。旅游业的兴起，给两村藏民带来了丰厚的经济收入。特别是明永村，因著名的明永冰川就位于村旁，自1997年以来便成为云南省为数不多的旅游热点地区之一。明永村藏民仅为游客牵马游览冰川和太子庙一项活动，每年就可以获得可观的收入，下面这张表格，就反映了旅游资源开发利用的现状。

表 4－24　明永村典型农户 1999 年旅游业收入情况

单位：次、元

户名代号	牵马		家中接待游客和小卖部收入（人、元）
	次数	收入（元）	
1	108	8424	家中有车，专门开车接送游客，收入 1 万多元。
2	108	8000	家中接待游客 20 人次，收入 300 元。
3	108	8000	小卖部卖酒 300 斤，收入 600 元。
4	108	8000	接待过游客 30 多人，但没有收钱。
5	108	8000	无
6	108	7900	小卖部收入 1000 元。
7	108	8000	无
8	108	8000	接待过游客 40 多人，但没有收钱。
9	108	8000	家中开有食宿店和小卖部，总收入 6000 元。

资料来源：在明永村典型农户逐家调查访谈所得。由于牵马送游客上山游览冰川和太子庙已成为明永村民的主要收入来源。为防止争抢游客，明永村实行了由村里统一安排、逐户轮流、机会均等的管理办法，故全村每户人家一年的牵马次数完全一样，牵马收入亦大体相同。

图 4－17　明永冰川

图4-18 明永村民牵马送游客上冰川游览

图4-19 游客来了，赶快去为游客提供牵马服务

（五）资源利用中的社会性别差异

在调查中，我们的每一项调查活动都请妇女参加，以使我们的调查能够反映包括男女两性的更为全面的情况。在两性的平等参与下，我们得到了下面两张调查表。

表4-25 雨崩村民不同性别分月资源利用表

月份	农业	林业	畜牧业	采集业	旅游业
农历1月	过春节休息20来天		牲畜在家，喂粮食和秸秆		
2月	玉米地中捡石头		同上	扒松毛、砍树枝、积肥	无偿接待川、藏、甘、青来转经之藏民
3月	女人拾麦草、捡猪食；男人种土豆，在玉米地中施肥、犁地	盖房子、建石脚、拉木料	牲畜赶到玉米地中吃秸秆和青草，到四月初九回村	挖羊肚菌、竹叶菜	同上
4月	女人拾麦草；男人种玉米、犁蔓菁地	男人砍建房木料、舂墙；女人背土	牲畜在家，喂粮食、蔓菁和青饲料	挖羊肚菌、竹笋、虫草和木耳	替外来游客牵马，招待其食宿

续表

月份	农业	林业	畜牧业	采集业	旅游业
5月	男人薅玉米草、过射箭节、拢土豆种甜荞；女人继续薅麦草	男人在牛场上砍木料盖牛棚，继续砍建房木料	射箭节后，大部分牲畜迁到海拔3600米的“奶洛”牛场	挖虫草，采菌子	同上
6月	男人薅玉米草、种蔓菁、麻子；女人继续薅麦草		6月中旬，又搬到海拔4000米的“笑农”牛场	6月～9月采松茸	同上
7月	割青稞、割麦子	男人砍木料建晒粮架子	7月中旬，又搬到海拔4000米的“尼塞河”、“肖罗儿”等牛场	挖贝母、副黄连	同上
8月	继续割青稞、麦子，收甜荞，男人犁地，男女都背肥料压田	砍树改建房木料	8月中旬，牲畜返回“笑农”牛场	采松茸等菌类和臭丹皮等药材	同上
9月	收玉米，男人犁地种麦子和青稞；女人耙地	砍树改建房木料	中旬，返回“奶洛”牛场，下旬陆续返回村寨	采松茸和药材	同上
10月	收蔓菁、麻子、土豆，打玉米、麦子和青稞		牲畜赶到玉米地中吃秸秆、踩地		同上
11月		男人砍烧柴	11月中旬牲畜全部回村，喂粮食和秸秆	扒松毛、砍树枝、积肥	无偿接待川、藏、甘、青来转经之藏民
12月	过年准备、买年货	男人砍冷杉树换房头木瓦		同上	同上

表 4－26　明永村民不同性别分月资源利用表

月份	农业	林业	畜牧业	采集业	旅游业
农历1月	过春节全村人休息15天，然后妇女薅麦草		牲畜在村寨附近放养，白天上山，晚上回家，喂粮食和秸秆		男人修桥、补路，为游客牵马
2月	女人薅麦草、浇水；男人在菜地中种土豆				男人过去外出打小工，现在专门为游客牵马
3月	男人犁山地中的玉米、甜荞地，种玉米和甜荞，女人继续拔草浇水	男人上山砍建房木料		男女有空上山找羊肚菌、采野菜	男女均为游客牵马
4月	女人修小麦叶子喂马	4月底至5月初男人上山砍农忙时的柴火	牲畜迁往海拔3600米左右的"郎主"牛场	男人找羊肚菌，女人找草喂马	同上
5月	男人割麦子、背肥料、犁地、打麦子；女人种玉米、晒麦子		牲畜迁往4000米左右的"坝格"牛场采野菜和菌子		5月～10月是明永冰川旅游旺季，每天都要牵马
6月	女人薅玉米草、浇水		6月～7月，牲畜迁往海拔4500米左右的"朗主息"牛场	男女上山砍栗树叶、杂木叶做肥料	同上
7月	女人薅玉米草、浇水			同上	
8月	男女收旱地玉米、甜荞，女人薅玉米草、浇水	男人打核桃，女人剥皮晒干	8月～9月中旬，牲畜重新迁回"郎主"牛场	男女上山捡松茸、挖贝母、采菌子	同上

续表

月份	农业	林业	畜牧业	采集业	旅游业
9月	月底，男女收玉米	男人上山砍10天柴，为大春农忙做准备	9月中旬以后，牲畜迁回村子	同上	同上
10月	男女继续收玉米，男人背肥料、犁地；女人种小麦、打玉米、装仓		牲畜回村后，放到收割完毕的玉米地中吃秸秆		同上
11月		11月中旬至12月，男人上山砍柴	家家户户杀年猪，妇女纺羊毛、织毛毯	男女上山砍树叶、做肥料	同上
12月	妇女薅麦草、浇水				11月以后游客减少，但仍有零星散客需要牵马

以上2表资料来源：在雨崩和明永两村调查访谈所得。表中除明确注明男女分工之外的工作，都由男女共同承担。

从表4－25和4－26中可以看出，男女两性在农业、林业、畜牧业、采集业和旅游业中承担着大体相同的工作。其主要区别是，男人所从事的大多是相对短期的重体力劳动，而妇女所从事的大多是体力相对较轻但却是日复一日的经常性工作。因此，两性资源利用各有特点，但比较而言，妇女对采集业的依赖程度更高，因而对采集资源更为熟悉。

（六）不同类型资源重要程度的区别

从上述材料中可以看出，两村藏民主要依靠土地、草原、森林和卡瓦格博地区的自然和人文景观等自然资源和文化资源谋求生存与发展，相应地也就形成了农业、畜牧业、林业、采集业和旅游业等5大产业。为了进一步弄清各类资源亦即各类产业在藏民生活中的重要程度，我们在两村实地调查访问典型农户的过程中，请各位户主对各类产业的重要程度做了一个排序。下面这张表格，就反映了各类资源对藏民生活的重要程度。

表 4-27　明永和雨崩两村典型农户对诸产业重要程度的排序

户名代号	明永村	雨崩村
	重要程度排序	重要程度排序
1	1. 旅游业 2. 农业 3. 畜牧业	1. 农业 2. 畜牧业 3. 旅游业 4. 采集业
2	1. 农业 2. 畜牧业 3. 旅游业	1. 农业 2. 畜牧业 3. 旅游业 4. 采集业
3	1. 旅游业 2. 农业 3. 畜牧业	1. 农业 2. 旅游业和畜牧业 3. 采集业
4	1. 农业 2. 畜牧业 3. 旅游业	1. 农业．畜牧业 2. 采集业和旅游业
5	农业、畜牧业、旅游业三业同样重要	1. 农业、畜牧业 2. 旅游业 3. 采集业
6	1. 农业 2. 畜牧业 3. 旅游业	
7	1. 农业 2. 畜牧业 3. 旅游业	
8	1. 农业 2. 旅游业 3. 畜牧业	
9	1. 旅游业 2. 农业 3. 畜牧业	

资料来源：明永和雨崩两村典型农户逐家调查访谈所得。

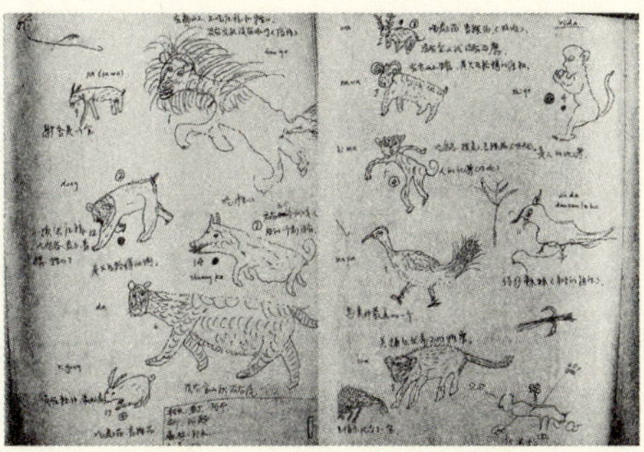

图 4-20　雨崩村民绘制的植物资源图

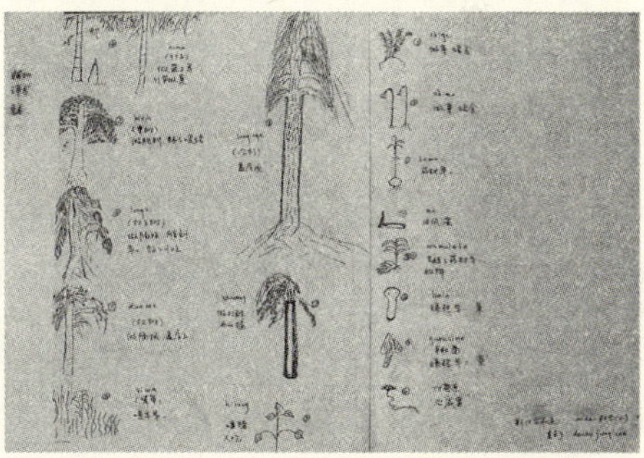

图 4-21　雨崩村民绘制的动物资源图

通过对两村资源利用和管理的传统实践的调查研究，我们可以得出下列几点评估与结论。

1. 土地资源是两村藏民依赖程度最高、利用程度最强的自然资源。在对各种产业重要程度排序问题作出回答的 14 户人家中，有 10 户人家将农业的重要性排在了第一位。目前，两村的农业均为自给性农业，所产粮食从不出售，每户人家反而还要从外地交换或从市场购进数百斤以至上千斤大米来自食。这就是说，农地资源利用和农业生产为两村藏民生存所必需，因而维持一定的农业生产规模必不可少。现在，两村在农地资源利用方面已出现了从扩张转向收缩的可喜变化。20 世纪 80 年代初，经过“文化大革命”期间长期饥饿的藏族人民，抓住中国农村实行家庭联产承包责任制改革的大好时机，纷纷上山砍树开荒扩大耕地面积以解决温饱问题，因而几乎家家户户都在承包地之外获得了数亩开荒地。明永村开荒地最多时曾达到 200 多亩。但自 90 年代以来，由于农用有机肥施用量的增加、籽种的改良和水利条件的改善，导致粮食单产和总产提高；又由于市场放开使人们能自由地换购大米，从而使两村的大部分人家，通过耕种承包土地和适当换购大米，就基本满足了人畜用粮的需要还略有剩余，致使许多村民自动放弃了在开荒地上的耕作。现在，明永村仍在使用的开荒地已下降到 80 多亩。在我们深入调查访谈的两村 14 户人家中，除 1 户人家因粮食不够吃而不愿退耕，2 户人家因开荒地较好而不愿退耕外，其余 11 户人家全都表示，自己的开荒地包括承包地中的旱地都愿意退耕还林。个别人家甚至已在旱地和开荒地中自动退耕种上了果树。因此，只要按藏族传统办法继续稳定人口、在基本农田中增施有机肥，那么，其土地资源利用是可以长期持续的。

2. 畜牧业是两个村子仅次于农业的第二大产业，故牧业资源亦为藏民依赖程度较高、利用程度较强的自然资源。相比之下，雨崩村的牧业经济比重更高一些。两村畜牧业均为自给性畜牧业，所养牲畜及乳制品很少出售，尚未形成商品性畜牧业。藏族生活在高海拔高寒缺氧地区，肉乳食品为其生存所必需，因而适度规模的畜牧业发展不可缺少。两村所利用的畜牧业资源主要有：一是夏季高山牧场，海拔均在 3600 米以上，多为高山草甸和林间草地，每个村都有多块这样的牧场。二是农业生产所形成的粮食饲料和秸秆。三是为大牲畜过冬所储备的草料和经常采集的猪食，一年每户人家需要数千斤至上万斤不等。由于两村人口数量有限，现有的畜牧业规模已能满足生活需要，但同时两村也已出现了牧草资源的退化问题。因此，两村的畜牧业只能严格限定在自给自足满足生活需要上，地方政府千万不可将商品性畜牧业发展作为未来增收致富的途径而引导群众扩大生产。与此同时，还应充分发挥藏族随季节变化而在不同海拔高程上下迁徙的立体畜牧业传统，以确保牧草资源的可持续利用和畜牧业的可持续发展。

3. 许多村民都将林业认定为第三重要的产业，可见林业资源亦为藏民依赖程度较高、利用程度较强的自然资源。在其传统的神山崇拜意识和资源管理机制的作用下，当地藏民并不想通过出售商品木材而发财致富。后述雨崩村的故事就是一个典型例证。在藏民心目中，林业之所以重要，不在于它能提供经济收入，而在于它能提供生活所必需的建房用材和薪柴。从上述诸表中可以看出，每户藏民家庭建一次房，平均要砍伐二三十厘米粗的树木近400棵，每年夏季迁往高山牧场，每户人家又要砍树20多棵建木棚，而一户人家每天烧掉的薪柴，从几十斤到400多斤不等，平均每户人家一年所需薪柴不会少于10吨。在人口较少的条件下，这种生活方式不会对自然资源造成破坏。传统民居虽然耗材较多，但却坚固结实，一幢房屋建好后通常可以居住几十年。加之两村均有不准分家的内部规定，因而每个村子每年建盖新房的人家通常只有一两户，不会对环境造成破坏性影响。每年定期砍伐几次，天天都要大量使用的薪柴，已构成对生态环境的威胁。由于两个村子海拔较高，夏天潮湿，冬天寒冷，发展沼气和电能均因火力不足、热量不高而难于满足村民驱湿取暖煮猪食的要求，故在荒山上人工营造薪炭林是最好的解决办法。只要采取“国家扶持、分户承包、谁种谁有、长期不变”的政策组织实施，那么，10年以后便可逐年减少对天然林的薪柴采伐，20年以后便可全面禁止。届时，除了天然林将得到全面保护外，还可新增大片人工林景观。

4. 两村藏民的林产品采集主要有松茸、羊肚菌等菌类，虫草、贝母、副黄连、雪莲花等药材类，以及为做农家肥而采集的树叶和因宗教信仰而每天必烧的香柏叶等。20世纪80年代以前，上述林产品多为社区群众自采自用，因需求量较少故不会对资源带来破坏性影响。20世纪80年代末以来，随着国际国内市场的接轨，市场对当地的菌类产品、药材产品的需求量剧增，在高额利润的驱动下，藏民年复一年地大规模上山采集，由此才出现了这两类产品资源面临枯竭的危机。对此，村民们的认识是清醒的。他们说，林产品采集业受制于两个因素，一是国际国内市场价格，二是资源数量。因此，在我们深入调查访谈的 14 户人家中，虽然有部分人家的林产品采集收入高居各项收入之首，但在回答诸产业重要程度排序的问题时，却又毫不犹豫地将其排在了最后一位。分析下来，要确保林产品采集业可持续发展的可行办法有两条：一是发展替代产业，如明永村，由于冰川旅游的发展导致村民牵马收入剧增，使村中既无多余劳动力，而村民亦无兴趣再上山采集，故明永村的采集业收入便比较低。二是引导村民采养结合，即采集一天之后封山养护几天，以利于资源的恢复与发展。在这方面，位于白茫雪山自然保护区之内的奔子栏村的各洛自然村就创造了较好的办法。这个村有 18 户人家，以往一到出松茸季节便全村男女老少蜂拥上山采集，致使资源越采越少。后来，在保护区管理人员的指导下，实行了采养结合的办法，即采集一天便封山养护三天，结果是资源得到了有效的恢复与发展，而村民的采集收入亦大幅度提高。1999 年，全村仅采集松茸一项，少的人家收入 3 万元，最多的人家收入高达 7 万元。因此，只要做到上述两点，明永和雨崩两个村子的林产品采集业，便将实现可持续利用和可持续发展。

5. 20 世纪 50 年代以前，两村男子也上山打猎，但一般只敢在“日卦”（“日卦”的全面涵义将在后文阐释）即封山线以下，如果在封山线以上狩猎，不仅猎物要被没收，狩猎者还要被罚打。20 世纪 50 年代以后，由于破除“迷信”的影响，打猎的人数大大增加，有的祖孙几代人都成了远近闻名的猎手。进入 20 世纪 90 年代以来，一方面国家政策严禁狩猎，另一方面藏传佛教活动恢复后加强了行善、惜生的宣传，使许多村民感到狩猎者将受到神灵的惩罚，猎获一只野兽定会损失一头家畜，狩猎者最终还得承受与被打死野兽同样的痛苦，因而纷纷自动放弃了狩猎；个别祖传猎手因嗜猎成性怕自己管不住自己，还专门到喇嘛面前举行宗教仪式戒绝打猎。因此，两村藏民自动禁绝打猎已有四五年了，由此亦可看出，藏族人民在处理人与自然的关系上是充满理性的。

6. 1997 年以来，随着德钦县交通条件的改善，特别是各种媒体对“香格里拉”定位在迪庆的大力宣传，使美妙绝伦的明永冰川和雨崩神瀑成了旅游热点，国内外游客蜂拥而至，给两村藏民特别是明永村民带来了丰厚的收益。从上述诸表中可以看出，旅游业收入已在大部分明永村民家庭中占据首位，而在雨崩村民家庭收入中的比重虽然目前还不算高，但今后会急剧上升。故两村村民中已有部分人家将旅游业的重要性排在了首位和第二位。现在，地方政府已制定了雄心勃勃的计划，要在未来15年~20年内，使明永和雨崩两村的游客分别达到20多万和30多万，而雨崩村民也在积极要求修通公路，两村村民都在积极筹划自建旅馆、饭店等旅游设施。然而，旅游业的急剧发展也给两村自然环境带来了破坏性影响。诸如明永冰川山庄游客食宿造成的污染，游客乱扔果皮、废纸、塑料袋造成的污染等。特别是原计划从西单通往雨崩的公路一旦修通，雨崩村世外桃源般的美丽便将不复存在了。因此，旅游业发展与生态环境和民族文化保护之间的矛盾，将成为这一地区未来最主要的矛盾。一方面，旅游业发展确实给社区群众和地方政府带来了丰厚的经济利益，另一方面，旅游业的盲目大规模发展也确实会给生态环境和民族文化造成严重的破坏，反过来又会影响旅游业的可持续发展。看来，只有在保护的前提下，发展适度旅游、精品旅游、高档旅游，形成“少游客、高收益”的模式，才能真正达成生态环境和民族文化保护与社区群众和地方政府利益的共生、互利、多赢，也才能确保旅游业的可持续发展。

图4－22　雨过天晴后雨崩村的彩虹

第四节　宇宙观

早在远古时期，藏族先民在适应高寒缺氧的严酷的生存环境的过程中，形成了万物有灵的传统宗教——苯（本）教，其中就包含有神山、神湖、圣地崇拜和人与自然混融一体的朦胧意识及宇宙观。佛教传入后，佛教的行善、惜生、因果轮回等观念，与藏族的传统宗教信仰相结合，就形成了以神山、神湖和圣地崇拜为核心的比较系统的地方性生态文化观。在这种观念指导下，迪庆州的大部分高原湖泊，香格里拉和德钦两县约80%的山脉①，便成了藏族人民家家户户、村村寨寨都崇拜的神山和圣湖。每一个藏族人，都被神灵赋予了保护它们的义务和责任；神山上的一草一木，一鸟一兽，均不能砍伐和猎取；圣湖中的水要保持洁净，水生动物亦无人愿意捕食，否则便会受到神灵的惩罚。据藏族学者王晓松的调查研究，迪庆藏族与自然环境密切相关的宇宙观及其中所蕴涵的地方性生态知识主要包括下列内容。

一、神山、神湖、圣地崇拜

藏族人一般选择村落附近较独立的山体或有特点的山体为神山。被奉为神山的山体有高耸入云的雪峰，也有低矮的山丘。神山出现的具体历史不可考，一般而言，哪里有人居住、出现村落，哪里就会出现神山。神山有大小之分，有的神山为全藏区所信奉，如岗底斯山主峰岗仁波齐、迪庆的卡瓦格博、念青唐古拉山等。有的神山是地区性的，如青海的玛沁奔热神山，是果洛部落的神山；有的是几个村庄共同的神山；有的是一个村寨的神山；有的村寨还有家族神山。神山地位的高低，与其自然地理的神奇与否有关，也与信奉神山的信徒的势力大小有关。神山外化的人格化神灵是为山神，山神的性情、性别往往与山体的形状有关。比如，神山是一浑圆的山体，山神可能为老者；山体突兀的岩山，山神可能是武士。也就是说，人们往往根据山体的形状和面貌来构想山神的形象。山神产生后，神山就成了山神的领地，山

① 此为中甸、德钦两县民族宗教局、林业局有关领导和专家提供的估计数。

上的动植物就成了山神的财产。人们认为山神既能保佑个人和村落，也能为人们降下灾难：使人意外受伤和死亡、旱夭、生出残障儿、流行人畜疫病等。作为苯教文化成分的神山或山神文化，由于在民间根基牢固，佛教传入藏区后被纳入佛教之中；而佛教在吸收神山文化时，强调神山作为佛教圣地的作用，将山神收入了佛教文化中地位较低的护法神之列。

藏族奉湖泊为神湖，是认为湖泊神奇，有神灵居住。湖神是神湖的人格化神灵。大多数湖神都是龙，供奉它可以为人带来雨水，可使人家道兴旺，而招惹它就可能给人带来麻风、皮肤瘙痒、疱疮、梅毒等疾病。有的湖神是女山神或鬼魔，招惹它就会带来暴风、洪灾、冰雹等灾害。

藏族的圣地分为两类，一类是曾有高僧大德修行过的与佛教有关的圣地，另一类是自然构造神奇的地方如溶洞、泉华台、巨木、钟乳石等。人们相信，朝拜和崇拜圣地可以给人带来某种超自然的力量。

在迪庆州，纳西族、傈僳族也有自己的神山、神湖和圣地，含义与藏族相同①。

根据王晓松的调查，可将迪庆州的神山、神湖、圣地列表于下。

表 4－28　迪庆州神山、神湖、圣地一览表

名称	含义	地点和位置	类别	相关传说或文字记载	生态状况
卡瓦格博	白雪	与西藏左贡之间德钦	神山	有经典记载和专著，煨桑经典	较好
缅次姆	缅孙女	与西藏左贡之间德钦	神山	传说中卡瓦格博的妻子	较好
哈巴雪山		香格里拉县三坝乡哈巴村	神山	与玉龙雪山为两兄弟，他俩为挡住金沙江流入大海，在此拦截，金沙江姑娘先以轻歌曼舞缓缓而来，当兄弟俩沉睡时，从其脚下逃走，兄弟俩一气之下，变成雪山	较好

① 参见王晓松：《藏区神山崇拜与生态保护》，美国大自然保护协会、迪庆州藏学研究院编：《藏族文化与生物多样性保护》，云南科技出版社 2005 年版，第 74－78 页。

续表

名称	含义	地点和位置	类别	相关传说或文字记载	生态状况
雨崩雪山		雨崩村	村寨神山	在五行诸佛与战神扎堆吾学中间，山形像一座天然的塔，植被丰富，山中还有一小庙	较好
巴拉更宗		云南香格里拉与四川德荣之间尼西乡巴拉村	神山	传说是卡格博的女儿要远嫁给贡嘎雪山做妻子，到巴拉时，天亮了，就立足那里，做了那一带最大的神山	良好
巴久		巴拉村	神山	意为小英雄山，属巴拉村神山	良好
巴金		巴拉村	神山	意为大英雄，属巴拉村神山	良好
白琼		巴拉村	神山	有经典记载	良好
格琼		巴拉村	神山	有经典记载	良好
格金		巴拉村	神山	有经典记载	良好
班迪	沙弥	巴拉村	神山	其形状如一沙弥，故称“班迪”，有经典记载	良好
益半		巴拉村	神山	有经典记载	良好
曲登	宝塔	巴拉村	神山	其形状如佛塔，有经典记载	良好
子令桑玛		巴拉村	神山	有经典记载	良好
迪几巴争		巴拉村	神山	有经典记载	良好
巴登拉姆	吉祥天母	巴拉村	神山	有经书记载，是一位天神，为藏传佛教的护法神	较好
撒卡迪几参桑	鸡嘴	巴拉水庄村	神山	是一座鸡嘴状的山，原为十三座之末，现为水庄村首位神山	较好

续表

名称	含义	地点和位置	类别	相关传说或文字记载	生态状况
日达纳主	汉语舞凤山	香格里拉县城东南	神山	古镇独克宗之神山	较好
仁尼巴俄多吉	英雄心山	奔子栏	神山	是保护奔子栏的心状，英雄神山有生殖崇拜等传说	较差
贡干斯尼本登	七狮兄弟	香格里拉县翁水泽央村	神山	为本村最大的神山，有神奇传说，山中有许多圣迹，如神瀑、圣水、仙人洞	良好
独吉尼拉	金刚太阳神	德钦县梅里石	神山	茶马古道进藏第一山沟，有一烧香台和无数石刻经文	较差
江白干	江坡神山	德钦县佛山乡	神山	做生意的人到此借钱，一定发财，发财后主动交还此地	较差
科　纳蛇头山		维西县塔城	村神山	此山如一条蛇，村子坐落在蛇头之上	
东旺扎本	崖王	香格里拉县东旺乡	乡神山	传说此神山护佑，使此地代代出英雄	
布雍夏姆		奔子栏	村神山	有壁画和相关传说，是奔子栏村两大神山之一	良好
千佛山	藏名索纳意为黑镰刀	香格里拉县小中甸吉沙	神山	据说不能在湖边大声吼叫，否则会引起雷电交加。干旱年头，却需到湖边吼叫，打石头，求得降雨	较好
哈姆谷仙人洞		香格里拉县建塘镇西山	圣地	有藏传佛教圣僧修行过	良好
阿明古洞	阿明东巴修行处	香格里拉县三坝乡	圣地	这里是东巴文化圣地，大东巴修行之处	好
结　迪仙人洞		香格里拉县结迪村	圣地	洞内有温泉涌出，据说小孩不会讲话的，领到洞内便会发音讲话	好

续表

名称	含义	地点和位置	类别	相关传说或文字记载	生态状况
仁昂乃(大宝寺)	五佛圣地	香格里拉县归努村	圣地	为五姓诸佛圣地,五姓诸佛在此现身,为大宝法王开辟之圣地	较好
拉克乃(百鸡寺)	尚师城堡	香格里拉县古城西山	圣地	汉名"百鸡寺"是一古老的圣地,因有人在此放生"鸡"而得名	好
乃拉豁(仙人洞)	仙人洞	香格里拉县	圣地	是一处古代僧人静修的圣地,汉名仙人洞	
尼汝仙人洞		香格里拉县	圣地	是尼汝村的圣地,有许多钟乳石,其山神最为厉害,佛教寺院都不敢去向该村村民收租和摊派	
迪儿通仙人洞		香格里拉县迪儿通牧场	圣地	属洛吉乡和格咱乡的圣地,由于离村寨较远,一般由两地的牧人烧香转经	
达摩祖师洞		维西县其宗村	圣地	是藏传佛教祖师达摩从印度到中土传佛法,五次进藏,一次到汉地,最后到此传法,并圆寂于此	
德钦仙人洞		德钦县城内	圣地	洞内有钟乳石,德钦县城信教群众常到此叩拜。	
古崩达没乃	十万佛圣地	德钦县佛山乡	萨迦派古寺	有藏传佛教萨迦派传承,有经典记载	较差
维西生生洞	如生殖器之洞	维西县	圣地	生殖器是人转生的体验之处。洞口小,洞内有几十平方米,能钻入者为幸运者	
赤土仙人洞		香格里拉县格咱乡木鲁村	圣地	曾经是藏传佛教高僧修行成道之地,里面有钟乳石等许多自然奇观	

续表

名称	含义	地点和位置	类别	相关传说或文字记载	生态状况
双湖		小中甸	神湖	湖四周生态较好，到夏季两湖又并为一湖，到冬季又分为两个湖	较好
雷湖	傈僳语“木谷以此”	维西新华	神湖	此湖上空经常会炸雷，行人到此常遇到雷雨交加，“雷湖”反映了湖的暴怒	良好
娃措独母湖		佛山鲁原	神湖	湖畔有水槽，还有用藏语刻好经文的石片堆成的塔	良好
阿布几	纳西语“天湖”	天宝山脉	神湖	是天宝山上的自然湖，传说湖边有雪山狮，每到松赞林寺念经时会给该寺厨房送牛奶	良好
雨崩神瀑		雨崩村	神瀑	梅里雪山朝圣内转经必到之处，传说得此瀑布沐浴，可清除心中的烦恼和污垢，使心灵得到净化	良好
笑努神湖		雨崩上村上方	神湖	湖面呈蓝色，清澈见底，有诸多神山的倒影，若在湖边大声喧哗，会遭暴雨及雪崩	良好
启明拉神水		翁水村	神水	能清心明目，到此地朝圣的人饮此水并把水带回村里给家人和朋友饮用或洗眼	良好
碧塔海		香格里拉县	羊毛布匹一样的湖	在英雄史诗《格萨尔》中有描写，是格萨尔与萨旦王交战的地方，湖中岛上有庙宇废墟	良好
属都湖	奶酪如石头	香格里拉县	神湖	是一辽阔的高山牧场边的湖泊，传说有一高僧祝福此地牛羊肥壮，产出的奶浓度高，做出的奶酪像石头一样	较好

续表

名称	含义	地点和位置	类别	相关传说或文字记载	生态状况
碧沽天池		香格里拉小中甸碧沽村			较好
白水台	藏名“黑白水”	香格里拉县三坝乡	华泉台地	传说是仙人遗田，是仙人为了教会人类农耕的梯田。是纳西东巴文化圣地，每年农历二月初八，纳西族在这里举行盛大的祭祀活动	较好
朝白山	藏名“谷次次”	香格里拉县东坝	神山	每年的农历二月初十举行盛大的自然崇拜活动，还有赛马、歌舞表演、老东巴赐福活动。传说朝白山是男性神，白水台是女性神	较好
朝白水		香格里拉县东坝	神水	如同朝白山	较好
木鲁神山		香格里拉格咱乡	神山	暂无故事	较好
锁上湖		小中甸	神湖		良好
姊妹树		碧塔海	神树	是碧塔海呈现的藏传佛教八吉祥徽之宝伞	较好
释迦吐巴			神山	其形状像释迦牟尼佛，据说山崖中有大蟒守护，村民一般不敢靠近，只在远处烧香，是仲松社神山	较好
七彩瀑布		洛吉乡尼汝村	神水	是尼汝村的圣地，到此地后不能到处乱摸、乱丢垃圾，不能随地大小便，否则身上会生疮。每到天晴时，瀑布上面就会出现彩虹	较好

资料来源：王晓松《藏区神山崇拜与生态保护》，美国大自然保护协会、迪庆州藏学研究院编《藏族文化与生物多样性保护》，云南科技出版社2005年版，第80－82页。

二、神山、神湖、圣地崇拜中所蕴涵的生态知识

藏族人民普遍认为，山神既是一种可以通过讨好使其高兴而护佑人的神灵，又是一种被人招惹就会降下灾祸的神灵，因而各村寨的人一般都谨慎供奉自己的保护神。每年各村寨都要集体祭祀山神 1 次 ~2 次，平时举办各类庆典时要告慰山神。人们一般也都能自觉地不去侵扰山上的野生动物，因为他们担心招惹了神灵会给自己带来祸患，或担心被别人指责为村落招致灾祸。民间的一些占卜师也常常将人们生病的原因归咎于在神山上的行为不当所致，加强了人们对山神的畏惧，因而使神山自然成为生物多样性的保护地。藏族人民普遍认为，神湖的主人“龙”、“魔”等神灵会为人降下麻风、疱疮、梅毒等疾病以及下暴雨、冰雹等灾害，因而人们一般不敢触动神湖附近的动植物，不敢污染水源，因而使神湖周围自然成为一个生态保护圈。

无论是藏族，还是纳西族、傈僳族，在他们奉为圣地的地方，周围都有一定范围的空间被视为不可侵犯的圣地属土，这些圣地属土，往往也就成了生物资源的避难所。

此外，神山、神湖、圣地崇拜的意义还远不止于其中所蕴涵的生态知识，它影响了整个藏族的文化，丰富了人们的文化生活。由此而产生的煨桑（烧香）、转山活动，由此而产生的各种经文、咒语，各种舞蹈、歌谣、格言、谚语、诗文等民间文学，由此而产生的各种婚、丧习俗和服饰、建筑形式等等，使藏族民众千百年来在其他民族所畏惧的高寒缺氧的严酷环境中的生活，过得怡然自得、津津有味。如果没有这些活动，要使藏族民众在一片枯燥乏味的文化沙漠中应付高寒缺氧的严酷自然环境而长期生存下来，是不堪设想的①。

三、田野调查中的神山崇拜与生态保护见闻

在对迪庆州的田野调查中，我们亲耳听到和亲眼看到了许多藏族人民崇

① 参见王晓松：《藏区神山崇拜与生态保护》，美国大自然保护协会、迪庆州藏学研究院编：《藏族文化与生物多样性保护》，云南科技出版社 2005 年版，第 74 – 78 页。

另外一条是内转经线，即从德钦县城升平镇出发，到白转经庙取朝山钥匙后（传说文成公主曾带来白度母像供奉在这里），经飞来寺、西单、雨崩、神瀑，再从原路返回到明永，上太子庙、莲花寺最后返回德钦县城。内转经线徒步行走大约需要六七天，仅仅是沿着卡瓦格博神山的东北坡、东坡、东南坡转了个半圆，因而并不能体现人生的圆满。但因其路程较短，故许多藏民一生中有多次内转经的经历。而且，内转经路线必经的雨崩和神瀑，因至今未通公路，所以完整地保留着人与自然和谐相融的景观。在这里，下面是五颜六色的草坝，周围是茂密的原始森林和无数条常年喷涌的高山瀑布，坝子和山中分布着星星点点的藏民村落，天上蓝天映衬着飘飘的白云，仿佛人间仙境，堪称香格里拉皇冠上的宝石。当藏民在神瀑下沐浴时，呈现出来的就是人与自然完全融为一体的画面，传说人在神瀑下洗浴后，身上的所有疾病都将被祛除干净。

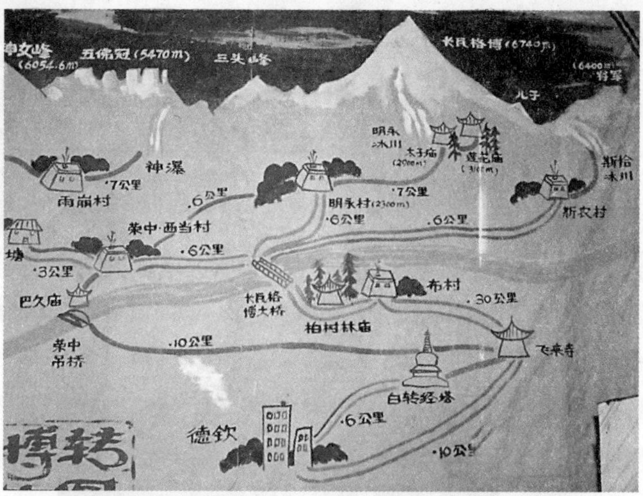

图4-28　卡瓦格博内转经线路图

由于卡瓦格博是神山，故山上的树木得到了很好的保护。我们骑马从明永村上太子庙、莲花寺，狭长的山间小道就在莽莽森林中穿行，沿途亲眼看到了遮天蔽日的原始森林和路旁绵延几公里的用石头搭起的小屋。这是朝山的藏民祈求卡瓦格博神山保佑其下世继续为人的象征“房屋”，替我们牵马的藏民说，卡瓦格博如果不是神山，那山上的树早就被砍光了，今天山上的森林、动物就是靠神山保护下来的。

图 4-29 转经路上用石头搭起的小屋

在香格里拉县建塘镇红坡村的大宝寺，我们看到了另一座保存完好的神山。从属都湖周围属都岗草原发源的一条小河，从北向南流下来，穿过红坡村的林都、阔机达拉、租母谷、果姑、司牙、给诺六个自然村后汇入小中甸河。河两边是草场和耕地、河西分布着林都、阔机达拉、租母谷等三个自然村。河东分布着果姑、司牙、给诺等三个自然村。在给诺村后，平地拔起了一座山，名叫“仁阿”山，是五姓诸佛之地，故成为神山。沿神山转一圈需要两个小时，大约有五六公里。神山上古木参天，一棵棵高大、挺拔的柏树直插云霄。在神山顶上，建有一座比松赞林寺还要古老、迄今已有 700 多年历史的大宝寺。在香格里拉藏民的心目中，大宝寺的地位与卡瓦格博神山是同等重要的，藏民要到鸡足山朝佛，必须首先到大宝寺取钥匙。每年农历正月初十，这里要举行盛大的转山节，香格里拉的藏民都要到此来转山、朝佛，平时来朝山的人也不少，这样，就形成了沿山周围绵延几公里的嘛呢堆，每一座嘛呢堆都有半人多高，堆满了刻有六字真言的石块，一座挨一座沿着山脚整整转了一圈，既撼人心魄又蔚为大观。

除了神山崇拜外，在藏族人民中还有许多有利于生态保护的观念和行为。

德钦县旅游局局长泽仁尼玛说：每年的正月初一至十五，所有藏族都要种树。老人讲，你种一棵树，可以延长 5 年寿命；反之，你损一棵树，就要折寿 5 年。生孩子要请喇嘛取名，人生病了要请喇嘛祛病，喇嘛都要叫你去种树，并且规定你要种多少棵树。万物有灵且灵魂会相互转变，人会变成树，树也会变成人，因此人不能随便砍树，说不定被你砍倒的不是树，而是人。

德钦县乡镇企业局局长那主说：藏传佛教信仰要求人人要保山、保树、

图 4－30　大宝寺周围绵延几公里的嘛呢堆

讲卫生。一家人必须天天扫地；每个人上山都抬一块石头上去堆嘛呢堆，既搬了石头，又保护了山。每家每户都要在房前屋后栽树，并且保护好，因为那是神的乐园。藏族也很少有人愿意当木匠，因为宗教传说你干木匠就要锯很多树，你死以后锯子就会来锯你的脖子。动物也不能乱打，澜沧江边的一个村子，就因为猎杀了几只马鹿，便付出了沉重的代价。村子里莫名其妙地就死了许多牲畜，人们认为这肯定是受到了神的惩罚。此外，在藏族村寨，每年正月十五前都有喇嘛吹着法号巡视区域，督促人们种树，并要求人们敬山、敬水。他还说，藏族的房屋上都画着日月星辰、山川草木，说明藏族是一个热爱大自然的民族。

图 4－31　大宝寺内藏民放生的羊和鸡

德钦县奔子栏乡文化站站长泽仁培楚说：奔子栏乡的藏族服饰就体现了浓厚的生态保护意识。全国所有地方的藏族男子服装腰上都带有一把刀，唯有奔子栏的藏族男子在节日里不带刀，这首先反映出人与人之间的一种和平意识，同时也反映出某种生态意识，因为不带刀也就意味着不砍树、不杀生。而男女服饰都不用兽皮，就直接反映了生态保护意识。当地藏民认为，在服饰上可以把人分成四等：一等人穿官服和袈裟；二等人穿绸缎；三等人就穿奔子栏以布料为主的服装；穿兽皮或用兽皮镶嵌的衣服，就是令人看不起的最低的四等人。

德钦县文化局局长说：藏族是一个不杀生或准确地说是一个不过分杀生的民族，适度的生活需要满足了，就不杀生了。他们的这种习俗，来源于藏传佛教的生死轮回观。藏族人民普遍认为，人与自然界的万事万物是可以相互转化的。人靠自然物维持生存，也应对自然有所贡献，因而藏族人死后，大都要通过天葬、水葬将自己的肉体奉献给自然界的各类动物。藏族人不打鱼、不吃鱼，也很少上山狩猎，其原因概源于此。澜沧江里的鱼很多，每年三、四月和七、八月都是最好的打鱼季节，但藏民都不打，只有机关干部去打。

德钦县云岭乡乡镇企业经理扎西尼玛说：卡瓦格博神在藏族传统苯教中是一个很凶恶的煞神，山上的所有树木都是卡瓦格博的生命树。佛教传入后，卡瓦格博神被莲花生大师感化，变成了护法神，山上的所有树木也随之变成了护法神的生命树，更不能乱动了。不仅是树木，就连山上的石头也变成了宝石，即便其中蕴藏有珍稀矿藏，也不能开采，否则定遭报应。山上的动物也变成了卡瓦格博神管辖下的生灵，每天都要点名，少了一只就要到处寻找，追查责任。传说明永村最早只有两户人家，其中一家擅长打猎，有一天他打了一只马鹿，取下皮和四肢挂在墙上，肉煮在锅里。夜幕降临，所有的动物都集中到卡瓦格博神面前点名，发现马鹿不见了，一追查，才知道马鹿已遭毒手。结果卡瓦格博一施法力，煮在锅里的马鹿便跳出锅来，穿上皮子、接上四肢，跑了回去。这家人从此家道败落，受到了神的惩罚。

在斯农村，藏民普遍认为，发生泥石流也是人的行为触犯了神山的结果。1989 年中日联合登山队从斯农冰川攀登卡瓦格博峰未成功，准备撤回县城。头天还天气晴朗、公路畅通无阻，可就在登山队要返城的这一天，突然天降大雨，泥石流冲毁了公路，使登山队无法返回。藏民们认为这是登山队触怒了神山而酿成的灾祸，于是家家烧香、念经、祈祷。1991 年，中日联合登山队再次攀登卡瓦格博峰，藏民闻信后堵在路上苦苦劝阻，相信“科学”的登山队执意攀登，结果发生了 17 名登山队员牺牲的悲剧。

在德钦县东竹林寺，县委统战部长鲁茸格那告诉我们，藏传佛教经书中早就讲过植物与气候、气流有密切关系，因此佛教对生物多样性保护很有权威。当初搞白马雪山自然保护区时，政府做了很多工作都收效甚微。但只要请活佛来山上画一个圈，念一段咒语，老百姓就再也不敢上山去乱动了。东竹林寺有一个喇嘛叫鲁茸登巴，多年来都自动上山巡山，每年都将外地人用来捕猎而埋下的钢丝扣取走交给寺庙管理委员会。

图 4－32　德钦东竹林寺活佛的坐床典礼

图 4－33　参加活佛坐床典礼的喇嘛和藏民

香格里拉县林业局长吴振武说：香格里拉县各民族历史上都有保护动植物的传统，从藏传佛教的轮回观念来讲，藏民都不爱杀生。纳帕海的黑颈鹤，20 世纪 60 年代还有 300 多只。传说黑颈鹤与当地藏民达成默契，人不伤害它，它也不吃人的青稞。但自部队进驻后，打猎被当作无偿改善生活的一种好办法，黑颈鹤也就在劫难逃了。从60年代的300多只迅速减少到80年代的30多只，经过10多年的保护，到2000年才恢复到100多只。对森林的砍伐也是这样。香格里拉因为气候高寒，树种结构是针叶林多而阔叶林少，而每一个藏族村寨都保有大片的阔叶林做水源林。藏民每天所用的烧柴，也多半是捡拾林中的枯枝落叶，很少砍伐。可是自从全国大森工从东北转向西南后，森工局对香格里拉的森林进行了大规模采伐。机关干部和部队的烧柴也专门找大树砍，不粗不直的不要，烧掉的柴火都是内地非常珍贵的木材，致使香格里拉的生态遭到了严重破坏。

第五节　自然资源管理机制

在上述与自然环境密切相关的宇宙观及其中所蕴涵的地方性生态知识指导下，几乎所有的藏族村寨都形成了一套相对完备的自然资源管理机制。这里，我以自己实地调查的卡瓦格博峰下的明永和雨崩两个村寨为例，对其传统的自然资源管理机制及其现代变迁，作一简要阐述。

一、传统资源管理机制

明永和雨崩两村均属德钦县云岭乡管辖，该乡位于德钦县的中南部，卡瓦格博的主要山体均在其范围内。两村都位于澜沧江以西的卡瓦格博脚下，全为藏族聚居。其传统资源管理机制主要包括下列内容：

（一）神山崇拜意识

与两个村子朝夕相伴的卡瓦格博峰，是滇、川、甘、青、藏等省区以及国外藏民公认的神山，是藏区八大神山之一。明永村民称其为“世界级神山”。而与卡瓦格博峰相连的其余十二峰，又被神话传说分别认定为卡瓦格博神的妻子、儿女及其卫士，由此也变成了神山。因此可以说，整个雪山的主要山峰，都是藏民心目中的神山，而明永和雨崩两个村子，便成了神山环抱的村庄。按照神山崇拜的意识，神山上的所有野兽，都是卡瓦格博神的家畜；神山上的所有树木，都是卡瓦格博神的宝伞，既不能猎取，也不能砍伐。

然而，人的生存需要利用资源，为了解决既保护神山又满足人的生存需要的矛盾，藏族人民早在历史上就形成了一条“日卦”（意为封山）线，即由寺庙喇嘛和行政官员共同依海拔高低、距村庄远近等标准，为每一个村子的山林划出一条线，这条线以上为封山区，禁猎禁伐；这条线以下为资源利用区，既可狩猎亦可伐木，但必须适度，不可乱砍滥猎，否则罚款。据德钦县东竹林寺的巴卡活佛介绍，设立“日卦”的方法为：

“先由活佛应当地民众的请求，前来察看神山的风水，何处风景好、森林好，何处容易发生滑坡和泥石流，再认定设边界的方位。沿日卦线，每隔一定距离便建一个嘛呢堆，或埋一个地藏宝瓶，宝瓶里放25种药、5种绸缎、5种金银宝石、5种粮食。埋好以后，念7天~21天经。从此后，日卦线以上的草木就不准乱动，不能砍树、不能挖石头。每年还要请活佛来念经加持。”①

目前所知有关封山线的最早的记载，见于黄举安在民国三十七年（1948年）撰写的《云南德钦设治局社会调查报告》。其云：

“山中所产的药材如虫草、贝母、麝香、狐皮、猞猁皮、豹皮、鹿茸、熊胆等珍贵山货，但因宗教上的封建思想所固蔽，大多山林为喇嘛、土司或有权势之人士所封闭，名之曰‘封山’，禁止打猎或砍伐，此与民生影响不无关系。”②

1954年，位于说拉山口（到卡瓦格博外转经，必须经过这个山口）下的梅里石村，与邻近的亚工村发生山林争执。这件事的起因是亚工村有人到梅里石的山上采集贝母等药材，碰到梅里石村民带枪阻拦，说这里是他们村的“封山”，不能随便挖药材。德钦县政府接到报告，做调查后得出如下结论说：“据报美里石（梅里水）村公山产贝母、知母，中华人民共和国成立前，历来都可到山上挖贝母知母，中华人民共和国成立后还照旧挖着。这座山不是封山，还可以由以前全山药材卖给王文选家等开挖为证，全县群众也有很多知道这山的情况，事实证明此山绝不是封山。”同年，县代表会议决定：只要

① 我们于2000年在德钦县调查时对巴卡活佛的访谈笔录。

② 郭净：《自然圣境的意义》，美国大自然保护协会、迪庆州藏学研究院编：《藏族文化与生物多样性保护》，云南科技出版社2005年版，第138－139页。

"不是封山的山，应坚决开放给群众开挖药材。"上述历史记录表明，"封山"作为德钦县藏族的一种传统习俗，已经具有久远的历史，在封山区内搞开发，就会遭到民众的强烈反对。政府部门的文件反复强调"此山绝不是封山"，说明政府也尊重当地藏民传统的禁忌习俗，只有在不是封山的地区才能搞开发。①

这一传统禁忌习俗直到今天仍然被当地藏族民众所遵循。在我们调查的两个村子中，当地村民为我们画了"日卦"的地图。明永村长大扎西在他绘制的神山图上标明：明永村"日卦"线的走向是从冰川左边山头的"朗泽日供"起，经"阿尼供"、"达瓦结格"、"达瓦日布"到右边山头的"布里结里"。他解释说："日卦"的意思就是关门，关山，禁止进入。雨崩村的"日卦"线也有许多自然的标志，其中主要的是山坡上的两块石头，一块为白色，代表白度母；一块为黑色，代表绿度母。两村的"日卦"线大体在海拔3000米~3400米以上。这条线一经划定，因其带有超自然神灵的意志和权威，通常都能得到较好的遵守和执行。明永村藏民男子每年农历正月初五，都要到太子庙烧香念经向神山拜年；明永村四月初十至十七日、七月初五至十二日，雨崩村六月十五和七月十五日，两个村子的全部人员都要上山烧香念经，对牲畜吃草、人砍树木等行为，向神山表示歉意。

（二）村规民约管理

两个村传统都制定了管理资源的村规民约。如明永村规定，水沟两边的树木包括树枝都不能砍，土不能动，否则罚粮食4筒~5筒。雨崩村规定，凡外村人到本村牛场上放牛，要交粮食和银币做补偿费；外村人到本村山上打猎，猎狗、猎具均要没收，还要罚打；在本村"日卦"线之上，禁止任何人打猎、砍树、采药材，如有违反，第一次罚款，第二次罚打等等。

（三）社区管理

20世纪50年代之前，两个村行政上都由阿东土司管理，宗教上都由德钦林寺管辖。阿东土司派人与德钦寺喇嘛共同划定"日卦"线之后，具体交由两个村的"伙头"来管。伙头相当于今天的村长，雨崩村称其为"木西"，

---

① 郭净：《自然圣境的意义》，美国大自然保护协会、迪庆州藏学研究院编：《藏族文化与生物多样性保护》，云南科技出版社2005年版，第138–139页。

明永村称其为“尼西”。伙头由“桑蕊”会选举，藏语所称的“桑蕊”会，意为懂事的人参加的会，由全村每户出一人参加，男女均可。类似于今天藏族村寨普遍存在的“家长会”。凡村中大事，诸如村规民约的制定和实施，对违反规定者的处罚，举行宗教活动等，都由“桑蕊”会议定后交由伙头组织实施。阿东土司和德钦寺喇嘛每年都要到村中巡视一次，一旦发现有违反规定者，就将受到重罚。因此，传统的社区管理是严格而有效的。

二、当代资源管理机制

20世纪50年代以后，两村传统资源管理机制的各个方面，均受到历次政治运动的冲击而被破坏、废止。20世纪80年代以来，这套机制又重新恢复并与国家的政策、法律相结合，以适应今天的情况。其现代资源管理机制主要由以下几方面的内容构成。

（一）神山崇拜意识与国家林业政策相结合

随着国家宗教信仰自由政策的贯彻落实，藏族人民的神山崇拜意识得到了尊重。在1983年进行的“林业三定”工作中①，政府尊重藏民传统的封山线，基本以这条线为国有林和社有林划分的标准，即这条线以上为国有林，禁止任何人砍伐；这条线以下为社有林，允许适当利用。由于政府法规与藏族传统相符合，故使国有林的保护得到了这两个村村民的衷心拥护和较好的贯彻执行。

（二）新的村规民约管理

林业“三定”之后，两村都重新制定了各自的村规民约。明永村规定，在水沟周围50公尺范围内不准砍伐任何大小树木，违者砍一棵罚款10元；在牧场上不准放扣子狩猎，违者罚羊子一只。为了控制砍伐薪柴量，明永村于1999年规定，在11月份全村每户可上山砍柴5天，其余时间只准在社有林捡干枝、死树。

雨崩村规定，雨崩的山林、牧场、水源都归雨崩村所有，任何人不得擅

① 林业三定的主要内容是“稳定林权、划定自留山、确定林业生产责任制”。参见《当代中国的云南》编辑委员会编：《当代中国的云南》上卷，当代中国出版社1991年版，第311页。

自领外地人进村狩猎，违者罚款100元；无论是外地人和本村人，都不得在本村森林封山区打猎、下扣子、放狗，违者没收全部东西并给予罚款300元；任何人在任何地方均不准猎杀马鹿，违者打死一头马鹿罚款3000元，没有现金就用家中的牲畜相抵。该村还禁止外人采集标本，违反者没收标本，还处以100元以上罚款。这一规定执行得非常严格，以至于一些从事植物学研究的科学家因到雨崩村采集标本，也受到了处罚。在雨崩村的田野调查中，我们一进村子就被告知不能采集和带走任何植物，否则我们也将受到处罚。

我们在直接管辖明永村的斯农行政村（当时称大队）调查时，收集到一份专门管理山林的村规民约，全文如下。

斯农大队山林村规民约

为了制止乱砍滥伐，防止毁林开荒和山林火灾，加强对现有山林的保护和管理，开发利用荒山，加速荒山绿化，有利于农林牧全面发展，现根据上级政策，结合我大队实际情况，特作如下制度：

一、护林委员的职责：

1. 检查整个社有林中乱砍滥伐、毁林开荒、山林火灾的情况；

2. 山林火灾扑火组织；

3. 验收砍伐手续；

4. 收齐本队山本费；

5. 每次检查山林后，向大队和家长会汇报一次情况。

二、护林委员一年检查山林天数安排：布村12天，其他小队6天。

三、护林委员的报酬，能够在本队山本费中解决的，每天2.50元计算，山本费不够的，应按投工解决。

四、在责任山中农户需要砍伐，必须先办好砍伐手续，如有违者一根罚款5元。

五、在砍伐时，不管任何承包山林，凡是损坏幼林的，两根折为一根计算，扣去该户的砍伐根数。

六、在责任山、牧场中任何人不准下扣子，如下扣子扣着猎，谁见着归谁，扣着牲畜的按村规民约规定执行。

七、在责任山、封山、牧场中不准开荒，如在牧场中需要开荒，要由小队统一安排，大队审批后才能进行。

八、封山林、水源林、防护林、风景林、漆树及柏树，一律不准砍伐，违者一根罚5元。

九、农户需要自用锯木板，先要向大队订合同，由大队统一安排。如有不通过大队办理手续的，板子一律没收，并一丈罚20元。

十、各户承包的山林，在100年内应各负其责，不准随意更改。

十一、发生山林火灾时人人有责，应积极投入。参加扑火年限：男16岁~55岁，女16岁~45岁，在此年限内不参加扑火工作者，扑火期用几天，就按每天5元计算罚款，并且，今后不办理该户的砍伐手续。

十二、除了自留山，在四旁中，要求共青团、学校、其他社员植树造林，如果成活，一棵奖励0.5元，果木收益归个人，所有权归集体。

各小队在执行以上规定的前提下，根据自己的具体情况再作补充规定。各户要坚决执行大队和小队所制定的山林村规民约。

斯农大队

一九八三年十二月九日

（三）社区管理的变化

为使村规民约和藏民的神山崇拜、神山保护意识落实在行动上和实践中，两个村都形成了一套具体的社区管理操作机制。这套机制分为合作社、自然村、行政村三级管理。明永和雨崩都是自然村，每个村都下辖两个农业生产合作社。每个社均由社员选举一名森林委员，其职责是，定期巡山检查村社之间的越界采伐情况，对越界采伐者处以罚款和没收；监督社内每一户人家对建房木材和烧柴的砍伐情况，建房木材有限额指标，烧柴只允许砍杂木，违者处以罚款；随时注意森林防火情况，发现火灾隐患及时向村长汇报。森林委员没有固定报酬，每次巡山均按投工计算，每投工一天由社里发给误工补贴5元。

在由几个合作社组成的自然村一级，由村长和家长会管理。村长由村民大会选举，是全村的领导者和管理者；家长会由村长召集，每户人家出一个家长（男女均可）参加，是全村的决策机构。举凡村中的各种大事，都由家长会议决定后由村长具体组织实施。在资源管理方面，家长会的主要职能是审批各户建房所需的木材砍伐限额指标。村中所有农户建房，均需由本家家长在全村家长会上提出申请，由家长会根据这家人所建房屋的大小讨论决定所需木材的数量，然后开具证明，由户主自己到行政村办理采伐许可证。户主持有采伐许可证便可上山采伐，但所砍数目需由森林委员根据家长会审批数额进行检查，多砍一棵罚款5元。

图4－34　斯农村

在由几个自然村组成的行政村一级，主要由村公所和护林员进行管理。村公所是乡政府的派出机构，具有基层政府的职权。护林员由村公所任命，其主要职责是：检查处理社有林中乱砍滥伐、毁林开荒、山林火灾的现象；组织扑灭山林火灾；验收砍伐手续；每次检查山林后，向村公所和家长会汇报一次情况。

图4－35　雨崩村家长会正在议事

由于藏族传统与国家资源管理的法律、法规密切结合，因而从总体上讲，明永和雨崩两村现行的社区资源管理机制是严格而有效的。我们在雨崩村调查时，村民给我们讲了一个故事：雨崩村有一大片生长了数百年的香柏树林，几年前被一家木材公司看上，愿意出上千元一方的价钱向其购买几千方。乡政府领导考虑到村民脱贫致富的需要，主动为其办好采伐许可证及相关手续。然而，雨崩村家长会经过三天三夜的激烈讨论，最后决定，雨崩村民即使暂时受穷，也不能出售这片影响本村风水的香柏树林。而这件事又发生在国家天然林保护政策出台之前。由此可见，藏族民众对自己生于斯、长于斯的自然环境及其风水和资源，有一种与生俱来的、天然的亲和、热爱和保护意识。在这种意识指导下，保护生态环境和风水，就成为每一个藏族民众的自觉行为。

第六节　婚姻家庭模式

云南藏族的婚姻形式基本上是一夫一妻制，但在德钦县的升平镇、云岭乡和中甸县尼西乡的部分村寨中，还存在着“一妻多夫”这种特殊的婚俗。一妻多夫婚姻在藏族社会中已有悠久的历史，恩格斯在其名著《家庭、私有制和国家的起源》一书中，就曾饶有兴趣地关注过这种婚俗。他认为，这种婚俗是人类婚姻发展史上的一种例外，是历史的奢侈品。关于它是否起源于群婚的问题，还需要作进一步研究①。我们这里无意探讨它的起源问题，只是想就其在迪庆藏区长期存在的条件略加讨论。由特定的自然环境、地理位置和历史发展路径所决定，迪庆藏族早在唐代以后就逐渐形成了农、牧、商三业并举的生产方式。为适应这种生产方式对家庭内部分工和聚集财产的需要，在西藏牧区一妻多夫传统的影响下，迪庆藏族的部分人家，逐渐形成了一妻多夫婚俗。这种婚俗的基本特点和功能是：二至三个亲兄弟共娶一个妻子，组成一妻多夫家庭。妻子作为家庭的中心始终居住在村子中料理家务并从事农业生产，作为丈夫的几兄弟则分工负责农业、畜牧业和经商做生意。这样，既保证了家庭内部农、牧、商三业都得到发展，又避免了兄弟各自娶妻而必

① 参见恩格斯：《家庭、私有制和国家的起源》，《马克思恩格斯选集》第4卷，人民出版社1975年版第56页。

然出现的分家所导致的家庭财产的分散与削弱，保证了家庭财产的聚集与增强。由于这种特殊的婚姻家庭制度具有上述特点和功能，故直到20世纪50年代初期，迪庆藏区实行这种婚俗组成的家庭一般占家庭总数的20%～30%[①]。

中华人民共和国成立特别是1959年民主改革以后，这一特殊的婚姻制度在迪庆藏区基本上消失了。促使其消失的原因主要有两条：一是中华人民共和国宪法和婚姻法明确规定国家实行一夫一妻制，这对藏族的一妻多夫婚俗造成了直接的政治压力。二是农村以生产队为基础的集体经济组织取消了藏族传统的家庭经济功能。以往由家庭独立承担的农牧商诸业，变成由生产队集体承担了，家庭内部的劳动分工，变成了生产队集体的劳动分工，一妻多夫婚姻导致家庭财产聚集与增强的功能也丧失了，因而一妻多夫婚姻亦失去了存在的依据和条件。于是，在20世纪50年代，实行一妻多夫婚姻的家庭纷纷解体，新组建的家庭全部成了清一色的一夫一妻制家庭，藏族传统的一妻多夫婚姻便销声匿迹了。

然而，1979年改革开放以来，国家实行一夫一妻制的法律和政策没有改变，但尊重少数民族风俗习惯的政策得到了较好的贯彻落实，因而对一妻多夫婚姻的政治压力减轻了。更重要的是，农村经济体制改革后建立的家庭联产承包责任制又重新恢复了家庭的经济功能。在迪庆藏区农、牧、商三业并举的传统生产方式继续存在与发展的条件下，一妻多夫婚姻这种特殊的婚姻家庭制度，又重新显示出其在家庭经济发展中聚集和增加财产的功能与作用，于是，一妻多夫婚姻又重新在一些藏族家庭中复活并发展起来。

我们在斯农自然村调查时，斯农一社和二社的社长给我们介绍了斯农村的一妻多夫婚姻情况。他们说：中华人民共和国成立以前，斯农村大部分人家都是实行一妻多夫婚姻，因为那时的人没有见过世面，一家人只有一块土地，如果几兄弟各自娶妻就要分家，也就必然要分土地，这样一来土地就没有了，而且，向领主上的税反而更多了，因而凡是兄弟多的人家都愿意采取一妻多夫婚姻。中华人民共和国成立以后，斯农村的教育比较发展，培养出了几十个中专、大专和大学本科文化水平的人，全村家家户户都有在外工作

① 此为德钦县民族宗教局和旅游局所提供的估计数。

的人，共有60多个，这样就使本村人见的世面多了，加上前些年又实行人民公社和生产队的体制，土地都是集体经营，分家的人也无所谓分不分土地，所以，实行一妻多夫的人家就没有了。但是，1978年以后，土地分户经营，实行一妻多夫的人家又发展到了五六家。

在实地调查中，我对3户实行一妻多夫婚姻的家庭进行了深入访谈（户主姓名已按人类学惯例作了学术处理），现将3户典型家庭的情况报告如下。

一、尼玛家的一妻多夫

这是德钦县升平镇巨水办事处巨水自然村的一户人家，户主名叫尼玛，家有9口人。其家庭结构是：老父亲，时年（1999年）77岁；大哥即户主，50岁；二哥49岁；三哥36岁；三兄弟共娶的妻子，当地通称大妈，47岁。全家生有一个儿子，两个姑娘，儿子已娶妻，9口人共同生活。

农业。全家耕种9亩水浇地，大小春栽种青稞、玉米、小麦、荞麦和蔓菁。1998年，收青稞180斗，每斗30斤，共5400斤；小麦100斗，共3000斤；玉米150斗，共4500斤；荞麦30斗，共900斤，粮食自给有余。

畜牧业。有18头牦牛，65只羊，14头猪。1998年产酥油400斤，每斤20元，收入3000元，其余自食。又卖猪1头，收入400元。

商业。家有一台手扶拖拉机跑运输，采集虫草、松茸出售，再加上做点小生意、外出打工等，一年在商业上的收入约2万元。

家庭分工是：大哥、大妈和儿媳常年在家搞农业；二哥负责畜牧业，牧场在白马雪山上，每年都要外出放牧三四个月；三哥当过兵，见过世面，脑子灵活，因而专门负责跑运输，搞商业，他和儿子常年住在县城跑生意。

在访谈中我们发现，大妈是一位善良、贤惠、精明、能干的女人，而大哥则显得十分忠厚。我们一进门，大妈就急忙招呼我们坐下，拿出自酿的青稞酒，自家果树上结的苹果、核桃招待我们，然后就到门外屋顶上翻晒粮食去了。大哥则一边给我们敲核桃，一边回答我们的问题。但在回答家庭经济情况时，他却不得不三番五次地跑出去请大妈进来回答。因为家中所有的经济收入和支出，都由大妈负责掌握，而大哥完全是一个甩手先生，甚至就连家中耕种几亩土地，养着几头牲畜都全然不知。大妈则事无巨细都回答得清清楚楚，由此可见藏族妇女在家庭中的地位和作用。由于这是我们调查的第一户一妻多夫家庭，我的理论和思想准备均不足，因而总感到一些问题过于敏感。特别是关于一妻与多夫之间性生活方面的问题，担心触犯他们的禁忌而问不出口。

二、边宗家的一妻多夫

这是德钦县云岭乡斯农村委会明永上村的一户人家。边宗是女主人，时年（1999 年）35 岁，是从雨崩村嫁到明永村来的。大哥叫郭某，34 岁；二哥到别的村子当了上门女婿；三哥留在家中，27 岁。边宗 1986 年嫁过来时，只是和大哥结婚，几年以后，三哥逐渐长大了，大哥为留三哥在家，主动向三哥提出与他共妻，三哥同意后便一起生活。现在这个家庭已生育了两个女儿，大女儿 10 岁，小女儿 7 岁。

农业。全家耕种了 5.7 亩水浇地，大春全部种玉米，收 2000 多斤；小春用 0.8 亩地种青稞，收 300 多斤；其余土地全部种小麦，收得 2500 多斤。此外，还在玉米地中套种豆类和蔓菁，粮食自给有余。

畜牧业。全家有大牲畜 8 头，其中黄奶牛 3 头，用于挤奶打酥油；犏牛 2 头，用于犁地；骡子 2 匹，马 1 匹，用于驮载游客上明永冰川旅游。有绵羊 23 只，13 口猪。全年卖了 4 口猪，收入 690 元。

商业。牵马送游客上明永冰川旅游，从 4 月至 9 月已达 71 趟，每趟平均 80 元，收入 5600 元；上山找松茸、挖药材出售，收入 850 元，外出打工如修路等，又收入 2000 多元。

家庭分工。大哥和大妈在家务农和放牧（因没有牦牛不必远离村寨到高山牧场去），三哥外出打工做生意。但三哥每年外出的时间并不长，1998 年外出到林区伐木两个月，1999 年天然林禁伐后，三哥外出做生意只去了 1 个月，其余时间就在家牵马。

当问到家庭内部关系时，边宗说，两兄弟对她都很好，从来没有一个人对她发过脾气。家庭中的重活、累活都是两兄弟抢着干，比如说牵马拉游客上山，很辛苦，两兄弟办牵马证时就不写她的名字，她即便要想干也就不能干了。而她对两兄弟也很好，一样对待。如果对大哥更好，就留不住小弟；

对小弟更好，就对不起大哥。而农村的劳动力总是越多越好，三个人干总比两个人要更好一些，更能发展一些。在访谈过程中，三哥牵马送游客回来了，边宗马上热情地招呼他休息，并起身去为他做饭。我也就顺便访问了三哥。三哥说，大嫂对他很好，他非常喜欢她。两兄弟在一起生活，可以互相照应。大哥年纪大，有经验，还读过 4 年书，而自己和嫂子都没有读过书，所以家中的经济由大哥掌握，有事也以大哥的意见为准。他们共同生活了十来年，事实证明自己的选择从头到尾都是正确的。

趁他们两人都在场，我试着把一个自己认为非常敏感的问题提了出来，你们两兄弟与妻子的性生活怎样安排？结果郭某和三哥都很爽快地回答说，兄弟俩轮流与妻子同床。最后，我们顺便询问了整个明永村实行一妻多夫婚姻家庭的情况，他们回答说：上明永村 26 户家庭中，通过一妻多夫婚姻组成的家庭有 5 户；下明永村 25 户家庭中，通过一妻多夫婚姻组成的家庭有 3 户。

三、鲁茸家的一妻多夫

这户人家居住在云岭乡斯农村委会所属的明永上村，位于著名的明永冰川之下。男主人叫鲁茸，时年（2000 年）38 岁，读过小学四年级；妻子松某 39 岁，读过初中三年级。鲁茸是家中的老四，其大哥早已单独成婚，其二哥身带残疾（腿跛）找不到妻子，因此当鲁茸 18 岁结婚时，就和二哥一起与妻子组成了两兄弟共一妻的家庭。妻子是从邻近的西单村嫁过来的，她也同意组成一妻多夫家庭。在两兄弟结婚四年后，三哥为了不使家庭财产因分家而受到削弱，经协调各方关系后也加入到这个一妻多夫的婚姻中，组成了三兄弟共一妻的家庭。这家人是改革开放实行家庭联产承包责任制后，在明永村首先复活一妻多夫婚姻的家庭，他们的决定得到了男方父母的支持。因男方父母是从西藏迁来的，目睹过西藏和明永村历史上实行一妻多夫婚姻家庭的优点，就给几兄弟讲这种家庭的优点和传统。因此，藏族传统和家庭联产承包责任制重新赋予家庭的经济功能，共同促成了一妻多夫婚姻家庭在明永村的复活。然而，当时首先复活这种家庭结构的鲁茸兄弟，受到了很大的政治压力：在村民大会上几次被点名批判；几兄弟不能入团、不能入党、不能当先进，也不能参选村社干部。但是经过近 20 年的发展，这个家庭现在成了全村最富裕的人家之一，受到全村人的羡慕，吸引一些人家起而仿效，致使全村的一妻多夫婚姻家庭逐步发展到了五六家。

全家现有8口人，分别是二哥，三哥，四哥，妻子，还有男方的老母亲和三个孩子。三个孩子为两男一女，大儿子19岁，二儿子17岁，女儿14岁，均未成婚。

家庭经济。在农业方面，2000年家中有水浇地8亩，旱地3.1亩，开荒地7亩。在水浇地中，大春种玉米，收成1000多公斤；小春种4亩小麦，4亩青稞。小麦亩产350公斤，共收1400公斤；青稞亩产300公斤，共收1200公斤。旱地全部种蔓菁，全家人粮食自给有余。在畜牧业方面，全家有黄奶牛2头，用于挤奶打酥油；犏牛3头，用于犁地和挤奶；骡子3匹、马1匹，用于驮运货物和送游客上山游冰川；山羊91只，绵羊2只，主要用于积肥和出售，1999年出售2只，收入570元。此外，还有11头猪，每年都要杀吃4头猪。在商业方面，平均每年要牵马拉游客上山游冰川70天~90天，收入8000多元；捡松茸、挖药材（如雪上一枝蒿）出售，收入2000多元，在村中收购松茸、药材拉到外地出售，又收入4000多元。

家庭分工。二哥负责畜牧业，因家中牲畜少且没有牦牛，故不需上高山牧场，只需在村寨周围放牧即可；三哥负责农业；四哥负责做生意。故二哥和三哥长年在家，四哥外出时间较长，每年均在3个月左右。

家庭关系。四哥是村子中出类拔萃的男人，喜欢他的女人不少，但他考虑到二哥残疾，决心找一个既爱他又爱二哥的女人，最后就从西单村找了一个。这个女人很听四哥的话，可以说是四哥拴住了这个家。但是女人对三兄弟也不特别偏爱谁，她说三兄弟就好比是一部机器的不同部件，缺一不可。在家庭权力方面，四哥外出闯荡多，见过世面，因而四哥的意见分量较重；但四哥花钱手很散，经常造成浪费，因而家庭经济由三哥掌握；但家庭中的大事还是大家商量着办。几兄弟小吵小闹随时有，但是不能生气，既互相批评，也互相接受。

夫妻关系。几兄弟和妻子都各有自己的房间，与谁同床由妻子决定；她想和谁就到谁的房间去睡，想休息了就睡到自己的房间。

最后，我们又问及他们对自己子女今后婚姻模式的期望，他们回答说，他们当然希望自己的儿子也组织一妻多夫家庭。小儿子也已表示，如果哥哥找到的妻子好，他也愿意加入进去，但实际情况如何还要看今后的发展。

从上述情况中我们可以看出，一妻多夫婚姻作为一种特殊的婚俗能在迪庆藏区延续至今，在一定程度上是与其特定的自然环境与生产方式联系在一起的，可以说是适应其自然环境和生产方式的一种婚姻家庭模式。然而，自1997年以来，随着迪庆藏区被认定为"香格里拉"后带来的旅游热潮的兴起，使旅游业迅速发展成为除传统农、牧、商三业之外的又一个新兴产业。在明永村，替游客牵马上太子庙游览冰川，已成为藏民的重要收入来源。为使家家户户都能公平地分享旅游业带来的好处，明永村实行了以户为单位轮流为游客牵马的统一管理制度，这就使一妻多夫家庭处于不利地位。在实地调查中，实行一妻多夫的家庭就向我们抱怨说，一夫一妻的家庭人口少，有一次机会；我们几兄弟共一个妻子的家庭人口多，也只有一次机会，这太不公平了。因此，随着旅游业的进一步发展和旅游业收入的大幅提高，实行一妻多夫婚姻的家庭或许又会向一夫一妻制婚姻家庭演变，或者发生其他变化。从而证明，婚姻家庭模式也会随着自然环境和生产方式的改变而不断进行调适。

当然，一妻多夫婚姻在藏族地区的产生和延续有其历史传统和社会、经济、文化条件[①]，从适应自然环境和生产方式的角度来解释，只是提供了一种生态人类学的认识视角。更为全面的认识还有待于从多种视角对其进行全面深入的调查研究。

第七节　香格里拉落户迪庆与旅游业的崛起

多年来，迪庆州一直在探索一条符合州情实际的发展路子，走过了很多弯路，也积累了许多经验和教训。但直到1997年，全州仍然依靠森工企业采伐和出售木材作为主要的财政支柱。农牧民的收入在很大程度上来自于从森林中采集松茸等山货出口到日本。然而，1997年亚洲金融危机爆发，日本经

① 参阅马戎：《试论藏族的"一妻多夫"婚姻》，《民族研究》2000年第6期。

济受到很大冲击，日本大大缩减了从云南进口松茸的数量，导致云南松茸市场价格急剧下跌，使迪庆州农牧民收入锐减。1998 年长江大洪水造成的严重损失，导致党中央国务院作出了长江上游禁伐天然林的决策，使迪庆州的“木头财政”受到严重冲击，财政收入锐减。地方财政和农牧民收入的双双锐减，就使迪庆州的经济发展陷入危机之中。

然而，幸运的是，在迪庆州，将这种危机变为转机的准备工作早已开始，并且恰恰就在 1997 年，发展模式转型的工作取得了突破性进展。其中的一个主要标志，就是“香格里拉”成功地落户迪庆。

1933 年，英国作家詹姆斯·希尔顿出版了一部名为《消失的地平线》的小说，书中描绘了一个拥有蓝天、白云、雪山、草原、峡谷、森林、江河、湖泊等美妙自然景观和人与自然和谐共生、多种民族、多种文化和多种宗教和睦共处的宁静、和平、祥和的人文环境的地方，因此而被称为“香格里拉”。小说后来被美国改编、拍摄成电影公开放映，产生了广泛影响。从此以后，“香格里拉”便被作为一种“人间仙境、世外桃源”的象征而被世界人民向往和追寻。世界各国的科学家、探险家、传教士根据书中描绘的自然和人文景观，逐渐把寻觅的目光集中在中国藏区和与之邻近的印度、尼泊尔等国家。20 世纪 60 年代，印度和尼泊尔都宣称在自己的国家找到了香格里拉，但未得到承认。20 世纪 90 年代中期，一些有识之士和学者在中共迪庆州委、州政府的关心和支持下，与新加坡国家电视台及部分旅游界人士联合进行寻访香格里拉的考察。省政府发展研究中心组成课题组研究论证，取得了扎实的科学成果。1997 年 9 月 14 日，在迪庆建州 40 周年暨滇、藏、川、青毗邻地区第二届文化艺术节上，云南省人民政府根据扎实的科研成果向全世界郑重宣布，世界人民苦苦寻觅了半个多世纪的“人间仙境、世外桃源——香格里拉”，就在云南迪庆。这一结论得到了普遍认同。从 1998 年起，迪庆州人民政府领导人九上北京，向国家有关部门多次汇报，得到大力支持。终于在 2001 年 12 月，国务院批准将中甸县更名为香格里拉县。

香格里拉落户迪庆后，迪庆州开展了一系列打造品牌的工作。

第一，确定了“生态立州、文化兴州、产业强州”的经济社会发展思路。

第二，为保护好迪庆州良好的生态环境，全面落实国家天然林保护政策，积极管护天然林、建设公益林、退耕还林、退牧还草，使全州森林覆盖率从1995年的51.3%上升到2006年的73.9%；2001年，在迪庆州境内开始进行“禁白”工作，成为全国最早禁止使用一次性塑料餐具和塑料袋的地方；首创普达措国家公园生态保护与旅游发展共赢的管理和经营模式。

第三，采取多种措施、多种形式大力保护和发展以藏文化为主的多民族文化。举办梅里雪山文化节、香格里拉艺术节、欢乐香巴拉文体活动；邀请30多个国家的专家、学者、自然保护工作者、国际组织代表、企业家参加太平洋经济合作理事会（PECC）第二届生态旅游论坛和藏族传统文化及生物多样性保护研讨会；修复和扩大具有悠久历史的独克宗古城，为州城的所有沿街建筑都批上“藏装”，以展现浓郁的藏式建筑文化特色，开展藏民家访等文化旅游活动，发展藏族工艺文化、藏医药文化和各民族歌舞文化等文化产业。

第四，利用各种新闻媒体大力宣传香格里拉壮丽的自然风光和多样、独特的民族文化。

上述工作取得了显著成效，极大地提高了迪庆州的知名度和影响力。2003年7月2日，联合国教科文组织在巴黎召开的第27届世界自然遗产大会上，全票通过云南“三江并流”（怒江、澜沧江、金沙江）自然遗产列入《世界自然遗产名录》，迪庆州处于“三江并流”核心区域。独克宗古城荣获“中国最佳民族风情魅力名镇”桂冠。梅里雪山被中国《国家地理》杂志评为“中国最美的十大名山”，虎跳峡和澜沧江梅里大峡谷被评为“中国最美的十大峡谷”，白茫雪山高山杜鹃林被评为“中国最美的十大森林”。使香格里拉成为“中国最值得外国人去的50个地方”、“中国旅游业十大影响力品牌”、2006年“中国青年喜爱的旅游目的地”、“2006年完美假期十佳线路”，等等。随之而来的便是如潮水般涌来的国内外游客和众多的商机，推动全州旅游业及相关产业走上了快速发展的道路。全州旅游人次从1997年的54万提高到2006年的330万，增长6倍；旅游社会总收入由1997年的1.5亿元，增加到2006年的26.6亿元，净增25.1亿元；全州直接或间接从事旅游业的人员达到9万人，旅游业已成为全州农民增加收入、加快脱贫致富步伐的主要产业[①]。

图4－36　香格里拉独克宗古城

图4－37　香格里拉高原牧场

地处卡瓦格博神山下的明永和雨崩两个村寨，在迪庆州旅游业发展过程中也获得了丰厚的收益。如前所述，在迪庆州旅游业初步发展的1999年，我们在实地调查中就了解到，明永村藏民仅仅是替游客牵马游览冰川的收入就

① 参见齐扎拉、陈建国：《推进跨越发展 确保长治久安 为把迪庆建成全国最好藏区之一而奋斗》，《今日民族》2007年第8期。

已达到户均8000元。2003年我再到明永村，看到许多藏民都开办了家庭旅馆。据当地群众介绍，雨崩村的情况也与明永村相似。而据《云南日报》的报道，2006年，明永这个拥有50多户300多人的藏族村寨，当地藏民仅牵马收入一项，户均已达1.5万元，最高的超过4万元。全村有10多户藏民开办了具有藏族特色的客栈或家庭旅馆，每天的入住率都在50%以上，每年都要接待来自几十个国家的游客①。更为可喜的是，由于迪庆州干部群众对生态环境和民族文化保护与可持续发展的自觉意识，我们在2000年调查中所担心的旅游业大发展可能对生态环境和民族文化造成的破坏并没有出现。今天的明永村和雨崩村，在获取旅游业所带来的丰厚收益的同时，仍然保持着优美的自然环境和浓郁的藏文化传统，仍然保持着可持续发展的生机与活力。

第八节　从人类学发展理论看迪庆藏族的发展

以上诸节，我们对迪庆藏族从农牧商文化向以旅游文化为主的发展模式的延续与转型做了系统的描述和分析。尽管这一转型还在进一步的发展过程之中，目前还难以下定论，但是，我们还是可以根据人类学发展理论，对迪庆藏族初步的发展转型，给出下列几点初步的结论。

第一，在发展模式延续与转型的过程中，迪庆藏族继续坚持了以文化为中心和目的的全面发展道路。从前面的分析中可以看出，迪庆藏族的传统发展模式，是以藏族文化为中心将周围的自然和社会环境整合进藏族文化体系中而开辟出来的。中华人民共和国成立后几十年以开发森林资源为支柱的所谓“木头经济”和“木头财政”，影响的只是政府层面的经济文化而并没有纳入到藏族的文化体系和文化架构之中，因而并没有影响到生活在社区中的藏族民众。而改革开放以来特别是1997年以来旅游业的迅速崛起，本身就是利用藏族文化体系而生发出来的，是藏族传统文化的一种新的“发明”和发展。所以自然就是以文化为中心和目的的全面发展。

第二，迪庆藏族新型的发展模式，同时兼顾了发展进步一元性和文化多

① 参见2007年10月19日《云南日报》第9版。

样性的人类追求。在藏族传统文化基础上生发出来的旅游业的迅速发展，为藏族民众带来了丰厚的经济收入，满足了藏民比过去生活得更好的发展进步要求；而与此同时，藏族民众在自己的文化带来的经济发展的基础上，对本民族文化的自信心和自豪感大大增强，藏族的文化多样性自然也就得到了较好的保护与发展。

第三，迪庆藏族在与环境相互调适的过程中实现了可持续发展。从藏族保持至今的人与自然和谐的文化体系，到为适应当代全球化、现代化浪潮而在开发利用本民族文化资源基础上初步实现的发展模式转型，所有这些都证明，迪庆藏族在与自然和社会环境相互调适的过程中，已走出了一条可持续发展的成功之路。

第四，迪庆藏族自愿选择的变迁模式具有长久的生命力。迪庆州旅游业的迅速崛起既然是在开发利用藏族文化资源基础上实现的，那么，藏族为适应这一变化而发生的文化变迁自然就是创新性变迁和传播（借用）性变迁，是藏族民众自愿选择的变迁模式。从中没有看到任何政府和外来力量强制性的推动，因而堪称是具有长久生命力的良性变迁。

第五，文化自觉是迪庆藏族发展模式延续与转型成功的关键。从前面的分析中可以看出，所谓“香格里拉”落户迪庆的筹划和苦心经营，其实正是典型的传统的“发明”，是为适应和创新现代化发展而从传统中寻求资源、智慧和力量的大胆尝试和艰苦努力，是开创发展新模式的一种创新。而要做到这一点的一个必不可少的前提条件，就是具备强烈的文化自觉意识。在田野调查中，我常常被普通藏民的文化自觉意识和文化自信心、文化自豪感所震撼。从明永村民将“卡瓦格博”奉为“世界级”神山的从容神情中，从雨崩村民宁愿暂时受穷也不愿意砍树赚钱而毁坏风水的理性认识中，从迪庆州政府率先颁布禁“白”令、首创普达措国家公园、刻意恢复独克宗古城、为州城所有沿街建筑批上“藏装”的举措中，都充分体现了藏族无论是国家干部还是普通民众身上强烈的文化自觉意识。而正是这种强烈的文化自觉意识，保证了迪庆藏族发展模式转型的成功实现。

第六，迪庆藏族发展模式的延续与转型，是国家权力正确领导、帮助和干预的一个成功典范。从“香格里拉”落户迪庆的传统的“发明”，到为旅游业可持续发展而采取的一系列保护生态环境和民族文化的措施，都是在迪庆州党委政府主导下、云南省委省政府和国家大力支持下成功实现的。是国家权力正确领导、帮助和干预与藏族传统文化和藏族人民意愿紧密结合的结果。

综上所述，迪庆州藏族通过发展模式延续与转型的成功实现，已初步走上了人类学发展理论所倡导的在国家权力正确领导、帮助和干预下，由文化主体自由、自愿、自主、自觉选择和决定的以文化为中心和目的的人类全面发展的道路，堪称是澜沧江流域乃至整个云南少数民族发展的一个范例。

第五章　澜沧江中游的水电建设与移民的生活变迁——以漫湾三村为例

澜沧江流域具有丰富的水能资源，随着国家现代化建设对能源需求的持续增长，大力开发澜沧江流域的水能资源便成为一种必然的选择。因此，早在20世纪80年代，国家计委就将澜沧江流域列为国家的水电能源基地进行重点规划和重点开发。1987年，云南省政府成立了澜沧江流域综合开发规划委员会。1988年，云南省政府邀请林华、于光远等领导和著名经济学家、水电专家组成考察团，对澜沧江中下游进行综合考察和论证。考察团向党中央和国务院领导呈报了《澜沧江流域水电经济开发综合考察报告》，建议国家加快澜沧江流域综合开发步伐，得到了党中央和国务院领导及国家有关部门的重视。其后，云南省澜沧江流域综合开发规划委员会开展了具体的规划工作，提出了云南省境内澜沧江流域14个梯级的水电开发规划。详情参见表5－1。

表5－1　澜沧江梯级电站主要指标表

电站名称	总库容亿M^3	保证出力万KW	装机容量万KW	年发电量亿KWh	单位千瓦投资元/KW	规划建设年限
溜筒江	5.0	33.64	55	33.62	2036	
佳　碧	3.2	26.52	43	26.52	1902	
乌弄龙	9.8	48.94	80	48.78	1810	
托　巴	51.5	76.23	164	80.78	1760	
黄　登	22.9	84.96	186	89.20	1615	2024－2033
铁门坎	21.5	82.71	178	85.94	1640	2015－2022

续表

电站名称	总库容亿 M^3	保证出力万KW	装机容量万KW	年发电量亿KWh	单位千瓦投资元/KW	规划建设年限
功果桥	5.1	46.74	90	47.11	2163	2013－2018
小湾	145.57	198.22	420	199.61	2070	已开工建设
漫湾	9.2	78.70	150	76.67	1333	已建成投产
大朝山	7.4	70.93	126	68.77	1586	已建成投产
糯扎渡	227.0	246.71	500	226.55	1989	2004－2016
景洪	10.41	84.74	135	76.06	1899	已开工建设
橄榄坝		10.08	15	8.99	2060	2011－2015
勐松		29.78	60	33.97	1887	2014－2020

资料来源：王水主编：《澜沧江中游国土开发与整治规划》，云南大学出版社1994年版，第23页。表中所列数据为1991年计算成果。

其中，率先拉开澜沧江流域水电开发序幕的漫湾电站于1993年第一台机组发电，1996年全部建成投产，其后，大朝山电站也建成投产。为国家和云南省的现代化建设作出了重大贡献。然而，正如当时任云南省计委主任，后任云南省副省长、省委常委、昆明市委书记的杨健强所指出的那样："澜沧江流域规划的特点是边规划边开发，规划促开发，开发促规划。"① 如此仓促上马开发导致的一个结果，就是许多重要工作被忽视了，其中，移民群众财产损失补偿严重不足和后期发展缓慢，就是一个被忽视的重要问题。

20世纪80年代，为了争取漫湾电站早日通过国家批准上马，当时的云南省委省政府做出了巨大的努力：决定由省财政投入巨额资金，与电力工业部实行省部合建；在明知初步设计报告中移民计算偏少（初设移民数量为3052人，实际移民7260人），移民财产损失计算偏少（忽视了从调查到实施即从1983年~1996年的动态变化）和移民经费偏少（初设为1760万元，实际支

① 王水主编：《澜沧江中游国土开发与整治规划》，云南大学出版社1994年版，第2页。

出5500万元）的情况下，为了争取国家批准，采取“对上包干、对下实事求是”的原则，即对国家做出包干负责移民安置工作的承诺，对移民则根据实际情况予以安排，超过投资包干数的由省负责解决。但是，由于种种原因，对下实事求是的承诺没有完全兑现，移民资金的实际支出虽已超出初步设计的数倍，但人均不到8000元，远远满足不了实际需要，使广大移民群众的财产损失没有得到合理的补偿。随着时间的推移，漫湾电站建设移民后期恢复发展缓慢的问题便逐渐暴露出来。

图5－1　漫湾电站大坝

图5－2　漫湾电站库区

为了解移民的生活变迁情况，向政府提供改善移民生活的决策建议，2001年11月和2002年1月，我们从受漫湾电站建设影响的上百个村寨中，选择了代表3类移民模式的3个村寨，对移民的生活变迁情况进行了深入的调查研究。研究成果被新华社记者摘要以《漫湾电站库区群众生活贫困化》为题，于2002年8月25日发表在新华通讯社主办的《国内动态清样》第2356期上，引起了国家和省政府领导的重视。当时的云南省省长徐荣凯和副省长黄炳生分别作出重要批示，要求有关部门进行调查并采取措施。为此，云南省计委、省扶贫办、省移民办对库区作了调研，临沧地区行署和漫湾电厂也组成联合调查组进行了调研。调研结果表明，我们的调查报告完全属实，因此，临沧地区行署在［2002］140号文件中对我们表示感谢，并提出了一系列解决问题的建议。

在调查研究的基础上，云南省委省政府和云南华能澜沧江水电有限公司，采取了一系列有效措施帮助移民发展生产、改善生活。一是投资数亿元帮助移民解决最紧迫的生产生活问题；二是实事求是地扩大移民扶持范围、延长扶持年限、提高扶持标准；三是2006年年底，华能集团启动了扶持移民进行社会主义新农村建设的澜沧江“百千万”云南行动计划。即从2007年起，计划投入5000万元，建设或改造100所学校；建设农村卫生室100个；资助100个自然村进行村容村貌整治；建设100个农村文化室；资助1000名乡村教师进行业务培训；资助1000名初高中毕业生就读职业技术学校；资助1000名困难中小学生完成学业；帮助建设人畜饮水工程，解决10000人饮水困难；资助开展10000个农村劳动力就业转移培训；资助100000人参加国家新型农村合作医疗（个人出资部分）①。

这些措施的付诸实施，使漫湾电站建设移民的生活有了较大改善。因此，下面几个调查报告所反映的，已不完全是今天的现实情况。但是，作为澜沧江流域少数民族发展的一种典型模式，它在发展理论研究中具有重要的学术价值，而且，漫湾电站移民安置与后期发展的经验教训，也可为云南省水电大开发过程中其他电站建设的移民工作，提供可资借鉴和参考的经验和材料。

① 参见《云南日报》2007年3月27日，第1、第2版。

为了避免给相关社区带来不必要的影响，我们按照人类学惯例，对报告中涉及的村名和人名作了相应的学术处理。

第一节 坝村：城镇非农移民及其生活变迁

一、坝村概况

坝村坐落在漫湾电站大坝及电厂西面的陡坡台地上，电厂界桩就栽在村民的房前屋后，与村界犬牙交错。村落在大坝以下沿澜沧江逐渐排开，垂直分布在从海拔920多米的电站进厂公路以上直到海拔1400多米的陡坡上，平面分布在从大坝到漫湾镇由北向南长达6公里的地界内。坝村是一个村民小组，2001年有71户，261人，是一个汉、彝、布朗等3个民族杂居的村寨。村寨中心北距漫湾电站库区码头不到两公里，南距漫湾镇约四五公里。交通比较方便。

电站建设前，坝村因田地多、土质肥、牧场宽、山林多，又靠近原214国道公路，是原云县新村区最富裕的一个自然村。电站建设后，村中的大部分旱地和部分林地被淹没，全部水田、部分旱地和原宅基地被电厂征用，使村民既失去了劳动对象又失去了安居住所。电站建设时我国正处于计划经济时期，当时采取的政策是全村人就地后靠建房居住；全村人集体农转非由国家供应商品粮以解决吃饭问题，但又没有安排工作。以后，随着我国由计划经济体制向市场经济体制的转型，坝村的问题就逐渐暴露出来了。

二、生存环境的变迁与移民大事记

1985年电站建设前，坝村共有30多户人家，170多人。全村有水田135亩，旱地446亩，山林（含紫胶、水果等）4000多亩，是一个资源丰富，生存环境优良的地方。同时也是原新村区政府管辖的上百个自然村中经济收入最高、人均占有粮食最高的一个自然村。原214国道沿澜沧江从村寨下面通过，村中有一所初级小学，交通和就学也很方便。

电站建设后，库区蓄水淹没了坝村400多亩旱地、300多亩林地；电厂征用了全村所有的水田、10多亩旱地、400多亩山林和所有人家的宅基地；电站建设时期又占用了全村700多亩林地和20多亩旱地，从而导致坝村的生存环境发生了重大变化，从一个资源丰富、环境优良的地方变成了资源紧缺、环境恶化的地方。

在实地调查中，我们以移民大事记的形式向村民了解到，自1985年电站建设以来坝村生存环境变迁的详细过程。

表5－2　坝村移民大事记

1985年	云县援助漫湾电站建设办公室（以下简称援漫办）主任来动员、宣传电站建设，说电站建设将淹没和征用本村的田地，村民愿意搬的可以远迁，村民推选几位代表到本县另一个乡的忙拐山考察，结果不满意，决定不搬。开始首批征地。
1986年	土地征用1985年～1987年分三年征完，首先从淹没区开征，用一块征一块，征地以后第二年开始供应商品粮，1角3分8一斤大米。电站建设施工队进驻，放炮开工。勘测队栽起界桩，要求桩内的群众全部搬迁到桩外，全村人分三次搬完（1户除外），因时间紧，每批从动员到搬完只用了15天时间。所以都建的是油毛毡临时住房，每户给500元的临时搬迁费，一年以后才建永久性住房。房屋补偿费最高66元一平方、最低18元。
1987年	土地补偿费按每亩水田1024元、山地400多元的标准，全村共补偿72万多元。为使丧失土地的群众有一个稳定的收入来源，县政府、援漫办和镇政府三家在未与群众商量的情况下，就决定将这笔补偿费集中起来，成立了一个漫湾移民经济开发公司。公司成立后实行承包经营，但本村人参与投标未被允许，认为其无能力，最后承包给保山地区施甸县供销社经营，吸收了本村的6个人到公司工作。公司每年给每个村民支付70元的承包费，连续3年。公司主要搞了饮食、住宿、商店3个项目。当时正是电站建设高峰期，来往人员很多，公司经营不错。村民们也利用电站建设高峰期到处捡板子、铁丝和各种生活垃圾出卖，很多人都去捡，拾荒从此成为坝村少数人的生计来源。
1988年	由漫湾镇和县上申请，省里批准，全村人办了农转非，按规定吃国家商品粮，每人每天还给7分钱的肉食补贴，当时全村群众都很高兴。村民们形容当时的情况说："家家吃平价粮，全村喜洋洋。"在计划经济时代，能从农业人口转变为非农业人口，的确是人的身份、人的命运的一个重大转变。援漫办向每个村民支付1050元的安置费，部分人家用这笔钱到镇上开商店做生意，倒卖蔬菜，开农用车搞运输等，经营情况不错。这一年，电站建设采石把一段饮水管子砸断，影响了部分村民的饮水，群众到漫湾电站管理局反映，答复给点钱修水管，但所给金额远远不够，使这10多户人家天天到半公里之外挑水吃，直到1992年，才由电厂、管理局和援漫办共同投资，修通水管。

续表

1989 年	1988 年全村办理农转非后，按规定剩余的全部山林土地收归国有，这给坝村人的生活带来了困难。这一年，经向镇、县政府反复申请，最后决定，县政府将坝村的山林土地委托镇政府管理，镇政府又委托办事处管理，办事处则将其承包给坝村管理。按此方案，这一年，在办事处和合作社的主持下，全村将原有山林和未被淹没的山地打乱重新分配，每户分一亩旱地，剩余的承包给愿从事农业生产者；每户承包 5 亩山林（其中 2 亩是可以砍伐的柴山）。按当时的农转非政策规定，坝村人娶了农村媳妇生下来的孩子仍然是农民，不能享受非农人口待遇，致使本村农业人口到 2000 年曾达到几十个，直到 2001 年才又经政策允许基本转成了非农人口。
1990 年	全国粮食管理体制改革，市场粮价上涨，商品粮价亦从 1 角 3 分 8 一斤涨到 3 角多一斤，坝村人感受到了吃饭的艰难。这年 9、10 月份，由于地基选择仓促、电站施工放炮震动和雨水较大等原因，导致 11 户人家或地基断裂、或滑坡冲塌房屋，其中 7 户人家因问题严重只有搬迁。搬迁由政府统一征地，电站管理局给了一点抢险费和地基费。
1991 年	全国搞农村社会主义教育活动，县、镇都派人来宣传过，但因为知道本村问题太多，所以社教工作队和以后的“村建”工作队都未进驻过本村。这一年，保山人对开发公司的承包期满，因电站建设高潮期将过，保山人不敢再承包下一轮经营；村中自己搞生意的人家也纷纷亏本停业。因生活困难，坝村人纷纷外出打工。
1992 年	开发公司承包给本村的张某经营，张某并不愿意，但政府和援漫办认为他在移民中有点经济头脑，就压着他承包，也未与村民商量。规定要求他要每年交给社里承包金 3.5 万元。这一年，商品粮价涨到 5 角多一斤。
1993 年	因粮价上涨，电站发电但这儿电不通，群众意见大，召开村民大会，推举 4 个代表（实际去了 3 个）到县政府上访。在县城 6 天，找到县长，县长表态给 2 万元用于修建照明线路，还答应给一点副食品补贴，每年全村给 1 万多元，但从未兑现过。4 月取消粮食供应证，按市场价购粮。
1994 年	商店粮价涨到 1.40 元一斤，比市场价高出 1 角 ~ 3 角，全村就无人购买了。经济开发公司彻底倒闭，拍卖给电厂，资本从 72 万元减为 40 万元，由集体存进银行。
1995 年	投资 11 万多元架通照明电。其中，政府补助占大头，但也动用了 1 万多元由集体存放的土地补偿费，村民意见较大。

续表

1996 年	漫湾镇政府、人大换届，全村人罢选人民代表。经上级政府做工作，并承诺解决问题，最后还是选了，但问题没有解决。
1997 年	生活不下去，大家要求对倒闭的公司实行退股分钱。政府不同意分，但村民强烈要求分，政府只得同意，但请来公证机关公证，要求村民承诺分钱吃光后生活有困难不要来闹事，人均分得 2800 元。这一年，县、镇政府和村委会联合下来划界（村与电厂）并栽界桩，本村人没有参加，也不认可。
1998 年	12 月，国家和省计委下来正式验收漫湾电站建设工程。村民知道后召开扩大会，准备拦路反映情况。村中干部和党员知情后紧急开会讨论，认为这样做不妥，就联名写信向管理局和电厂申诉，同时动员群众不要去闹。信先被打回来，村干部在被打回来的信上又写了几行字，大意是说，如果坝村人的生活困难不解决，第二天群众就会集体上访；而且，坝村移民与电厂之间的矛盾就会没完没了地扯下去。信再送上去，终于引起重视，由省计委副主任召集云县副县长、派出所、镇政府等单位的人连夜召开紧急会议，决定将本村的后期生产扶持问题按库区待遇，每人每年给 400 元的生产扶持费，连续给 10 年，共有 100 万元。
2000 年	村中另外一个地方山体滑坡，房屋拉裂，影响了 13 户人家，政府要求搬迁，但一是找不到地基，二是无钱盖房，至今只搬了 3 户。搬的人家每户由民政部门给 1000 元，不搬的人家给 300 元的救济款。由于遭灾，民政又给整个坝村每户 100 斤救济大米。这一年村公所、办事处改为村民委员会，自然村改为村民小组，群众选出的正、副小组长都是两个未婚男青年，但两人既无经验，也不大管事，故许多人有意见。
2001 年	国家对城市贫困人口实行最低生活保障政策。镇政府和移民办未召开群众大会，就根据平时掌握的材料，确定了 13 户人家享受城镇人口最低生活保障。村民意见强烈，于 5 月份到镇政府上访。县、镇派人下来调查落实，增加到 30 多户，并张榜公布。群众仍然不满，认为家家都应该有，6 月份便直接到县政府上访。副县长亲自下来调查，决定采取变通办法，按 1 人 ~3 人的人家每月每户 30 元，4 人 ~6 人的人家每月每户 40 元，7 人 ~8 人的人家每月每户 50 元，9 人以上的人家每月每户 60 元的标准执行，并于 12 月将钱发到了农户手中。至此，全村只有三四户因家中有人拿固定工资而未能享受低保，这些人心中仍有意见。
2002 年	1 月 15 日，全村近 40 名妇女到县政府上访，要求解决生活问题，要求归还土地。县政府答应 10 天之后派人来调查解决。

三、电站建设对坝村的影响

应用 PRA 调查方法，我们得到了下面这张电站影响分析图（图 5 – 3）。从图中可以看出，电站建设对坝村的影响是多方面的。

在生产方面，由于全部水田和大部分旱地被淹没和征用，使村民丧失了劳动对象，用村民自己的话讲就是成了“下岗农民”。虽然国家在政策上将其从农业人口转成了非农业人口，但并没有安排工作，迫使村民自己去开辟新的生产门路。于是，有关系的几户人家就谋到了在电厂工作的稳定职业，有能力的一些人家贷款买车跑起了运输，而大部分既无关系，又无还贷能力的人家便只有四处打零工、开辟山地农业谋生，少数人甚至只有靠拾荒谋生。这样，全村除了有人在电厂工作的几户人家外，绝大多数都没有稳定的收入来源，坝村面临的一系列问题便由此而产生。

在生活方面，一是住房问题。电站建设征用了全村以往所有的宅基地，30 多户人家除一户外家家都得搬迁。但由于新的建房基地只能在村中剩余的陡坡地上开辟，地质不稳；建房补偿费用低导致建房质量差；电站施工炮声隆隆产生巨大的震动；大坝每年在雨水季节有半年时间要开闸放水，形成出门都要打伞的巨大水雾，对土木结构房屋侵蚀严重等一系列原因，使全村约 90% 的房屋都成了危房。二是吃饭困难。农转非后没有工作，粮价放开后无钱购买粮食，有的人家只有放弃祖祖辈辈吃大米的习惯而改吃玉米。有部分人家赊吃或借钱买吃，有钱买的也只敢买最低档的陈米来吃。村民们说：“现在村中虽然还没有完全饿饭的，但吃着饭心中是虚的，吃完这个月不知下个月吃什么，不像以前那样活着心里踏实。”三是穿衣困难。村民们说：“许多人已经好几年不买新衣服了，外人看着坝村人还穿得不借，但很多衣服包括价值几百元的皮鞋、衣服都是从电站职工的垃圾中捡来穿的。

在社会方面，一是教育问题。电站建设前村中就有一所初小，现在初小撤了，所有学生都要到漫湾镇去读，而村镇之间远隔四五公里，不可能让小孩一天早午晚来回跑 4 次，所以有孩子读书的人家都要在镇上租房，由一个人住在那里为孩子料理生活，仅房租每月就要 30 元 ~50 元不等。由于大家都已认识到教育是坝村人未来的希望，再困难也要让孩子读书，故全村小学适

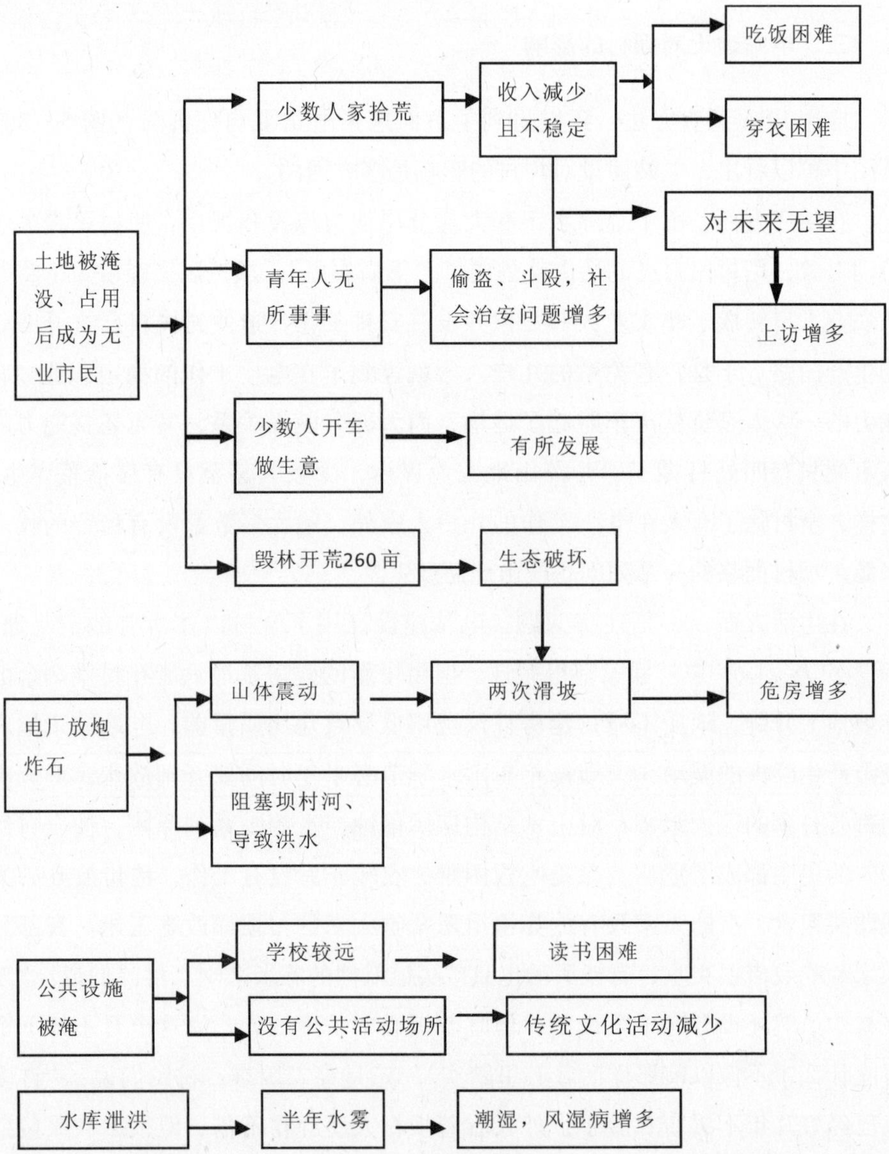

图 5－3　水坝建设影响根状图

龄儿童入学率达 100%。中学入学率只有 40%，大部分小学毕业生不能读中学的原因主要是考不起。二是健康问题，主要表现为疾病增多。由于大坝每年有半年开闸放水，巨大的水雾使大坝以下的住户长期生活在潮湿之中，导致 45 岁以上的村民许多都患上了风湿病。由于对搬迁所带来的巨大的生活变故不适应，心理压力大，最近10年来村中出现了6个精神病人，其中1人已病故，以前村中无此病例。三是文化活动场地问题。由于征地搬迁，自建住房，导致村寨分散，家家户户散居在从900米左右的漫湾镇到1400多米的高山上，户与户之间最远距离达10多公里，使村中集体活动包括开会传达政策都很难组织起来，加之原公共设施学校和集体仓房均因土地被电厂征用而拆除，使全村没有一块集中的活动场所。春节时彝族传统打陀螺的地方都没有了。使传统的集体盛大热烈的节日如二月八、火把节等，变成单家独户、冷冷清清的家庭活动，使村民失去了传统文化的精神慰藉和村寨集体的凝聚力。四是社会治安问题。由于丧失了劳动对象，村中现有40来个十七八岁的初中毕业生整天无所事事，他们白天睡觉，晚上四处游荡，滋事生非、违法乱纪的事情便由此而产生。

在生态方面，由于田地被淹没和征用，许多难以找到新的生计来源的村民，只有将目光投向山林，毁林开荒，重操旧业。从1988年~1992年全村新开荒地达260亩，再加上电站建设时期占用了700多亩山林，现在虽已归还村里，但山上的树木早被砍伐一空，使生态环境遭到很大破坏，成为该村1990和2000年两次山体滑坡的直接原因。此外，电站建设的采石场就在村子后山上，至今还在不断采石。采石场旁边就是坝村河，许多村民的饮用水取自河中。但多年来不规范的采石生产滚落了大量石头堆积于河中，导致河床上涨，三、四月份都会来洪水，影响了村民的饮水安全。

为了深入摸清电站建设前后坝村的生计来源和生产生活方式的变化，我们进一步应用PRA工具调查得到了下面这张表。

表5-3　坝村生计来源现状表

生计项目	男劳动力	女劳动力
外出打工（建筑队）	全村不到20人，男性占98%，到电厂打工或工作的有10多人	2%
山地种植（只种包谷）	20%	40%
蔬菜	5%	10%

续表

生计项目	男劳动力	女劳动力
养殖业	10%	20%
经济林果	50%	50%
到市场做小买卖	2%	98%
挖山药、药材（每年冬季）	30%，男人挖药	妇女去卖
捕鱼、捡鱼、钓鱼	30%	30%
客货运输	全村有20多辆车，全是男性	

面对现在的生计来源，参与研究的村民们逐一估算了电站建设前传统生计来源的人均产出和收入。

●水稻，由于江边土地肥沃，亩产都在1300斤左右，人均占有至少1200斤，种一年够吃两年。

●包谷，平均亩产300斤，人均占有500多斤，主要用于喂猪。

●小麦，人均只有100斤，用于换面条，做馒头、包子吃。

●豌豆，人均占有50斤，做豆芽、凉粉吃。

●油菜，卖了换油吃，还可以剩点烟、酒钱。

●甘蔗，因村集体办有一个红糖厂，每年每人可分10斤红糖。

●饲养牛、羊，全村有水牛20多条、黄牛40多条、山羊200多只，主要用于犁地和积肥。

●紫胶，人均可收入100多元。

●木材，人均可收入50多元。

●捕鱼，除了经常有鱼吃外，人均还有20多元的收入。

●饲养猪、鸡、羊，户均有4头猪，每年家家可杀吃一头年猪，出售一头，人均收入50多元。

从上述对比分析中可以看出，电站建设前坝村村民的生计来源虽然集中在传统农业领域内，但却是多样的和稳定的。电站建设后新开辟的生计来源虽然突破了传统农业的范围，实现了与市场经济的接轨，但却是狭窄的、充满风险的和不断波动的。难怪村民们反复讲，过去吃饭内心是踏实的，现在吃饭内心是空虚的。

四、电站建设对坝村不同群体的影响

为了对电站建设的社会影响有更深刻的认识，我们进一步深入到村寨内部的不同群体中进行调查访谈，得出了下列分析结果。

（一）SWOT 分析（针对不同人群）

表 5－4　SWOT 分析表

不利因素（困难）	有利因素（机会）
水源欠缺，土地坡陡，经济基础薄弱，没有特色产业，土地贫瘠，村子分散，缺少土地（但电厂仅种果木就占地 100 多亩，而这应是农民干的活）。	劳动力充足，交通方便，子女受教育机会好，市场比较近，交易方便。
能力	**能力不足**
做农活是专长（全部）。 培养出了 20 多个驾驶员（少数）。 养殖、机械修理、果树嫁接等有人会干（少数）。	男人胆子小（几次上访，特别是近期 40 人上访，只有一个小儿子，其余全是妇女）。 农业人口变非农业人口，适应不过来（大多数）。 不懂科学，生产中科学含量低（大多数）。

表 5－5　不同类型家庭的标准及谋生手段

好一点的家庭	家庭标准：①更能苦一些，脑子灵活一点；②有车子、少数人有新房（但差贷款）；③家中有人有固定工作和收入。 谋生手段：好一点的家庭在田地被淹没占用，剩余土地山高坡陡、无水灌溉的条件下，能利用交通方便、紧靠库区码头的有利条件，大胆贷款购车，每天在漫湾镇和库区码头之间穿梭往返跑客货运输；或利用市场较近、交易方便的有利条件远距离贩卖水果、蔬菜；或千方百计寻求各种机会挤入电厂和镇级单位帮其搞卫生、搞绿化等，获得一份稳定的工资收入。因而他们已基本适应了从农业人口向非农人口、从农业向非农产业的转变，但此类家庭只有 10 多户，仅占总农户的 17%左右，而且经营风险较大，心中发虚。

续表

中等的家庭	家庭标准：①饭能吃饱，大多数房子是危房；②外出打工、吃苦耐劳，但没有固定收入；③贷款少、教育能维持。 谋生手段：中等的家庭在田地被淹没占用，剩余土地山高坡陡、无水灌溉的条件下，生活变得困难。他们只有利用劳动力多而四面出击，男人外出打工，上山挖药材，女人到市场做小买卖，到各级政府上访；男女都继续种粮食和经济林果，养猪鸡、下河捕鱼，为吃饱肚子而拼命苦干。孩子的教育基本能维持，也很少借贷款。这类人家的子女小学或初中毕业后一般无事可干，年轻人整天聚在一起闲游浪荡，很容易沾染上种种不良习气，从而对社会治安造成不良影响。
差一点的家庭	家庭标准：①住危房，家中有病人；②缺乏劳力，头脑不灵活；③ 少数人拾荒 。 谋生手段：贫困的家庭在田地被淹没占用，剩余土地山高坡陡，无水灌溉的条件下，生活陷入了困境。他们家中缺乏劳力，许多人身体不好，无法外出打工，上山挖药、下江捕鱼的事也干不了；社会关系不多，有关系的也是穷亲戚，与外界接触少，信息不灵，缺乏最起码的经济基础，做小生意也很困难；因此电站建设带来的市场需求他们也很难利用。除了耕种剩余土地外，少数人只有拾荒。电站建设初期，庞大的建设队伍云集于此，各种废弃物较多，拾荒也曾经维持了他们几年的生活，建设结束队伍撤走后，要捡到值钱的东西就很难了。

（二）社会性别分析

表 5－6　家庭分工和性别意识表

坝村	电站建设前（1985 年前）	电站建设后（1985 年～2001 年）
分工	男犁地、打谷、伐木、砍柴。 女栽秧、割谷、背柴、收豌豆、油菜。 男人参加社会活动、开会、学习。 女人做饭、喂猪、带小孩。 男主外，女主内。	男人学开车、外出打工、挖药材 女人做小生意。 男人出主意，女人出面上访。 男女都做家务。
意识	男人要对家庭负责、勤劳肯干、不殴打父母、妻子，不要重男轻女。 女人要做好家务、孝敬公婆、勤俭持家、尊重丈夫、吃苦耐劳。	男人要不赌、不嫖、不吸毒、不违法、不打架胡闹，对家庭负责，勤劳苦干，不殴打父母、妻子。 女人要不赌不淫，没有外心，不吵架，孝敬公婆，勤俭持家，尊重丈夫，吃苦耐劳。

从表5中可以看出，电站建设以后，坝村的家庭分工和性别意识发生了明显的变化。这些变化表明：

第一，面对电站建设带来的共同影响及生计来源的重大变化，传统的男主外、女主内的家庭性别分工在逐渐淡化，妇女通过做生意和出面上访而增强了对社会事务的参与程度。其在家庭中和社会上的地位均有所提升。然而，多数由妇女出面干的事情如讨价还价做生意和外出上访等，都被传统认为是“丢脸”的事情（坝村虽然是多民族杂居村，但因汉族进入较早，故汉族的传统意识已居主导地位）。因此，在家庭性别分工已经发生变化而传统观念和性别意识的转变滞后、尚不能与之相配合的情况下，妇女的处境变得更为尴尬。换句话说，妇女在家庭中和社会上地位的提升，是以其更多地从事有失“面子”的工作为代价的。

第二，电站建设使坝村从一个以传统农业为主的封闭的社会，变成一个非农业的开放的社会，由此也给坝村带来诸如吸毒、偷盗、打架斗殴等一系列社会问题。反映在性别意识上，1985年以后的性别意识对男女都增加了防范此类事件发生的角色期待。然而，在实地调查中我们了解到，此类事件对不同性别的影响是不相同的。在坝村近10多年因违法被判刑的七八个人和因违纪而被处罚的10多个人中，以及不违法违纪但却违反传统道德和性别意识期待的人中间，男人占了绝大多数。从而表明，此类社会问题的发生，给作为母亲和妻子的妇女，带来了更多的伤害。

（三）农户个案分析

个案之一：李文。电站建设前家有6口人，夫妇俩和4个孩子，有3个劳动力，李文本人时任小乡（相当于今天的村委会）党支部书记。全家有4.2亩水田，每年收稻谷5500多斤；有6亩旱地，其中3亩种包谷，收1000多斤，另外3亩栽种紫胶。有3分菜地，种有西红柿、青菜、辣椒等蔬菜，除满足自食外还可出售。有经济林木20多亩，种有紫胶、杧果、黄果、竹子、芭蕉、香蕉等，还有自留山和承包山近40亩。养着1头水牛用于犁田，5头猪，40多只鸡。每年要交公余粮1000多斤稻谷，余粮出售收入100多元。经济林果收入1500多元，出售猪鸡收入800多元，卖菜收入100多元。再加上其任支部书记每月79元的固定工资收入，全家经济收入总计达3500元左右。

电站建设淹没和征用了全村的所有水田和大部分山地。2001 年，李文的 4 个孩子均已先后长大成婚分家，家中只剩老两口生活。现种着 3 亩新开旱地，在电厂征用而又荒着的土地上又开了 3 亩旱地，在 6 亩旱地中种植有包谷和豌豆，每年可收 3000 斤包谷，500 斤豌豆，在旱地中还栽了几十株柑橘。因电厂每年 7 月 ~11 月丰水季节要放水，造成出门都要打伞的巨大水雾。故所收包谷每年都有 30% 左右的要霉变，因此真正能用的包谷只有 2000 多斤。老两口在公路边开了一个小商店，每年用 1000 斤包谷到酒厂按 3∶1 的比例换回 300 多斤包谷酒，再进点烟、糖、百货等小商品来卖，一年可收入 800 多元。拾荒可收入 400 多元，卖柑橘可收入 200 多元，卖豌豆可收入 400 多元。这样，全家经济收入共计约 1800 元左右。但一年仅买米、买菜就要花掉 1200 多元。其他如看病、买衣服和日用品的开支就十分窘迫了。

电站建设前李文是党支部书记，电站开工后因其是坝村人，上级就派他到村中来主管援漫工作。当时，上级派来评估村民房屋的工作人员估价过低，最好的房子每平方米才估 50 元，最低的 18 元。他不同意，与工作人员发生争执，拒不签字。区上按最高每平方 56 元上报，县里也认为低了，最后才调整为 66 元一平方。但此事便使他与援漫工作队留下了矛盾。接着又搞紫胶树和经济林木的测定。全村每户人家有多少紫胶树和经济林木，工作队不问农户，实地踏勘时只把一个村干部叫去指指点点就要定数量。他见状亦不同意，就回村来通知村民上山各自点数，使工作队大为恼火。在测量田地时，有一些人家的旱地头年还在种，当年未种丢荒以恢复地力，工作队就不计入耕地，他也发表了不同意见。就这样接二连三地与工作队发生顶撞。李文的老婆说：我私下问他，你为什么要与工作队顶，小心人家以后整你。他回答说，工作人员都是外地人，外来的人就像一阵风，吹过就走了，本地人要在这里一辈子，以后群众骂也只会骂你，所以就要负责。这一负责就付出了代价。1987 年，由于征我家的一块地既付了青苗补偿费又付了土地赔偿费，按说这是完全符合政策规定的，但上级就借此说我男人在援漫征地工作中利用职权自己多吃多占，就将其支部书记职务免了，免职以后才派人下来调查，调查结论却是：“家庭困难，离职回家。”遭此一番打击，我男人就变得整天沉默寡言，昏昏沉沉的，逐渐就发展成害怕、着急、恐惧，不敢独自一人待在家中，医了几年才渐渐有所好转，现在已基本能像正常人一样生活了。

个案之二：李华。电站建设前全家有4口人，两个劳动力，承包水田5亩，收6000多斤稻谷；有6亩旱地，大春种包谷，收2000多斤，小春种豌豆，收300多斤。有3分菜地，种的蔬菜足够全家人吃，但没有市场因而也不卖。有承包山和责任山13亩。山地中种着40多棵紫胶，6蓬竹子、几十蓬香蕉、芭蕉。养着一条牛、20多只羊，2头猪，每年可卖1000多斤大米，收入400多元；卖紫胶收入1000多元，卖猪一头，收入150多元；卖香蕉、芭蕉收入200多元，经济收入总计有1800元左右。

电站建设征用了水田，但家里的山地和经济林果保存完好。现有6口人。种着6亩山地，可收2000多斤包谷籽；2001年紫胶收入1400元，竹子已发展到15蓬，卖竹笋收入60元；卖了8个小猪、收入400元；卖20多只鸡，收入150多元；养着32只山羊，2001年卖了7只，收入1000多元；儿子每年外出打工约3个月，每天10元，可收入900元。全家经济总收入近4000元。

说起电站建设前后的变化，李华认为各有好处。电站建设前吃饭可以饱饱吃，但找钱不太方便；电站建设后找钱方便一些，但吃的东西都得去买，故心中发虚、不踏实，不知道哪一天找不到钱就要饿肚子。而且，对于李华来说，电站建设给他家带来的最为深刻的记忆，莫过于他儿子的事情了。刚说到此，他儿子外出打工回来了，他给我们讲述了他的经历。

1996年，我20岁。我读书读到初中毕业，但回家来土地被征了，无活可干，也没有什么事做。整天和村中及外村的几个小伙伴一起四处闲逛。在一起免不了要花钱，钱是想用，但家中无钱给用，感到心中很不是味道。修电站别的地方都有优惠，但这里因算做库外，不仅没有优惠，连米都要买吃，因此心中很反感。于是就和外村的10多个小伙子一起，到电厂去偷铜丝卖，结果被抓起来，判了5年刑，在云县爱华监狱关了3年半，由于在狱中表现良好，就减刑提前放出来了。回来时心中很滑爽，觉得偷东西国家教育还是对的，回家后一定好好劳动。但回来几年后仍然无事可干，只有到外地打工。本来电厂就在旁边，我们完全可以帮电厂做点工作，但这得要有关系，没有关系连给人家扫地都不要你。我今天26岁了，媳妇也找不到，因为坐过牢，村中人表面上不歧视，但背地里还是被人看不起。

我问起他今后的打算，他说，今后只有发展规模化的养羊、养牛，只要有垫本，就可以干起来，现在牛、羊市场也好，只要说一声，别人就会找上门来买。

个案之三：魏清（本人口述）。电站建设前我家有 5 口人，种了 5 亩水田，收稻谷 6000 多斤；种旱地 8 亩，收包谷 2500 斤，小麦 400 多斤，豌豆 200 多斤，蚕豆 100 多斤。山地还种有紫胶、黄果、杧果、香蕉、芭蕉等经济林果，每年卖紫胶可收入 500 元，卖黄果收入 80 多元，卖杧果收入 100 多元，卖香蕉、芭蕉也可收入 100 多元。有自留山和责任山 7 亩。养着 3 条牛、4 头猪，每年可卖两头猪，收入 300 多元，一年可卖 500 多斤大米，收入 200 多元。大包干以后两年还允许砍木材卖，每年可收 500 多元。当时我在乡上当文书，月工资 41 元，这样，我家一年的经济总收入可到 2200 多元，而且，粮食和蔬菜都可以放开肚子饱饱吃。

现在我家只有 3 口人，我们老两口和一个女儿，大姑娘结婚几年后就分家出去过了。现在种着两亩旱地，每年可收包谷 500 多斤，蚕豆 100 多斤，豌豆 40 多斤，柑橘、杧果、蔬菜都有一点，但自家吃还不够，不能卖了。牛和猪也养不成了。电站建设后，1990 年我当了办事处的支部书记，两年前我退下来，因我有文化，又被镇水厂请去当会计，每个月工资收入 280 元，我女儿中专毕业后无事可干，一年前在镇上租了一间铺面卖衣服，收入可以维持她的生活。我们老两口的生活就靠我的工资收入。今年县里落实城镇贫困人口最低生活保障，按照我的人均收入应该是能够享受的，但最后认定我有固定工资收入，就不给了。全村没有得到的一共有 4 户人家。不给我也想得通，但总还是觉得心理不平衡。

电站建设以后经济发展更方便一些，有些人脑子好使、信息灵通，到处做点生意，日子也好过了。但大多数人由于文化素质低，要从农业转向发展二、三产业就不太适应，以前是家中有粮，心中不慌，所以人心稳定，社会秩序也好，夜晚不用锁门，偷盗从未发生过。现在心中无底，而且耕种的土地法律上也无保证，因为我们是非农业人口，按规定非农业人口是不能有土地的。

由于魏清长期担任村干部，在谈完自己的情况后，我便向他请教坝村今后的发展路子。他谈了如下几条意见：

1. 现有土地经营合法化。

2. 陡坡山地退耕还林，种植经济林果；平缓山地种包谷，发展养殖业。

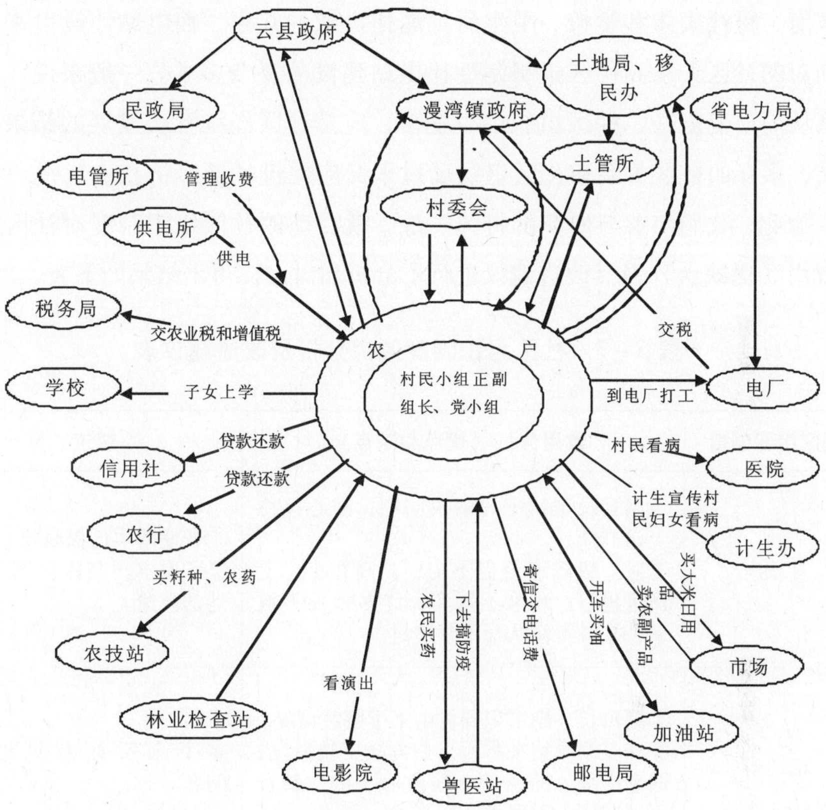

图 5－4　坝村社区组织制度图

3. 有条件的人家发展运输业。

4. 加强现任领导的培训。最近选出的正副组长至今不进入情况，群众意见大；此外，坝村应专设一个人管经济，因为村集体还掌握着 15 万元的土地补偿费，弄不好，群众要吃亏而领导要犯罪。

5. 村委会一级要负责帮扶。坝村这些年来人心散了、干群关系坏了，政府也撒手不管了，有事就叫我来做工作。现在我做工作也不管用了，因为我在担任党支部书记时，为了全村的整体利益，把整修坝村大沟的钱挪了 5 万元去修公路，群众对我有意见。

五、社区组织制度及其效用分析

电站建设前，与坝村村民直接发生关系的组织仅有县政府、新村区公所、乡政府、村社集体和学校、卫生所等屈指可数的几家，而电站建设以来，坝村面对的社区关系和社区组织制度比电站建设前复杂多了。一般来说，社区关系从简单变复杂，社区组织由少变多，应是社区经济社会发展的结果，而复杂、多样的社区关系和社区组织反过来又应促进社区经济社会的进一步发展。为此，我们与参与研究的村民一道，就目前的社区组织制度对社区发展的效用（优缺点）及其改进建议进行了分析和讨论，得出结果如下表。

表5－7　社区组织制度效用分析及改进建议表

社区组织制度	效用分析（优点和缺点）	建议
县政府	①副县长亲自下村解决问题；耐心接待上访群众。 ②对下级政府督促不力；高高在上，上访难进门，政策不落实，许多领导不敢来，社教工作队都不敢进村。	①长期落实低保政策。 ②争取本村与库区同等待遇的政策。
镇政府	①副镇长、副书记到村中来了解过情况。 ②许多领导怕来本村，怕群众反映情况，遇事推诿，推说是上届政府干的，新官不理旧事。干群关系紧张。	多下来听取意见解决问题。
县移民办 镇土管所	①有项目时工作人员经常下来。 ②平常撒手不管，权力有限，不能解决问题。	要像扶持库内移民一样扶持本村发展。
村委会	只能起上、下传达作用，基本不管事。	应负责，抓好本村的领导班子。
村小组	正、副组长虽是选举产生的，但太年轻，不管事，群众意见大。	应加强培训，安排专人管经济，否则要出问题。

续表

社区组织制度	效用分析（优点和缺点）	建议
电　厂	①发电照明，小型加工，看电视了解信息，漫湾镇繁荣，10多个村民在电厂打工，有收入。 ②给村民的生产生活带来困难，不关心村民，电价太高。	应多吸收村民打工，降低电价，帮助移民发展。
医　院	①看病方便。 ②费用太高，且不能讲价。	应适当降低困难群众的医药费。
计划生育办公室	①医药费用低，妇女和村民都爱去买药治病。 ②有时也下村宣传计划生育，但执行政策态度不好。	
市　场	路近、容量大、交易方便。但这几年生意难做。	
加油站	为有车的人家带来很大方便。对无车户没有好处。	
邮电局	寄信方便，全村有30多家人有程控电话，信息灵通了。	
兽医站	有时也下来搞防疫，更多是牲口病了村民找上门去买药。	应多下村防治疫病，培训村民。
电影院	看演出、电影方便，但价钱高，多数人享受不起。	无所谓，生活好了以后再享受。
林业检查站	制止乱砍滥伐是正确的，但在自留山上砍烧柴，只要一经过检查站就要罚款是错误的。	应分清情况、区别对待。
农技站	买农药、籽种方便了，但没有技术指导，多问两句就烦，叫我们自己看说明。	应主动下村来开展技术咨询和服务。
信用社农行	贷富不贷穷，要房产和别人的存折抵押才贷款。	要求实施小额信贷项目。

续表

社区组织制度	效用分析（优点和缺点）	建议
学　校	①学校教学质量比村子高多了，孩子受教育机会好。 ②学校距离太远，要家中有人陪读；学费太高。	适当降低学费；希望电厂能派车接送子女读书，以此作为对移民的补偿。
供电所、电管所	供电有保证，但电价高。	降低电价。
民政局	对村民遭灾和生活困难给过几次救济。	希望多下来扶贫帮困。

六、评估与对策

针对电站影响分析图所揭示的问题，我们应用 PRA 工具，采用影响的严重性、影响的范围、影响的时间长短，以及影响的连锁反应等 4 个指标，对这些问题的影响程度逐一进行打分评估，然后又对这些问题急需解决的程度进行投票表决并排序，结果得出表 5－8。

表 5－8　坝村电站建设影响问题评估排序表

问题		严重性	范围	时间性（长、短）	影响其他	总评	急需解决（得票数）	按得票多少排序
生产问题	水田被征用	4	4	4	4	16	34	①
	旱地淹没占用	3	3	3	3	12	32	③
生活问题	住房已成危房	4	4	4	4	16	33	②
	吃饭（缺粮）	3	4	3	3	13	32	③
	穿　衣	2	4	2	1	9	22	④

续表

	问题	严重性	范围	时间性（长、短）	影响其他	总评	急需解决（得票数）	按得票多少排序
社会问题	学校距村太远	3	2	4	2	11	19	⑤
	风湿病	2	2	4	2	10	22	④
	痢疾	1	2	2	1	6	11	⑧
	精神病	1	1	4	1	7	19	⑤
	没有文化场地	1	4	1	1	7	12	⑦
	青年人无事做	2	1	4	3	10	6	⑨
生态问题	砍烧柴	3	4	3	2	12	15	⑥
	坝村河洪水	1	1	1	1	4	3	⑩
	滑坡	4	2	4	4	14	11	⑧

评分标准：很大，4分；大，3分；中，2分；小，1分。

从上表中可以看出，水田被征用问题总评16分，得34票，排序第一；危房问题总评16分，得33票，排序第二；旱地淹没占用和吃饭困难问题总评分别是12分和13分，但都得32票，故排序并列第3…… 根据上表所得出的问题评估及排序，村民们从问题的解决方式、自己的能力和需要的支持等3个方面，提出解决这些问题的对策如表5-9。

表5-9 解决电站影响问题对策表

问题		解决方式	自己的能力	需要的支持
生产问题	水田淹没占用	1. 发展养殖业； 2. 发展林果业、蔬菜； 3. 做生意、跑运输。	蔬菜可自己搞，其余要靠政府支持。	要求与库内实行同样政策，用库维费来扶持发展。
	旱地淹没占用	同上	同上	同上

续表

问题		解决方式	自己的能力	需要的支持
生活问题	住房已成危房	重建	自己投工投劳，可占总投资的20%。	砖木结构住房每户120平方米需3万元(每平方米250元)，政府支持。
	吃饭(缺粮)	落实城市居民最低生活保障,在粮价上适当照顾。	无能为力。	政府支持。
	穿衣	无所谓,首先要解决吃饭问题。	可捡电站职工丢弃的旧衣服来穿。	
社会问题	学校距村太远	要求电厂派车接送小学和学前班儿童。		电厂支持。
	风湿病	及时治疗。	自己找草药吃。	病重的人请政府支持部分医疗费。
	痢疾	同上。		同上。
	神经病	同上。		同上。
	没有文化娱乐场地	要求有一块集中活动场所,盖一间会议室。	投工投劳。	请政府扶持,吃饱穿暖后再说。
	青年人无事可做	解决就业。	加强教育。	要求电厂多用本村人,电厂还在大量用凤庆、南涧、云县人。
生态问题	砍烧柴	降低电价、烧电。		电厂与政府支持。
	坝村河洪水	影响一半人饮水。	无法解决。	
	滑坡			
	搬迁	影响到的人家投工投劳。	政府落实地基和资金。	

图5-5　因修库区公路而导致滑坡

第二节　江村：就地后靠移民及其生活变迁

一、江村概况

江村坐落在澜沧江东岸、漫湾电站大坝东北面的一个小山冈上，与云县漫湾镇坝村隔江相望。村子海拔约1100米，因漫湾电站库区淹没向安乐河回水，形成村子东、西、北三面环水的绝妙景观。从水库上山，北面是150多亩高大的松树林，东西两面为陡坡耕地，村子坐落在山冈上，南面与甲寨村接壤。村子距景东漫湾镇陆路约8公里，距云县漫湾库区大坝码头水路不到1公里，交通方便。

江村现属于景东县漫湾镇下辖的一个村民小组，2001年有15户75人，是一个彝族村寨。全村现有干田30亩（因无水灌溉，只能当旱地使用，故称干田），旱地117亩，山林195亩，竹林30亩。江村是漫湾电站大坝蓄水淹没影响的上百个村寨中，实行“就地后靠”移民政策的一个村寨。它的搬迁情况及其面临的问题，基本上代表了大坝库区几十个就地后靠村寨的情况。反映了就地后靠移民政策的利弊及其面临的问题，在漫湾电站造成的社会影响中具有典型性和代表性。

二、生存环境的变迁与移民大事记

1990年澜沧江漫湾大坝截流之前，江村共有11户61人。有稳产高产水田53亩，包产旱地40亩，山林、牧场900多亩，轮歇地和紫胶林210亩。仅紫胶树人均达100余株。全村有大牲畜水牛14条、黄牛11条、毛驴4只、猪55头、山羊40余只。房前屋后栽满水果树，有石榴、黄果、吗郎干、芭蕉、菠萝、梅子、桃子、李子、龙眼、杧果、香蕉等。山林中有孔雀、刺猬、野猪、麂子、白鹇、锦鸡等野生动物；澜沧江中有细鳞鱼、老面瓜鱼、青鱼、白花鱼、红翅膀鱼、石花鳅、细尾巴鱼、木梳背鱼、尖嘴鱼、铜壳鱼等美味江鱼。安乐河带来了丰沛的灌溉用水，江边水田每亩单产都在1500斤以上，故该村在集体化时都从未吃过回销粮，还借粮给别的村寨。改革开放实行家庭联产承包责任制之后，江村利用丰富的自然资源大力发展种植业、养殖业和经济林果，生活一年比一年改善，日子过得红红火火。村中涌现出了好几户受县里表彰的劳动致富典型和售粮万斤大户。然而，1985年漫湾电站动工，1987年村寨就地后靠搬迁，从海拔900米左右的江边台地，搬迁到海拔1100多米的山冈上。1990年漫湾大坝合龙，江水淹到940米，淹没了49亩水田、全部旱地和大部分轮歇地。到1993年大坝蓄水，库区水位抬升至994米，就淹没了江村的全部水田、旱地、轮歇地、宅基地和大部分山林牧场。全村人搬到甲寨地界上生活。经政府协调，从甲寨村划出部分山林，为其开出了30亩干田、117亩旱地，划拨了150亩山林。这样，就使江村从一个土地、山林、牧场和水资源都十分丰富，生活日趋富足安乐的村寨，

图5-6 就地后靠移民村寨

一下就变成了一个土地紧缺、山林狭窄、没有牧场、人畜饮水和灌溉用水十分困难，连温饱都难以维持的贫困村。

在实地调查中，我们以移民大事记的形式向村民了解到电站建设导致江村生存环境变迁的详细过程。

表 5－10　江村移民大事记

1970 年	省里的勘测队下来勘测，在澜沧江边勘测了几天，不知要干什么。
1976 年	省里的勘测队又下来勘测，从江村雇了几个村民替他们划竹筏，天天在江上观察，也不知道要干什么。后来才知道，这是正式勘测。
1978 年	区、乡政府派人到江村通知，漫湾要建电站，江村可能要被淹，要求村民不要再建新房。
1979 年	县上派人来量房子，并明确告知村民，不准再建新房，如果有人要建新房，所建新房将不被计入赔偿范围。
1980 年	县、区政府和昆明设计院的人到村里，告知村民，漫湾电站建设将淹没江村，动员村民做好搬迁准备，并承诺一定会替村民选一块好的搬迁地。
1985 年	电站进厂公路开工，电站开工，县上组织工作队进村进行人口调查、房屋调查。县水利局派人来正式动员搬迁，承诺说国家不会亏待你们，你们搬迁以后会比现在建设得更好，使你们满意。
1986 年	县支援漫湾电站建设办公室（简称援漫办）组织全村每户出一个人到周将军地（现电厂油库附近）、蚂蟥箐（今岔山集镇附近）、江边平掌（即现在居住地，此地又称“铁匠坟岭岗”）等地考察，均不中意。但他们来到江边平掌歇气时，有村民随口说道，此地倒也亮爽。援漫办人员问：“这里如何?”村民回答说：“好是好的，但就是无水。”援漫办人员说：“缺水不怕，有钢管。”村民回答说：“你有钢管，人家有钢锯。”援漫办人员遂无言以答。临走时留下话，过一段时间再来与你们商量。

续表

1987 年	未与村民商量，便于是年四五月间在大平掌推进移民公路，建盖住房。群众得知要搬到此，就派代表到岔山（今景东漫湾镇）找援漫办临时指挥部反映，不愿在此居住。施工暂停一周，援漫办请来县政府副县长和援漫办主任来做工作，群众反映无水，回答说："无水可用车子拉来吃。如果实在住不成，还可以二次搬迁。"村民看情况不对，便到岔山请律师写信，全村户户盖上手印，直接寄到省援漫办反映情况，信件批转到县援漫办，县援漫办认为村民是无理取闹，还是坚持原定搬迁地点，并答应新居一定做到水电路"三通"。这年 10 月，搬迁房屋完工，部分群众打完粮食就顺便搬到新居存放，于是全村人就陆续搬了上去。
1988 年～1989 年	房屋虽已搬迁完毕，但仍然继续种植原有土地。新村就建在甲寨土地上，考虑到 1990 年全村田地就将被淹没，于是援漫办抓紧与甲寨人协商购其山地。江村原来也与甲寨接壤，但双方村落相距较远，传统上双方关系一直很好，但自从新村占据了甲寨土地后便产生了矛盾。甲寨人认为江村人是到甲寨来"借土养命"，砍柴挑回家来还被拿走，接通的饮水管被阻断，于是家家都只有到半公里以外的干沟去挑水喝。为此双方曾多次发生争执，个别人家还打过架。这一年，援漫办派人下来察看水田产量。村民自报每亩 1500 斤，援漫办认为这是虚报，便亲自下田称，结果称得亩产 1986 斤。
1990 年	与甲寨协商划拨土地成功，援漫办组织村民开梯地。每亩开荒费按难易程度分别给 280、360、420 元，开水田按质量分别给 460 和 570 元。这一年，大江截流，水淹到 940 米线，江村水田全部被淹。
1991 年	继续开垦土地，土地开垦完毕后按人口划分，旱地人均 1.3 亩，水田人均 9 分。搬迁坟地，每座坟给补偿费 50 元。940 米至 994 米地段清库，砍伐一空的树木全部就地烧毁。村中人去打工，清库 300 多亩只得了 900 元钱的报酬。在援漫办扶持下，从下关架通大电至甲寨。村民吃水问题引起政府重视，由援漫办投资 10.3 万元修建人畜饮水工程，由于这条水源距村子 6 公里，沿途要经过三个村子，在援漫办派人来管理下，通水半年，管理人员撤走，水便被三个村子堵截，工程失败。在修建这项工程之前，江村村长就曾极力反对，认为这条线距离远，途经村子多，修好后可能也吃不上水；但经工程技术人员勘测后坚持要修这条线，结果失败。

续表

1992 年	从甲寨大电网通本村的通电工程开工；援漫办开始动员扶持家家户户种植杧果。
1993 年	通电工程完工，江村家家户户用上了电。扶持种植杧果正式实施，要求在承包山地上栽，有的人家已种了包谷，还命令其铲掉种上杧果。还要求挖坑施肥，每株要加一公斤复合肥，结果一些树苗被烧死，长成的也因地干、天干、风大而掉果，还不成熟就几乎掉完了。全村种了上千棵都不成功。电厂正式蓄水发电，水淹到 994 线，以往的资源全部丧失。
1994 年	水田已分到户 3 年，但因无水灌溉，实际只能当成旱地。援漫办派人与村长商量修建从澜沧江中（即库区中）提水灌溉的管道和泵站。村长感到这样成本太高，或许不能持久，因而持反对意见。援漫办则认为可以干，于是从葛洲坝工程局请来工程师设计并动工修建。
1995 年	3 月，泵站和抽水管道建成，水管长达 70 多米，总投资 28 万。开始提水灌溉江村新开的水田，但种一季水稻，电费、管理费、维修费就花了 1.8 万元，而收到的稻谷却只有 6000 多斤，每斤稻谷成本高达 3 元多。故村长拒不在提灌工程验收书上签字，他提出“一要三不管”，即要水，但不管电费、不管管理费、不管维修费。种植杧果失败后，移民办未与村民商量，又开始扶持种植四川雪梨。承诺果树产生效益之前，每年每亩补助 400 斤包谷籽。村民认为不适合，但因有补助，就种了 150 多亩，结果一年以后树木全部枯死了。移民办与漫湾镇糖厂联合扶持村民种植甘蔗成功。就在这一年，由电厂投资，政府施工，从甲寨又引来一股水，吃了一个星期后，因政府未兑现对甲寨的土地征用费，又被甲寨人将水管挖断，投资 1 万多元的饮水工程又告失败。全村人又重新到半公里以外的干沟挑水吃。
1996 年	李家四兄弟自己投资 2000 多元，经与甲寨人协商，条件是一次性付水头费 400 元，每年农忙季节帮其打工，从甲寨引来一股水；另外 6 家依照这个办法，又与甲寨的另外一些人家商量，答应付水头费 600 元，每年替其打工 20 多个，自己投资 3000 多元从甲寨引来又一股水。其余 4 家照此办法投资 2600 多元又引来一股水。但由于无钱没有与甲寨人商量好，也没有付水头钱，故只用了几天水管便被扯断，这 4 户人家至今仍在四处讨水吃。这一年，移民办扶持库区绿化，在江边种竹子，种一蓬给 5 元，活了再给 5 元。这年春节，移民办按每人 10 元、每亩地 10 斤肥料的标准，扶持移民的生产、生活。

续表

1997 年	继续抽水灌田、补栽竹子。这年秋季水稻收割后，因成本太高，移民办正式放弃了提水灌溉工程，投资 28 万多元的工程在栽种了三年水稻后正式宣告失败。
1998 年	因前两年种植竹子成功，移民办与江村签订正式协议，规定江村的土地在水线上 28 米范围大力种植竹子，种一亩每年由移民办供应 400 斤包谷籽，连续扶持三年。移民办承诺，三年如果不见经济效益，国家也不来管，就可以砍伐。根据这个协议，全村家家户户都行动起来，共种了 30 多亩竹林，由移民办每月出工资 400 元雇请甲寨的一个人在管理。
1999 年	粮食没有，日子难过，全村群众打算上访。镇上知道后马上通知县移民办，移民办派人来考察后决定每人发给 10 斤大米。同时又派人来修复早在 1991 年就已失败废弃的饮水工程，家家安装了水表。但水路接通后只吃了一个星期，又断了，因为这股水要经过雷响田、大路边、甲寨等 3 个村子，根本无法管理。
2000 年	移民办派人来动员群众，要在江面 28 米以上，公路以下搞绿地，要求村民退耕还林，种什么由村民自己决定，每亩每年给 50 元钱。村民反对，并警告移民办工作人员，28 米以下栽种竹林的三年扶持期已经临近，届时如果断绝粮食供应，而政府又不来管，村民就要砍伐竹林。
2001 年	移民办继续动员村民退耕还林，村民提出人要吃饭，如果要退耕还林，就必须帮他们买水田。移民办答复可以考虑。12 月，移民办派人来，与村民协商怎样购买水田，同时提出，愿意搬迁的可以考虑二次搬迁。村民提出二次搬迁的条件是：一人一亩亩产 1900 斤的高产稻田，人均 4 亩主产旱地、6 亩山林、户均一亩菜地、5 亩果园，水、电、路“三通”保障，并且适宜居住。达到这些条件才搬。并再次向移民办反映，江边 28 米范围退耕种竹三年扶持期已超过快一年，国家给的粮食补助已经停发，但竹子还小不能产生经济效益，政府也不来管，长此下去，村民就会砍伐竹子。移民办答应予以考虑，但没有结果。

图5-7　政府为移民修建的饮水工程因无水而废弃

图5-8　曾经一度提澜沧江水灌溉的水田因成本太高而放弃

三、电站建设对江村的影响

应用PRA调查方法，我们得到下面这张电站影响分析图。从图中可以看出，电站建设对江村造成的影响是多方面的。

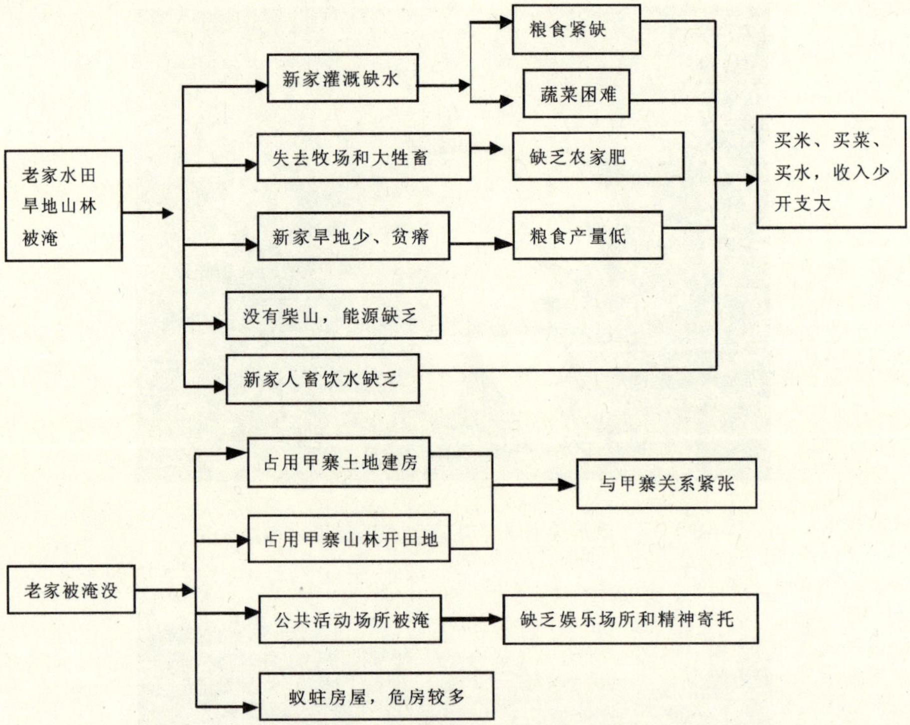

图5－9　水坝影响根状分析图

在生产方面，原有高产田地被淹没后，就地后靠搬到山冈上，也开出了一批田地，但却无处寻找灌溉水源。由于水源缺乏，新开的30多亩水田只能用作旱地，栽不成水稻也栽不成蔬菜，又直接影响了移民的生活。新开的山地不仅数量少，而且贫瘠，加之山林牧场减少后大牲畜无处放养，就没有农家肥也就不能熟化新开的贫瘠土地，从而导致旱地粮食作物产量也很低。近几年，在景东漫湾镇糖厂扶持下，江村村民将大部分旱地都种上了甘蔗，但亦因土地太瘦使甘蔗平均亩产只有3吨左右，故扣除成本后收入也很低。因此，与老家相比，新家的生产条件确实差多了。

在生活方面，一是人畜饮水缺乏。由于新家坐落在山冈上，三面环水但水又远在100多米以下的库区，唯一的水源只能从邻近的甲寨村接过来。政府投资修通的饮用水管因水源远在6公里以外，沿途要经过3个村子才能到达本村，根本无法管理也无法保证。故村民只有几家一伙几家一伙邀约起来自己去与甲寨人谈判，付给其水头钱后才勉强接通了几股细水在维持生存。二是收入少、开支大。在老家时，因资源丰富农产品多样化，又能上山打猎下江捕鱼，故经济收入来源较多，且维持日常生活基本不用花钱。搬到新家后，因资源减少农产品减少故收入来源也变得狭窄单一，反过来却连维持日常生活也得处处花钱，吃饭要花钱买米，要花钱买菜，就连吃水也要付水头钱，导致生存压力加大。三是欠高利贷多。由于收入少、开支大，许多人家不得不借高利贷来维持生存或谋求发展。全村 15 户人家就有 11 户人家借有数额不等的高利贷。

在社会方面，一是教育问题。江村历史上从未有过小学，在老家时要到安乐去读，要走 8 公里山路，搬到新家后要去镇上读，有 5 公里路程，但因为通车，比老家方便多了。故虽然所有学生都得住校，每个礼拜每个小学生至少要 20 元生活费，但适龄儿童入学率还是达到 100%。中学距离与小学一样，但因中学的学费比小学高出 1 倍，很多人家就供不起了。现在全村有 13 个中学适龄儿童，实际就读的只有 4 人，这 4 人也很难再坚持下去了。二是健康问题。搬到新家后就医路途近、条件好，更方便了。但新家因吃水困难，水质不好，导致许多人患上骨病和结石病，还有两个老人因搬迁不适应，精神压力大患了精神病。三是村寨关系问题。江村与甲寨村原来也接壤，双方关系很好，互相开亲、互相帮助。但自从江村搬到甲寨地界上盖起新村后，双方开始出现一些摩擦以至矛盾。一些甲寨人认为江村是到甲寨来“借土养命”，是甲寨人大腿上的跳蚤，想搓就搓。吃水要向甲寨人付水头钱，稍不如意便将水扯断，双方为水的问题曾经大吵过一次。不过，近两年双方关系已有所好转。为弄清情况，我专门到甲寨访问了老村长李某。他说，前几年双方有点矛盾，主要是政府从甲寨划拨土地给江村后迟迟不付补偿费。自从付了补偿费后双方关系已经好转多了。为了支持国家建设，甲寨划出了土地 150 多亩、山林 360 多亩给江村。政府按成材林一亩 360 元、灌木林一亩 66 元的价格补偿给甲寨。甲寨村用这笔钱去买了 106 亩国有林分给各家各户，剩余的钱也按户平分了，故甲寨人的不满情绪已经基本平息。现在反过来同情江村人，因为双方关系历史上就很好，现搬迁已经快 15 年了，但江村的生产生活仍然赶不上甲寨。因为江村被困在一个小山包上，很难发展。但因甲寨也不富裕，故同情只能是嘴上可怜，不能用行动给予支持。四是文化活动场地问题。老家时江村后山有一座山神庙，庙旁边有一棵大青树（神树），庙前有一块平地，逢年过节全村人都要去庙中祭拜，然后在庙外平地上聚会娱乐。村子前面南北两边各有一棵上百年树龄 2 米多粗的攀枝花树，树皮表面龙鳞斑斑，就像有两条龙爬在上面，也被视为神树，谁也不敢动。平时谁家中有人疼病或牲口丢失，都要到山神庙和神树前去献饭。清库时谁也不敢砍这几棵神树，就请外村的一个人来用炸药将其一一炸掉。但这人一回家，家中的几条老水牛就丢失再也找不回来了。搬到新家后，山神庙被淹了，集体娱乐场地和开会处没有了，春节彝族传统的打陀螺活动也得到甲寨去。

在生态方面，一是气候变化。与老家相比，新家就地后靠升高了 200 米左右，气温就升高了两度，加之因地处山冈上，风大，又没有水，导致气候十分干燥，农作物缺少水分长不好，果树刚开始挂果大部分就被风吹掉了。二是没有柴山，能源缺乏。才搬来时为了生存，不得不毁林建房，开田、开地。近几年政府和电厂加大了对库区生态环境的保护力度，不允许再砍烧柴，同时扶持各家各户建起了沼气池，但因缺粮养不起猪，沼气池也就成了空摆设。目前，江村的能源完全靠村民到库区去捡点上游漂下来的江柴来勉强维持着，一旦小湾电站截流，能源问题就将成为一个致命的问题。三是响蚂蚁危害。新家的土质是干燥的香面土，特别适宜一种爬起来就会发出响声的响蚂蚁的生长。响蚂蚁啃房子、吃粮食、果木和甘蔗，1987 年建的房子，现在许多人家房子的梁、柱、椽子都已被咬空，成了危房。本村与甲寨建房用的是同一山的木料，但甲寨的土质是黑油土，响蚂蚁就很少。四是土地不保水、不蓄肥。新家建在一个三面环水的山冈上，干燥、坡陡，雨水天下点雨，村民偶尔积点肥，也很快就流失到江中去了，因而生产很难发展起来。

通过对新家与老家农事历的对比中可以看出，江村以传统农业为主的生产生活格局没有改变。不同的是，新家比老家增加了甘蔗种植和到水库中打捞鱼虾的生计来源，但却丧失了水稻、豌豆、蚕豆、黄豆、高粱、油菜、荞子、洋芋、花生、芝麻、蓖麻以及上山打猎、下江钓鱼等一大批传统生计来源。而且，新增加的生计来源中，甘蔗种植成本很高，还经常受糖价波动的影响，到水库打捞鱼虾更需要大笔投入买船，非一般人所能承受。且打银鱼一年只开库3个晚上，捞虾也只能干几个月。因此，新家的生计来源比老家更为狭窄也更有风险。而老家的生计来源更为多样也更为稳定，难怪村民都异口同声地说老家比新家更好过。

图5-10　移民新开的坡地

图5-11　移民在甘蔗地中放牛

四、电站建设对江村不同群体的影响

为了对电站建设的社会影响有更深刻的认识，我们进一步深入到村寨内部的不同群体中进行调查访谈，得出了下列分析结果。

（一）SWOT 分析（针对不同人群）

表 5－11　SWOT 分析表

有利条件（机会）	不利条件（困难）
路通到村子，交通方便。 三面环水、风景好，可以搞旅游业。 可以利用库区水面发展水产养殖业。 可以发展多样化的果木、花草。	没有水田。 人畜饮水困难、灌溉无水。 没有牧场。 盖房子没有木料，不能砍柴。
能力	**能力不足**
吃苦耐劳。 有耐受力，是真正的良民，未与政府吵闹。 有挖路、搞建筑打工的能力。 胆子不大不小，有部分人敢闯。	是水淹的难民。 大多数人不敢大胆闯。 受教育程度低。 不会创造条件。 胆子小、不懂法、不懂政策，所以移民政策未能享受。

表 5－12　不同类型家庭的标准及谋生手段

好一点的家庭	家庭标准：①劳力充足，有经济头脑，跟得上社会发展潮流；②敢闯敢干，懂得政策法律；③有船，有虾笼。 谋生手段：好一点的家庭在没有水田、没有牧场，发展传统农业受阻，连人畜饮水都困难的条件下，能发挥自己敢闯敢干、有经济头脑的优势，充分利用交通方便，靠近大坝水库的机会和条件，大胆贷款买船买虾笼到库区打鱼捞虾卖，同时将自家的土地大都用于种甘蔗出售。并主动与甲寨人搞好关系，通过付水头钱而保证了自家的饮用水源。因而在困难的条件下闯出了一条新的生路。这类农户对新家的环境已基本适应，不再要求搬迁，只要求政府能帮助引来一股水，这个村子就好过了。但此类农户在全村只有两户，仅占总农户的 13.3%。

续表

中等的家庭	家庭标准：①勤俭节约、有计划、细做细吃；②也不想做大事、冒风险。 谋生手段：中等的家庭在没有水田，没有牧场，发展传统农业受阻，连人畜饮水都有问题的条件下，生活变得困难。交通方便、靠近市场、靠近大坝水库的机会和条件他们也很难利用。近年虽有几户人家看见别人打鱼捞虾发展起来，自己也咬牙借款甚至借高利贷购买了船只，但是因为库区沿线已有上百条船在库中打捞，辛苦一天除去油费后只能挣到 10 多元钱，最好挣钱的时机已经丧失。故他们只有充分发挥自己吃苦耐劳的能力，到处去帮人打工，同时勤俭节约，有计划地安排生活、细做细吃，因而基本能维持温饱。他们也模仿好一点的家庭的做法，与甲寨人搞好关系，通过付水头钱而得到了稳定的饮用水源。此类农户对新家的环境一直不适应，用他们自己的话说，生活、生活，江村人只是活着而没有生气。此类农户在全村大体有 9 户，占总农户的 60%。
贫困的家庭	家庭标准：①对外界情况不知不觉，不受社会影响；②不敢闯，大事干不来，小事天天干；③家庭负担重。 谋生手段：贫困的家庭在没有水田，没有牧场，发展传统农业受阻，连人畜饮水都有问题的条件下，生活陷入了困境。交通方便、市场交易方便、靠近大坝水库的机会和条件他们基本无能力利用。因为他们很少与外界接触，社会关系很少，也不敢贷款办事。他们只有保持自己的耐受力，整天默默地做活，悄悄地生活，没有粮食就去借一点，打工挣到钱就马上还清。有两户特别贫困的人家因无力出水头钱，也无力集资拉水管，连吃水也要到邻居家讨吃。此类农户家的妇女还经常到江边去拾荒卖钱。

表 5 – 13　家庭分工和性别意识表

江村	老传统	中华人民共和国成立后～1990 年	1990 年～2001 年
分工	男耕女织。 男犁耙、女栽插。 男人外出打工。 女人做家务。	男犁耙、女栽插。 男人建房、炸石、背柴、干重活。 女人做家务、领娃娃、养猪鸡、帮男人洗衣服。	男人犁地、背粮食、外出打工，买船到水库中捞鱼虾，男人说了算。开会、培训、宣传政策多是男人去。 女人腌菜、搞卫生、做饭管小孩，采集东西卖，到江边拾荒卖，女人也有发言权。
意识	男人要勤快、正派、不欺弱、不怕恶。 女人要待得老小，不吵架，婚姻要听父母的话。	男人要挑起家庭生活重担，要帮助妇女做家务，能挣钱、有本事，不论生活贫富也不吵架。 女人要懂礼、讲理、关心男人，不差外债，能背 200 斤就是好女人（因 1987 年后家搬上来，但水田还在下面，收的粮食要背上来）。	男人要想办法挣钱，出面贷款、外出打工、懂技术、有文化，能发家致富，苦急了也不要打老婆、打儿女。 女人也应该有文化，能支持男人干事，懂礼节，待得老小，搞好团结，没有外心。男人嫌女人啰嗦。认为女人说十句不如男人说一句。

从上表可以看出，江村传统的、中华人民共和国成立后至1990年前的以及1990年～2001年的家庭分工和性别意识有了一些变化，但在根本的方面变化不大。这种情况表明：

第一，无论是在中华人民共和国成立前、电站建设前还是现在，妇女在家庭中和社会上的弱势地位虽有变化，但没有根本改变。特别是从电站开工建设以来，面对共同的生活困难，妇女的地位有更加弱化的趋势。主要表现是，在1990年大坝合龙前，江村村寨虽已后靠搬迁，但仍可以到原来的水田中种稻谷，每年稻谷收打后要爬150多米的高坡背回家来，故此时有的男人认为能背200斤的女人就是好女人。到库区淹没后，一些能干的男人率先贷款买船开辟出捕鱼捞虾的新的生计来源。这种新的生产活动妇女完全插不上手，故有船的家庭中的妇女就基本只能在家做家务活，其家庭地位也就自然下降了。对一般家庭中的妇女来说，她们希望丈夫苦急了也不要打老婆、打儿女。而对贫困家庭中的妇女来说，她们通常只有选择到江边拾荒卖，或到邻居家帮工来为家庭增加收入，其地位也有所下降。

图5－12　移民在绘制资源变迁图

第二，移民搬迁带来的生活困难，对男子的地位也提出了严峻的挑战。他们被社会赋予了应想办法挣钱、出面贷款、外出打工，应该懂技术、有文化、能发家致富等项职责。因此，家庭中的重大决策虽然仍是“男人说了算”，但“女人也有发言权”。他们虽然嫌女人啰嗦，认为“女人说十句不如男人说一句”，但女人的话已经具备了相当的分量，故他们希望女人“没有外心”。

（二）农户个案分析

个案之一：李兵。电站建设前，家有 4 口人，父母和兄弟 2 人，两个劳力。承包 3.5 亩水田，每年可收 6000 多斤稻谷，并在稻谷收割后种一点黄豆，每年可收 200 多斤。承包旱地 4 亩，自己开荒 30 多亩，使旱地面积多达 40 亩。其中，承包的 4 亩旱地熟化程度高，种两季，大春种玉米，小春种小麦；新开的旱地属生地，只能在大春种玉米，并套种蓖麻。这样，山地中每年就可收获玉米 1 万多斤，小麦 600 多斤，蓖麻 500 多斤。全家有 17 蓬竹子，100 多蓬芭蕉，1000 多棵紫胶，20 多棵黄果树，150 多株茶树，4 棵石榴，两棵核桃树，两棵棕树，还有承包山林 100 多亩，每年砍柴 4 立方，能源没有任何问题。家中养着 4 头黄牛、6 口猪、30 多只鸡、两条狗。每年都可以杀吃一口猪，出售一口猪，每星期可以杀吃一只鸡。每年 6 月 ~9 月，还可以在安乐河中堵坝拿鱼，冬季则在澜沧江中钓懒钩鱼（即头天将钓钩甩进澜沧江中，第二天便去收鱼，故称“懒钩鱼”）。两项合计每年都可以得鱼 200 多斤，但因当时离市场较远，故不能卖只能自食。

经济收入。每年可卖 2000 多斤大米，每斤 0.38 元，收入近 800 元。卖 6000 多斤包谷，每斤 0.15 元，收入 900 多元。卖 100 多斤黄果，每斤 0.50 元，收入 50 多元；卖 500 多斤蓖麻，每斤 0.50 元，收入 250 多元；卖 1000 多斤紫胶，每斤 3 元，收入 3000 多元；砍竹子削竹片卖，又可收入 500 多元，卖一口肥猪，可收入 200 多元。这样，全家每年的现金收入合计高达 5700 多元。

1987 年搬到新家后，1988 年结婚与父母兄弟分家，现在仍为 4 口人，夫妇俩加两个儿子。两个儿子均在漫湾镇读小学，夫妇两个是劳动力。2001 年全家有 7 亩旱地，其中 6 亩种甘蔗，收 20 吨；1 亩种包谷，收得 300 斤。有自留山和承包山共 4 亩，但因库区实施生态保护而不允许再砍柴，只能到江边捡从澜沧江中冲下来的树木烧。为解决群众的能源问题，县移民办于 1999 年按每户补助 1.2 吨水泥、一套灶具的标准，扶持江村家家户户都安装了沼气。但由于缺粮不能养猪，缺牧场不能养牛，因而难以生产沼气。李兵家只在每年 9 月份以后买架子猪来催肥年猪时，才能烧 4 个月左右的沼气，每年 12 月底年猪一杀，就没有沼气了，就只有到处去捡柴烧。

经济收入。李兵是江村的老村长，是一个经营头脑比较灵活的人。漫湾库区建成后，他反复寻思生财之道，最后决定贷款1万多元买了一辆机动船，专门在水库中打鱼捞虾卖，因此每年仅此项收入可得4000多元。每年收甘蔗20吨，2001年每吨118元，收入2360元。搬到新家后又种了几十棵紫胶，2001年卖紫胶收入100多元，几项相加，经济收入共计约6500元。

谈到移民搬迁前后生产生活的对比，李兵说，电站建设前没有电，现在通电了；电站建设前村中不通公路，赶街、孩子读书、看病都要到远在10多公里外的乡上去，而现在有了公路，到漫湾镇上也只有5公里的路程，交通方便了。在老家时因居住在谷底江边，夏季非常憋闷，搬上来感觉居住环境亮爽多了，因此，这三点可以说是新家更好。但除了这三点以外，搬迁后比搬迁前在生产生活上就差了。现在没有水田、没有山林牧场，有几亩地全是瘦地，人畜饮水都缺乏，更莫说灌溉用水了。现在虽然说经济收入比老家增加了几百元，但每年能通过捕鱼捞虾挣到几千元的人全村只有我一个。而且，栽甘蔗虽说看起来有2300多元的收入，但扣除成本后纯收入不到1000元。更重要的是，在老家时粮食、蔬菜、肉食放开肚皮撑都吃不完，而现在每年仅购买大米、蔬菜填饱肚子就要花去3000多元。所以，搬迁前后比较下来，只能说现在的生产生活比在老家时差了。

个案之二：王能。在老家时有6口人，父母加4个弟兄，有4个劳动力。承包水田8亩，每年收15000多斤稻谷。种山地40多亩，每年收包谷籽1万多斤。山地中套种蓖麻，收300多斤。还有2分菜地。有紫胶树1000多株，年产量1吨。有45蓬竹子、20多蓬芭蕉、2棵梅子树、5棵李子树、4棵小杧果树。小杧果树1棵就占地1亩，是非常好的风景树。4棵小杧果树产量好时可达1吨。此外，还有自留山和承包山近百亩，烧柴没有任何问题。养牛4头，养猪18头，养狗4条，养鸡100多只。每年捕鱼可得四五十斤。

经济收入。卖大米7000多斤，每斤0.38元，收入2600多元；卖包谷5000多斤，每斤0.15元，收入近800元；卖紫胶收入1500多元。卖竹片、竹笋收入500多元；卖芭蕉收入250元；卖蓖麻收入150多元；卖杧果收入150多元。每年都要卖七八个架子猪，收入七八百元。卖鸡20多只，收入150多元。卖狗1只，收入四五十元。这样，全家现金收入一年可达约7000

多元。

王能回忆说，当年其父是村中公认的种地能手和养猪能手。父母俩人起早贪黑劳动，全靠卖粮食、卖牲口的收入供养4兄弟读书。家中从不借账还年年有余款。全村由于水田好、产量高，在集体化时也从未吃过回销粮，还有余粮借给别的村。

搬到新家后几兄弟分家，当地彝族实行幼子继承制，其父随老四过，其母随老三过，王能在家中排行老二，就分出来建房独立生活。王能家现有4口人，夫妇两个加两个孩子，两个孩子都在镇上读书，夫妇两个劳动。现有5亩旱地。其中2.5亩种粮食。大春种包谷，收650斤；小春种小麦，由于天干缺水，只收得200多斤。另外2.5亩种甘蔗，只收得7吨。有1分菜地，自种蔬菜够吃3个月，其余时间都要买来吃。搬到新家后种了20多棵紫胶树、12棵杧果树。在移民办扶持下种了10多蓬竹子，还在由移民办管理，尚未下到户。目前家中无猪、牛、鸡。2001年养了100多只鸡。但因人、村密集，外来病菌多，且近年为灭老鼠而推广一种气体药，鸡一闻见这种气味就死，结果100多只鸡不到半年就全死光了。承包山林也有4亩，但不准砍柴也不能带来收入。

经济收入。2001年收甘蔗7吨，每吨118元，收入826元；收40斤紫胶，收入120元；杧果树虽已结果，但此地风大，不到成熟就大部被风吹落，长到成熟的果子已很少，只够孩子吃。为增加收入，王能曾到漫湾采石场替老板打工采石，干了半年，老板因欠债而逃跑，一分钱工资也未拿到。其妻出去帮人砍甘蔗叶，不包饭每天只给5元工钱，共收入50多元。这年底王能贷款4000多元买了条船，开始下库捞虾。因为是新手，干了10多天，平均每天只找到10多元。这样，2001年王能全家的经济收入总计就只有1200多元。要买粮食吃、要供孩子读书，已是十分困窘。因此，我们到他家进行调查访谈时，其妻将女儿的优秀学生证书翻出好几本来让我们看，说如果再找不到一点钱，女儿下学期就无法上学了。王能因是新当选的村民小组组长，不好意思诉说自家的困难，但他却给我们详细讲述了其父是如何因搬迁而从一个健康的劳动能手变成精神病患者的过程。他说：

“我父亲名叫王家亮，搬迁之前是全村闻名的劳动能手，我们四兄弟读书都是他一手供出来的。我哥因学习成绩优异还在孟连县农牧局当上了国家干部。他是一个闲不住的人，每天都是天不亮就起床下地劳动，黑黑晚晚才回家。修电站动员搬迁，援漫办叫每家派一个人去看新地基，他不去，叫我去。我当时在村里当文书，我去看了之后也不满意，回来把情况告诉他。他根据多年经验，认为我们所看的几个点都在不成，于是就向援漫办反映说他坚决不搬。事隔不久，听说援漫办已在我们现在的居住地上推路盖房子，他急忙和村中其他人一起请律师写了意见书直接寄到省援漫办反映情况，但却音信全无。房子盖好后，村中其他人家禁不住新房的诱惑，陆续搬了上去，只有他坚决不搬，成了钉子户。援漫办就叫我来动员父亲搬家，我当时是村干部，只有服从。我回来后先请人把房子拆了，才逼着他搬了上来。上来的时候，我家仅猪就赶上来 14 头，但不到一个月就全部死了。

刚上来时，我爸他每天出去到处看看，无言无语不说话。过了一段时间，他就抬着刈刀到甲寨的一块山地上去刈地，打算将其开成地种粮食，结果被甲寨人出来骂了他一顿。由此受到刺激，开始自言自语，逐渐发展到整天抬着用竹子砍成的大刀到处乱窜，并开始骂人，说是有人要杀他。我结婚请客，他抬一把大竹刀站在家门口逐一盘问客人，说是要保护我。闹了几个月后，他反过来把自己关在房中。除了小孙子外任何人包括我妈和我们几兄弟都不准进他的房间，连吃饭都只能从窗户上递进去。我们全家人为此到处寻医问药，花了很多钱为他治病，3 个月后有所好转，开始出门。我们又将他送到孟连我大哥那儿去医了一段时间，回来后好了两年。这两年中，他就不断骂我，埋怨我为什么要逼着他搬上来，还经常跟我的两个弟弟说，趁你们现在还未结婚，千万不能在这儿娶媳妇，应该找一个好的地方去上门，这里在不成，否则子孙后代都会跟着受罪”。

五、社区组织制度及其效用分析

电站建设前，与江边村民直接发生关系的组织仅有县政府、保甸区公所、乡政府、村社集体、近邻村寨和学校等简单的几家。电站建设以来，江村面对的社区关系和社区组织制度就复杂多了。这些复杂、多样的社区组织制度对江村移民来讲是如何发挥作用的？这些作用的效果如何？带着这些问题，我们和参与研究的村民一道，就目前的社区组织制度对社区发展的效用（优缺点）及其改进建议进行了分析和讨论，得出结果如下表。

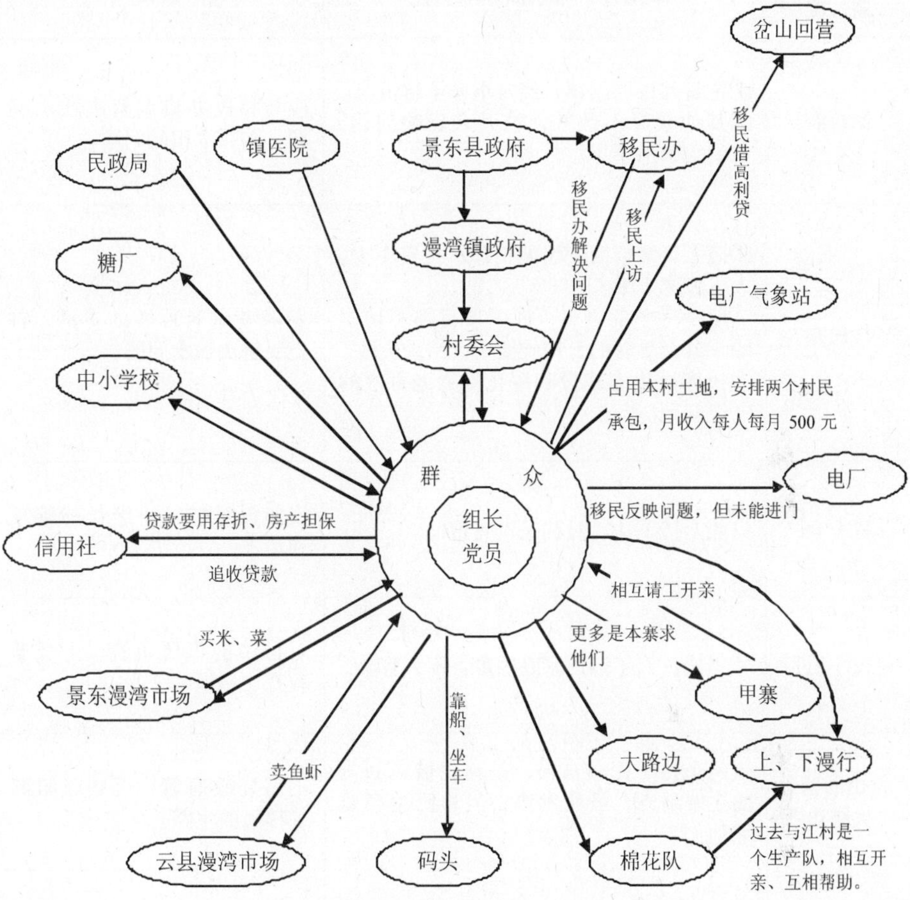

图 5－13　江村社区组织制度图

表 5－14　社区组织制度效用分析及改进建议表

社区组织制　度	效用分析（优点和缺点）	建议
县政府	①副县长曾亲自下村来做搬迁动员工作。 ②对移民搬迁的承诺大多未兑现。 ③政府干荒唐事，投资扶持不结合实际，扶持项目大多失败。	多下来听取群众意见，帮助解决问题。

续表

社区组织制度	效用分析（优点和缺点）	建议
镇政府	①主管移民的副镇长经常下来了解情况。②其他领导不敢来，怕群众反映问题，他们也解决不了。	应与移民办协调解决饮水问题、购买水田的问题。
移民办	①搞了许多帮助发展的工作，投资不少，人也经常下来。②但是尽干荒唐事，许多项目都不切实际，群众反对的，却硬要干，结果失败。③搞库区生态建设和绿化不顾老百姓的吃饭问题。	要多考虑老百姓的生活，首先要解决饮水问题。
村委会	只能上传下达，对移民没有帮助。	应加强对村民小组长的管理和培训。
村民小组长	才当选，人年轻，家庭困难，不大管事。	对村中的事要负责，上级要教育、培训。
岔山回营、大路边	这两个村子比较富裕，是移民借高利贷的主要地方，虽然利高，但移民生存要靠他们。	不需要政府管，否则就阻断了移民的生路。
电厂气象站	占用本村土地，安排占用户夫妇俩承包观测，每人每月电厂付500元工资。	无意见
电厂	移民要去反映问题，但才到门口就被门卫挡回来，进不去。	电厂造成了移民生活困难，应负责扶持移民发展。还要求与电厂用一股电，电价每度3角多，就可以烧电。
甲寨	与甲寨历史上关系很好，现因占用其土地而造成矛盾。	政府应完全落实对甲寨人的赔偿，并出面做工作调解双方关系。

续表

社区组织制　度	效用分析（优点和缺点）	建议
棉花队、上下漫行	历史上这几个村与江村就是一个大村，目前相互之间的关系很好，互相开亲、互相帮助。	继续保持关系。
水库大坝码　头	由水路到云县漫湾镇经过码头，去做生意、走亲戚都非常方便。	
云县漫湾市　场	市场容量大，就在电厂旁边，江村人捕捞的鱼虾就靠这个市场出售给电厂职工。	
景东漫湾市　场	市场容量大、距离近、交通方便，赶街比过去方便多了，可惜村里基本无商品可卖。	
信用社	贷富不贷穷，贷款要用存折、房产担保。	要求扶持或低息贷款，推广小额信贷。
中、小学校	上学比过去方便多了，质量也好，但就是学费太贵、生活费太贵、中学供不起。	要求降低学费，移民子女应享受寄宿制教育政策。
糖　　厂	已成为本村主要的经济来源。	要求优先入榨移民甘蔗、优先支付蔗款。
民政局	连续几年发放过春节救济和慰问物品。	移民就是水淹的难民，民政部门应像关心难民一样关心移民。
医院	看病就诊方便多了，但就是费用太高。	要求降低医药费，派人来分析饮水质量，帮助村里培养草药医生。

六、评估与对策

针对电站影响分析图所揭示的问题，我们应用PRA工具，采用影响的严重性、影响的范围、影响的时间长短以及影响的连锁反应等4个指标，对这些问题的影响程度逐一进行打分评估，然后又对这些问题急需解决的程度进行投票表决并排序，得出结果如下表。

表 5－15　江边村电站影响问题评估排序表

<table>
<tr><th colspan="2">问题</th><th>严重性</th><th>范围</th><th>时间性（长、短）</th><th>影响其他</th><th>总评</th><th>急需解决（得票数）</th><th>按得票多少排序</th></tr>
<tr><td rowspan="3">生产问题</td><td>灌溉水缺乏</td><td>4</td><td>4</td><td>4</td><td>4</td><td>16</td><td>36</td><td>①</td></tr>
<tr><td>山林、牧场少</td><td>3</td><td>4</td><td>4</td><td>4</td><td>15</td><td>20</td><td>④</td></tr>
<tr><td>旱地少、贫瘠</td><td>4</td><td>4</td><td>3</td><td>4</td><td>15</td><td>27</td><td>③</td></tr>
<tr><td rowspan="3">生活问题</td><td>人畜饮水缺乏</td><td>4</td><td>4</td><td>4</td><td>4</td><td>16</td><td>32</td><td>②</td></tr>
<tr><td>收入少．开支大</td><td>3</td><td>4</td><td>3</td><td>4</td><td>14</td><td>18</td><td>⑤</td></tr>
<tr><td>欠账多．高利贷</td><td>4</td><td>2</td><td>3</td><td>4</td><td>13</td><td>15</td><td>⑦</td></tr>
<tr><td rowspan="4">社会问题</td><td>中学生供不起</td><td>4</td><td>3</td><td>2</td><td>2</td><td>11</td><td>18</td><td>⑤</td></tr>
<tr><td>胃病、其他病</td><td>2</td><td>2</td><td>2</td><td>1</td><td>7</td><td>6</td><td>⑫</td></tr>
<tr><td rowspan="2">与丙寨有矛盾缺乏娱乐场所和精神寄托</td><td>2</td><td>4</td><td>1</td><td>3</td><td>10</td><td>7</td><td>⑪</td></tr>
<tr><td>2</td><td>4</td><td>1</td><td>1</td><td>8</td><td>8</td><td>⑩</td></tr>
<tr><td rowspan="4">生态问题</td><td>气温升高、风大</td><td>2</td><td>4</td><td>2</td><td>1</td><td>9</td><td>10</td><td>⑨</td></tr>
<tr><td>没有柴山、能源缺乏</td><td>2</td><td>4</td><td>2</td><td>2</td><td>10</td><td>12</td><td>⑧</td></tr>
<tr><td>蚂蚁危害房屋</td><td>3</td><td>3</td><td>4</td><td>3</td><td>13</td><td>15</td><td>⑦</td></tr>
<tr><td>土地不保水、不保肥、土壤流失</td><td>2</td><td>2</td><td>2</td><td>2</td><td>8</td><td>16</td><td>⑥</td></tr>
</table>

评分标准：很大 4 分，大 3 分，中 2 分，小 1 分。

从上表中可以看出，灌溉水缺乏问题总评 16 分，得 36 票，排序第一；……收入少、开支大，和中学生供不起问题总评分别是 14 分和 11 分，但得票都为 18 票，排序并列第五……根据上表所得出的问题评估及排序，村民们从问题的解决方式、自己的能力和需要的支持等 3 个方面，提出解决这些问题的对策如下表。

表 5－16　解决电站影响问题对策表

问题		解决方式	能力	需要的支持
生产问题	灌溉水缺乏	1. 到安乐河买田；2. 搞旅游开发；3. 二次搬迁；4. 在徐家箐小河开田	自己无能为力	政府支持
	山林、牧场少	划给一点国有林（周将军地、在库外）		政府支持
	旱地少、贫瘠	加大土壤熟化	自己搞	政府出肥料
生活问题	人畜饮水缺乏	从甲寨引水 4 公里，过不着村寨，水源也大。	要优质胶木管，村民可投工投劳埋管子	需要政府给予 4 万元左右的投资
	收入少、开支大	1. 种经济林果；2. 帮电厂打工；3. 养虾	自己搞虾苗；选种紫胶、佛手、脐橙、椪柑	政府扶持种苗、肥料、技术培训和指导
	欠账多、高利贷	给无息或低息贷款		政府支持

续表

	问题	解决方式	能力	需要的支持
社会问题	中学生供不起	减轻移民学费（一个中学生一周生活费25元、一年学费800元）		政府支持
	胃病、其他病	自己调节	自己找草药吃	政府派人来分析饮用水质量，帮助村中培养草药医生
	与甲寨有矛盾	谈判	忍耐、慢慢调和、发展	政府落实对甲寨占用地的赔偿
	缺乏娱乐场所和精神寄托	盖一座房子、一块场地，与甲寨一起建个庙宇	自己选地、投工投劳	政府投资，给材料
生态问题	气温升高、风大	栽紫胶树、大青树	自己干	政府给树种
	没有柴山、能源缺乏	供电所给6角一度，实际用下来8角一度，要求与电厂搭伙，3角一度，就可烧电		政府、电厂支持
	响蚂蚁危害房屋	无法解决		利用科学来研究、解决
	土地不保水、不保肥、土壤流失	大力种植果树，但要有饭吃	自己干	政府补助粮食和钱

第三节　岩村：远迁他乡移民及其生活变迁

一、岩村概况

岩村现属云县下辖的一个村民小组，距县城约60公里，距乡政府28公里，距漫湾电站库区120多公里。羊头岩至耿马公路从村子上方通过，交通方便。岩村所在地又称忙拐山，是一片宽阔的山坡台地，海拔约1200米，属亚热带季风气候。海拔、气候与漫湾电站库区差异不大，但更干燥。这块地方最早是个劳改农场，农场搬走后为部队营房，部队撤走后为县农校，农校停办后由乡上办了一个乡镇企业的红糖厂。红糖厂经营一直不景气，故漫湾电站开工后就将这里设计为安置远迁移民的地方。这块地方由于土地相对平缓开阔，县里曾组织过多批次漫湾库区需要搬迁的移民到此考察。初看下来移民都感觉不错，但仔细踏勘后都认为不行，主要原因是这里没有灌溉水源。后来几批组织的考察就相当草率，当天就要往返，故许多移民代表被拉来只是匆匆看一眼就被拉回去了。因此，尽管政府作出郑重承诺一定会解决灌溉

图5－14　外迁移民的生存环境

用水，并为每个农户开辟一亩旱涝保水田。但许多实地考察过的移民都坚决不愿搬来，最后只有来自4个村、5个社的50多户人家共257人搬迁来此居住。使该村成为一个彝族为主，兼有白、汉、纳西、回等民族的多民族杂居村。2001年，全村有72户、320人。有干田近300亩，承包旱地450亩，加上农户自己开垦的荒地，全村旱地面积共1200多亩，还有800多亩柴山，50多亩柑橘林。

在受漫湾电站建设影响搬迁的上百个村寨中，有相当一批村寨和农户实

行的是在传统农业范围内远迁他乡安置的移民政策。岩村就是这种移民模式的代表。在漫湾电站造成的社会影响中具有典型性和代表性。

图 5－15　外迁移民新村

图 5－16　外迁移民的贫富分化

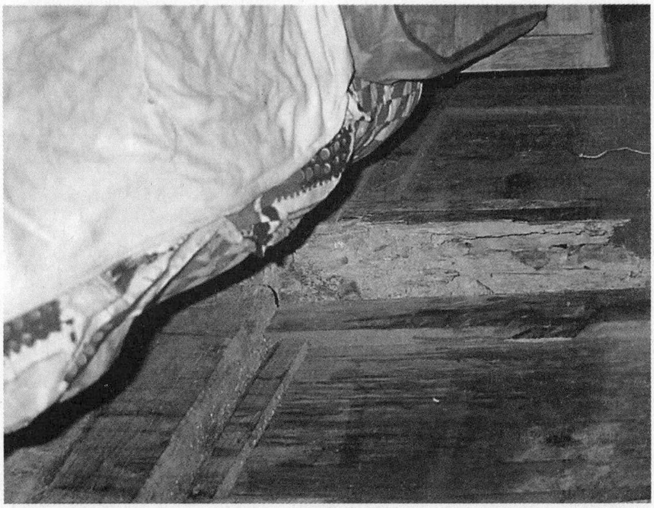

图 5－17　被白蚂蚁蛀空的房柱

二、生存环境的变迁

由于岩村是由多个自然村和合作社中的零散农户（其中只有丙兰河社 13 户是整社搬迁的）搬迁而来组成的，故我们很难在整体上对岩村移民生存环境的变迁作出描述。不过，通过移民们对各自老家的怀念，我们还是能大体窥见其老家的生存环境状况。在村民参与的 PRA 座谈会上，移民们深情地描述了老家的情况。其要点有：

●在老家时的生存环境是“头靠老君山、脚踩澜沧江、左靠嘎红山、右靠大后山，中间插绿秧（即江边稻田），这就是咱们生长的地方”。

●望着南汀河（从岩村下流过、水小、混浊）就想起澜沧江。以前经常在澜沧江中捕鱼、摸虾、划竹筏、游泳，澜沧江是生我养我的地方。所以现在只要一回去，就要跳下江去畅快地游泳，要喝几口澜沧江水。

●澜沧江鱼多，有青鱼（一条有 8 斤）、胡子鱼（一条有 3 两 ~5 两）、细鳞鱼、老面瓜鱼（一条有 15 斤）、白花鱼（一条有 6 斤），味道鲜美极了。

●现在做梦都常常梦见澜沧江，做梦都想回老家。澜沧江中有个小岛名叫神舟渡，这里一年四季无蚊虫。我们老熊家祖上从江西迁来，靠在此划竹筏摆渡为生，逐渐发展成了当地大户。

搬到岩村后，援漫办按人均一亩水田、一亩种粮食的旱地、7 分甘蔗地和 2.5 分菜地，亦即人均 2.95 亩土地的标准，将土地开好分给群众。并划给全村 800 亩柴山，还用移民扶持费开发种植了 50 多亩柑橘。应该说，新的生存环境的资源状况比移民们的老家确实差了许多。但由于这里的海拔和气候与老家差异不大，如果能保证上述资源的有效利用，再加上这里交通和市场交易便利的优势，那么，岩村移民经济的恢复与发展，也就具备了基本的资源条件。然而，事实的发展却与人们的意愿相背离。水田仅仅栽种了两年，就因无水灌溉而变成不能生产水稻的旱地；连人畜饮水也不能保证；移民倾全力新建的住房才住了几年就被白蚂蚁蛀空，成了危房……移民的生产生活变得困难，并引发了其他一系列社会和生态问题。

三、电站建设对岩村移民的影响

应用 PRA 调查方法，我们得到了下面这张电站影响分析图，从图中可以看出，电站建设对远迁到岩村的移民带来的影响是多方面的。

在生产方面，一是灌溉用水缺乏。为了实现政府对移民人均一亩旱涝保水田的承诺，应该说政府已尽了相当大的努力，先后共投入 300 多万元修渠引水，但至今仍未能解决的主要原因，在于决策失误和施工质量问题。在

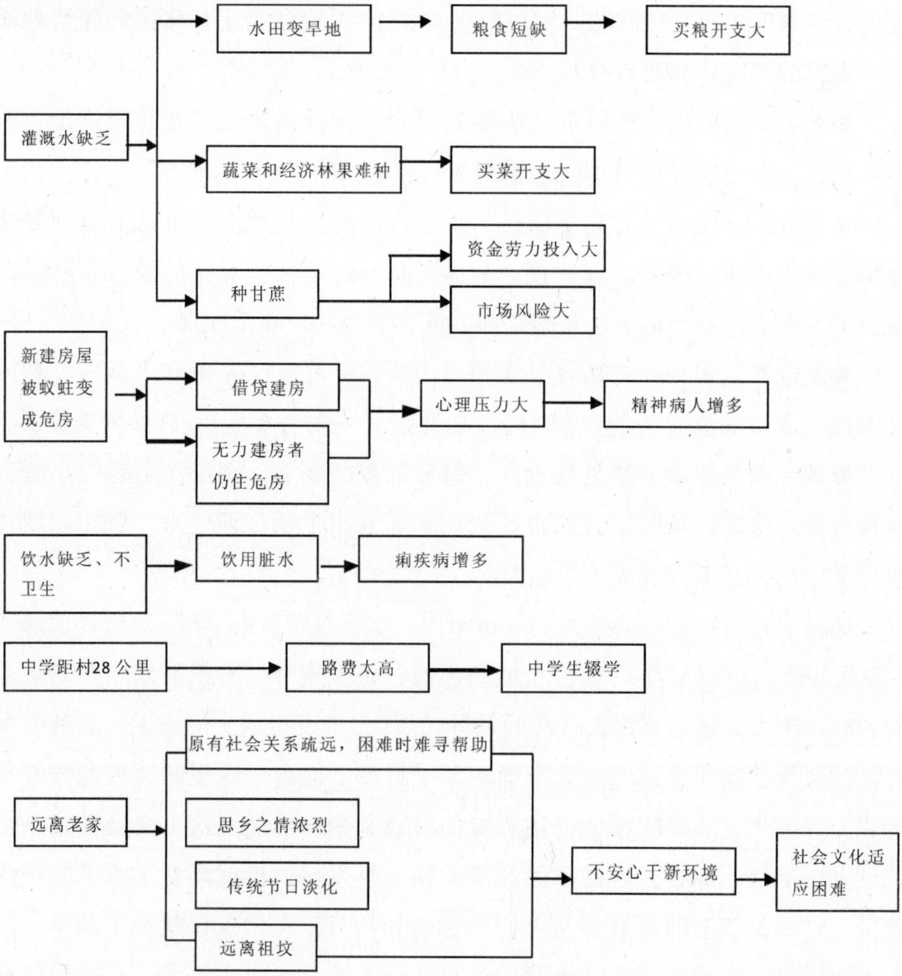

图5－18　水坝影响根状分析图

1990年首次投资修沟引水时，当地村干部对从永德引水的方案就提出过反对意见。因为这条长达28公里的岩羊山大沟，水源在永德县，大沟有21公里属于永德地界。在云县的只有7公里，引水到岩村要经过永德的3个村寨，很难管理。但云县政府与永德县政府协商达成协议后，投资70多万元修成了这条水泥3面光的岩羊山大沟。每到栽插和需水时节，云县援漫办都要派大批人来昼夜管水，总算确保了两年的水稻栽种。但如此高成本的运作自然不能长久。两年后援漫办无法派人管理时，水就被永德的3个村寨堵截用完，岩村的水田变成旱地。1993 年由于无水灌溉，稻谷栽不成，家家户户吃空了从老家搬来的以及头两年积累的存粮，开始感受到了吃饭问题的艰难。因此，1994 年全村群众推举 6 个代表到临沧地区行署上访，但被门卫挡在外面。由于没有住宿费，代表们只有把信寄出去后就返回村中。1995 年，水田无水灌溉移民吃饭困难的问题引起了移民办的重视。经过调查了解，移民办决定在村子东南边重新开田挖沟，投资 100 多万元挖通了忙拐山大沟，用倒虹吸管引水灌溉，全村人均又分得 5 分田。移民们兴高采烈地育好秧准备栽田，但工程通水验收合格后不久水管就断了，撒下去的小秧废了。第二年，这里发生山体滑坡，整个工程基本报废，新开的这片水田又变成旱地。2000 年，移民办再次投资 120 多万元准备彻底修复忙拐山大沟，当时村委会的干部就提出反对意见，认为这里地质不稳不宜再搞，而应换条思路去搞铜厂大沟。这条沟虽然每年来水要晚 20 多天，但并不影响栽插节令，且地质稳固、水源充足。可移民办请来的工程技术人员坚持认为修复忙拐山大沟是可行的，结果 120 多万投进去，只栽了一季稻谷，收得 2 万多斤谷子，2001 年便再次发生山体滑坡、水沟坍塌，连田也坍塌了 20 多亩，工程再次报废。由于灌溉水缺乏，加之这里气候比老家干燥，致使其他的大小春农作物和经济林果、蔬菜种植都受到影响。移民只有种点包谷，因气候干燥，包谷单产也很低。

二是种甘蔗风险大。由于水田变旱地，旱地农作物因缺水亦不昌盛。移民们便只有将家家户户的大部分土地都改种甘蔗。种甘蔗需要投入大量的资金做垫本，每吨要投入肥料钱 20 元、修路费 5 元、交农林特产税 5 元，再加上蔗苗费、运费等，每吨甘蔗蔗农得利只有六七十元。种甘蔗还需要投入大量的劳动力。特别是每年砍收甘蔗的季节，移民们通常夜里 4 点就得起床，上山干活直到天黑才能回家。如果家中劳动力少，请工帮砍每吨又得支付一二十元工钱，得利就更少了。故移民群众说，自从搬到这里已经十多年了，还没有好好地过过一个春节。因为春节时正是砍收甘蔗的大忙季节，为了挣点活命钱，人家在欢乐休息，我们只有拼命苦干。种甘蔗还得承担市场风险。蔗、糖价格联动，前几年市场糖价好，每吨甘蔗收购价曾高达 200 元，使岩村移民尝到了种甘蔗的甜头。然而好景不长，1998 年以后糖价一路下跌，到 2001 年每吨甘蔗收购价降到 118 元。因此，在 PRA 座谈会上，村民们一致认为，中国加入世贸组织后糖价将不可避免地进一步下跌，届时，已经主要依靠种甘蔗谋生的岩村移民的生活便将陷入困境。此外，由于种甘蔗对移民来说还是新产业，对防治甘蔗病虫害没有经验，一发现病虫便拼命打药，结果因农药浓度太高而导致喷药的人中毒。岩村移民中有 1 人就因此而中毒身亡。

在生活方面，一是住房被白蚂蚁蛀空而成危房。移民搬迁时因缺乏本地生态知识，大多数人家都把老家最好的松木运来建盖新房。这种松木在老家建盖的住房可以住几代人都不会坏，但搬到这里不过五六年就被当地特有的一种白蚂蚁蛀空而成了危房（只有极少数人因在当地购买木料建房而幸免于难，其房屋至今还可使用）。这一问题经群众多次反映引起了移民办的重视，派人来实地调查后决定予以解决。办法是按人均补助 757 元，再加户均补助 860 元的标准，扶持移民建盖新房。但要求必须盖成砖混结构平顶房，且只有动工建房的人家才能领取这笔补助。此政策出台之后，少数因脑子活、劳动力强而大干甘蔗卖到好价钱的人家，靠政府补助加自身积累并向信用社贷款而建起了新房，大多数人家拖了两年却仍然建不起新房。村民们说，砖混结构平顶房我们住不起，但自然条件逼着我们住，可政府给的补助只够 1/3 的建房费，而且人的指头有长短，有的人家有能力盖，有的人家无能力盖，一定要按统一要求盖砖混结构平顶房，无能力的人家就只有看着别人住。于是，1999 年，全村每家出一人不顾社长的劝阻到县移民办上访，结果同意人均建房补助再增加 480 元，也不再强求一律建砖混结构房，暂无能力建房的也可以领取建房费。于是，约 50% 的人家领了建房费后又通过贷款加自身积累盖起了新房。约 30% 的人家还在积累建房费用，另有 20% 的人家因家人生病或供孩子上学，政府发给的建房款已被挪作他用。因此，至今仍有 50% 的移民居住在危房中。建好房子的人家也大多欠下了数额不小的债务。在座谈会上，移民们抱怨说，我们真是吃亏，大朝山电站移民就从我们身上踩出路子来了。他们是家家户户由政府投资 5. 4 万元建起了两层楼的砖混结构房。而我们搬迁时，住房折旧款定得就很低，每户平均才 1 万多元，我们是用了平生的积累和心血才盖起现在这点住房，结果才住五六年就变成危房。现在又叫我们盖砖混结构房，政府补助每户平均还不到 1 万元，可盖一层平顶房最低标准就得 2. 5 万元，这叫我们到哪儿去找这笔钱呢？盖不起房子的人家只能继续住在危房中。

二是人畜饮水困难。由于本地气候干燥、水源较远，每年冬春季节，周围其他村寨的一些老在户都要用车到外地拉水吃，新搬来的移民没有这个条件，就只能在附近的沟塘中挑陈水、锈水来吃，导致结石病和痢疾病患者增多。1999 年，移民办和乡政府投资 20 多万元引来一股水源，但因分水池高度不够，主水管太细，工程结束后没有用几天，水就断了，故村委会主任和村民小组长都拒绝在工程验收书上签字。最近，移民办又做了一个 16 万元的预算，准备再修人畜饮水工程。移民们反映说，听说漫湾电厂厂长知道岩村仅解决水的问题就前后投资达 300 多万元后都深感震惊，认为按照这个费用，给移民按月发工资都够了。因此，移民群众对能否解决岩村的灌溉用水和人畜饮水问题非常关切。

三是能源面临短缺。刚搬来时政府划分给全村 800 亩柴山，由各户承包管理。其后作为“四荒”地按每亩 15 元～20 元的价格拍卖给各家各户。一些人便将靠近公路的山林开成了甘蔗地，四通八达的公路又给偷砍者带来便利。因山林距村寨有 4 公里，村里没有护林员各家各户也无法管理，致使 800 亩柴山仅过 10 年山上的有林地便只剩下 1/3 了。按此速度发展，再过 5 年，岩村便将无柴可烧。届时，能源短缺便将成为一个致命的问题而暴露出来。

四是移民负债严重。为扶持远迁移民生产生活的恢复与发展，当地信用社对移民贷款实行较为宽松的政策。通常每户人家一年不需任何担保可贷款 3000 元，建房户可贷 5000 元，超过 5000 元的就需要提供担保并经村委会同意签章后到乡信用社办理。因此，移民可以比较容易地得到小额信贷的支持。但因岩村移民既要支付甘蔗垫本，又要筹款建房，还要供孩子读书，为家人治病以至买米买菜维持日常生活，各种开支较大，加上远迁他乡后原有社会关系的中断，故一些移民除向信用社寻求贷款外，还不得不向高利贷者寻求支持，因而债务负担较重。

在社会方面，一是教育困难。搬到岩村后，小学就在附近的村委会旁边，小学生入学就读比在老家方便多了，因而保证全村适龄儿童入学率达 100%。困难出在中学。中学要到乡上就读，距村子 28 公里，孩子需住校，每周生活费至少 30 元，每周回家一次往返车费 10 元，再加学费和各种杂费，一年供一个中学生最低要花4000多元。移民家庭困难便只有负债读书，有两个孩子考取了中专而无钱就读。而且，即便是负债供子女完成了学业，孩子也无出路。移民反映说，搬迁时政府曾多次承诺，移民的子女读到高中或中专毕业后，将优先安排就业。因此，许多移民家庭将教育视为改变子女甚至是全家人命运的一条出路，不惜代价地贷款供子女读书。但村中现已毕业了七八个中专生，而优先安排就业的政策却从未落实过。

二是社会文化适应问题。由于远迁他乡，移民原有的社会资源和社会关系逐渐淡化、疏远以至丧失。而融入新环境、获取新资源、建立新关系则需要一个过程，由此便带来了一系列社会文化适应问题。例如，刚搬来时，周围村寨的村民认为移民的到来使他们资源利用的空间缩小了。移民则认为他们是为支援国家建设做出牺牲而被迫迁来的，心气本来就不顺，故只要碰到一点小事，便会酿成冲突。双方曾为吃水问题、文化娱乐问题而发生过几次打斗。移民来到新环境后，因人地两生家中发生紧急情况如老人孩子生病、房屋损害等问题需要借钱，在当地就难以得到支持，只能返回老家寻求帮助。移民以彝族为主体，周围村寨是以汉族为主体的汉、彝杂居村，移民在老家时年年都要组织全村集体甚至周围几个村寨共度彝族传统的火把节。其盛大狂欢的场景给人们带来极大的欢乐和心理慰藉；来到新家后，因当地汉彝杂居历史久远早已不再过火把节，本村移民又分别来自几个村寨也很难集体组织起来，只能各家各户自己过节。其平淡、冷清的场景更增添了移民的思乡情绪。移民家庭虽然搬来了，但每家的亲戚朋友、祖宗坟墓都留在了老家，故他们天天都在想回家，夜夜梦见澜沧江。这种剪不断、理还乱的思乡情结，或许将伴随他们整整一代人……

三是健康问题。搬到新家后，由于缺水种不出粮食，大多数移民家庭都把发展的希望寄托到甘蔗种植上。而甘蔗所需的资金垫本和劳动力投入都较大，市场风险也很大；再加上房屋被白蚂蚁蛀损、社会文化适应困难等一系列原因，使移民的心理压力和劳动强度加大，导致村中出现了两个精神病人和一位妇女因负债沉重而逃往他乡的精神健康问题和社会问题。此外，移民初搬来时因对环境不适应，曾于1993年爆发过一次大规模的疟疾病，村中很多人都染上此病。后经县医疗卫生部门全力防治，现已基本根除。较难根治的是恙虫病。这里有一种被当地人称作“小红虫”的虫子，它生活在山地林草中，人被其叮咬后，淋巴细胞就会受损，引发高热、肺结核，医学上称其为“恙虫病”。这种病治疗起来不难，但无法预防，故移民20%多的人得过此病；也难以诊断，因其发病初期和感冒发烧的症状基本一样，不细心观察诊断就很容易将其当感冒医治，久治不愈而拖成重病。

四、电站建设移民搬迁对岩村不同群体的影响

为了对电站建设导致远迁移民的社会影响有更深刻的认识，我们进一步深入到村寨内部的不同群体中进行调查访谈，得出了下列分析结果。

（一）SWOT 分析（针对不同人群）

表 5－17　SWOT 分析表

不利条件（困难）	有利条件（机会）
缺乏灌溉水和饮用水（最关心）。 糖价下滑，种甘蔗风险加大（最重要）。 中学生费用高，移民供不起。 蚁蛀造成危房多。 债务负担重。	市场近、交通方便、通电。 学校、医院、信用社近、方便。 糖厂扶持、移民办扶持。 有人来调查、关注。
能　　力	能力不足
吃苦耐劳、节俭生活。 拼命苦干，干不上去才去上访。 自力更生，重建家园。 信息多了，农业技术提高了。	农产品单一，知识不够，农业技术少。 胆子小、不敢闯。 经济基础薄弱、负债。 人地两生，原有社会关系较远。

表 5－18　不同类型家庭标准和谋生手段

好一点的家庭	家庭标准：①有电器、电机、家家有电视；②能力强、会计划、敢于贷款做生意；③吃苦耐劳，男人劳动强度大，妇女劳动时间长；④80%已建新房，但贷款多，心理压力大。 谋生手段：好一点的家庭在缺乏灌溉用水不能种水稻的困难条件下，能够发挥自己吃苦耐劳、敢闯敢干的能力、利用市场和交通方便的条件以及政府和糖厂扶持的机遇，大胆贷款种甘蔗、做生意，在1998年以前甘蔗收购价高、市场糖价上涨的时期挣了一笔钱，又用自身积累加政府补助加贷款，盖起了新房。最好的几户人家甚至已住上了两层100多平方米的钢混结构房，子女教育也能维持。但这类人家因贷款多、经济上对糖厂和市场的依赖性较大，因而风险大、心理压力也大。

续表

中等的家庭	家庭标准：①有电视、电机、电器；②40%已建新房，60%仍住危房；③糖价下跌对收入影响大、学费压力大；④男人劳动强度大、妇女劳动时间长，普遍负债。 谋生手段：中等的农户在缺乏灌溉用水不能种水稻的困难条件下，能发挥自己吃苦耐劳的能力，利用糖厂的扶持大种甘蔗。但因其垫本资金少，所种甘蔗数量不多，因而糖价上升时没有赚多少，糖价下跌时则对其影响较大。这类农户不敢贷款做大宗贩卖的生意，只能在街天做点小额的农副产品买卖。部分人家主要依靠政府补助和贷款建起了新房，大部分人家仍住在危房中。子女受教育多靠贷款维持，随时有可能辍学回家。
差一点的家庭	家庭标准：①无电器、电视，100%住危房；②不会计划、劳动强度一般；③贷款少、贷款难，找不到担保人；④孩子读不起中学，生活负债多。 谋生手段：贫困的家庭在缺乏灌溉用水的困难条件下，虽然也像其他类型的家庭一样转而种植甘蔗，但因甘蔗所需垫本高、劳动强度大，他们或因缺少垫本、或因劳动力缺乏，种得不多，因而甘蔗收入有限。为了吃饭，他们只有多种些低产包谷去换大米。市场和交通方便所带来的机会他们也很难利用，亦无能力建盖新房，有的人家已把建房补助用于维持生活。此类家庭的孩子一般读完小学便回家劳动，很难再读中学了。

表 5－19　岩村社会性别意识表

	男性标准	女性标准
男组	1. 干重活，如男犁耙，女栽插。 2. 家庭顶梁柱。男人是一把伞。 3. 不虐待女人。 4. 说话要算话（决策者）。 5. 理想远大，胆子大，讲策略。	1. 贤妻良母。 2. 同情男人，关心男人。 3. 勤俭持家。 4. 善待公婆。 5. 女人细心、耐心。 6. 家务活多做。 7. 公共场所给男人尊严（妻贤夫祸少）。
女组	1. 做重活（砍、挑甘蔗、上车、犁地、砍柴、盖房子）。 2. 顶梁柱、经济支柱，一棵大树女人在树下。 3. 生产、生活中决策大事（买卖牛、马）。 4. 妻子忙时，帮做家务。 5. 尊重妻子。 6. 会做生意。 7. 不喝酒抽烟，身体强健，比妻子活得长。	1. 带好小孩，孝敬老人，做好家务。 2. 多做轻农活，帮男人减轻负担。 3. 尊敬丈夫，帮丈夫洗衣服，打洗脚水。 4. 听从丈夫做出的决定。 5. 教育好子女。 6. 身体健康。 7. 做小生意。

从上表中可以看出，男子组和妇女组各自认同的社会性别标准除了表述上有细微差别外，在实质上高度一致。从而表明：

第一，岩村移民是在传统农业范围内远迁他乡的代表。来自4村5社的移民突然被迁到一个人地两生的环境中，面对共同的生产生活压力和社会文化适应的困难，一个社区、一个村寨都会自然而然地团结起来去共同应对挑战，更何况一个家庭内部不同性别的成员了。因此，岩村移民的社会性别意识与传统相比，不仅没有变化，反而更加认同传统。如果说，经过中华人民共和国成立几十年来男女平等的宣传教育，在老家轻松悠闲的环境中，妇女们对男子在社会上和家庭中的强势地位还有点怨言和牢骚的话，那么，在新的严峻的生活环境面前，妇女们反而变得主动地、自觉自愿地认同男子的强势地位。

第二，新的、严峻的生活环境给男女两性都带来了压力，具体表现就是男性的劳动强度加大了，而女性的劳动时间延长了。在岩村，不论是男子还是妇女都普遍反映说这里比老家苦多了，在老家虽说没有这儿挣钱多，但生活安定、吃穿不愁、心里踏实，每年可享受几个月甚至半年的闲暇时光。来到这里后，要想吃饱穿暖就得拼命苦干。虽说种甘蔗比老家多挣点钱，但男人妇女都得苦干，逢年过节都不得休息，挣来的钱又全都花到了吃饭、建房上。如果说，老家时的生活在某种程度上可以视为一种享受的话，那么，新家的生活在某种程度上则可视为一种受罪。因此，岩村的男子和妇女都希望对方活得长，其中特别是妇女希望丈夫活得比妻子长，以免丈夫先撒手人寰后留下自己来独自承担家庭的重担。这也是艰难的生存环境迫使妇女更加认同于传统的男性强势地位的又一个证明。

（二）农户个案分析

个案之一：王忠，汉族（本人口述）。我家是从茂兰乡哨街村太平哨社搬来的。当时老家有4口人，我老母亲、我们两口子和我弟弟，有3个劳动力。老家有4.5亩水田，可以种双季稻，一年可收稻谷5000多斤；有15亩旱地，其中8亩种包谷、收5000多斤；7亩种小麦，收2000多斤，在包谷地中套种黄豆，可收300来斤；有2分菜地，种些青菜、萝卜、白菜等，够吃但不卖。养着1头水牛、3头黄牛、两头猪、20多只鸡，经济林果有紫胶、竹子、黄果、桃、梨等。每年交公粮300多斤稻谷。可卖500多斤大米，收入400多元，卖一头猪，收入500多元，经济林果收入1000多元，一年经济总收入大体有2000元左右。

搬到岩村后，弟弟结婚分家，老母亲跟弟弟过，现在我家中仍然是4口人，我们两口子和一男一女两个孩子，两个孩子都在读小学，故只有两个劳动力。现有水田2亩，因无水已成旱地；旱地3亩，自己又开荒造地5亩，这10亩地全部种甘蔗，2001年收33吨，收入4000多元；自己又开了15亩火山地种包谷，收3000多斤，卖了2000多斤，收入1000多元。养着两头猪，去年卖1头，收入460元，这样，经济总收入一年可达5500多元。

说起搬迁前后生产生活的变化，王忠说，当然还是老家好过。搬迁之前，县援漫办、乡政府、村公所的人到村里来反复动员了十多次，说新地方保证水、电、路三通。搬家时政府派来大东风车拉东西，人人戴上大红花，学生敲锣打鼓欢送，但猪、鸡、家狗都不上车，人们也很担心，不知道新地方的人会怎么对待我们。来到岩村时，周围村寨的人都出来欢迎，学生也敲锣打鼓欢迎，心里才觉得安稳一些。但几个月之后，本村人就与老住户在赶街时发生冲突。双方用石头打架，打一下旺子（血）就出来，真吓人。经过十多年的相处，我们与周围村寨的关系已好多了，但有时还是会发生争吵。老住户说，你们搬来使我们的种吃处少了，放牲口处少了。我们就回答说，又不是我们要来的，是政府叫来的，是为支援国家建设来的。老实说，这里的好处是交通方便，市场交易方便，看病就医和孩子读书方便，除了这几项外就比不上老家了。这儿收入虽然比老家高，但是太苦，开销也大。老家正月撒秧，二、三月栽秧，4月种包谷，然后就休息，七、八月份收完粮食后就可以一直休息到过年。这里一年四季都要苦干，砍甘蔗时夜里3点钟就要起来干活，太苦太累加上这儿水寡，天天都要吃肉才干得动活，加上大米、蔬菜也要买吃，种甘蔗成本又高，所以每年的甘蔗款拿到手只能过一夜，用都不得用就要还了。所以我现在还欠款8000元，其中欠信用社3000元，欠私人高利贷5000元（月息3%），得等到今年甘蔗卖给糖厂后才能还款。对我们移民的困难，政府还是帮助了，前后三次修水沟解决水田灌溉和人畜饮水问题就投资300多万元。但每次都是修好后用不了几天就报废，最后说一声失误就完了，所以我们对政府修水沟已不抱希望了。

图 5－19　外迁移民在赶集

个案之二：肖万华，白族（本人口述）。我家是从茂兰乡哨街村公所太平哨社搬来的。在老家时有 6 口人，父母，我们两口子和两个女儿，两个劳动力。老家有 4 亩水田，坝子田肥又种双季稻，可收 6000 多斤稻谷。有旱地 6 亩，大春种包谷，小春种小麦、豌豆、蚕豆、黄豆，还种点蔬菜。每年可收包谷 3000 斤，小麦 1000 斤，蚕豆 100 多斤，黄豆 40 多斤，豌豆 30 多斤，青菜吃不完，就腌成酸菜贮存起来慢慢吃。有自留山 6 亩、责任山 15 亩，一年烧四排柴。养着 6 条牛、9 头猪、40 多只鸡。经济林果有芭蕉、柿子、核桃、竹子等。每年可卖 1000 斤大米，收入 900 元；卖蚕豆和豌豆各 100 多斤，每斤 5 角，收入 100 多元；可卖牛一条，收入 1500 多元，猪 4 头，收入 1600 多元，经济林果每年也可收入 1000 多元。老家虽然距市场远，赶街要走 8 公里到哨街，但 6 天一街我每街都要用毛驴驮东西去卖。这样一年下来，我家的经济总收入可到 5000 多元。

搬到新家至今已整整十年多了，我的父母已先后过世，但我又生了一个儿子，现有 5 口人，两个劳力，大女儿在读初中，二女儿和儿子在读小学。现有水田 6 亩，因无水早已成旱地。承包旱地 10 亩，加上自己开荒造地，共有 40 亩，再加 6 亩旱田，一共有 46 亩。其中，种甘蔗 18 亩，种包谷 15 亩，其余13亩种不过来，就以每亩25元的价钱包租给中学的教师种甘蔗。我每年可收甘蔗60吨，每吨130元，收入7800元；收7000多斤包谷，除喂猪外可以卖2500斤，每斤4角，收入1000元；养着8头猪，每年可卖4头，收入约2000元；每年还可卖四五十只鸡，每只15元又可收入约六七百元。我还与当地老住户和本村的几个人一起合伙做生意，从云县贩运水果到本地和永德的大雪山街去卖。1998年生意红火时一年就赚了5000多元，卖猪又赚了6000多元。今年生意不好做，但也赚了1000多元。这样，2001年我家的经济总收入约12000多元。虽然现在我还欠账6000多元，但我盖了一栋6万元的砖混结构楼房，而且我从不借高利贷。因我姐夫在云县当包工头，我缺钱就去向他借。

说起搬迁前后生产生活的对比和变化，肖万华说，当然是新家好过了。他说，我父亲是彝族，老家在茂兰乡猪腰箐，他这一辈有6个弟兄，到我们这一辈里弟兄就到了28个，在我父亲家6弟兄中，只有我父亲下到江边坝子太平哨社肖姓白族家来上门，所以我就随母姓了肖。家中七个孩子只有我是儿子，搬迁看地是我来的，父母亲戚都反对搬，只有我坚持要搬。因为我看到这里交通方便、市场方便、孩子读书、老人看病都方便，不像我们老家。我小时候长到十多岁都没有见过汽车是什么样子。我父亲在山上的老家就更糟糕了，至今都不通车，又穷又闭塞。我的好几个堂兄弟跟我的年纪差不多大，已经三十六七岁了，至今还找不到媳妇。所以，在我的极力坚持下，我父母随我迁来了。来了以后我便得了一个大优惠，就是生了第三胎，而且还是个儿子。虽然为此我被罚款9800元，但要是在老家，既要罚款还必须到医院去堕胎，根本不可能生得下来。来到这里十年多来，我下力苦干，还天天看电视新闻，最爱看经济频道，以寻找挣钱的门路。不久前我还从电视中看到有一种红香蕉，一市斤就可以卖70多元；这里种紫胶也适合，肯定也能赚钱。只是我一时精力跟不上，以后有机会我还想在这两项产业上干一番。总之，我觉得来到这里后经济上可发展的路子很多，因此比老家好过多了。

个案之三：蔡丽琴，白族（女，本人口述）。我家是从茂兰乡哨街村太平哨社搬来的。在老家时有9口人，我公公婆婆、我和我丈夫、我丈夫的一个哑巴哥和二男二女4个孩子，有3个劳动力。在老家承包了7亩水田，种一季收两季（再生稻），一年可收1.2万斤稻谷；有7亩旱地、5亩饲料地，大

图 5－20　外迁移民在装运甘蔗

春种包谷并套种黄豆，小春种小麦并套种蚕豆。每年可收包谷 8000 斤、小麦 2500 斤、黄豆 400 多斤、蚕豆 300 多斤。经济林果有核桃、柿子、花椒、木瓜、龙竹、茶叶、芭蕉等。有 2 亩自留山、10 亩责任山。养着水牛 3 条、毛驴 5 头、9 头猪、40 多只鸡。每年可卖 1000 多斤米，收入 900 多元；卖 2000 多斤包谷，收入 800 多元；卖 1000 多斤小麦，收入 800 多元；卖 300 多斤黄豆，收入 240 多元；出售经济林果收入 600 多元；卖 4 头猪，收入 500 多元；卖 1 头牛，收入 800 多元。这样，全家一年经济总收入可达 4600 多元。村中有初小，烧柴不愁，灌溉、饮水都很方便。

搬到岩村新家后，首先是住房变小了。老家原有主房 201.08 平方米，杂房 159.09 平方米，畜厩 13.52 平方米；新家建起的房子只有主房 96.07 平方米，杂房 91.97 平方米。其次是土地虽然宽了，但种粮收成较少。新家分了 9 亩水田，因无水灌溉只能用做旱地。旱地分了 13 亩，自己又开了 15 亩，全部土地共有 37 亩。其中，18 亩种包谷，收 1 万多斤包谷；19 亩种甘蔗，收 80 多吨；养着 6 头猪、3 条牛、3 头毛驴、10 多只鸡。一年可卖 3000 多斤包谷，收入 1200 元；卖甘蔗收入 1 万多元；卖 4 头猪，收入 2000 多元；一般两年卖一条牛，收入 1000 多元，平均一年可收 500 多元。这样，全家的经济总收入达 13000 多元。按说经济收入还是不错的，但因甘蔗成本太高，一吨甘蔗纯收入只有几十元，加上米、菜都得买吃，特别是住房几经折腾，使我不仅欠下了债，我丈夫还赔上了命。

我丈夫名叫黄某，白族，在老家时是太平哨社的社长。当时上级政府来动员搬迁时我家没有报名，但因他是社长，上级就叫他带头搬迁。他这个人心胸窄，生怕政治上有压力，就带头搬过来了。来时从老家带了几车上好的松木料子来起房盖屋，还当上岩村的社长。哪不知从老家带来的料子不适应这里的环境，两三年就被白蚂蚁蛀空了，到 1996 年许多木头已成灰了。望着自己花了近 2 万元辛辛苦苦盖起的房子很快就变成危房，我丈夫便对这儿的生活逐渐丧失了信心。他开始天天喝酒，在老家时我家自己烤酒他也从不喝醉，但在这儿却出现了喝醉骂人的情况，结果社长自然也就当不成了。开始时一两个月才醉一次，慢慢变成每逢街天必醉，再以后就几乎天天都在酒醉中生活了。他常常对我说，我能力就只有这点了，房子好好的变成了危房，我也没有办法，要盖新的我没有本事，只有你去盖了。你要盖平顶房也好，盖什么都行，随你了。1998 年初的一天，女婿家砍甘蔗，他去帮忙，晚上收工回到女婿家吃饭、喝酒，然后七八个人围在一起玩纸牌。因他的对家牌出不合，他便骂人家，双方就争吵起来，后在大家劝说下他才回家。回家后倒头便睡，睡到第二天天刚亮，他便起床了，我也醒了，但躺在床上看着他。只见他在房间自言自语地转了几圈，便从床底下摸出一个瓶子咕噜咕噜就喝起来。起初我还以为是喝酒，后来发觉气味不对，赶紧爬起来抢过瓶子一看，才知道是敌敌畏。我急得赶紧用传统的解毒方法向他嘴里灌猪油，并叫儿子去街子上请医生，当医生赶来他已死了。丈夫死后，我的日子更难过、更辛苦了。上要侍奉公婆、下要抚养儿女，好在我男人这边的哥哥和妹子同情我，先后给我寄了几次钱。加上我自己拼命干活的积累并贷款，还有政府第二次给的住房补助，终于在去年盖了一栋两层楼的平顶房，共花了 36000 多元。现在想起来，如果当时就了解这里白蚂蚁的危害，搬迁之时就一次性盖成平顶房，少了中间的折腾，就能减少 2 万元的损失，我男人也不会死。总的感觉，这儿就是缺水，如果灌溉用水和人畜饮水解决了，这儿比老家好。

个案之四：罗学文，彝族（本人口述）。我们老家在云县茂兰乡哨街村公所丙兰河村。在老家时有 5 口人，老父亲，我们两口子、一个姑娘和一个儿子。有两个劳动力。在老家承包了 6 亩水田，每年可收 9000 多斤稻谷。承包 10 亩旱地，加上自己开荒，共种 25 亩旱地。在旱地中大春种包谷和黄豆，小春种蚕豆和豌豆，每年可收包谷15000多斤，小麦2000多斤，豌豆500多斤，黄豆两三百斤。还有2亩菜地，种有包包菜、茴香、辣子、大蒜、番茄、青菜、萝卜等，除了自食之外还可大量出售。养着10条牛，六七头猪和100多只鸡。有黄果树50多棵，木瓜树2棵，竹子17蓬，桃树、梨树各2棵，紫胶树上百棵。还有自留山和承包山150多亩，每年烧柴四五立方。村子旁边就有一条丙兰河，灌溉、饮水都非常方便。在经济收入上，我家每年可卖800多斤大米，1990年的米价已是0.90元1斤，收入约750元；可卖1000多斤小麦，0.50元1斤，收入约500多元。1万多斤包谷全部用做饲料。卖菜可收入600多元，卖两头牛收入800多元，卖两头猪收入600多元，卖20多只鸡收入200多元，这样，全年经济总收入可达3500多元。

1991年搬迁到岩村后，又生了一个儿子，家庭人口增加到6人，还是两个劳动力。现有6亩干田，15亩旱地，其中8亩旱地种包谷，收得5000多斤；6亩干田和另外7亩靠路边的旱地种甘蔗，2001年收39吨。有2分菜地，种了青菜、包菜、茴香等，但因缺水，年年都被干死，只够自食两个月左右。养了3头猪，过年杀吃一头，没有卖的。因不需犁田，牛也不养了，鸡则因瘟病死光了。搬来时分了5亩柴山，因距离远（5公里），有人盗砍，现山上有树的只有两亩多了。经济收入，2001年我卖包谷1000多斤，0.40元1斤，收入400多元；卖甘蔗39吨，130元1吨，收入5070元。这样，全家经济总收入共5420元。

说起搬迁前后生产生活的对比，罗学文说，应该承认，搬到新家后赶街方便了，孩子读书方便了，治病方便了。以前在老家，赶街、看病、孩子读初中，都要走16公里的山路去到哨街。但是，除了这三点方便以外，这里的生产生活条件比起我们老家来，实在是差得太远了。在这里虽然经济收入比老家高一些，但是太苦、开销也更大。在老家时一年有半年农闲休息，吃的粮食、蔬菜、肉类只有我们卖出去的，从不需要买进来。来到这里，天天没日没夜、起早贪黑地苦不说，每年单为吃饭买米、买菜、买肉就要花销3000多元，再把甘蔗成本一扣除，就基本没有余钱了，故供孩子读书，老人看病都得借钱。我们丙兰河村的11户人家根本就不想远迁，因为大坝建好后我回去看过，房屋被淹完了，但70%的森林、40%的水田和大部分旱地都还保存着。故早在1987年我们就向政府打报告要求就地后靠，政府不同意，组织我们一家出一人到岩村来看地方。看了回去我们不满意，又于1989年第二次打报告要求就地后靠。政府派出了县、乡、村三级工作组共6人，驻扎在村中进行说服动员。

图5-21　因对新环境不适应而反复跑回老家去的移民老人

搬到岩村后，我父亲才在了两个月就不想在了。他看这里山也不好、水也不好，就天天念叨着要回去。一天下午，我们都下地干活去了，老父亲一个人悄悄跑了，他身上一分钱也未带。晚上我收工回家才发现，急得我们全家和村中的亲戚四处分头寻找。我估计他老人家一定是跑回老家去了，因此我便直奔老家去找。我骑自行车回去，路上花了两天多时间，但到老家后仍不见父亲，我又到老家附近村子的亲戚家去找。直到第7天，才在我岳父的家里找到他。此时的他已浑身衣服破烂、双脚浮肿、奄奄一息了。原来他是什么东西也没有吃，整整走了7天才走到我岳父家的。接下来他大病了两个月，身体恢复后我带他回来，他不来，说我爷爷、我母亲的坟都在那里，老家才是我们的衣包之地，怎么能离开？但最后还是被我带回来了，毕竟只有我才能为他养老送终。

接回来后安安稳稳地过了两年。1993年年底，我和老婆两个忙着收甘蔗，中午不能回家。我交待老父亲中午给正在读小学的孩子煮点饭吃，可我儿子放学回家见他没有煮饭，只是呆呆地坐着，儿子只有饿着肚子又去上学。晚上我收工回家知道情况后说了他两句，第二天一早他又跑了，急得我又赶回老家去找。在老家找了几天找不到，我又急忙返回来，却在羊头岩碰见他。原来这次他把路走错了，向南跑到临沧，发现方向不对后折回来，才碰巧遇上。这次接回家后他又病了一场，待其身体好转后，我下决心带他回老家去看看。我带着他从漫湾坐船去，他亲眼看到我们原来的村子已完全淹没在水中，回来后就再也不跑了。然而，最近两年，随着老人家年纪日增、身体日衰，又天天跟我念叨着要回去。他说，我们的祖坟都在那个方位，以后我死了成佛，也要回到那里去。

五、社区组织制度及其效用分析

由于岩村移民来自四村五社，我们很难对其搬迁前后的社区组织制度进行对比，但从图5－22和村民对搬迁前情况的回忆和描述中，仍然可以看出，电站建设导致移民远迁岩村后，村民面对的社区关系和社区组织制度比以前复杂多了。这些复杂多样的社区组织制度对岩村移民来讲是如何发挥作用的？这些作用的效果如何？带着这些问题，我们和参与研究的村民一道，就目前的社区组织制度对社区发展的效用（优缺点）及其改进建议进行了分析和讨论，得出结果如表5－20。

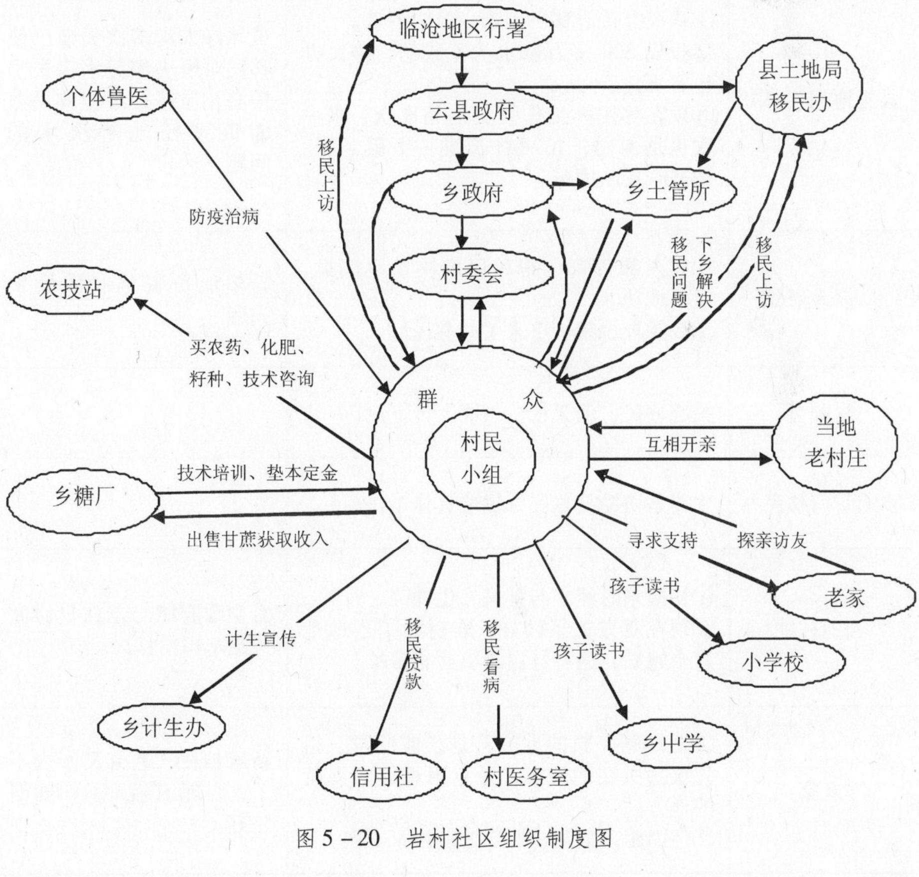

图5－20　岩村社区组织制度图

表 5－20　社区组织制度效用分析及改进建议表

社区组织制度	效用分析（优点和缺点）	建议
临沧地区行署	①行署领导和工作人员从未来过本村关心移民。 ②移民代表到行署上访，被门卫堵在门外，寄出的上访信亦无答复。	人民政府应该关心移民的生活困难。
云县政府	①搬迁时副县长亲自来动员过多次，搬来后就很不见了。 ②政府对移民的困难还是帮助了，先后投资 300 多万修水沟，但不成功，主要是决策失误。	①发展项目应多听移民意见。 ②希望政府组织专家来帮助发展旱作农业和多种经营。
县土地局移民办	①移民办关心移民困难，经常下来。 ②投资 300 多万修水沟不成功，移民办也有责任。 ③现在移民办工作人员怕见群众，来一次也是匆匆忙忙跟社长讲一下就走了，怕群众反映困难。	虽然修水沟多次失败已使移民对解决灌溉水丧失了信心，但还是希望移民办能负责任地解决水的问题。
乡政府	①投入部分资金帮移民解决饮水问题，但不成功。 ②乡领导也很少下来关心移民。	希望能负责地解决饮水问题。
村委会	关心移民，但无权，只能上传下达。	
乡土管所移民办	主要是协助县移民办做些具体工作。	
当地村社	①初搬来时经常与移民发生冲突、打架。 ②现在双方关系较好，岩村娶了当地七八个媳妇，遇有红白喜事互相帮忙。	希望政府能与老在户协商买点水田给移民。
老家	①是日思夜想的地方，是亲戚朋友、祖先坟墓所在的地方，是有困难寻求支持的地方。 ②但因距离太远，几年才能回家一次。	新家难在，老家又回去不了，心理困惑，不知如何是好。

续表

社区组织制度	效用分析（优点和缺点）	建议
小学校	①小学与岩村吃一条沟中的水，水沟是以扶持移民的名义由移民办投资修的，小学接过水去乱放，而移民却没有水吃，双方为此发生冲突。 ②小学校长因水的问题对移民有意见，认为移民的子女难教，经常批评。	要求学校应更关心移民子女。
乡中学	①学费太高，移民供不起。 ②学校距村太远，有 28 公里，孩子往返路费高，且不安全。	要求政府适当降低移民学费，在村委会办一个初中班；对移民子女优先安排就业。
村医务家	①看病比过去方便了。 ②医药费太贵，且不能讲价。	要求适当降低医药费。
信用社	贷款比过去方便。	应扩大村信用社的贷款额度。
乡计生办	不时下来宣传计划生育，收超生罚款，妇女常看病。	
乡糖厂	①预支甘蔗垫本，开展技术培训。 ②优先支付移民的甘蔗款，是移民生活的靠山。	希望能保证糖价稳定，继续扶持移民。
农技站	①移民去购买化肥、农药、籽种，请教技术问题。 ②农技人员态度不好，从不主动下来，求上门去多问两句就烦，叫你自己看说明书。	希望能下村来开展技术指导。
个体兽医	牲畜得病防治方便了。	
村民小组	小组长每年 580 元（按规定，小组长每年定补 100 元，每个月有 4 天误工，每工补助 10 元，这样一年补助共 580 元）的补助不落实，移民工作难做，小组长也不想干。	应按政策规定落实小组长补助。

续表

	问题	解决方案	能力	需要的支持
社会问题	负债	住房贷款，政府补建房费		政府帮助
	教育	①初中20多人，村办中学班人更多；②政府应给移民中学生补助学费（年500元）。	自己还	政府帮助
	健康	①心理要增强；②减轻思想压力。	尽力解决温饱问题	
	就业	有学历成绩的给予优先录用。	努力找工作	优先录用
生态问题	小红虫疟疾	①及时诊断；②防疫。	自我预防	卫生所关注

第四节　初步结论

一、对漫湾三村移民模式的评价

上述诸节，我们全面描述和系统分析了漫湾电站建设对漫湾三村三种类型的移民所带来的生活变迁。从中可以看出，不同类型的移民模式对移民的影响是不一样的，对此，我们可以得出下列基本结论。

（一）城镇非农移民模式弊大于利

漫湾电站建设是1985年正式动工的。因坝村坐落在大坝以下被列为库外区，故搬迁之前并没有将其纳入移民范围，也没有明确政策，而是在建设过程中边用边征边解决，直到1988年才正式确定对其实行农转非政策（实行这种政策的除了坝村外，还有另外两个村委会的一些零星农户，当时连坝村在内共442人，现已增长到约600人）。这是在整个国家经济体制改革和转型大背景下实行的一种探索性移民政策。大家知道，1985年，中共中央颁布了《关于经济体制改革的决定》，决定中，首次将中国的经济定义为“有计划的商品经济”，是“计划调节为主、市场调节为辅”的经济体制。根据这种体制，坝村移民政策的设计者认为，实行农转非后可以由政府按计划供应其平价商品粮，这样就解决了坝村人的吃饭问题；而将土地补偿费用于组建移民经济开发公司，则是考虑从市场上获取坝村人生存的经济来源。应该说，政策设计者的立意和用心是良好的，在实施初期也确实取得过良好的效果。“家家吃平价粮，全村喜洋洋”，就是坝村移民对这一良好效果的深切怀念。在当时的条件下，这种政策既不同于计划经济体制下固守传统农业的移民政策，也不同于今天市场经济体制下有主导产业的开发式移民政策，而是带有明显的从计划经济向市场经济转变的探索与过渡特征。然而，正因为是探索、是过渡，也就带有很大的不确定性和风险性。因此，随着市场取向改革的深化，按计划供应平价商品粮的设计落空。由于祖祖辈辈从事传统农业的农民突然转向二、三产业所必然具有的不适应性，又导致移民开发公司失败，从市场获取经济来源的设计亦落空。其结果，就把坝村人推上了丧失劳动对象，成为“无业市民”的尴尬境地。坝村今天出现的一系列问题的症结，概源于此。

（二）就地后靠移民模式有利有弊

在传统农业范围内选择就地后靠移民政策，是搬迁农民较易适应的一种移民方式。与实行“农转非”政策的坝村和实行“远迁他乡”政策的岩村相比，江村面临的问题要单纯得多。其主要原因，一是搬迁以后的生计来源仍然在传统农业范围内，保持了传统生产生活方式的连续性，因而不存在生产和生活的适应困难。二是就地搬迁保持了传统的社会资源、社会关系（诸如民族、村寨、邻里、亲朋等）的延续，因而不存在社会文化的适应困难。因此，与农转非和远迁移民模式相比，就地后靠当属一种较好的移民方式。

但是，就地后靠移民政策面临的最大难题，就是自然资源的刚性约束。应该承认，移民村寨的祖先经过千百年的生产生活实践所最终选定的村寨定居点，都是当地最适宜人类生存和居住的最佳地点，故所有的移民只要一谈起老家，便会立即变得眉飞色舞、兴高采烈。而一谈起移民新家，便会立刻变得沉默寡言、黯然神伤。因此，就地后靠移民政策面临的最大难题，就是当地很难找到一块能与其老家相媲美的居住地了。于是，新的居住地一定比老家差，水、土地、森林、牧场等自然资源的刚性约束导致就地后靠移民在较长时间内很难恢复到原有的生活水平。由此看来，在传统农业范围内选择就地后靠移民虽然是较易适应的一种模式，但也是很难恢复到其原有生活水平的一种模式。

（三）远迁移民模式有利有弊

在传统农业范围内选择远迁移民政策，是移民的经济生活比较容易得到恢复与发展的一种移民方式。远迁他乡由于跳出了本乡本土的狭窄空间，能在更大的空间范围内来选择定居点，因此，一般来讲，只要政府下决心，就一定能找到比较适宜的安置点。然而，由于受行政区划和地方利益的限制，这样的空间范围也不可能无限大，通常也只能局限在县域范围内。因而可供选择的地点就仍然是有限的，与移民老家的条件也是不能相比的。但是，与就地后靠相比，远迁移民毕竟选择范围扩大了一些，这样就有可能突破资源的刚性约束，使经济得到恢复和发展。岩村的情况就证明了这一点。刚搬来时政府确实负责任地帮助移民开出了水田、修通了灌溉沟渠，家家户户都建起了新房，并扶持移民种甘蔗以增加经济收入；移民自己也千方百计地开荒种甘蔗，使全村人均耕地面积达到 4 亩以上，部分人家还因开地过多自己种不完而出租给外地人耕种。因此，如果不是后来灌溉水出问题和房屋被蚁蛀而成危房的话，那么，今天岩村移民经济的恢复与发展，便将是完全不同的一番景象。

但是，从长远看，远迁移民政策面临的最大而又持久的难题，是远迁移民对新环境的社会、文化特别是心理的适应问题。从上文中可以看出，在电站建设影响分析图中，移民们提到了社会文化适应问题，并列举了多方面适应困难的例证。但在电站建设影响评估排序表中，社会文化适应困难的问题却没有进入。然而，这并不表明这个问题不重要，它只是表明，岩村移民目前面临的生产生活问题太急迫了。参加 PRA 座谈会的都是每家的户主，整天为生计而奔忙的户主们的注意力都被吸引到关注最急需解决的问题上去了，暂时还顾及不到更长远的问题。但是，从移民们对老家深情的描述和思念中，从不关心生计但更关心自己百年后归宿的老人反复跑回老家的执著中，从移民一碰到重大困难便只有返回老家寻求支持的社会关系和社会资本中，从移民对恢复传统盛大的民族节日的向往中，我们可以看出，远迁移民对新环境的社会、文化和心理的适应问题，才是更为长久、更难解决的问题。因为，灌溉用水、人畜饮水、危房等问题，都是单纯的看得见、摸得着的物质问题，只要政府下决心，决策之前充分听取专家和移民群众的意见，做到民主决策和科学决策，解决起来并不困难，而社会文化心理适应问题，则是复杂的看不见摸不着隐藏在人们心灵深处的精神问题，解决起来就要困难和复杂得多，解决的时间也就要漫长得多了。正如岩村村民自己所言："我们现在是回又回不去，在又不想在，进退两难。结果造成思想负担重、心理压力大，别人是生活在希望中，而我们是生活在忧虑之中。"

（四）解决移民问题的关键是建立参与式民主决策机制

综上所述，三种移民模式都存在这样那样或多或少的问题。而深入分析后就会发现，所有这些问题产生的根源，都可以归结为移民主体参与权缺失这个最根本的问题。

例如，政府对坝村移民实行"城镇非农"模式的设计尽管用心良苦，在实施初期也确实收到过良好效果，但由于没有吸收移民主体参与决策，因而面对不可预见也不可抗拒的体制和政策变化所带来的风险，基本没有可行的应对措施、应对能力，甚至也缺乏应对的心理准备。政府的良苦用心至今也未被移民群众所理解。

又如，在传统农业范围内选择就地后靠移民，已经注定使江村移民在相当长时期内生产生活水平下降。在此前提下，各级政府本应充分尊重移民的意见，尽可能为其寻找相对较好的居住地，并扶持实施适合当地实际的发展项目，以尽可能多地弥补其由于支援国家建设被迫搬迁而造成的损失。然而事实恰恰相反。各级政府虽然也付出了很大精力、投入了大量资金帮助其选择新的居住地并扶持其发展，但却因不吸收移民参与决策不采纳移民意见而干下了一系列出力不讨好的荒唐事。从搬迁地选择的失误到人畜饮水工程、提水灌溉工程、扶持种植杧果、种植雪梨等等项目的失败，都是政府官员们主观武断决策造成的恶果，因而延缓了江村移民经济恢复的进程。

再如，从电站影响问题评估排序表中可以看出，被岩村移民视为最急需解决的前 3 个问题分别是危房、灌溉用水和人畜饮水问题。政府为解决这些问题已经三番五次地投入巨资和大量的人力和物力，但迄今仍未解决的根本原因，就在于缺乏当地居民参与和不了解地方乡土知识而造成的。试想一下，如果当初修水沟决策时政府能够多听世世代代居住在当地群众的意见，选择来水稍晚，但水源充足能保证栽插节令的铜厂大沟而不是岩羊山大沟和忙拐山大沟；如果修人畜饮水工程时政府能够听取移民的意见提高分水池高程和加粗主水管；如果移民刚来建新房时政府能请生态学和民族学专家先做调查，了解当地传统的乡土生态知识是如何抵御白蚂蚁侵袭的，用以指导移民建房……那么，这三大问题及与此相关的诸如负债问题、孩子读书供不起的问题以及心理压力过大而造成的心理疾患等一系列问题，或许早就解决了。

当然，在20世纪八九十年代，国家民主政治进程滞后的条件下，出现上述问题是不难理解的。因此，在21世纪国家政治民主化进程日益深入和扩大的今天，解决水电建设移民问题的关键，就在于建立一整套保障移民主体权益的、移民主体有权参与决策与决策执行全过程的体制和机制。

二、从人类学发展理论认识水电建设移民问题

从主流发展理论来看，水电建设无疑是人类认识自然、改造自然能力空前强大的壮举，是推动经济增长和社会进步的动力。水电建设所提供的强大能源，也确实给国家、电力企业和社会多数人带来了巨大的利益。因此，国家和云南省委省政府，将水能资源极为丰富的云南省澜沧江流域，确定为国家的水电能源基地和“西电东送”、“云电外送”基地的战略决策是正确的和无可非议的。

但是，站在关注少数人群体和弱势群体利益的人类学立场，从人类学发展理论来看，水电建设正是国家权力领导、帮助和干预民族地区发展的结果。国家和政府的预期，是想通过水电开发带动少数民族和民族地区更快地发展起来，民族地区的政府和民众也确实分享到了水电开发的某些利益。但对水电开发移民这一特定的少数人群体和弱势群体来说，在分享到某些正面影响的同时，却承受了更多的负面影响。其中的关键，是水电建设给移民带来的社会文化和生产生活方式变迁，正是人类学所反对或力图规避的“涵化”变迁。涵化变迁所具有的强制性，使移民散失了文化变迁的主体地位，因而也就散失了自由、自愿、自主、自觉选择和决定自身命运的权利。水电建设移民所有问题的根源，概出于此。

于是，我们就陷入了一个两难困境：一方面是国家、电力企业和社会多数人受益的水电大开发，另一方面是移民这一特定的少数人和弱势群体利益

受损的“水电大开发”。突破两难困境的关键，就是党和国家从各种社会利益群体中超越出来，站在国家和全社会整体利益和长远利益的高度，站在维护全社会公平正义的高度，以社会公益代表者、管理者和调控者的身份，坚决贯彻和全面落实科学发展观，吸收人类学发展理论的有益和合理成分，在支持澜沧江流域水电大开发的同时，运用国家权力，采取有力措施，协调社会各界更多地关注和照顾少数人和弱势群体的利益，尊重移民群众的主体地位，积极推动建立水电建设移民的参与式民主决策机制。实行移民工作的“民主决策、民主管理、民主监督”，保障移民的“知情权、参与权、表达权、监督权”①。

① 胡锦涛：《高举中国特色社会主义伟大旗帜 为夺取全面建设小康社会新胜利而奋斗——在中国共产党第十七次全国代表大会上的报告》（2007 年 10 月 15 日），《中国共产党第十七次全国代表大会文件汇编》，人民出版社 2007 年版，第 13 - 16 页。

第六章　澜沧江下游的稻作文化及其变迁——以西双版纳州曼远村傣族为例

西双版纳傣族具有种植水稻的悠久历史和丰富经验。在长期的生产实践中，傣族人民通过与自然环境的相互影响和主动调适，创造了独具特色的稻作文化。这一文化体系以适宜稻作农耕的自然生态环境为基础，以稻作生计方式为核心，以相应的资源管理制度、农耕礼俗、精神信仰和优长互补的山坝民族关系为保障，维持了西双版纳傣族地区数千年来生态环境的平衡和谐、社会经济的持续发展和民族文化的长盛不衰。然而，随着社会制度的变革，特别是随着中国实行改革开放政策后工业化、现代化浪潮的推进和橡胶种植业的迅速发展，傣族传统稻作文化体系受到了前所未有的冲击和挑战，出现了稻作文化向橡胶文化转型的趋势。形成澜沧江流域少数民族发展的又一种典型模式。本章以地处澜沧江下游的西双版纳傣族自治州景洪市勐罕镇曼远村这个典型的傣族村寨为例，对这一模式作初步研究。

第一节　曼远村概况

曼远村位于西双版纳傣族自治州景洪市勐罕镇北部的基诺山下，系橄榄坝的北部边缘，属勐罕镇曼累讷办事处管辖。北与基诺山基诺族乡的回鲁、回振两村接壤，东与曼累讷办事处的曼那、曼团、曼累讷等村相连，南面和西面与本镇曼嘎俭办事处的曼迈龙、曼嘎俭等村相接。

1994 年，全村有 76 户 377 人。有耕地 804 亩。其中，保水田 455 亩，二水田 155 亩，雷响田 123 亩，固定旱地 70 亩。在水田中种植的农作物主要有水稻和西瓜；在旱地中种植的农作物主要有玉米、黄豆、花生、芝麻、甘蔗、烟叶等。村子坐北朝南，南面是平坦肥沃的橄榄坝，全村大部分水田就分布在坝子中。在坝子边缘的丘陵地带，村落成“一”字形横向排开并逐层递进，经过三四层房屋后便进入村子的山林地带。全村有山地面积1250多亩，其中，橡胶地549亩，茶叶地42亩，香蕉、菠萝、杧果、柚子等水果地160亩，各家各户自己种植的薪炭林（铁刀木，俗称黑心树）约250亩，其余250多亩系村后曼那水库周围的水源林和防护林。出曼远村的地界再往北，就进入基诺山乡的茫茫群山之中了。

2004年，全村有80户410人。有耕地797亩。其中，有水田727亩，固定旱地70亩；在水田中，由于水库和水利灌溉沟渠的大规模修建而消灭了雷响田，全部变成了保水田①。在水田中种植的农作物主要有水稻、冬旱西瓜、辣椒、香瓜等。在固定旱地中主要种植玉米、豌豆、红薯等。由于橡胶种植业的扩大，全村1250多亩山地已绝大部分种植了橡胶，仅剩下少量的水源林和茶叶、香蕉、柚子等经济作物，其总量已不足百亩。

我们之所以选择曼远村作为本项研究的田野调查点，主要是基于以下几个方面的考虑。

其一，勐罕镇及其所辖的曼远村，位于西双版纳的中心地带和全州第三大坝子——橄榄坝之中，是傣族传统稻作文化表现得最有特色、最为典型的地区之一。曼远村距勐罕镇镇政府十多公里，有简易公路相通，是勐罕镇较为边远、相对闭塞的一个村。这就使它在一定程度上避免了近年来旅游业发展对稻作文化的冲击，基本保持了稻作文化的传统地位。这为我们调查发掘其稻作文化的传统实践和传统知识提供了基本条件，也真实地反映了大部分傣族村寨目前的情况。

其二，傣族稻作农耕虽然主要依托于坝区平坦肥沃的土地资源而发展起来，但稻田灌溉用水除少数低洼地区可从澜沧江及一些河流引水外，大部分地方还得依靠森林涵养的山箐水及天然降雨，因而森林资源及其所孕育和涵养的水资源亦成为稻作农耕发展的必备条件。这样，坝区与山区的自然环境，坝区民族与山区民族的社会文化便因此而相互联系起来。我们之所以选择曼

① “保水田”是在水库有效灌溉范围内能保证灌溉的水田；“二水田”是须待高地灌满水后多余的水溢出才能耕种的低地田；“雷响田”是不在水库灌溉范围内，须待天然降雨后才能耕种的土地，因降雨常拌有雷声，故名“雷响田”。

远村来研究傣族的稻作文化，就在于它不是一个纯粹的坝区村寨，而是一个亦山亦坝的村寨；这里既有坝区平坦肥沃的土地，又有山区涵养水源的森林，因而具有比较完整的稻作文化的传统知识；它不仅与周围坝子中的诸多纯傣族村寨为邻，而且与山区基诺族村寨为邻，优长互补的山坝民族关系亦是傣族传统稻作文化体系的一个重要内容。因此，曼远村是一个研究傣族稻作文化传统与变迁的比较理想的、具有典型性和代表性的村寨。

其三，曼远村也是改革开放以来在工业化、现代化浪潮推动下民营橡胶种植业发展最快的村寨之一。民营橡胶种植业在给傣族民众带来丰厚的经济收入的同时，也对生态环境带来了不利影响，使傣族传统稻作文化日趋式微，稻作文化向橡胶文化转型的趋向渐行渐近，日益明显。是研究西双版纳傣族文化转型的一个典型村寨。

其四，早在1955年，即距今整整50多年前，我国开展大规模的少数民族社会历史调查时，有关调查组就把曼远村作为一个能反映傣族社会经济状况的典型村寨，对其土地占有及其负担情况进行过详细调查，并撰写发表了有关的调查报告。50多年后的今天，我们重新对其进行调查，就能够比较清晰地反映这个村寨50多年的变迁情况。这对我们探讨傣族传统稻作文化的现代变迁无疑会有很大的帮助。

其五，曼远村是“傣勐”寨。“傣勐”意为“土著”或“建寨最早的人”。其在傣族传统社会等级阶梯中占有十分重要的地位。20世纪50年代前约占西双版纳傣族总户数的55%，占有的土地约等于总耕地面积的60%①。傣族传统的农村公社组织形式在傣勐等级中表现得最为典型。因此，以20世纪50年代前的“傣勐”等级村寨为例进行深入的调查和剖析，将有助于我们获得对傣族稻作文化传统实践的全面和正确的认识。

正是基于上述5点理由，1995年，我到曼远村对其稻作文化进行了两个月的田野调查，2003年2月和2005年1月，我再赴曼远村进行调查。本章便是根据三次田野调查的资料撰写而成的。

① 参见高立士：《西双版纳傣族的历史与文化》，云南民族出版社1992年版，第10－11页。

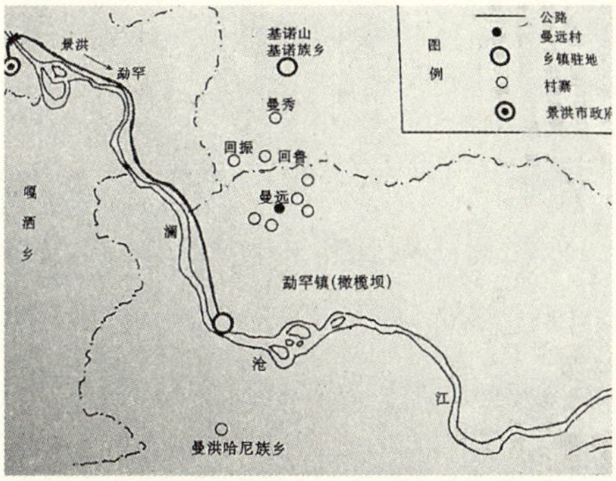

图6－1　勐罕镇社区示意图

图6－2　曼远村村落图

图6－3　依山傍田的曼远村

第二节　稻作文化体系中的自然环境

适宜稻作农耕的自然环境是傣族稻作文化赖以形成和发展的基础。而傣族稻作文化的长期发展又给自然环境打上了人与文化的烙印，使其变成了人化的自然或文化的自然，从而将其纳入到傣族稻作文化体系之中，成为不可分割的一个组成部分。因此，本章对傣族稻作文化体系的考察，首先从其自然环境入手。

西双版纳地处云南省南部边疆，位于北纬21°11′~22°40′，东经99°55′~105°50′之间。北与普洱市的思茅区接壤，东北与江城县相接，西北与澜沧县为邻。东南和西南面与老挝、缅甸接壤，国境线长达966.3公里。其中，中老段677.8公里，中缅段288.5公里。西双版纳州全境属于横断山系纵谷地区的最南端。东部为无量山山地，西部为怒山山地，两山以澜沧江相隔，自北向南倾斜并渐向东西两翼扩散，呈帚状纵贯全境。境内分布着大小2762条河流，纵横交错，漫延成网，均属澜沧江水系。全州以山地为主，面积达2725万亩，占总面积的95%。这里世代居住着基诺、哈尼、布朗、瑶、拉祜等山地民族。在广阔的山地中镶嵌着许多大小不一、形状各异的盆地（云南俗称坝子、坝区），面积为143万亩，占总面积的5%。坝区是傣族人民的世代聚居地。具有悠久历史的傣族稻作文化，便依托着这一个个河谷盆地而发展起来。

西双版纳地处北回归线以南，纬度低，太阳投射角度大，一年中有两次直射，因而获得的热量多。其地理位置处于横断山脉的末端，北面有怒山、无量山、哀牢山作为屏障，冬春来自北方的冷空气被挡于屏障之外而不受寒潮侵袭。东距北部湾、西距孟加拉湾都只有六七百公里，是西南季风和东南季风的交汇地带。夏季气温虽高，但来自印度洋的西南季风和来自太平洋的东南季风带着充足的水汽沿着南低北高的地势从南向北爬坡而上，凝结成充沛的降雨，降雨又抑制了气温的升高。所有这些因素综合作用的结果，就形成了西双版纳独具特色的气候特点：长夏无冬；干湿季节分明；年温差小、日温差大；高温、高湿、静风；雨量充沛；兼有大陆性和海洋性气候的优点而无其缺点。这一气候特点在傣族聚居的低海拔河谷平坝地区表现得更为明显。我们进行田野调查的橄榄坝（勐罕镇）就是其中的典型代表。这可从以下一系列气候指标中反映出来。

表 6-1　橄榄坝日照、太阳辐射量及其季节变化

纬度	海拔	年总量		最低月		最高月	
		日照 小时/年	辐射 千卡/cm²	日照 小时/年	辐射 千卡/cm²	日照 小时/年	辐射 千卡/cm²
21°43′	526	1820.1	135.01	119.9	7.28	194.4	13.97

资料来源：原景洪县农业局编《景洪县综合农业区划报告》(打印稿)，第 11 页。

由于日照时数多、太阳辐射强，导致其热量丰富，终年温暖，为水稻生长提供了优越条件。

表 6-2　橄榄坝各月气温表

单位:℃

一月	二月	三月	四月	五月	六月	七月	八月	九月	十月	十一月	十二月	年平均	极端最高气温	极端最低气温
15.9	17.6	20.0	23.5	25.0	25.6	25.2	24.8	24.1	22.6	19.5	16.6	21.6	39.7	5.4

资料来源：原景洪县农业局编《景洪土壤》(打印稿)，第 23 页。

从表中可以看出，橄榄坝的温度年较差在 10℃上下，说明月际温度变化不大，热量在各月之间分布平衡。但昼夜温差大，1978 年 1 月 29 日最高温度 24.7℃，最低温度 8.3℃，相差 16.4℃。同年 4 月 25 日昼夜竟相差 19.7℃。昼夜温差大，但温度都在植物所能承受的上限和下限温度范围内，有利于农作物营养积累。最热月不热，最冷月不冷，极端最低气温和极端最高气温一年中只出现几天。这样的气候既有利于农作物越冬，又无高温酷暑危害农作物之虞。此外，如果以月平均气温低于 10℃ 为冬季，高于 22℃ 为夏季，10℃～22℃之间为春秋季，那么，橄榄坝是没有冬季的。一年中季节时间分配为夏季七个月，春、秋季五个月，≥10℃的积温达 7994.8℃。这种长夏无冬的气候特点为水稻的一年多熟提供了优越的条件。

橄榄坝虽然四季不明显，但雨季和旱季之分却十分鲜明。一年中降雨量集中在雨季即5月~10月这6个月之中，降雨达1143.5毫米，占全年降雨量的85%以上。降雨量最多的8月，达291.9毫米，占全年降雨总量的20%左右。旱季即当年11月至翌年4月，降雨量不足全年的15%，降雨量最少的2月只有15.5毫米，只占全年的1%左右。

表6-3　橄榄坝逐月降雨量表

单位：毫米

一月	二月	三月	四月	五月	六月	七月	八月	九月	十月	十一月	十二月	全年总量	备注
40.3	15.5	33.3	62.1	176.9	181.8	242.2	291.9	182.6	68.1	46.4	39.9	1381	五年平均

表6-4　橄榄坝逐月蒸发量表

单位：毫米

一月	二月	三月	四月	五月	六月	七月	八月	九月	十月	十一月	十二月	全年合计
85.9	112.8	150.7	174.2	191.7	151.0	134.0	142.2	106.6	120.9	101.3	76.4	1546.9

表6-5　橄榄坝相对温度逐月变化表

单位:%

一月	二月	三月	四月	五月	六月	七月	八月	九月	十月	十一月	十二月	全年平均
89	84	80	79	82	87	89	91	89	89	89	91	86.58

资料来源：原景洪县农业局编《景洪土壤》（打印稿），第24页。

从以上三表中可以看出，就全年而言，橄榄坝的降雨量是充沛的，降雨量与蒸发量差距不大，因而空气较为湿润，这对水稻生长十分有利。但是，由于降雨主要集中在雨季，旱季降雨稀少，因而旱稻生长对水利设施的依赖性较强。不过，西双版纳气候的一大特点，就是在进入旱季的同时也进入了"雾季"，从11月至翌年2月热带雨林中生成的雾气要覆盖这块土地达120多天，每天浓雾弥漫、遮天蔽日的时间平均有七八个小时，多达10多个小时。茫茫大雾的笼罩减少了太阳直射强度和时间，抑制了地面水分蒸发，对越冬作物特别是早稻的生长起到了明显的滋润作用。与此同时，雾的生成还给地面覆盖上一层“被子”，减少地面温度散失，保证了水稻生长发育所需的最低温度。

西双版纳不仅具有适宜稻作农耕的优越的气候条件，还具有适宜稻作农耕的丰富的水资源、土地资源和森林植被。橄榄坝所属的景洪市，江河纵横、密如蛛网。多年平均径流量（产水量）为33.1亿立方米，人均径流量1.1万立方米，高于全国（2700立方米）、全省（6400立方米），按耕地亩均6100立方米。全市水质除个别河流外未受严重污染，均为1级~3级，PH值在5.75~7.3之间，水化学性质以低矿化的重碳酸质溶滤水为主，矿化度在0.07~0.27克/升之间，总硬度2.63~6.95德度，符合农田灌溉用水标准①。然而，景洪市虽然水资源较为丰富，但时空分布不均，因而农田灌溉对水利设施的依赖性较强。故早在古代，傣族人民就因陋就简，因地制宜地沿河堵坝和顺山开沟引水灌田，在一定程度上满足了水稻灌溉的需要。

傣族居住的坝区面积宽广，土壤肥沃。仅橄榄坝坝区土地就达84975亩，按1993年全镇傣族人口19580人计算，平均每人4.3亩。其中，水田31855亩，人均1.62亩。这些水田平均海拔都在800米以下，土壤性状均为长期耕作熟化的水稻土。按亚类区分多属潴育型水稻土，是由坡积、冲积、湖积母质发育而来。土性和结构好，土质松软，泥田多，有机质含量较高，平均为2.9%；含氮量和含钾量均较高，平均分别为0.15%和1.2%，但缺磷②。

在一个个地势平坦，土壤肥沃，常有河流蜿蜒其中的坝子周围，是连绵不绝、面积广阔的亚热带山区。优越的气候条件和肥沃的土壤孕育成山区丰富的植物资源和森林植被。西双版纳自第三纪始新世以来就处于古热带季风气候，发育着古热带雨林植被，又未受冰川南移的破坏。至今仍保存着某些古生物种类，如树蕨、鸡毛松、竹柏、滇南木莲、天科木等30余种，是珍贵

① 参见原景洪县农业局编：《景洪县农业志》（打印稿），上册第53页。
② 参见西双版纳州农业局编：《西双版纳州农业志》（打印稿），第26页。

的热带植物种质“基因库”。据调查，在这块仅占全国1/5000的土地上，生长着高等植物5000多种，占全国3万多种高等植物的1/6，经整理、鉴定的植物种类的变种已达3890种，246科，1471属；各种植物生长在一起，形成高矮不一，互相依存，有着若干层次的自然群落。一般有1层~5层，有的多达7层~8层。植物密度大，种类繁多，每公顷林地就有几百个树种，形成我国热带生物资源最富集的地区。全州有珍贵的热带雨林、热带季雨林。有360万亩自然保护区，其中有70万亩是完好的原始森林①。山区茂密的森林植被为坝区稻作文化的繁荣提供了最基本的保障，也为西双版纳赢得了“植物王国王冠上的一颗绿宝石”的美誉。我们进行田野调查的曼远村，就坐落在这颗绿宝石的中心地带。

第三节　稻作文化体系中的技术系统

适应特定自然环境的稻作农耕技术是傣族稻作文化体系的核心。其内涵并非一成不变，而是一个随着时代进步和环境变化不断调适的动态过程。据傣族民间传说记载，远古时期有一个叫做“叭桑木底”的傣族首领，他从“蜜蜂酿蜜、小雀生蛋”受到启发，认识到“分散是死路，游猎饿死人”，必须“立寨盖房子，挖地种野瓜”，才能保持人类生生不息。于是他率领大家划田地、分山水，从游猎生活逐渐转向定居农耕。他教人们要“先把杂草拔光、用脚踏烂稀泥，用手抹平泥土，把谷种撒在平湿地上”②。这实际上是将野生稻谷驯化进行人工栽培的过程，也是傣族最早的农耕技术，其特点是用人工进行“脚耕手种”。

以后，傣族的农耕技术又随时代的进步分别经历了“象牛踏耕”，踏耕与犁耕并存，犁耕取代踏耕等阶段及其变迁。唐·樊绰在《云南志》中，把当时西双版纳的傣族称为“茫蛮”。该书卷四说，其地“象大如水牛，土俗养象

① 参见《西双版纳概览》，云南民族出版社1993年版，第8页。

② 参阅《论傣族诗歌·附录》，中国民间文艺出版社（云南版），1981年。

以耕田”。卷七又说：“象，开南以南多有之。或捉得人家多养之，以代耕田也。”① 开南即今景东，开南以南即今西双版纳一带，说明唐代傣族广泛使用象耕。所谓“象耕”，并不是以象拉犁的耕作，而是“踏耕”。据游修龄先生研究，踏耕系百越民族首创。早期的踏耕分布于浙东至闽、粤、滇及越南红河下游，泰缅南部等处。百越先人起初或利用野象践踏的泥泞地播种稻谷，或自养象驱之入田反复踩踏，后来发展到利用饲养的牛群，模仿象耕稻田，驱赶牛群到放水的田块中来回踩踏，把杂草压入土中腐烂，土壤踩成泥浆，便可播下稻谷。这种耕作方法俗称“牛踩田”。游先生指出，在百越民族中，踏耕早于犁耕，至今云南个别地方的傣族及泰国有些地方仍采用踏耕。而且，有些地方已实行犁耕的，同时也还采用踏耕。这是因为踏耕有其特殊的作用，是犁耕无法取代的。比如踏耕除踏糊田土外，还有将杂草踏入土内，使其腐烂的功能，所以不能笼统地以为踏耕是很原始落后的技术②。

至迟在明代以后，傣族稻作农耕技术已发展形成一套比较完备的系统。其中包含着许多傣族人民为适应特定自然环境而创造出来的独特方法。中华人民共和国成立后，随着现代科学技术的引进和推广，傣族稻作农耕技术发生了巨大而深刻的变迁。

一、传统技术的主要内容及其特点

（一）耕作制度与休闲肥田

20 世纪 50 年代以前，整个西双版纳傣族地区地广人稀，人均耕地面积较宽。曼远村 1955 年有 30 户人家 196 人，却有耕地 1544 亩，人均 7. 87 亩③。在如此宽广的土地上一年种一季已使粮食自给有余。加之当时的西双版纳因地理位置边远偏僻，山高谷深的自然环境构成与祖国内地经济交往的天然屏障。交通不便使自给有余的粮食没有多少销路，因而自然形成了一年种一季，

① （唐）樊绰撰，向达原校、木芹补注：《云南志补注》，云南人民出版社 1995 年版，第 64 页、111 页。

② 参见游修龄：《百越农业对后世农业的影响》，《国际百越文化研究》，中国社会科学出版社，1994 年。

③ 《傣族社会历史调查》（西双版纳之八），云南民族出版社 1985 年版，第 39 页。

其余时间放荒休闲的耕作制度。这种耕作制度一方面造成土地利用率和土地产出率均较低，另一方面却又在当时条件下保证了稻作农业的持续发展。傣族是一个爱好洁净而又笃信宗教的民族，人畜粪便均被视之为不洁，尤其禁忌人粪。认为用之肥田，长出的粮食用来祭神便会触犯“神灵”①。因此傣族传统稻作农耕技术的一大特点就是不施肥，即所谓种“卫生田”。然而，在不施肥的条件下要长期保持从土地中获取适量的产出，仍然必须补充土壤养分，休闲制便是补充土壤养分的最简便的途径和最有效的方法之一。傣族传统每年公历5月撒秧，10月收割，土地休闲期长达半年。在热带高温高湿的自然条件下，微生物生长快、活动频繁，在土壤中活动后转化为自然肥力。各种杂草长得更快，在休闲期结束时田地里已长满杂草，加之传统水稻多为高秆品种，植株高一般都1.5米以上，收获时留桩甚高，这无异于为每亩农田保留了1000公斤~2000公斤绿肥；休闲稻田又通常被用作冬季牧场。傣族农民几乎每家都养有几头水牛和黄牛，每到冬季便驱之入休闲稻田中吃草越冬。经过牛群的反复踩踏便将野草、谷茬和牛粪踏入田土之中。所有这些，都为傣族不施肥的“卫生田”补充了天然肥料。

（二）品种多样性与病虫害防治

西双版纳是农作物品种资源的宝库。据1980年~1982年全州性大规模农作物品种资源普查，全州仅稻谷品种就有1600多个，其中水稻800多个；景洪市有稻谷品种419个，其中水稻品种202个②。曼远村傣族农民50年代前经常种植的水稻品种主要有“毫蒙享”、“毫滚干”、“毫禾禾好”、“毫达哥”、“毫黑章”、“毫场垄”、“毫场囡”、“毫火汗光”、“毫乃列”、“毫孟样”、“毫拱笼”、“毫嘎木龙”、“毫嘎木到”、“毫哄勐养”、“毫哄勐仑”等18种糯稻和“毫岸笼”、“毫岸波咏”、“毫岸档”、“毫岸满”等4种粘稻。这些稻谷品种除可分为粘、糯外，还可按类型分为籼、粳，按壳色分为白、黄、紫，按米色分为白、红、紫，按株型分为高秆（1.5米以上）和矮秆（1米以下）等。这些不同的品种对田块高低、水旱程度和土壤肥力都有不同的需求。傣

① 《傣族简史》，云南人民出版社1986年版，第141页。

② 参见西双版纳州农业局编：《西双版纳州农业志》（打印稿），第45页；原景洪县农业局编：《景洪县农业志》（打印稿），第32页。

族农民便根据自己多年积累的经验将不同的品种种植在与其品性相适应的不同的田块中，从而使每一个傣族家庭在其所拥有的土地上都种有若干个不同的品种。这样做虽然在一定程度上增加了种植和管理的困难，但却通过对自然环境的主动调适充分发挥了不同田块的生产能力，同时也满足了傣族人民生活对稻谷多样性的需求。

品种多样性的另一个好处，就是它在一定程度上能够抑制病虫害的扩大和蔓延。在没有化学杀虫剂的条件下，傣族传统稻作农耕技术中对病虫害的防治主要依靠以下几条途径：

一是通过植物保护以保持生态环境的平衡，使病虫害很少发生。据曼远村七八十岁的老农回忆，今天几乎每年都要发生的对水稻造成严重危害的黄矮病、白枯叶病和一些虫害，在 20 世纪 50 年代前满山遍野都覆盖着森林的良好生态环境下几乎从未碰到过。即使碰上某些虫害也因森林中繁衍着它们的天敌如猫头鹰等，使其难以造成大面积破坏。

二是通过“寄秧”技术（这一技术的具体内容将在后面详细介绍）培育坚韧抗虫的壮秧，并错开害虫发生的高峰期。

三是通过品种多样性对害虫产生一定的抑制作用。据老人回忆，20 世纪 40 年代，曼远村曾发生过三次较大的病虫害，但颗粒无收的只是一些抗病和抗虫性较差的品种和田块。其他一些抗病品种通过寄秧增强其抗虫性能后，仍然获得了正常年景 2/3 和 1/3 的收成。由于每家都种有若干个品种，一块田地颗粒无收而另一块田地仍有收成，因而并未造成大范围的饥荒。

（三）水利灌溉技术

在西双版纳地区，虽然年降雨量和地表水资源都很丰富，但因降雨和河流的时空分布不均，因而使傣族稻作农耕的发展对人工水利灌溉设施的依赖性很大。历史上，勐景洪地区的傣族经过长期努力，修建了多达 13 条、每条长达数十公里的人工灌溉沟渠，形成了全勐[①]性的纵横交错的水利灌溉网络和较为发达的水利灌溉系统。勐罕地区的水利设施虽没有勐景洪地区完善，但亦有自己的特点。在曼远村，稻田灌溉一靠天然降雨；二靠从基诺山流下来

① 勐：傣语，意为坝子（盆地）。

的“卫乃”、“卫达”和“卫蒙”等3条小河；第三就靠本村农民自己修建的、连接3条小河和无数山泉小溪而又在田地中纵横成网的人工沟渠了。20世纪50年代前，曼远村自己的山地及其背靠的基诺山区，仍为茂密的原始森林所覆盖，林中堆积着厚厚的枯枝落叶和腐殖物，直到20世纪80年代初森林未遭大规模破坏前，林中还保留着上百厘米厚的枯枝落叶和二三十厘米厚的腐殖层①。这些东西经过雨季的大雨冲刷和平时的高山潺潺流水，沿小溪河流和人工沟渠进入稻田中，便成为上等的天然肥料；大雨冲刷还将村寨周围的人畜粪便和泥土带入田中淤积下来，既肥田又能改良土壤。由此看来，傣族传统的水利灌溉技术虽然因陋就简，但却是因地制宜的巧妙和高超的行为。它同时收到了水利灌溉和改土肥田的双重功效。

（四）耕作技术与耕作程序

在曼远村，用传统技术种一亩水稻通常需要经过以下27道工序：

1. 选种。耕作精细的人家采用穗选法，即当谷子成熟时到大田中去一穗一穗地选，将粒多饱满的谷穗选好拿回家，用稻草扎成草袋，将种子装入，吊挂在屋梁上，让其自然风干。既防鼠防雀，又防霉变和混杂。有的人家则采用块选法，即哪块田谷子长得好就在哪块田中选种。选种一般要半个工。

2. 修理水沟。在雨季来临和做秧田之前，各家各户都要出一个壮劳力花一天时间，将村中的引水沟渠和自家田地周围的水沟修好，使其畅通无阻。

3. 备耕。准备和修理农具，寻找耕牛等，要一个工。

4. 犁秧田。要一个工。

5. 耖秧田。要一个工。

6. 耙秧田。要一个工。

7. 理秧厢。把做好的秧田用木扒摊成墒畦，畦面厢宽1.3米~1.5米，沟深15厘米~20厘米，以便于排水。要一个工。

8. 育秧。育秧又分水育秧和旱育秧两种。水育秧即在秧厢理好后便撤水，然后把浸泡了24小时已经发芽的谷种撒播于秧田中，过5天~7天，待苗高2厘米~3厘米时又灌水，淹水2天~3天又撤水，过10天~15天后再灌水浸

① 笔者对景洪市农业局农业股岩伍同志调查访谈笔录。

泡直至栽插。这种反复灌水撤水对合理调节秧苗正常生长有好处，是傣族稻农经过长期实践总结出来的宝贵经验。水育秧从播种到几次管水所花费的时间合计起来也需要一个工。旱育秧是傣族稻农在水利化程度较低的条件下又碰上天干，导致秧田无水，为抢节令而采取的一种适应性育秧方法。这种方法把育秧场地从稻田转移到山中大树下面的湿润地带，将地面挖开泥土捣细平整后便撒秧播种，再盖上捣细了的鸡粪土，防止家禽和小鸟糟蹋。旱育秧的特点是秧苗根系发达。因为秧苗要吸水就必须长根，这种秧苗的抗旱能力和生长能力比水育秧还强①。但缺点就是难于管理。为防止牲畜糟蹋，在整个秧苗生长期间每天都得有人去管理。因而从整地播种到秧苗管理至少需要10个工。

9. 犁寄秧田。要一个工。

10. 耖寄秧田。要一个工。

11. 耙寄秧田。要一个工。

12. 拔秧。要一个工。

13. 栽秧。要一个工。

上述5道工序所做的都是同一件工作“寄秧”。寄秧又称教秧，是傣族农民为培育壮秧和抢节令抗旱栽插而创造出来的一种与自然环境主动调适的独特方法。秧苗长到20天~25天，按节令便应移栽到大田中去。但此时雨水未丰而难以保证大田的灌溉用水，人工沟渠引来的有限的山泉小溪水只能灌溉靠近水源的一部分稻田；这些稻田靠近水源和村寨，历年接受雨水冲刷而来的腐殖物、人畜粪便等天然肥料较多，因而都是上等肥田。傣族农民把秧田中的秧苗寄栽到这些肥沃保水的上等田中再培育25天~30天，就一方面保证了按节令抗旱栽插，另一方面又把原来肥力不够的牛毛秧培育成能抗倒伏、抗病虫害的壮秧。因为这种方法只是把秧苗暂时寄栽在肥沃保水的田地中进行再培育，故称寄秧。通过寄秧再培育的秧苗移栽到大田后，一般都穗大粒

① 关于旱育秧技术，云南省民族研究所的高立士先生为我提供了调查线索，岩伍同志阐述了它的功能，亦可参见《景洪县农业志》的有关论述。

多、籽粒饱满，比直接由牛毛秧移栽的每亩均增产20%以上①。

14. “胎纳”（犁大田）。一般只犁一次，深3寸~4寸。寄秧栽完后便接着进行此项工作，要一个工。

15. “告纳”（堆捂）。犁田时已将田土中原有的杂草、谷茬翻入土中，犁田后10天~15天，稻田中长满了杂草，农民铲糊好田埂后，便着手进行“告纳”（堆捂）工作，即用耖耙将田中泥土和杂草堆耙成一埂一埂的垄，垄只露出水面三分之一，杂草全部埋入土下和水中，以达到捂烂杂草、增加肥力和熟化土壤的目的。要一个工。

16. “粉纳”（翻堆）。堆捂后10天~15天，用耖耙将土垄从底层彻底翻个身，把垄面上长出的杂草又捂进垄底，使全部杂草、稻桩彻底腐烂、熟化并防止栽插后长草。要一个工。

17. “些纳”（耙平）。翻堆后7天~10天，以垄面有大量蚯蚓屎排出为准，便表明杂草已烂，即用耖耙将垄耙平。要一个工。

18. “德纳”（整田）。在耖耙上装一根长竹筒，将耙烂的泥巴擀平，以利栽插灌水并提高秧苗成活率。要一个工②。

上述5道工序是傣族农民独创的肥田、整田方法，它充分合理地利用了当地气候高热高湿因而杂草生长极快的优越条件，在5道工序30天~35天的时间内，采取犁、捂、堆、耙、平等技术手段，反复将不断生长出来的杂草沤腐成肥，最终做到田平泥化无杂草，使得秧苗移栽后能尽快返青和尽早分蘖。这五道工序与寄秧技术也正好相互衔接，环环相扣。大田平整出来后，寄秧期亦随之结束，正好适时移栽。

19. 拔秧。要一个工。

20. 栽秧。要一个工。

21. 砍竹子，围篱笆。大田栽插结束后，各家各户都要立即上山砍竹子剖

---

① 关于寄秧技术，云南省民族研究所的高立士、朱德普二位先生为我提供了调查线索，还可参阅王文光：《西双版纳傣族糯米文化及其变迁》，杜玉亭主编：《传统与发展》，中国社会科学出版社，1990年。

② 关于傣族独特的整田技术，西双版纳州人大副主任徐世学同志为我提供了调查线索，并参阅了《景洪县农业志》的有关论述。

竹篾，把自家的稻田全部用篱笆围栅起来。以防牛马牲畜糟蹋。从砍竹子到围栅完毕至少需要三个工。

22. 管水。在稻谷生长的几个月内要适时灌水和撤水，总计约需三个工。

23. 中耕除草。要一个工。

24. 割稻谷。要一个工。

25. 堆稻谷。要半个工。

26. 打稻谷。要一个工。

27. 挑稻谷入仓。要半个工。

许多学者在谈到傣族稻作农业时，几乎都认定其传统技术是粗放的，生产力水平是低下的。诚然，如果以傣族稻作农业一年只种一季，且从不施肥亦无力消灭病虫害等因素来衡量，应该承认其传统技术确实是粗放的。如果把20世纪50年代前西双版纳每亩水稻平均单产约150公斤[①]，与今天杂交稻的平均亩产400公斤~500公斤相比，也应该承认其生产力水平是低下的。但是，当我们用生态学观点认识到上述粗放因素的生态意义并详细了解其耕作技术和耕作程序后，就会发现，傣族农民种一亩水稻需27道工序，要投入31个人工和6个牛工，这在当时地广人稀的条件下已很难再视之为粗放。同样，利用传统技术耕作的稻田产量虽低但却年复一年持续发展而一般不减产，并且还保持了生态环境的良性循环，因而其生产力水平也并不十分低下。

（五）辅助生业和历法与农事

曼远村傣族稻作文化发展除以水稻生产为基础外，还有其他多种多样的辅助生业。诸如在山地中种植少量的旱稻、玉米等粮食作物和花生、芝麻、黄豆、豌豆、蚕豆、甘蔗、茶叶、菠萝、杧果、椰子、柚子等经济作物；在村寨周围种植大量的黑心树以做薪柴；上山打猎，下河捕鱼摸虾，进山挖竹笋、采野菜，等等。这些辅助生业满足了傣族农民生活的多样性需求，也为稻作农业的发展起到了补充和辅助作用。

傣族较为完善的稻作农耕技术及其诸多辅助生业的发展，都是建立在对天文现象的科学认识基础之上的。在傣族民间传说和唱词中，常常讲到他们

① 江应梁著：《傣族史》，四川民族出版社，1983年版，第477页。

的祖先看日影辨时间，按星星的位置和各种物候现象来安排生产和生活。这就是傣族处于萌芽状态的天文历法知识。后来，在汉族天文学和印度天文学的影响下，傣族人民通过吸收、借鉴和自己的独特创造，形成了一套自成体系的天文历法①。这套历法对傣族稻作农耕及其诸多辅助生业的发展起了指导作用。现将20世纪50年代前曼远村傣历与公历相互对照的主要农事活动列表于下，从中我们可以看出傣族农事活动的科学基础。

表6－6　傣族历法与曼远村传统的主要农事活动

月份		主要农业活动
公历	傣 历	
1月	三月（冷山）	砍山地，割草，备料盖房子，砍烧柴。
2月	四月（冷伙）	继续砍山地。盖房子。
3月	五月（冷哈）	烧地，拣地。盖房子。
4月	六月（冷哄）	过新年。过完年后即开始备耕，修水沟。
5月	七月（冷基）	犁耖耙田，理秧厢，浸种、晒种、播种。同时种玉米、花生。
6月	八月（冷别）	犁、耖、耙寄秧田，拔小秧、栽寄秧，山地种旱谷，收菠萝。
7月	九月（冷告）	犁、捂、堆、耙、平大田，拔寄秧移栽入大田。山地薅草。
8月	十月（冷取）	继续栽秧，砍竹子编篱笆围栅稻田，管水。山地薅草。种菠萝。
9月	十一月（冷西别）	稻田管水，除草。山地收玉米、花生、豆等。准备篱笆、镰刀、弯棍等打谷工具。
10月	十二月（冷西双）	稻田开始收割，山地收旱谷并搬运回寨。
11月	一月（冷惊）	稻田选种、收割、堆谷、打谷。
12月	二月（冷干）	水稻收打完毕，搬运粮食入仓。开始备料盖房子。

① 参见《傣族简史》，云南人民出版社，1985年版，第143页、219页。

（六）性别分工和村社成员的互助协作

傣族在生产技术上的男女性别分工由来已久。元李京在《云南志略》中记述金齿白夷的生产情形说："男子不事稼穑，惟护养小儿。""妇女尽力农事，勤苦不辍，及产方得稍暇，既产，即抱子浴于江，归付其夫，动作如故。"《马可·波罗行纪》亦说："其俗男子尽武士，除战争、游猎、养鸟外，不作他事，一切工作皆由妇女为之，辅以战争所获俘奴而已。"这种农业生产以妇女为主的状况，一直延续到明初。钱古训、李思聪所著之《百夷传》说："地多平川沃土，妇女用独镬锄地，事稼穑，地利不能尽。"此后男子逐渐参加农业生产劳动，并形成了技术上的男女性别分工。即男子犁田、耙田、放水、围篱笆、撒秧拔秧、挑秧、堆谷、打谷；妇女栽秧、薅草、割谷、挑谷。习俗认为，妇女犁田会"遭雷打"，"牛会哭"，"庄稼不长"等[①]。这种技术上的性别分工一旦固定为习俗，便一直沿习至今，只是今天已不如以往严格。例如，今天的栽秧也仍由妇女专门负责，但如果妇女人手不够而又必须抢节令栽插，男子也同样可以下田栽秧。

每到栽插和收割的大忙时节，傣族村社群众便自发地进行互助与协作。互助协作仍然遵循性别分工习俗，一般是男请男工、女请女工。互助协作有两种形式：一种是亲朋好友间小范围的互助，这种互助不给报酬也不严格计工，主人只需招待一顿中饭即可。另一种是全村或跨村大范围内的请工帮助，这种帮助就必须严格计工并按工付酬。

二、传统技术的变迁与新型技术系统的建立

（一）耕作制度的变化

中华人民共和国成立后，随着新型政权体系的建立和一系列开发种植橡胶的国营农场的相继成立，带来了大批内地干部、复员转业军人和支边青年。大批外来人员对粮食和多种农产品的需求逐渐打破了西双版纳傣族稻作农业的自给传统，促使其耕作制度从一熟制向多熟制转变。曼远村自50年代末期试种双季稻以来，几十年间曾反复试验过以下多种耕作制度。

---

① 参见《傣族简史》，云南人民出版社，1985年版，第143页。

1. 稻稻连作制。即早稻——晚稻；或中稻——再生稻。早晚稻连作持续至今，在一些水利条件较好的田块中已形成固定制度。中稻——再生稻连作在20世纪60年代、70年代、80年代都曾反复推广过，这是一种充分利用当地高温高湿的优越条件，让割后稻茬自然再生结穗，不需增加任何物质投入便可收获粮食的好技术，其平均亩产一般可到100公斤。但不足之处就是必须付出很多的人工管理以防止牛马牲畜糟蹋。因而虽经反复推广至今仍未被傣族农民所接受。

2. 稻油轮作制。即晚稻——花生或油菜。1966年推广稻后冬花生。1974年推广稻后油菜。虽然都有收成，但因投入人力多，收入不大。20世纪80年代以后便停止种植。

3. 稻麦轮作制。即晚稻——小麦。此一耕作制度自1953年便开始引种试验，六七十年代一度大面积推广，但因小麦单产太低而且傣族农民不喜面食，因而自1974年后便停止种植。

4. 稻豆轮作制。即晚稻——冬黄豆、蚕豆、豌豆。这种耕作制度于1965年试验，1966年大面积推广，按理说是一项既能增加收入又能有效肥田的好技术，但亦因收入不高和人力投入较多而被终止。

5. 稻肥轮作制。即水稻——绿肥。自1966年从江苏、湖北、广西等地引入苕子、紫云英等冬季绿肥进行试验，1972年再次引种试验和推广。按说这是一项既有利于肥田又有利于畜牧业发展的好技术，但因其直接经济效益不高而自行中止。

6. 稻瓜轮作制。即水稻——西瓜。这种轮作制度在20世纪50年代前傣族农民便已偶尔为之。60年代在农场带动下一度扩大面积，但因西瓜没有销路，以后便停止种植。20世纪80年代后期，随着交通运输条件的改善和市场取向改革的深入，从西双版纳运往昆明和省外大城市的优质早熟西瓜成了抢手的热门货，从而推动稻瓜轮作制大规模发展起来并逐渐成为固定制度。

7. 稻烟轮作制。即水稻——烤烟。云南是著名的“烟草王国”，烤烟的种植与加工能为农民和政府财政增加收入。因而在1986年，原景洪县政府派当地农民到玉溪学习种烟技术，1987年便在玉溪师傅的指导下大规模发展稻烟轮作。曼远村当年种植了200多亩，结果烟叶长得很好，但烤烟的品质和等级却很低。种烟农民收回成本后再没有赚头，以后便自行中止。

上述多种轮作制经过三四十年的反复试验、推广、淘汰和筛选，目前仍在实行的主要有稻后休闲、早晚稻连作、稻瓜轮作等3种制度，具体情况可参阅下表。

表6-7 1990年~1994年曼远村水田耕作制度表

单位：亩

年代 项目	水田总面积	稻后休闲	占总面积的%	早晚稻连作	占总面积的%	稻瓜轮作	占总面积的%
1990年	734	681	92.77	50	6.81	3	0.40
1991年	734	499	67.98	55	7.49	180	24.52
1992年	734	364	49.59	363	49.45	7	0.95
1993年	734	686	93.46	17	2.31	31	4.22
1994年	734	474	64.57	250	10	10	1.36

资料来源：曼远村统计年报。

从上表中可以看出，虽经20世纪50年代以来40多年耕作制度的多次变动，但傣族传统的稻后休闲制仍占主导地位；早晚稻连作1978年最高时曾达到400亩，稻瓜轮作1991年最高时曾达到180亩，但每年都在上下波动，其地位并不稳固，反映出西双版纳傣族的冬季农业开发仍有较大的发展潜力。

（二）品种、肥料和病虫害防治技术的变化

中华人民共和国成立以来，傣族稻作农业在品种方面的变化主要表现为这样两大趋势：

一是从种植糯稻为主逐渐演变为种植粘稻为主。20世纪50年代以前，糯谷种植在傣族稻作农业中占绝对优势，每年只种少量饭谷用以制作米干、米线供应外来商人。20世纪50年代以后，随着内地人员的大量迁入，饭谷需求量剧增。傣族稻农响应人民政府的号召，逐渐扩大饭谷种植面积。1962年，黄矮病开始在西双版纳大面积爆发流行，傣族传统的糯谷品种不抗病，一旦发病往往造成颗粒无收。于是许多傣族农民便自愿接受政府推广的抗病良种，进一步扩大饭谷的种植面积，形成了自食部分种糯谷，交售部分种饭谷的种植品种格局。“文化大革命”期间，中国共产党的许多好政策均遭到破坏。以往推广饭谷高产品种一直坚持的自愿原则被强制命令所取代，因而在曼远村亦发生了强迫农民把已经栽下的糯稻秧苗拔掉改种粘稻，导致全村大饥荒的严重事件。然而，强迫命令终归不能长久，一旦政策松动傣族农民便按照自己的意愿纷纷改种糯谷。到了 20 世纪 80 年代，随着高产品种杂交稻的逐步推广，它所创造的价值数倍于傣族传统的糯谷。傣族农民才逐步自愿扩大杂交稻种植面积，饭谷才真正取代了糯谷的传统地位。不过，由于傣族传统饮食习惯和宗教活动对糯谷的需求，直到今天，每家每户傣族农民仍然保留着一定的糯谷种植面积。据我对曼远村 10 家农户的抽样调查，这 10 户人家 1994 年种植晚稻 102.76 亩，其中糯谷种植面积 21.7 亩，占总面积的 21.1%。可见糯谷种植在傣族稻作农业中仍然占有一定的地位。

二是从多样化的低产品种逐渐演变为单一的高产品种，与粘稻逐渐取代糯稻的演变趋势相适应，粘稻品种亦日趋单一化。20 世纪 60 年代是“白壳矮”当家。70 年代是“博绿矮”当家，80 年代是“杂交稻”当家。进入 90 年代以后，随着城市人口对粮食需求从吃饱向吃好转变，当地政府顺应市场供求关系的变化，开始引导农民有计划地推广优质稻，杂交稻一统天下的局面被打破。但优质稻也仅局限于“滇瑞 449”、“滇瑞 456” 等少数几个品种。目前，仅在傣族农民完全用于自食或宗教活动的糯稻种植中，还在一定程度上保留了品种多样性的特点，但传统的“毫”字号品种亦因产量低而多数被淘汰，代之以新选育的高产品种。

品种演变的上述两大趋势，一方面给傣族农民带来了易管理、产量高等好处，另一方面也使傣族农民付出了改变饮食习惯的代价；从生态学观点来看，品种资源多样性的丧失也未必是好事。

在土壤肥料方面，基本的演变趋势就是人工化学肥料逐渐取代了天然肥料。如前所述，傣族稻农在很早以前就有一套天然的肥田措施来有效地保证稻谷稳产和稻作农业持续发展，因而 20 世纪 50 年代～70 年代，政府的科技部门为促进增产而号召施用农家肥并大力推广化肥的时候，傣族农民一方面拒不接受化肥。将政府无偿发放的化肥堆在仓库里任其过期、变质、作废，另一方面却积极接受了与其传统一脉相承的有机肥。当时正是生产队时期，由集体统一组织将全村的大牲畜圈起来由专人负责喂养，在村中挖了五六个粪塘，发动老人和小孩把牛粪、猪粪挑入塘中堆捂起来，用时又组织全村劳力挑入田中。每年冬天都要将村里几个大鱼塘的水放干，组织劳力将鱼塘中的淤泥挑入田中。20 世纪 70 年代又广泛利用飞机草作为野生绿肥。在每年雨季到来时，特别是 6 月 ~8 月正是飞机草生长旺盛期，15 天 ~20 天便可收割一次。傣族农民便将飞机草的生长期与其传统整田方法中犁、捂、堆、耙、平 5 道工序之间的间隔期结合起来，发动全村劳力每隔十多天便上山割一次飞机草。每次都将飞机草切碎后堆捂进田土中任其沤腐，直至田水变黑成为上等肥田。其肥效超过了农家肥①。

广泛使用农家肥和野生绿肥的结果，使 20 世纪 80 年代以前曼远村的每亩稻田一般平均可得到不少于 500 公斤 ~1000 公斤的有机肥料投入，因而使全村化肥的使用量直到 1978 年才达到 2000 公斤。进入 20 世纪 80 年代以后，情况发生了急剧变化。一是随着双季稻种植面积的扩大，使一部分稻田长期处于还原状态，氧化层越来越浅薄。稻田休闲期、整田工序间隔期都缩短了，加之良种推广使矮秆品种取代了高秆品种，从而使传统的稻后休闲制下滋生繁茂的杂草和高秆谷茬等天然肥源日益减少②。二是由于 20 世纪 50 年代以来对森林资源的几次大规模破坏，使山上的枯枝落叶和腐殖物减少，稻田灌水所带来的天然肥料亦日趋枯竭。三是随着多种轮作制度的推行和复种指数的上升，傣族传统以休闲农田为天然牧场的畜牧业发展失去了依托，致使以牛群为主的大牲畜存栏直线下降。特别是自 90 年代以来拖拉机犁耙取代耕牛犁耙后，牛群数量更是急剧减少。牛粪作为一种最好的农家肥其肥源亦被切断。牛群数量减少趋势可参阅下表。

---

① “飞机草是一种肥效很高的绿肥，含有氮、磷、钾三要素（含氮 3.02，磷 0.68，钾 1.81），施用飞机草的稻田，稻谷的千粒重有显著增加，空秕率降低，谷饱色好。施用飞机草还能改良土壤，特别是施用于低产田和土壤结构不良的田，效果尤为显著。”见西双版纳州农业局编：《西双版纳州农业志》（打印稿），第 27 页。

② 参见原景洪县农业局编：《景洪县综合农业区域报告》（打印稿），第 41 页。

表 6－8　1986 年以来曼远村牛群存栏表

单位：头

年代 项目	1986	1988	1989	1990	1991	1992	1993	1994	1995
黄牛	180	105	89	83	96	75	90	33	23
水牛	90	85	102	60	55	26	20	12	4

资料来源：曼远村统计年报①。

在上述三大肥源都日趋减少或枯竭的情况下，20 世纪 80 年代以来中国农村普遍实行的家庭联产承包责任制又使合作社集体丧失了组织农民利用野生绿肥的力量，从而使傣族稻作农业又丧失了有机肥料的第四条来源。在此形势下，化肥这种无机肥料才真正开始为傣族稻农所接受并大面积推广开来。不过，在 20 世纪 80 年代初期农村改革刚刚开始时，由于土地政策尚不稳定，农民不愿投入，因而化肥施用量曾经在短期内急剧下降。全州从 1978 年的 7457 吨下降到 1982 年的 2532 吨②，曼远村则从 1978 年的 2000 公斤下降到 1980 年的 200 公斤。1984 年以后，随着农村政策的基本稳定，化肥施用量便呈直线上升趋势一直发展到今天。具体情况可参阅下表。

表 6－9　20 世纪 80 年代后曼远村化肥施用量及肥种结构表

单位：吨

年代 项目	1980	1986	1988	1989	1990	1991	1992	1993	1994
化肥总量	0.2	10.4	11.2	12.2	13	15.5	19.3	19.7	24.3
其中氮肥		6.7	10	7	8.8	8.9	10.3	12.5	13.4
磷　肥		3.7	1.2	0.2	1.2	3.1	4.5	2.6	4.5
复合肥				5	3	3.5	4.5	4.6	6.4

资料来源：曼远村统计年报。

① 1994 年以前的数字为统计年报数，1995 年的数字系笔者于当年 6 月～7 月进行田野调查时逐家逐户统计所得。

② 参见西双版纳州农业局编：《西双版纳州农业志》（打印稿），第 27 页。

随着化肥施用量的直线上升，农家肥及其他天然肥料使用量的日趋减少，稻田土壤开始变得板结、坚硬。对此，实践中的傣族稻农是有深切体会的。曼远村村长对我说：

“过去，家家户户都送农家肥和绿肥，我自己每年至少送两吨，将其放在高的田块中，水一下来就自然将其带到低的田里。这种肥料送一年，庄稼可以连续好三年，而且土质松软，易犁易耙易拔秧易栽秧。现在用化肥就像吃药一样要逐步增加，今年用一包，明年要达到今年的效果就要用两包，后年就要用三包，而且土壤逐渐坚硬、板结，难犁难栽。现在犁耙完全用拖拉机，犁得越来越深，以往用牛犁 8 厘米深，现在拖拉机第一年就犁到 12 厘米，第二年就到 16 厘米。现在快犁到 20 厘米深了。牛越来越少，田埂上长得齐腰高的青草反而要用镰刀割了扔掉。因此我觉得，像这样发展下去可能不是长法，或许将来有一天会来个反复，重新恢复牛犁，重新恢复使用农家肥和绿肥，这样才合乎道理。”

用生态学观点和可持续发展的观点来衡量，应该说村长的这番话并非杞人忧天，而是对实践经验的科学总结。

在防治病虫害方面，根本的变化就是多种多样的化学农药和杀虫剂取代了傣族传统的生态防治方法。20 世纪 50 年代以来，随着对森林资源过量采伐的加剧，使许多害虫天敌失去了栖身之地；又由于单一高产品种取代了傣族传统的多样化品种，寄秧技术随着杂交稻推广而自行中止等原因，使傣族传统对水稻病虫害的生态防治方法失去了依托。另一方面，随着外地品种的引进和一些农民过量施用化肥，又带进了一些新的病害并加剧了一些老病害的危害程度。在这种情况下，傣族农民便主动接受了政府科技部门推广的新的病虫害防治方法。这种方法要求针对不同的病虫害采取不同的防治措施。据景洪市农业部门普查，景洪市坝区水稻的主要病害有：黄矮病、稻瘟病、白枯叶病、恶苗病、细菌条斑病、纹叶病、叶鞘腐败病、橙叶病等；主要虫害有稻瘿蚊、螟虫、叶蝉、稻飞虱、稻蟠象等①。通常的预防措施一是选择抗病良种，二是推行温汤或石灰水浸种，三是合理施肥和科学管水，四是铲除田

① 参见原景洪县农业局编：《景洪县农业志》（打印稿），第 222 页。

边杂草以减少虫源。在预防的基础上仍然发生病虫害，再针对不同的病虫分别喷洒相应的农药和杀虫剂。应该承认，对水稻病虫害的现代防治方法比傣族农民传统的生态防治方法更为有效，更有利于稻谷增产，但它同时也对生态环境带来了一定程度的不良影响。

（三）生产工具的进步

中华人民共和国成立前，傣族稻农使用的都是因地制宜简单实用之生产工具。据《十二版纳志》记载：坝区傣族，“耕田以犁以耙。灌田以水车。刈禾用镰。打谷用丁字枷，助以脚。扬谷用竹篾大圆扇。晒稻以竹席。舂米以碓，费时甚久，每晨舂得米粒，仅供一日之所需。簸去糠秕用筛用箕。储以囤箩”①。中华人民共和国成立后，从20世纪50年代~70年代，傣族稻作农业的生产工具仍然基本保持了原有的风貌，变动不大。其间虽曾先后推行过双轮双铧犁、中型拖拉机犁田、手动插秧机、直插机、电动脱粒机、脚踏打谷机等多种农业机械，然而，中型拖拉机只有人民公社（相当于今天的乡镇人民政府）才有能力购买，因而推广面积不大；打谷机脱粒机则因当地稻谷品种多为籼稻，易脱粒，傣族农民利用传统工具亦能较容易地完成这道工序，因而不为农民所接受；插秧机和直播机则因对农艺水平要求较高而难以推行。其中，在20世纪70年代全国实现农业机械化热潮的推动下，当地政府不切实际地强制推行直播机，曾经给曼远村群众带来了严重的损失。这一年，在一片大约280亩面积的水田中试验用直播机播种，结果杂草长得比谷子多，收割时不须用镰刀，只要背个小包用剪刀将稀疏的谷穗剪下来就行。正常年景可以收14万斤稻谷的这片田，这年只收得3000斤，从而造成全村粮食大减产。政府只有动员山区的基诺族、哈尼族借粮食给曼远村，以帮助傣族农民渡过饥荒。对于政府推行农业机械化过程中出现的这种失误及其所造成的严重损失，曼远村群众至今仍然记忆犹新，心有余悸。

20世纪80年代以来，情况发生了急剧变化。随着实行家庭联产承包责任制后傣族农民经济收入的大幅增加，曼远村群众或一家一户，或几家联合，纷纷购买打谷机和碾米机，很快就彻底取代了“打谷用丁字枷”和费时甚久

① 转引自原景洪县农业局编：《景洪县农业志》（打印稿），第223页。

的“舂米以碓”；接着又有大部分人家购买了小巧轻便灵活的东风12型手扶拖拉机。最初只用于运输，自1988年以来配上由湖南引进的ILB—3型耕作机后，短短几年又彻底取代了传统的牛犁牛耙，实现了机耕机耙。现在，傣族农民又有了更高的要求，在田野调查中，曼远村很多群众都反复跟我讲，问我是否能帮他们联系购买拔秧机和栽秧机，即使是几万元一台他们也舍得买。从中我亲眼看到以往动用行政命令甚至付出沉重代价也难以推行的农业机械化，在经济科技发展水平不断提高的今天，已经在不知不觉地逐渐变为现实了。

图6－4 机械化耕作

（四）水利设施的发展与完善

20世纪50年代以前，曼远村傣族农民虽然每年都要定期修理水沟以堵坝引水灌溉稻田，但由于没有水库，因而对水资源没有调控能力。每到雨季，大水顺山滚滚而下之时，往往只有毁堤拆坝任水顺河流走。而到了栽插时节，一旦雨水不能及时下来，仅靠潺潺小溪山箐水又难以保证满栽满种的需要。因此，尽管兴修水利的传统由来已久，但真正能够旱涝保收的仍然只有靠山近水的少数田块，其余大部分田块是二水田和完全靠天吃饭的雷响田。

中华人民共和国成立后，政府组织傣族农民多次掀起大规模兴修水利工程的热潮。仅在曼远村可以受益的范围内，就于1975年在“卫蒙”河上游修建了库容为97.5万立方米的“曼那水库”，在“卫达”河上游修建了库容为30万立方米的“曼团水库”；1985年在“卫乃”河上游修建了库容为90万立方米的“曼秀水库”；1977年又将库容为500万立方米的“曼岭水库”的水通过大沟引入曼那水库，再引入曼远村。上述几大水利工程的修建，就使曼远村的保水田从100多亩增加到450亩。20世纪80年代，由于国家水利建设投资下降，加之实行家庭联产承包责任制以后集体经济的组织功能下降，因而有十多年时间没有进行新的水利工程建设。

进入20世纪90年代，兴修水利再一次成为国家建设的重点。1994年，勐罕镇被列入国家组织的第二期滇西南农业综合开发项目点。由国家投资150万元，于1995年栽秧之前，修建了一条长8公里、宽2米、深1米的水泥三面光大沟，名曰“曼燕大沟”。这条大沟接通了曼岭水库、曼桂两座水库、曼秀水库、曼团水库、曼那水库、曼卖龙水库和曼章水库。上述8座水库大约1600万立方米库容的水资源均可沿着曼燕大沟流入到包括曼远村在内的七八个傣族村寨的稻田中，从而使曼远村基本消灭了雷响田。水利设施的改善和水利化程度的提高，使曼远村727亩水田基本上成了保水田。这就为双季稻种植面积的扩大和傣族稻作农业的进一步发展，创造了良好的生产条件。

图6-5　曼团水库鸟瞰

图6－6　曼那水库近观

图6－7　水泥三面光的曼燕大沟

（五）耕作技术与耕作程序的变化

中华人民共和国成立后，傣族传统的水稻耕作技术和耕作程序因具有科学合理的生态适应性而一直延续到20世纪80年代初。80年代中期以来，随

图 6-8　引高田水灌溉低田

着杂交稻的大面积推广，化肥、农药的大量使用，水利化程度的提高和牛犁牛耙被机耕机耙所取代，傣族传统的耕作技术和耕作程序便发生了明显的变化。其变化的基本趋势是：生产工序由复杂变为简单，生产工具由机器取代人工，防病肥田由生态措施转变为化学措施。现在，曼远村傣族种一亩水田的基本工序如下。

1. 修理水沟。每年均由村社集体组织，每家出一个劳力先修集体大沟然后再修通往各家稻田的水沟。

2. 备耕。准备和修理农具，保修拖拉机等，要 1 个工。

3. 犁耙秧田。用拖拉机犁耙，每亩要施钙镁磷肥 20 公斤 ~25 公斤，尿素 10 公斤 ~15 公斤，钾肥 10 公斤，再加 100 多公斤农家肥，混合撒施在秧田上作基肥。要 1 个工。

4. 理秧厢。仍按传统方法挖沟、修埂摊墒畦。要 1 个工。

5. 浸种、消毒。自从种杂交稻后，籽种均由国家农科部门统一调供，农户已不需自己选种。种子买回来后，先将谷种浸入水中，漂弃秕谷，用清水浸 12 小时，再用强氧精浸种消毒 12 小时，然后放入布袋中置于阳光下催芽。

整个浸种催芽过程要2天~3天，但实际工作时间只需半天，因而要半个工。

6. 育秧、施肥。播种时要求称种均播，播后盖上细农家肥或草木灰，同时拌上2公斤呋喃丹撒施在厢面上，以达到防虫施肥的效果。秧苗长出二叶一心或三叶一心时，要施一次“断奶肥”，每亩施尿素5公斤~8公斤；移栽前5天~7天追施一次“送嫁肥”，每亩施尿素5公斤~10公斤。然后用氧化乐果、锌硫磷、敌敌畏等防虫药和叶枯宁、富士一号、托布津等防病药，各选一种混合兑水喷洒一次，消除病虫源，防止叶蝉、飞虱、稻瘿蚊、三化螟、稻瘟病、白枯叶病、细菌条斑等病虫害带入大田，造成损失。播种、施肥、喷药各需半个工。

7. 犁耙大田。用拖拉机犁耙，半天即可完成。

8. 施基肥。每亩用尿素10公斤~15公斤，钙镁磷肥20公斤~25公斤，搞得好的农户还用几百公斤农家肥，将三种肥料混合堆捂三天三夜后撒施在大田中，耥平便可栽秧。要1个工。

9. 拔秧。要1个工。

10. 栽秧。前几年曾大力推广过双行条栽技术，因其具有通风透光好，密度适宜，稻株个体和群体均生育健壮，穗大粒多粒重，籽粒饱满等优点。这一技术能使每亩单产达到500公斤以上，一般比常规栽插增产10%左右。但推行两年，傣族农民感到其增产幅度不大，反而要丈量尺寸，用绳子固定栽插线等方面多投入人工，因而近两年已放弃双行条栽而重新采用常规栽插技术。常规栽插要2个工，双行条栽要3~4个工。

图6-9 拔秧

图6-10 稻田栽秧

图6－11　栽插结束秧苗返青后一片葱绿的曼远村稻田

11. 追肥。大田移栽后5天～10天，要追施一次分蘖肥，每亩施尿素10公斤～15公斤，要半个工。

12. 管水。在稻谷生长的几个月内，要按返青期、分蘖期、稻穗发育期、抽穗结实期对水量和温度的不同要求适时灌水撤水并控制田水深浅，因而仍需投入3个工。

13. 除草。一般中耕薅草一次，要半个工。

14. 防治病虫害。在正常年景一般需喷洒农药一次，要半个工。如遇大面积受灾，就要投入较多的人工。

15. 收割。要1个工。

16. 堆谷、打谷、归仓。堆谷要2小时；打谷用机器，2小时即可打完；运谷归仓用拖拉机，半天即可完成，因而合计只需1个工①。

上述16道工序正常情况下需投入17个工，无论是耕作程序还是用工量都比传统技术简单多了，效率也大大提高了。1994年，曼远村晚稻平均亩产

① 对现代耕作技术和耕作程序的调查，景洪县农业局农业股长岩伍同志提供了调查线索，并参阅了他所著之《水稻栽培技术》一文。

已达404公斤。其中杂交稻平均亩产已到了473公斤，少数种田能手家中水田的平均亩产已达600公斤以上。不过，据从重庆市同南县到曼远村来开砖瓦厂的几位师傅对我讲，这里水稻高产还有很大的潜力。他们认为，这里与其四川老家相比，在种田技术上主要有四大差别：一是这里犁得浅，四川犁得深，人进田中一般要陷到大腿以上；这里只是一犁一耙，四川则要二犁二耙。二是这里拔秧时要把秧苗上的土敲掉，因而秧苗移栽后一般都要黄萎好几天，然后返青，这就影响了秧苗的生长，而四川农民在拔秧时不敲土，连秧带土一齐栽到大田中，因而秧苗从移栽之日起便是绿茵茵的了，没有黄萎期和返青期，这有助于秧苗尽早分蘖，对提高单产大有好处。三是这里因土质较好故施肥较少，四川种一亩水稻至少要用50公斤尿素，100公斤普钙，100公斤复合肥，施肥少于这个标准就不得吃了。四是这里栽秧比较随意，而四川已全部实行双行条栽，株行距均通过严格丈量后用绳索拉出栽插线按线栽插。由于上述几点不同，使四川一亩杂交稻平均亩产已达700公斤，而这里却不足500公斤。因此他们认为，如果在曼远村如此优越的条件下耕作技术再达到四川农民的水平，那么一亩杂交稻搞到900公斤~1000公斤也是完全可能的。我认为，从单纯增产的角度看，四川农民的观点是有道理的。但从生态学观点看，四川汉族农民那种一味地深耕和增施化肥的方法未必就好，傣族农民的方法更符合可持续发展的要求。

（六）辅助生业的扩大和今天的历法与农事

二十世纪五六十年代，曼远村农民全盘继承了传统多样化的辅助生业。70年代，在全国统一的“以粮为纲”的错误方针指导下，曼远村的全部山地都被用来种植旱谷，传统多样化的辅助生业被单一的粮食种植业所取代。80年代以来，随着家庭联产承包责任制的实行，傣族农民摆脱了行政命令的束缚，成为自主经营的经济主体。他们根据市场需求调整种植结构，在保水田中种植双季稻以增加粮食产量；在二水田和雷响田中进行稻瓜轮作以增加经济收入；在山地中放弃旱谷种植，全面恢复传统多样化的辅助生业，还开辟了橡胶、香料等新项目和新产业。其中特别是橡胶种植业的发展，已经为傣族农民带来了巨大经济效益。其在傣族社会经济生活中的作用，已逐步超出“辅助”范围而渐居“主导”地位，从而对傣族传统稻作文化的发展构成了严峻的挑战。与此同时，橡胶种植业的发展也对森林资源和生态环境造成了破坏。因此，曼远村土地资源利用状况与50年代以前相比，便发生了很大变化。其根本的变化就是传统严加保护的大片森林，有很大一部分已被新开辟的橡胶林和菠萝地所取代。

图6－12 新开辟的橡胶林和菠萝地

由于辅助生业的扩大和稻瓜轮作、早晚稻连作的发展，以及耕作技术和耕作程序的变化，与傣族传统历法相对应的农事活动也发生了相应变化，具体情况可参阅下表。

表6－10 傣族历法与曼远村现在的主要农事活动表

月份	月份	主要农事活 动
1月	三月（冷山）	栽早稻，为西瓜田施肥。砍柴火。备料盖房子。
2月	四月（冷伙）	瓜田打药，早稻施肥，备料盖房子、修房子。
3月	五月（冷哈）	在田中守西瓜，为早稻除草，月底开始割胶。

续表

月份	月份	主要农事活动
4月	六月（冷哄）	过傣历年。收西瓜、收冬菠萝，卖西瓜、菠萝。割胶。
5月	七月（冷基）	收早稻，种包谷、花生。修水沟，中晚稻备耕。割胶。
6月	八月（冷别）	做秧田，浸种、催芽、撒秧，月底犁耙大田，拔秧栽秧。割胶。
7月	九月（冷告）	月初继续栽秧。追肥、管水、除草。割胶。
8月	十月（冷取）	种菠萝、栽橡胶、割胶。稻田管水、除草打药。
9月	十一月（冷西别）	田中放水，山地收玉米、花生。割胶。
10月	十二月（冷西双）	收谷、打谷、归仓，并送公粮，卖合同粮。割胶。
11月	一月（冷惊）	犁田耙田，为栽早稻和西瓜备耕。15号以前仍可割胶。
12月	二月（冷干）	栽西瓜。砍柴火。开始备料盖房子。

第四节　稻作文化体系中的资源管理制度

在地理环境和气候条件适宜稻作农耕的前提下，土地资源和水资源便成为稻作农业赖以发展的两块基石。而水土得靠森林来涵养；在化学农业出现之前和水利灌溉技术不发达的条件下，稻作农业的持续发展还得靠森林为其提供天然肥料和灌溉用水。这样，土地、森林和水这三大自然资源，便三位一体地有机结合在傣族稻作农业持续发展的长期实践之中。在此基础上，傣族传统稻作文化体系中早已形成对这三大资源的独特管理制度。本节将对这几项制度的传统特点及其当代变迁作一番分析与探讨。

一、传统资源管理制度

傣族稻作文化体系中的资源管理制度，与其传统的政权体系、等级制度、村社组织有着密切的关系，所以，这里有必要先对此作一基本的概述。

西双版纳傣族的传统政权体系有一套自上而下的五级垂直行政系统。其最高统治者傣语称为“召片领”，意为“广大土地之主”。召片领同时也是元、明、清以来中央王朝册封的“车里宣慰使”，其职位世袭相传。自公元1180年（宋淳熙七年，傣历540年，庚子）傣族首领叭真统一傣族各部（30余勐），以景洪为中心建立“景龙金殿国”地方政权并即位“召片领”开始，到1956年最末一代召片领“召孟罕勒”被废除，共传28世、39任，历时776年①。召片领直辖的最高统治机构是宣慰司署，设有“四大怀朗”、“八大卡真”等40余名官员，每人都爵禄分明，各有职掌。此为一级政权机构。

第二级政权机构为召片领下辖之30余勐。“勐”意为坝子，引申为一个地方，包括山坝区。通常一个勐有四五十寨，两三千户，一二万人。除景洪、勐罕两个勐由召片领直辖外，其余各勐的军政财文大权，皆由“召勐”（一片土地之主）控制。召勐多为召片领宗室亲信，可以世袭，亦可随时更换。各勐均有勐级议事庭，称为“勐贯”，由召勐家臣亦称四卡真、八卡真及分管各寨的“波朗”组成。勐内大小政务，首先由“勐贯”议决，再报召勐核准施行。

第三级政权机构为勐下辖之若干“陇”（播或哈麻）级议事会，称为“贯陇”，由大头人“叭陇”管辖，吸收各火西及村寨头人参加。

第四级政权机构为“陇”下辖之若干“火西”议事会，称为“贯火西”，由“召火西”或“叭火西”统领，各村寨头人参加。每个火西由三五个，多至七八个自然村社组成。

第五级政权组织是“火西”下辖之若干村社，傣语称为“曼”。这是最基层的村社政权，由称为“波曼”（寨父）、“咩曼”（寨母，由男性担任）的头人管理。封建领主按各村社规模大小、等级高低或与领主关系的亲疏，把这些头人封为“叭”、“鲊”、“先”等不同级别的基层官员。村社常设机构为“村社议事会”，由叭、鲊、先当权头人及“陶格”（乡老）4人组成，处理日

① 从叭真到刀世勋（召孟罕勒）世系数，史料记载有所不同。朱德普先生经多方考订后得出结论为28世、39任、41人，兹从其说，具体参见其所著之《泐史研究》，云南人民出版社1993年版，第156－162页。

常事务。碰到重大问题由“波曼”召开“村社民众会”议决①。

除了这套垂直行政系统以外，傣族封建领主还有一套称为“波朗”制度的特殊的行政监督控制系统。傣语“波”意为父。傣俗放牛为了使牛尽可能吃到青草又不致走失跑掉，通常在草地或休闲稻田中栽一木（竹）桩，用绳子一头拴在牛鼻上，一头拴在木桩上，这种放牧方法叫做“朗”②。波朗的作用就像这根上系木桩、下拴牛鼻的绳子一样，他们以直属召片领和召勐的议事庭官员的身份，受命为“钦差大臣”，派往各勐、陇、火西、曼，监督各勐及勐以下各级官员，实行层层控制。

为了巩固封建领主的世袭统治，西双版纳傣族社会还形成了一套严密的等级制度。最高等级为“孟”，属于这一等级的只有召片领及其直系亲属。第二等级为“翁”，属于这一等级的是召片领的旁系亲属。第三等级为“召庄”或“鲁朗道叭”，属于这一等级的是孟、翁等级的远亲后裔，约占农民总户数的5.7%。第四等级为“傣勐”，意为建寨最早的人，他们人数众多，约占总农户的55%，是村社农民的主体。第五等级是“滚很召”，意为官家的奴仆，约占总农户的39%，是较为典型的农奴。等级是根据与召片领血缘关系的亲疏和封建依附的程度来划分的。它以村庄为单位，村社的界线也就是等级的界限。等级制度使传统的社会秩序得到了维护和巩固。

上述政权体系和等级制度的基础，是傣族社会原生、古老的村社组织。这种村社组织同时也是我们后边将要具体阐述的自然资源管理制度的基础。在傣族社会中，由于封建领主制的建立及其封建化过程未能改变其古老的村社集体占有生产资料的形式，故使其传统的村社组织得以长期保留下来。每一个村社都有“波曼”（村长）、“咩曼”（副村长）、“昆欠”（文书）、“昆悍”（武装干事）、“波板”（通讯员）、“波章”（祭师）、“板闷”（管水利）、“陶格”（乡老）等兼职公务人员。通过他们，村社便可自行组织村社成员开展修水利、架桥、筑路、祭祀等公共事务；管理土地和负担的分配、民事纠纷的仲裁；管理婚姻和宗教事务及村社的对外关系和村社成员的迁徙等。村

① 参见高立士：《西双版纳傣族的历史与文化》，云南民族出版社1992年版，第13－19页。

② 同上书，第21页。

社中许多农民还身兼“章哏”（银匠）、“章罕”（金匠）、“章列”（铁匠）、“章梅”（木匠）、“章哈”（歌手）、“章拉”（屠夫）、“摩雅”（巫医）、“乃怀”（商贩）等职业。依靠这些门类齐全的行业，农民的基本生活需要便能在村社中自行解决。在村社农民中，特别是在傣勐等级的农民中，村社公有制的观念并未改变，村社被农民视为基本的生存环境。他们从村社中得到土地，得到保护，因而他们将被驱出村社看作是最大的惩罚[①]。在这里，村社既是一个比较完善的社会组织系统，又是一个相对独立的社会基本单位和生产消费系统。傣族堪称发达的稻作文化体系，就是在村社这块“舞台”上“表演”和“操练”成熟的。

在对西双版纳傣族社会制度的基本框架及其背景有一个大体的了解之后，我们便可以具体阐述其三项资源管理制度了。

（一）土地资源管理

西双版纳傣族土地制度的基本形式是封建领主大土地所有制。在这里，一切山林土地、河流沟渠均为召片领所有，傣语俗称“喃召领召”，意为“水和土地均为召片领所有”。因此土地不得买卖转让，耕种土地的农民必须“种田出负担”，不经营土地的也要“买水吃、买地住家”，农民猎获野兽要将倒地的那一半兽身献给领主，甚至人死以后也要“买土盖脸”。在这种土地制度下，召片领直辖几片肥沃的土地如景洪、勐罕外，将大部分土地以采邑的形式分封给各勐的召勐。召片领和召勐又将辖区内的土地连同村社农民分封给自己的家臣属官，并按照等级的高低来决定领有土地的多寡。召片领以下的召勐及其属官没有土地所有权，他们必须向召片领承担种种政治经济义务并以此为条件，取得对所辖领地的土地占有权和向村社农民征收负担的权利。家臣属官的封地不能世袭，居官才能食禄，官阶升降，封地也随之而异。各级领主凭借着土地所有权及占有权，将大部分土地以承担种种封建负担为条件，通过村社组织分配给广大村社农民耕种，自己则直接经营一部分私庄田。这样，西双版纳傣族土地资源的占有和管理，便形成以下几种形式：

① 参见谭乐山：《西双版纳傣族社会的变迁与当前面临的问题》，杜玉亭主编：《云南多民族特色的社会主义现代化问题研究》，云南人民出版社，1986 年。

1. 由召片领和召勐直接占有的土地，称为“纳召片领”（宣慰田）、“纳召勐”（土司田）。这类土地通常无偿地征派“傣勐”等级的农民自带农具轮流代耕，其产品全部归召片领和召勐所有。

2. 由召片领和召勐分赐其家臣（波朗）占有的俸禄田，称为“纳波朗”（波朗田）。主要向“滚很召”等级的农民出租，一般按面积100纳（4纳折1亩）交租30挑（每挑约50市斤）。

3. 由召片领和召勐分赐村社头人在职期间占有的职田，称为“纳道昆”（头人田）；代领主督耕和代收官租的管事占有的“陇达田”。多为村社头人请工耕种或出租。

以上三类土地约占总耕地面积的14%。

4. 村社成员集体占有的土地，称为“纳曼”或“纳曼当”（即寨田或寨公田），约占总耕地面积的58%。此类土地在封建大土地所有制下仍然保留着傣族村社原生、古老的“集体所有，私人占有”的土地制度，由村社将所属耕地作为“份地”定期均分给村社成员耕种（一般每隔30年~40年打乱平分一次）。只要不脱离村社共同体，愿意承担村庄的内外公共事务和各级领主摊派的劳役，村社成员都能分到或强制接受一份份地，即“平分土地、平分负担”。

5. 家族占有的土地，称为“纳哈滚”（家族田），存在于保有家族组织的村社，约占总耕地面积的19%。此类土地仅限于家族内部分配使用，使用的条件与村社公有土地基本相同。

上述两类土地合计共占总耕地面积的77%，构成傣族传统土地资源管理制度的主要模式。这两类土地多为傣勐等级的农民占有，因而傣勐村寨土地通常较多而相对有余。

6. 私人占有的土地，称为“纳很”，意为“自家的土地”，约占总耕地面积的9%。这类土地又分两种形式：一种是“傣勐”和“滚很召”等级的农民开垦的荒地，按习惯“生荒五年、熟荒三年”，即由开垦者占有使用三年和五年后便并入寨公田，收归村社集体所有。另一种为“召庄”等级的农民占有，他们对这类土地有转让、典当、出卖权，是真正的私有财产。召庄等级的农民也因此而脱离负担系统，成为自由农民①。

由于农民占有土地的权利是与向封建领主提供负担的义务联系在一起的，因此西双版纳傣族社会还保存着一套分配封建负担的组织系统。西双版纳一词系傣语，“西双”意为12，“版纳”意为千田，西双版纳即是“十二千田”或“12个版纳”的意思。据傣文《泐史》记载，自公元1570年车里宣慰召应勐将其所管辖的30多个勐划分为12个提供封建负担的单位后，这套系统即开始形成。每一个版纳是一个总的负担单位，版纳之下以勐为单位，勐之下以“火西”或“陇”为单位，火西之下是“火很”。火很是最基本的单位，一般由几户农民共同组成。当负担从上到下分到火很时，几户农民又再均分一次。封建负担根据各村社火很的数量和不同的等级来分配。由于火很数与实际户数的比例在各个村社不一样，不同等级的村社占有土地的数量与土地的性质也不一样，因此，农民承受的封建负担在村社内大致是均等的，在不同的村社却有较大的差异。

以上是西双版纳傣族传统土地资源管理制度的一般情况。下面我们再具体谈谈其中的曼远村的情况。曼远村所在的勐罕地区，与景洪同属召片领直辖的中心版纳。但召片领也先后派来过12任召勐。曼远村是勐罕地区建寨较早、占有土地较多的寨子之一，因而属于傣勐等级村寨。传说该村的土地是这样得来的：召片领从“勐拉拉峨”来的时候，带来两对人，一对住在景洪曼洒，一对就来到曼远建寨。召片领用1000两银子，向“召三崩”（传说中的土著领袖）买了1000纳土地和一片山给这对人定居下来，以后便繁衍成一个村寨。这对人接受了召片领的土地，作为条件，一年就要有6个月负责向召片领提供点灯的油。因为本寨附近有很多桐树，桐子果可以榨油点灯。1948年，本寨共有1424亩耕地，其中寨公田1224亩，占85.96%；家族田138亩，占9.7%；头人田30亩，占2.10%；波朗田32亩，占2.24%。寨公田和家族田两项合计便占总耕地面积的95.66%。由此可见傣族传统“集体所有，私人占有”的土地制度在本寨占绝对主导地位。本寨由于土地较多，户数和人口较少（1948年只有24户，1954年发展到29户，1955年有30户196

① 参见高立士：《西双版纳傣族的历史与文化》，云南民族出版社1992年版，第7-8页。

人），因而历史上没有出现过将土地"打乱平分"的情况。但村社成员占有使用"份地"的数量大体上还是均衡的。本寨分给外来新户的土地概以"2 坝"（1 坝约等于 8 亩）为准，2 坝成为村社成员占有使用份地的一个"标准数"，但实际占有大都超出了标准。具体情况可参阅下表：

表 6－11　1954 年曼远村土地占有情况表

亩积	8～14 亩	16～19 亩	20～26 亩	28～48 亩
户数	2	11	10	6
占总户数的%	6.89	37.93	34.48	20.68

资料来源：朱德普等《勐罕曼远寨调查》，《傣族社会历史调查》（西双版纳之八），云南民族出版社，1985 年。

从表中可以看出，占有 16 亩～26 亩土地的农户共有 21 户，占全村总农户的 72.41%，因此，这个数字可以视为全村基本平衡数。占有土地最少的一家只有 8 亩，此人系村中铁匠，名叫波涛满，他早先主要靠打铁为生，不愿再种田。但村社群众认为不种田不合乎傣规傣法，负担无论多重，都应大家抬，最后波涛满只有被迫接受 8 亩"份地"，但将其租与别人耕种，和大家一起上交负担，自己仍然专营打铁。占有土地较多的 6 户人家有的是从建寨就繁衍至今的老户，有的是村社头人，因为头人除占有"份地"外，还占有薪俸田。

本寨由于占有土地多，因而负担比别的寨子重。全寨每年需向各级领主上交的负担计有以下诸项：

（1）向召片领奉送点灯之油。召片领全年所用灯油由该寨负担 6 个月，每天出油 4 两 4 钱，共出 792 两，折合 49.5 斤，以 24 户均摊每户每年负担 2.06 斤。同时，这半年之内每天都要请工 1 人去负责点灯，这个人的工钱每月需 4 元半开（20 世纪 40 年代在云南流通的一种滇币），半年共 24 元，每户每年约合 1 元。

（2）每年献给召片领 16 只鸡。

（3）召片领盖马厩，本寨要派工去铺地板。

庭长下达一道修水利的命令。命令要求水利官员"勐当板闷"（即板闷龙和板闷囡）和负责督耕、催租也兼管水利的"陇达"官员，要立即组织、督促各个村寨的老百姓挖沟修渠以保证稻田用水，岁修的任务要明确分配落实到每家每户。水沟修好后，要经"板闷龙"检查验收。他将一个小竹筏放入水中，上载石头，系上绳子，拉着从沟头寨到沟尾寨顺流漂行，能够通行的便算合格，不能通行的就要通知负责维修这段水沟的村寨和农户返工重修，并罚酒1斤、鸡1对以示惩罚。[①] 有时为了简便易行，就由水利官员随手扯一把野草或抓一把米糠撒进水沟中，任其顺水流走，看野草和米糠堵塞在那里，就罚负责维修这段水沟的村寨和农户返工重修。

有一份用傣文书写的命令为我们提供了傣族这一定期维修水利制度的详细情况，命令全文如下：

议事庭长修水沟命令

召孟（为召片领之等级尊称）光明、伟大、慈爱，普施十万个勐。作为议事庭大小官员首领的议事庭长，遵照松底帕翁丙召（意为"至尊佛祖"，是召片领之宗教尊称）之旨意颁发命令，希各勐当板闷和全部管理水渠灌溉的陇达照办：

一周年过去了，今年的新年又到来了，新的一年的七月就要开始耕田插秧了。大家应该一起疏通渠道，使水能顺畅地流进大家的田里，使庄稼茂盛地生长，使大家今后能丰衣足食，有足够的东西崇奉宗教。

命令下达以后，希勐当板闷及各陇达官员，计算清楚各村各户的田数，让大家带上圆凿、锄头、砍刀以及粮食去疏通渠道，并做好试水筏子和分水工具，从沟头一直到沟尾，使水畅通无阻。不管是一千纳的田、一百纳的田、五十纳的田、七十纳的田，都根据传统规定来分，不得争吵，不得偷放水。谁的田有三十纳也好，五十纳也好，七十纳也好，如果因缺水而无法耕耘栽插，即去报告勐当

① 参见刀国栋：《傣族历史文化漫谈》，云南民族出版社1992年版，第54页。

板闷及陇达，要使水能够顺畅地流入每块田里，不准任何一块宣慰田或头人田因干旱而荒芜。

各勐当板闷官员，每一个街期（五天）要从沟头到沟尾检查一次，要使百姓田里足水，真正使他们今后够吃够赕佛。

如果有谁不去参加疏通沟渠致使水不能流入田里，使田地荒芜，那么官租也不能豁免，仍要向种田的人每一百纳收租谷三十挑。如果是由于勐当板闷官员不分水给他，就要向勐当板闷收缴官租。如果是城里官员的子侄在哪一村种田，也要听勐当板闷的通知按时到达与大家一起参加疏渠。如有人贪懒误工，晚上喊他说没有空，白天喊他说来不了，就要按照传统的规矩给予惩罚，不准违抗，这才符合召片领的命令。

其次，到了十月份以后，水田和旱地都种好了，让勐当板闷、陇达等官员到各村各寨作好宣传：要围好篱笆，每度栽三根大木桩，小木桩要栽得更密一些，编好篱笆，使之牢固，不让猪、狗、黄牛、水牛进田里来。如果谁的篱笆没有围好，让猪、狗、黄牛、水牛进田来，就要由负责这段篱笆的人视情况赔偿损失。有猪、狗、黄牛、水牛的人，要把牲口管理好。猪要上枷，狗要围栏，黄牛、水牛和马都要拴好。如不好好管理，让牲口进入田地，田主要去通知畜主。一次两次若仍不理睬，就要将牲口杀吃，而且官租也由畜主出。

以上命令希到各村各寨宣布照行。

傣历 1140 年 7 月 1 日写 ①

经历法专家推算，傣历 1140 年 7 月 1 日为公历 1778 年 4 月 28 日，距今已 220 多年。由此可见傣族社会中一年一度定期兴修水利的制度已有悠久的历史。这一制度一直完整地保留到 20 世纪 50 年代。直到今天，虽然政府已经帮助傣族人民修建了许多现代化的水库和沟渠，但每年雨季到来之前，家家户户傣族稻农仍然要在合作社和村寨集体组织下，集中一天时间对田间沟渠进行全面维修。可见这一优良的制度和传统具有很强的生命力。

---

① 转引自张公瑾：《傣族文化研究》，云南民族出版社，1988 年。

3. 公平合理地分水用水

水沟修好后，要由主管水利的官员会同各村寨头人为各家各户分水。在曼远村，傣族农民称分水为“拔多拔坑”。“拔”意为分，“多”意为和平、公平，“坑”即木头，“拔多拔坑”意为用木头和平、公平地分水。分水由勐罕召勐派来村中督促、检查水利维修情况的官员“扎木罕”主持。他根据各家水田的多少、田块位置的高低和距主水沟距离远近，经与村社头人和田主协商后确定每块田的用水量，然后根据不同的用水量在一块块特制的分水木板上砍开不同大小的口子，将其横置在沟与田或高田与低田的交接处，水便经木槽口适量均衡地流入各家稻田。一年一度的分水一经确定，从一般农民到村寨头人都必须遵照执行，谁要是敢于违背这种不成文的传统水规，就要受到严厉惩罚，一般农民罚款3元半开，村社头人和村中管水利的人知法犯法便要加倍惩罚，罚款6元半开。

在景洪坝，分水工具比曼远村更为完善。这里每一个村子的水利官“板闷”都掌握着一个特制的圆锥形木质分水器，上面刻着“伴、斤、两、钱”的度数（这里的“伴、斤、两、钱”是用来测定水流量大小的特殊单位，而非重量单位）。整个景洪坝有13条长达几十公里的大水沟，每条主水沟灌溉10多个寨子，每个村寨都有分沟、支沟，纵横分布在田间。从主水沟到分沟、支沟之间，从分沟、支沟到每块田的注水口，都嵌一竹筒放水，按田块大小确定相应的水流量。100纳的田分“一伴”（2斤），50纳分“一斤”，30纳分“两”，20纳分“钱”。在竹节上凿开与之相适应的通水孔，分水器就是用来测量通水孔大小的[1]。

（三）森林资源管理

据有关资料记载，很早以前西双版纳召片领和各勐司署就在各民族村寨中设置有专管森林的山官，名曰“召腾”。其主要职责就是保护山区的原始森林及各村寨的“垄山”、“垄树”、“社神林”、“坟林”等，严禁乱砍滥伐。此外，封建领主还用加重税收来限制民众新开荒地以保护森林。按规定，砍伐森林开生荒，要按谷种计赋税，需缴纳很重的半开银元。而如果种轮歇地，

① 参见《西双版纳傣族社会综合调查》（二），云南民族出版社1984年版，第68页。

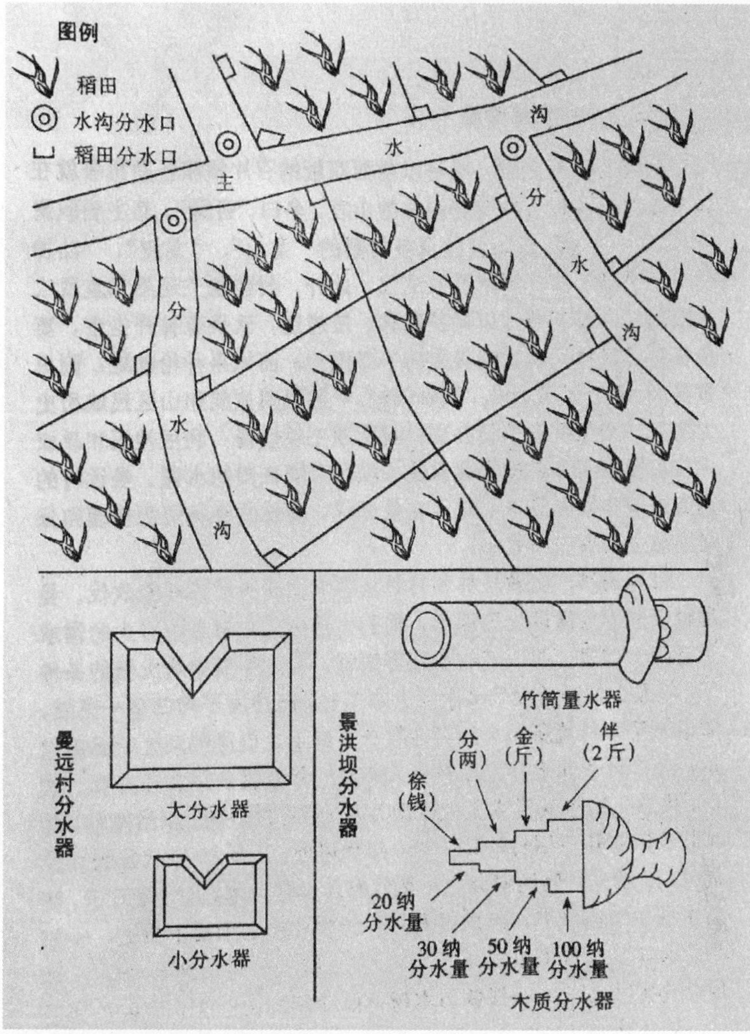

图6－14 橄榄坝曼远村和景洪坝的分水方法与分水工具示意图

则只贡实物，种什么交什么，赋税较轻①。这说明傣族和山区民族历史上就有一套保护森林的办法；封建领主也懂得，利用神权和政权保住山区茂密的森林也就保住了坝区万顷良田的水源。曼远村的调查进一步证实了这一点。在曼远村，传统的森林资源管理和保护措施主要有以下几条：

① 参见《西双版纳国土经济考察报告》，云南人民出版社1990年版，第153页。

1. 通过广植薪炭林和竹林从客观上减少对森林的砍伐。曼远村傣族作为坝区水田稻农，他们生活中对木材必不可少的需求来自两个方面：能源用材和建房用材。在一年四季烧火塘的条件下，每人平均需消耗约 2 个立方米木材；传统住房平均四年一更新，如果全用木料盖所需木材当在数十方米以上。仅此两项生活必需用材，一个村子几十户人家数百人年复一年就将砍掉大片森林。然而，傣族人民早就形成了种植铁刀木（俗称黑心树）以当烧柴，种植竹子以当建房用材的传统。20 世纪 50 年代以前，甚至 20 世纪 80 年代橡胶大发展之前，曼远村傣族家家户户都植有几亩铁刀木，几十蓬竹子。铁刀木萌生能力极强，越砍越发，一棵树砍掉主干留下树桩，一年后便会萌发出数十根枝丫，三年后这些枝丫便可长到 5 厘米粗，这时又可以砍伐了。一棵铁刀木树每隔三年砍伐一次，可以长期受益。曼远村上百年的铁刀木树比比皆是。一户 5 口之家，只要拥有 2 亩 ~ 3 亩铁刀木树，一年的烧柴便可完全解决。傣族传统住宅为竹木结构干栏式房屋，早期房屋除梁柱需用木材外，墙壁和楼板全用竹篱笆围栅和铺垫，以后发展到墙壁亦用木板围栅，但楼板仍用竹篱笆。这样，各家各户种植的几十蓬竹子便可解决部分建房用材。上述两项生活必需用材通过种植解决后，自然就减少了傣族农民对森林的砍伐，从而在客观上有效地保护了原始森林。

图 6 – 15　砍伐后萌生能力极强的铁刀木（黑心树）

2. 通过对建房用材的有效管理限制了对森林的乱砍滥伐。燃料用材全部解决和建房用材部分或大部分解决后，傣族农民对森林的直接需求便只剩下砍伐部分建房用材了（在 20 世纪 50 年代之前，地处边远闭塞之区的西双版纳，尚未与全国大市场建立起密切的联系，因而不存在出售木材以牟利的问题）。对此，傣族村社自有一套管理办法。曼远村森林资源的最高管理者是村社最高头人“帕雅”（亦即“叭”），只有他才有权批准砍伐。因此，本村成员要砍伐建房用材时，必须事先请示他，由他指定砍伐地点并规定砍伐数额，批准砍几棵就只能砍几棵。外村人因没有山林需到本村地界内砍伐建房用材时，则需带一斤酒、一串槟榔来拜见帕雅，经其同意后才能按限额砍伐。

3. 通过传统宗教信仰保护了大片最好的原始森林免遭砍伐。万物有灵的传统宗教信仰在傣族人民的精神生活中占有十分重要的地位。其中与森林管理和保护最为密切的是“丢拉曼”（寨神）崇拜及其祭祀之地垄山的建立。每一个傣族村寨都有自己的寨神，寨神的祭坛必定设置在森林里面而成为“垄山”。曼远村的垄山就在村子后面，山上覆盖着茂密的原始森林足以遮天蔽日。垄山上的一草一木都是神圣不可侵犯的，不仅严禁砍伐、采集、放牧，也严禁人们在里面大小便，违者将受到处罚。在这里，傣族的“垄山”与今天的“自然保护区”实际上已相差无几。由于人们对“寨神”这一超自然神灵普遍具有敬畏之心，因而垄山对森林资源起到了明显的保护作用，从而也对水资源发挥了明显的涵养功效。

（四）传统法规对资源管理和稻作农业的保护

为了确保稻作农业的正常发展，在西双版纳傣族社会中形成了相应的习惯法。这些习惯法由土司属官用傣文记录下来，虽然不同于正式、规范的成文法，但同样具有普遍的约束力。《西双版纳傣族封建法规》，就是用傣文记录下来的通行于车里宣慰司辖境的习惯法。其中的第三章第三节，对破坏水坝、妨碍和危害稻作农业发展的各种行为，均规定了明确的惩罚措施。现将有关条款摘录于下以说明之。

“第30条，破坏水坝，罚银440罢滇。

第31条，拆毁他人田房，罚银330罢滇。

第32条，骑马骑牛踏着耙好整平的田，罚银100罢公；踏着已栽的田，罚银330罢滇；踏着抽穗的田，罚银550罢滇。

第38条，不经田主同意，挖沟从他人田里经过，罚银220罢公。

第42条，水牛黄牛吃刚栽的稻田，牛主要出鸡三对，银三罢，谷子及大米各三饭盒、蜡条三对祭谷魂；若在抽穗时，除罚牛主出三拳大（即三个拳头垒起来，用绳绕一圈，再用此绳去量猪的胸部）的猪一头祭谷魂外，还要赔偿稻谷损失。若田主已通知牛主三至九次，仍放牛来吃，罚牛主出银五罢和五拳大的猪祭谷魂。

第43条，栽了秧以后，不论牛吃或踏着，不分田头、田脚、田中间或沟头，都要罚牛主祭谷魂……

第44条，若水稻已成熟，被牛吃着或在田里睡觉打滚，除要牛马主人赔偿全部损失外，还要罚牛（马）主出鸡一对，蜡条一对，大米一盒，酒一瓶祭谷魂。

第45条，牛马主人不拴、不用吊杆也不用人放牧，有意放牛马吃庄稼者，损失大，照价赔偿，损失小，分两等赔偿。一等：水牛一头赔田主九挑谷子，黄牛一头赔五挑，马一匹赔八挑。二等：水牛六挑、马五挑、黄牛四挑。因为谷米是人及"丢拉瓦"（神）的重要粮食。

第46条，水牛、黄牛、驴、马进他人园地糟蹋庄稼，损失多少，应折价赔偿，若园主已将牲畜送交主人达三次，仍然放来吃，园主可将牲畜牵去送交叭召勐，让他向召勐去赎，让"召"教育大家爱护庄稼，管好家畜。

第47条，鸡、鸭、猪、狗进田吃谷子，田主通知家畜主已达三次，仍不管好，放出来吃，田主杀死后，自己吃一半，还家畜主一半，若畜主不来拿，将这一半献给叭召勐：若未通知畜主，田主折价赔偿畜主，畜主赔偿稻谷损失……"①

从上述法规条款中可以看出，傣族传统习惯法对稻作农业资源的管理是细致而严格的，对破坏和妨碍稻作农业发展的各种行为的惩罚是严厉的。传统习惯法作为一种具有强制约束力的手段，有效地维护了傣族稻作农业的发展。

二、当代资源管理制度

1949年中华人民共和国成立后，即着手在云南边疆民族地区建立中国共

① 高立士、刀光强译：《西双版纳傣族封建法规》，高立士著：《西双版纳傣族的历史与文化》，云南民族出版社1992年版，第220－221页。"罢"是傣族古代的一种币制计量单位，一罢相当于3钱银子。"滇"指该处罚的实数，以区别于后面出现的虚数"公"。"滇"与"公"用来区分罪的轻重，重罪罚"滇"，轻罪罚"公"。参见张晓辉等：《云南傣族法规初探》，《文化、历史、民俗》，云南大学出版社1993年版，第649页。

产党领导下的人民政权。1950 年 2 月，在西双版纳辖区内建立了车里、佛海、南峤、镇越 4 个县级人民政府，隶属于普洱行政专员公署管辖。1953 年 1 月成立了西双版纳傣族自治区，人民政府根据民族传统习惯和意愿，将其辖境重新划分为 12 版纳。1955 年将自治区改为自治州，1957 年将 12 版纳改为 5 个县级版纳[1]，1959 年撤销 5 个版纳，正式建立景洪、勐腊、勐海 3 个县，1994 年景洪县撤县改市，形成了今天西双版纳傣族自治州下辖景洪市、勐腊县和勐海县的行政格局。随着中国共产党领导下新型政权体系的建立和土地改革的完成，西双版纳傣族的社会制度发生了根本的变化，其传统的资源管理制度也发生了深刻的变迁。现将其变迁过程与当代资源管理制度的具体内容阐述如下。

（一）土地资源管理

1956 年，西双版纳傣族地区也和全国一样进行了土地改革。党和政府根据西双版纳地处边疆，民族关系复杂的实际情况，对其土地改革采取了特殊政策。

一是推迟土改时间，云南内地 1952 年即全部完成土改，而西双版纳则推迟到 1956 年才开始。

二是采取特殊的“和平协商土地改革”政策，核心是采用和缓的办法对封建领主进行“赎买”。其具体内容是：废除封建领主土地所有制，实行农民土地所有制；没收各级领主的“私庄田”、“波朗田”、“陇达田”、“头人田”归农民所有；废除各级领主的劳役、官租等各种特权剥削以及农民所欠领主的债务，同时废除傣族领主对山区其他少数民族的土地、山林所有权和各种劳役、贡赋、特权、债务等。在此前提下，先留给各级领主一份与农民相同的土地，不没收其土地以外的财产，改革中和改革后，不降低他们的生活水平，由国家给予定期和不定期补助，在政治上予以安排照顾，吸收上层爱国人士担任政府职务，说服他们自愿放弃剥削。

这一特殊政策得到广大傣族人民和爱国、开明的上层领主的拥护。在 1955 年召开的自治州第一届第三次人民代表大会上通过，形成具有法律效力

① 参见《西双版纳概览》，云南民族出版社 1993 年版，第 21－23 页。

的《和平协商土地改革条例》，并按照条例规定于1956年顺利完成了土地改革。在土改中，曼远村农民所承担的7项封建负担均被废除，60多亩“波朗田”和“头人田”亦收归农民所有。此时曼远村的耕地总面积已发展到1544亩[①]，由于本村确实人少地多，因此经过协商，便将本村租与其他8个村子耕种的876亩土地大部分划给了租种的寨子，并废除了租佃关系。

土地改革结束后，农民成了土地所有者。但这种农民小土地所有制形式存在时间还不到一年，便在内地影响下掀起了大办互助组、合作社的高潮。互助组仍然实行土地私营，由几户人家自发组织起来换工互助；合作社则将个体农民的土地折股入社，实行集体所有，集体劳动，按股分红。到1958年，在全国统一的“人民公社化”运动的推动下，西双版纳傣族地区也和全国一样撤销了区、乡政权，建立起政社合一的“人民公社”。土地分红被取消，农户的耕牛、农具也被强迫入社成为集体财产。经济核算单位扩大到公社。村村寨寨办起了公共食堂，曼远村也办了一个，本村人和本公社的人来吃饭都不需花钱。所有这些都给生产经营管理造成了极大混乱。1960年以后被迫进行调整，撤销人民公社，恢复了区、乡、社，经济核算单位缩小到合作社。曼远村当时分为两个社，每个社就是一个相对独立的生产经营单位。“文化大革命”时期的1969年，人民公社重新恢复，公社下设生产大队和生产队。曼远村当时属于曼累讷大队之下的一个生产队。生产经营分配实行“三级所有、队为基础”，即以生产队为核算单位。社员自营的果树和菜园地都全部收归集体统一经营，粮食分配实行“基本口粮加工分粮”的平均主义政策。这种管理体制一直持续到20世纪70年代末。由于全部经济活动都由集体统一经营，分配上又实行平均主义的“大锅饭”形式，严重挫伤了农民的积极性，阻碍了稻作农业的发展。致使西双版纳这个号称“滇南谷仓”的富庶之区，每年需从外地调入25000吨粮食才能维持州内各族人民的生活[②]。曼远村也因强行推广直播机和不合时宜地强迫群众改糯稻为粘稻而一度造成饥荒。

---

① 《勐罕曼远寨调查》，载《傣族社会历史调查》（西双版纳之八），云南民族出版社，1985年版，第40页。

② 参见《西双版纳概览》，云南民族出版社1993年版，第126页、129页。

1978年，中国共产党召开十一届三中全会，纠正了“文化大革命”时期在农村推行的错误政策。并开始着手对农村经营管理体制进行改革。经过全国各地农民几年的摸索和试验，逐步形成全国统一的改革思路和改革模式，即废除人民公社体制，建立家庭联产承包责任制。所谓家庭联产承包责任制，其内涵主要有以下三点：

一是土地所有权与土地经营权相分离，即在坚持土地归合作社集体所有的前提下，将土地按人口或劳力分配承包给每一个农民家庭，由其自主经营。农民对经营的土地没有所有权，只有长期的使用经营权，因此不能出租、买卖、转为它用和荒芜弃耕等，如有违反，合作社就有权收回其承包土地。

二是集体统一经营和农户分散经营相结合。农民对承包的土地有自主经营权，但必须接受集体的指导；挖沟、修路等村社公益事业由集体统一组织，每个家庭、每个劳动力都有义务参加。

三是国家、集体、个人利益三兼顾。承包土地上的产出，需按规定上交国家公粮，向国家出售合同定购粮，并由集体提留适当数额的公积金和公益金后，剩余的就全部是自己的了。

这种体制和政策由于责任明确，利益直接，操作起来简便易行，因而深受全国各族人民的欢迎。这种新型的土地管理和经营体制在一定程度上也与傣族传统的村社“集体所有、私人占有”的土地制度有相通之处，因而受到了傣族人民的热烈拥护。经过短短几年时间，到1982年，整个西双版纳州大部分傣族村寨便已顺利完成这一巨大而深刻的体制变革。

曼远村的改革进程与全州同步，但亦有自己的特点。按规定，在分田承包过程中，不准搞原田、原茶、原牛归原主，即不允许将农户加入合作社集体之前占有的土地、茶园和牛群仍旧分给原来的主人，而必须在全村范围内打乱平分；土地按肥瘦、远近搭配，茶园、耕牛不论新户老户都有权分配。这是当地政府为照顾全体农民的利益而采取的一项公平合理的政策。但由于本寨过去属“傣勐”等级的村寨，建寨时间较早，老户较多，近几十年来虽然陆续有一些外来新户迁入，但大部分农户仍属老户及其分支。因此，本村的分田承包实际是在老户主导下进行的，采取的办法是：土地按人口平分，人均2.64亩，但一块土地必须先分给原来的田主及其子女，剩下的才分给外来的新户。这样老户分到的田块就集中而肥沃，新户分到的多为后来开垦的新田和老户剩下的零星地块，因而比较瘦薄也比较分散，一户人家的土地往往分散在两三块甚至多块。这种做法按理说是不公平不允许的，但由于是大多数老户的意愿，少数新户因全村人均分得的土地较宽故反应也不太强烈，因而当地政府也就只有任其自然了。曼远村的改革虽然在对个别问题的具体操作上有不合理的地方，但因改革的方向和实质受到了全体农民的拥护和支持，因而其土地经营管理体制改革也和全国全州一样得以顺利完成，并促成了稻作农业前所未有的大发展。据统计，改革全面完成后的 1984 年，全村水稻总产达到 419932 斤，比改革前 1980 年的 397395 斤增产 22537 斤，增长 5.67%。因此，家庭联产承包责任制这种新型的土地资源经营管理体制，在某些方面与傣族传统的村社土地制度相通相融，又适应当今市场经济发展对经营主体多元化的要求，因而具有强大的生命力，是促进傣族稻作农业发展的一种好形式。

（二）水利资源管理

中华人民共和国成立后，人民政府非常重视傣族地区的水利建设和水利资源管理。在不断投入资金发动和组织傣族农民兴修水利和沟渠的同时，也形成了一套新的水利资源管理方式。具体到曼远村，其当代水资源管理制度主要包括下列内容。

1. 逐级建立管理机构

州、县成立水利电力局，乡（镇）成立水利管理站。勐罕镇水利管理站下设水库管理和水沟管理两个办公室。水库管理办公室负责水库的维修、保养、除险加固、蓄水、防洪和放水；水沟管理办公室负责每年发动组织全镇农民家家户户进行沟渠的岁修、日常管理、农田灌溉和农村饮水等。水沟管理办公室下辖 5 个水利管理员，分管全镇的勐罕大沟、曼燕大沟、曼法岱大沟、曼海大沟、曼岭大沟等 5 大片区沟渠的巡视、检查和日常管理，发洪水时的沟渠保护，协调分配各个片区的灌溉用水量等。村民委员会设专职水利管理员，负责协调村民委员会之间的用水分配和水利纠纷，巡视、检查本村的沟渠并进行日常管理。自然村设兼职水利管理员。曼远村由村民小组长代行水利管理员职责。同样也就形成了一套自上而下的垂直管理系统。

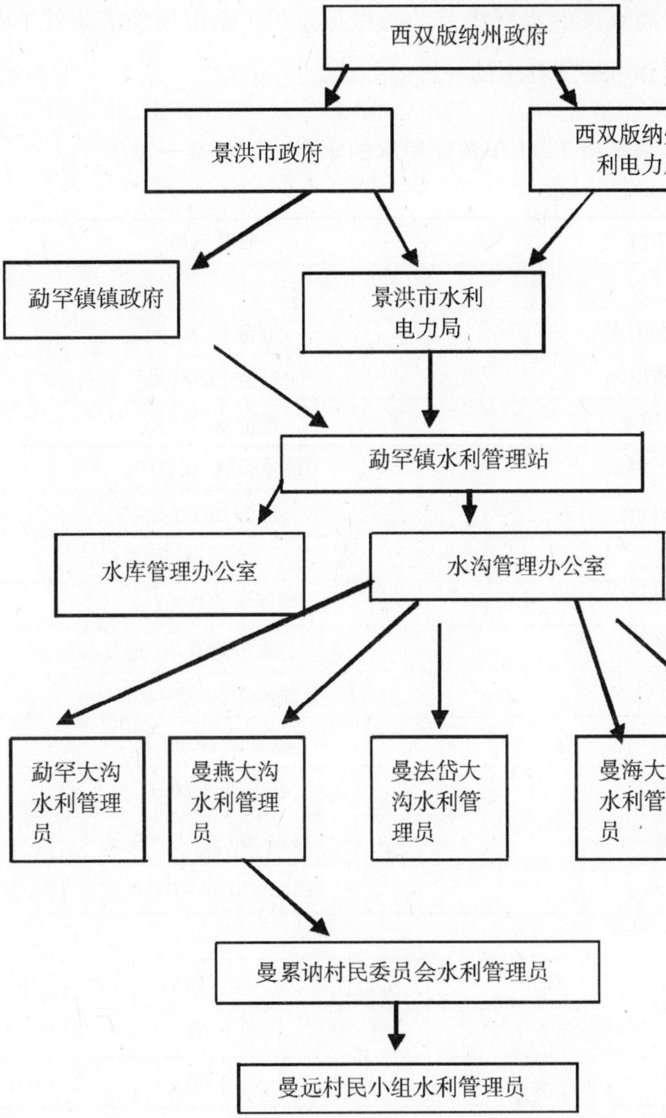

图 6－16　当代西双版纳的水利管理系统图

2. 变水资源无偿使用为有偿使用

20 世纪 80 年代以前的集体统一经营时期，水资源均为无偿使用。80 年代农村改革建立家庭联产承包责任制以后，随着政府投资进行的大规模水利建设的完成和市场经济的发展，政府开始逐步对各项用水收取水费。水资源的有偿使用有助于提高农民的水资源节约与保护意识，是市场经济条件下对水资源进行有效管理和可持续利用的一种好办法。

表 6-12　勐罕镇 2004 年各项用水的水费收取标准一览表

收费项目	收费标准
一、水库供水收费	
农田灌溉用水	每亩 15.60 元
经济作物用水	每亩 15.00 元
苗圃地用水	每亩 20.00 元
橡胶加工用水	每吨干胶 20.00 元
鱼塘用水	每亩 20.00 元
二、水保收费	
采石	每立方米 0.60 元
采沙	每立方米 0.30 元
取土	每立方米 0.30 元~0.50 元
烧砖	每万块 10.00 元
烧瓦	每万块 5.00 元
水泥	每吨 1.00 元~2.00 元
烧石灰	每吨 0.30 元~0.50 元

三、水资源收费

项目	单位	取自江河	取自湖泊	取自地下
生活取水	元/每立方米	0.015	0.02	0.04
橡胶加工取水	元/每吨	1.50	2.00	2.50
烧砖瓦取水	元/每万块	2.00	2.50	3.00
工业取水	元/每立方米	0.03	0.04	0.06
烤酒取水	元/每百公升	1.00	1.50	2.00

资料来源：勐罕镇水利管理站。

3. 水管站放水，农户自己管水

随着水利化程度的提高，以往那种由水利官员和村社头人按稻田面积逐家逐户分水的办法已无必要。但5大水沟片区之间、各村民委员会之间以及各自然村之间，每到栽插季节也要由各级水利管理员协调分水方案，各村寨用水量的大小用不同粗细的钢管或不同大小的进水口予以分配。然后由水管站统一放水，各家各户根据自家稻田需水量的多少自己开进水口，灌满稻田后由水管站统一关水。雨季时若需排水防涝，亦由各家各户自挖排水口让田中水流入主水沟排入江河中即可。

（三）森林资源管理

1949年中华人民共和国成立至今，西双版纳的森林资源经历了自然发展、急剧下降、逐步恢复三个阶段。与此相适应，对森林资源的管理也经历了传统管理、人为破坏、法制管理三个时期。

1949年~1957年为传统管理和森林资源自然发展时期。西双版纳地区由于历史上地广人稀、交通不便，坝区傣族具有保护森林的优良传统，山区少数民族在从事刀耕火种农业的同时也大都采取有序循环轮垦制来恢复和保护森林植被，因而在1953年调查时，整个西双版纳的森林覆盖率在60%以上①，长期从事刀耕火种的基诺山区甚至还保持在65%左右②。如此丰富的天然植被自然难以引起人们对森林管理的重视，因而在建国初期人民政府的政权体系中未设管理森林资源的林政机构，也未采取什么重大措施来保护和发展森林资源。只是任由各族人民自己按照传统办法进行管理，任由森林资源在优越的气候和土壤条件下自然发展。

1958年至1984年是人为破坏导致森林资源急剧下降的时期。这一时期，有以下几大因素对西双版纳州的森林资源造成了严重破坏：一是1958年的大炼钢铁铜，村村建土高炉，许多树木被化为灰烬。二是自此开始一直持续到“文化大革命”结束的破除迷信和反“四旧”运动，使傣族村村寨寨的“垄山”都遭到了不同程度的破坏。三是在“以粮为纲”的错误方针指导下大面积毁林开荒种粮。四是国营和民营橡胶种植业的发展对天然森林造成的大规模毁坏。所有这些因素综合作用的结果，就使西双版纳的森林覆盖率急剧下

① 参见《西双版纳概览》，云南民族出版社1993年版，第126页、129页。
② 参见杜玉亭主编：《传统与发展》，中国社会科学出版社1990年版，第166页。

降到1980年的29.77%[①]。1981年全国政协环境和能源调查组赴云南调查，看到昆明附近已无原始森林，元江一带已是次生森林代替了原始森林，从墨江到思茅，原始森林所剩无几。进入西双版纳，烧毁原始森林之火还在继续，劫后的红灰色焦土比比皆是。据调查组统计，仅西双版纳州，三十年来“刀耕火种”毁林240万亩，因工业烧柴毁林54万亩。1958年以来发展橡胶和其他经济作物又毁林150万亩，加上各省到西双版纳采伐森林，计划每年伐木170万立方米而实际达到270万立方米，森林覆盖率已从30年前的60%多下降到26%[②]。

1982年，在农用耕地上建立家庭联产承包责任制的同时，在林地和山地上也采取了“林业三定”和“两山一地”（自留山、责任山、轮歇地）政策。这一政策的主要内容是：将全部山林按一定比例划分为国有林、集体林和自留山，国有林由国家林业部门统一管理，任何人不得砍伐；集体林除留下少部分由集体管理外，大部分作为“责任山”与社员的自留山和轮歇地一道承包给农户管理。这种山林管理政策是借鉴农地管理政策的思路而制定的，意在把农地管理中家庭联产承包责任制的成功经验推广到山林管理中，但却没有充分考虑到农地产出与山林产出的重大区别以及广大农民当时的心理。山林土地生产的是林特产品。此类产品的生产一般周期长，见效慢，且不为温饱所必需，这与在农田耕地中种植粮食当年栽种当年收获以解决温饱的生产明显不同。因此，农民对承包到户的农田极尽珍惜与爱护，而对承包到户的山林则采取突击性，掠夺式经营：山区民族大都毁林种粮，坝区傣族大都毁林种胶或种菠萝。所以，模仿农用耕地中获得巨大成功的家庭联产承包责任制而建立起来的“两山一地”承包责任制，不仅没有发挥对森林资源的保护作用，反而引发了新的一轮毁林高潮。然而，由于广大农民对中华人民共和国成立以来的政策多变已深为反感，对山林进行突击性、掠夺式经营，在很大程度上便是农民担心政策再次改变的忧虑和反感心理在行为上的反映。政府为了取信于民便只有坚持既定政策不变，另外采取其他措施来制止毁林开

① 参见《西双版纳概览》，云南民族出版社1993年版，第126页、129页。
② 参见云南省志编纂委员会编：《云南省志·环境保护志》，云南人民出版社1994年版，第11页。

荒和加强对森林资源的管理。

1985年以来，随着《中华人民共和国森林法》、《云南省施行森林法及其实施细则的若干规定》等一系列保护森林资源的法律法规的颁布实施，西双版纳的森林资源逐步走上了法制化管理的轨道，森林资源也进入了逐步恢复和发展时期。其间，西双版纳州采取了一系列强化管理的措施。

一是将五片约360万亩基本保持完好的森林地带划为国家级自然保护区，国家投资1500万元，组建了自然保护区管理局和下辖的4个管理所，并由州人民代表大会制订了《云南省西双版纳傣族自治州自然保护区管理条例》依法进行管理。

二是开展全民植树造林活动，将每年的6月定为植树月，发动和组织党政机关、企事业单位的干部职工以及农民上山植树造林。这一活动每年都要新增森林面积几万亩。

三是对山区民族采取特殊优惠政策，诸如调减公余粮，国家投资扶持山区农民修建小型水利、开挖水田、坡地改梯地等，以帮助山区农民在获得温饱的基础上逐步固定耕地，缩减轮歇地。同时大力扶持各族农民在轮歇地上发展茶叶、橡胶、砂仁、紫胶等经济作物，实现退耕还林。现在，全州山区的旱稻种植面积已从以往的50万亩缩减到20万亩，按照6∶1即种1亩旱稻至少需要6亩轮歇地的最低比例，那么，轮歇地就相应地从300多万亩缩减为120万亩左右，缩减下来的这200多万亩山地大都退耕还林还牧了。

四是在恢复宗教信仰自由政策的同时也重新恢复了对各民族的“垄山”、“神山”的尊重与保护，从而使此类山地中的大片森林和多样化的植物种质资源虽遭到不同程度的破坏，但有许多还是保留下来了。

五是运用国家赋予自治州人民代表大会的立法权力，先后制定和颁布实施了一批有关自然资源管理和保护的地方性法规，由州人大常委会定期检查实施情况。

在上述一系列措施的作用下，西双版纳的森林资源得以逐步恢复发展起来。据1994年省林业勘察设计院对该州进行的二类资源调查显示，全州森林覆盖率已恢复到59.26%（含茶叶、胶林、木本果树）。其中，勐海县

46.73%，景洪市 63.76%，勐腊县 64.9%①。从植被数字来看，已恢复到 1953 年的水平。但由于包含了大片人工经济林，因而其生态效益远不及天然林。然而尽管如此，遭到严重破坏的西双版纳森林资源毕竟得到了大面积的恢复，这是应该充分肯定的。

曼远村的森林资源及其管理走过了一条与全州大体相同的道路。不同的是，曼远村地处坝区，粮食需求可以基本从水田中得到解决，即便是“以粮为纲”最为盛行，毁林种粮最为严重的 20 世纪 70 年代，曼远村在山地中种植的旱稻也只有几十亩，因而毁林开荒种粮的浪潮未对曼远村的森林造成大的破坏。曼远村地处橄榄坝边缘，离国营农场较远，因而国营橡胶种植业的发展也未对该村的森林造成破坏。1958 年的大炼钢铁及以后的破除迷信反“四旧”运动，虽然对本村的森林造成了一定破坏，但在本村老人的共同抵制下，仍使大片森林得以保存下来。据在村中有较高威望的宗教祭师“波章”老人对我说，1958 年，本村的一些年轻人在外寨影响下，准备把“垄山”上的树木砍倒办一个木材加工厂，村中老“波涛”（男性老人）闻信后便齐聚到垄山上，用民族传统规矩对年轻人晓以利害，从而制止了砍伐，保住了垄山。因此老人们回忆说，直到 70 年代末，本村的大部分山地上仍然为遮天蔽日的森林所覆盖，谁家建房需要粗大的树木做梁柱随地便可找到。

真正对曼远村森林资源造成毁灭性破坏的是“两山一地”承包到户后民营橡胶种植业的大规模发展。橄榄坝本来就是西双版纳最早引种橡胶获得成功的地方。早在 1948 年，泰国华侨钱仿周便从泰国引进胶苗在橄榄坝定植了 2 万余株，组建了“暹华胶园”。由于当时正处于新旧政权交替之际，边疆秩序混乱，1953 年，人民政府接管时只剩下 97 株。以后在此基础上成立了橄榄坝国营农场，1964 年以后，根据国务院的指示，农场派出技术人员在曼远村的地界上帮助当地群众发展了 300 亩民营橡胶，作为社队集体企业由曼累讷大队管理。1983 年“两山一地”承包到户后，地方政府为使老百姓尽快脱贫致富，制定了大力发展民营橡胶的政策，并具体规定每种一亩由政府提供有偿无息贷款 50 元给予支持。管理形式为分户经营，谁种植、谁管理、谁所

① 此数据由西双版纳州人大常委会提供。

有、谁受益，一定40年不变。曼远村民众在脱贫致富的强烈愿望驱使下，立即争先恐后地投入到毁林种胶的热潮之中。由于曼远村的山林20世纪50年代前属村社集体所有，50年代以后属国家和合作社集体所有，因而“两山一地”承包到户后群众并没有很强的山林土地权属观念，反而认为砍树种胶就应该是谁种谁有，不管是划分给谁的责任山和自留山，只要种上橡胶便是自家的。于是家家户户都派出最强的劳力上山砍树种胶，很快就把全村除水库库区水源林、防护林和村社垄山、黑心树林之外的森林全部砍伐一空，种上了橡胶和菠萝。而且，由于砍山开地时就突破了农户之间的山地权属界限，结果造成了今天全村农户之间在橡胶地占有方面的极不平衡。一些人手多、劳动力强，或者吃苦耐劳的人家拥有胶林10多亩以至20多亩；而一些人手少、劳动力弱或吃苦精神不太强的人家，就只有几亩，有的人家甚至只有10多株。

此次毁林过去之后，地方政府加强了管理，明确规定禁止毁林种胶，因而使本村的250多亩水源林和铁刀木（黑心树）得以保存下来。本村垄山亦因全体村民对神灵的敬畏而得以保存下来。近年来曼远村的一些农户也响应政府关于全民植树的号召，恢复了历史上年年种植铁刀木的传统，在村寨周

图6-17　曼远村水井旁边的百年老树

围仅有的一些空地上种上了铁刀木。因此，尽管曼远村的山地森林资源在砍树种胶的高潮中遭到了毁灭性破坏，但由于傣族人民具有保护水源林、敬畏垄山、人工种植铁刀木等优良传统，因而1995年的曼远村（尤其是村寨周围），仍然堪称是一个绿阴遍地、风景优美、环境宜人的村落。

图6－18　1995年调查时看到的新种的橡胶树

图6－19　1995年调查时随处可见的黑心树

（四）地方法律和村规民约对资源管理和稻作农业的维护

近年来，随着整个国家法制化进程的加快，西双版纳傣族自治州人民代表大会也运用国家赋予自治地方的立法权力，制定通过并颁布实施了一系列地方法律和法规。由于西双版纳是举世闻名的稻作农业之区和旅游胜地，因而对自然资源的保护和管理就显得特别重要，因此，西双版纳州地方立法的重点就放在自然资源的保护和管理上。在已颁布实施的法律法规中，有关自然资源管理和稻作农业发展的规定有以下内容。

——1987 年颁布实施的《西双版纳傣族自治州自治条例》共九章七十三条，其中有关自然资源管理和稻作农业发展的条款是：

第三十一条，自治州的自治机关贯彻执行十分珍惜和合理利用土地的方针。农村的承包地、自留地、宅基地、自留山、责任山属集体所有，任何单位和个人不得侵占、买卖、出租、抵押或者以其他形式非法转让。承包地和自留地非经国家规定审批机关批准，不得改作非农业生产用地。

第三十二条，自治州的自治机关严格保护原始森林资源和珍贵、稀有、濒危的动物和植物。要成立专门机构，依法加强对国家自然保护区的管理。对破坏森林资源和动植物资源的违法行为，必须依法惩处。

第三十三条，自治州的自治机关坚持以营林为基础，普遍护林，大力造林，采育结合，永续利用的方针，保护和发展国家和集体的森林资源，鼓励农民发展林业，提高森林覆盖率。加强对水源林、风景林、防护林、行道树的维护和管理。

第四十六条，自治州的自治机关加强环境保护工作，依法保护和改善生态环境和生活环境，防治污染和其他公害。自治州的自治机关保护风景资源，加强风景名胜区的规划、建设和管理。

——1991 年颁布实施的《西双版纳傣族自治州澜沧江保护条例》共七章三十四条，对流经西双版纳州境的 188 公里（流经曼远村所属之勐罕镇几十公里）的澜沧江水域和沿岸的自然资源规定了一系列保护措施，主要有：设立自治州人民政府领导下的澜沧江管理委员会作为主管部门，所需经费列入州财政预算；禁止向澜沧江倾倒废水、垃圾及有毒物体，不准新建破坏生态平衡和自然景观的工业生产设施；建立澜沧江沿岸防护林带并禁垦禁猎等，违反上述规定的将予以处罚直至依法追究刑事责任。

——1992 年颁布实施的《西双版纳傣族自治州天然橡胶管理条例》共六

章二十七条，其中第十条明确规定："禁止在风景名胜区、水源林、防护林地带毁林种植橡胶。已经种植的只能维持现有面积，不得扩大。适宜种植橡胶的荒地资源需要开发，必须报经县人民政府批准。"

——1992 年颁布实施的《西双版纳傣族自治州自然保护区管理条例》共六章二十九条，明确规定了严禁在自然保护区内盗伐林木、毁林开荒、开山炸石、采矿、取土，未经批准不得捕猎野生动物和采挖植物，违反规定的将责令其按保护管理费或资源损失补偿费标准 3 至 5 倍缴纳赔偿费，情节严重构成犯罪的，将依法追究刑事责任。

——1992 年颁布实施的《西双版纳傣族自治州森林资源保护条例》共八章四十二条，进一步从森林资源的管理和保护，植树造林，森林采伐的经营管理，林业发展基金的筹集和管理，林业科技发展，以及模范执行或违反本条例的奖励或惩罚措施等方面，都作了十分具体和详尽的规定。

除了地方政府颁布实施的一系列规范的法律法规外，西双版纳傣族村村寨寨都制定了村规民约，利用传统习惯法的威力不断加强自然资源的管理和对稻作农业发展的维护。曼远村 1987 年制定了村规民约，1990 年经适当修订后已沿用至今。全文共 22 条，涉及资源管理和稻作农业发展的有 5 条，分别是：

第 2 条 承包给每一个农户的责任田必须保证满栽满插，不能以任何理由任土地荒芜；卖给国家的合同定购粮亦必须完成，否则，集体有权收回土地转包他人。

第 6 条 各家各户要看管好自己家的牲畜，不能让它到田中糟蹋。牛未进你围田的篱笆，你不能打，如果打成重伤，要照价赔偿；如果打死，要按原牛价的 10 倍赔偿。

第 7 条 不准砍别人家的胶树，偷别人家的胶碗、胶舌。如果发现，砍 1 棵胶树罚款 50 元，态度不好罚款 100 元。

第 8 条 各家各户应在 1983 年划定的自留山和责任山范围内经营，不得抢占别家的，禁止砍伐国有林、集体林，如有违反，每亩罚款 50 元以上。

第 9 条 不准在大路和大沟上开田，要保护水沟，维护水规，否则罚款 50 元～100 元。

上述法律法规和村规民约的诸多规定，与20世纪50年代以前傣族传统的习惯法相比，应该说是更为完善了。现在的问题是怎样才能保证这些规定得到不折不扣的贯彻实施。如果解决了这个问题，应能从一个侧面对傣族自然资源的持续管理和稻作农业的持续发展提供有力的保证。

第五节　稻作文化体系中的生活方式与经济发展

一、稻米生活方式

傣族的稻作农耕生产方式决定了傣族的稻米生活方式。稻米生活方式除以稻米消费为中心的日常生活外，还渗透到其婚姻丧葬、节庆娱乐和宗教活动之中。

其一，稻米是傣族日常生活中不可缺少的主食。20世纪70年代以前，西双版纳傣族主食糯米，曼远村一般傣族农民家庭一日三餐的食谱通常是：

早餐。将蒸熟、晾干的糯米饭捏成饭团，农忙时佐以辣子、盐巴快速吃完；农闲时则将饭团加入猪油、盐巴放在文火上慢慢烘烤至黄，吃起来清香扑鼻。

午餐。农忙时凡下田劳动的人都用芭蕉叶包一包糯米饭并佐以自制的酸菜或肉干巴，带到田地中以当午餐。农闲时则用糯米饭佐以酸笋和青菜汤。

晚餐。无论农忙农闲，晚餐都稍微丰盛一些。除主食糯米饭不变外，1月~5月，多佐以白菜、青菜，6月~9月，多佐以鲜竹笋、南瓜尖、田螺、泥鳅、黄鳝、田鸡等。10月~12月，多佐以青菜、茄子、白菜、鱼肉、鸡肉等。

20世纪80年代以来，饭米逐渐取代糯米成为曼远村傣族农民的主食，但其一日不能缺少米饭，没有稻米就是缺粮的饮食习俗和观念并未改变。而且，凡是外出劳动不能返家午餐时仍要携带糯米饭，老人们一日三餐中一般仍要吃一顿糯米饭。

除以稻米为主食外，傣族还有数十种米制副食品，日常食用的米制副食品主要有：

“毫滇”。将糯米洗净后用水浸泡3~4小时，捞于甑子中大火蒸熟，取出加入红糖粉拌匀。用一根竹篾围成直径约5厘米的圆圈，置于芭蕉叶上，然后取少量拌过红糖的糯米饭放进圆圈用手掌轻轻压成圆形薄片，晒干后放入油锅中煎炸，吃起来香脆可口。

“毫火”。用糯米饭拌糖，蒸熟舂烂，然后放在芭蕉叶上摊薄，晒干，吃时用文火一烤，就会泡起来，是下酒好菜。

“毫嘿”。用糯米粉拌盐，拌芝麻，放在甑子中摊开，取出晒干后烤吃或炸吃，亦为下酒好菜。

“毫动”。即粽子。将糯米洗净，用鲜芭蕉叶卷成漏斗状，在漏斗底部放入1~2粒花生米，加入少许糯米，再放几粒花生米、再加入糯米，于表面再放4粒花生米，然后合拢芭蕉叶用竹篾捆紧，置于水中浸泡一小时后用清水煮熟即可食用。

“香竹好”。是傣族独具风味的食品，只有在每年香竹发时才能制作。烹制方法是：砍一棵当年长出的嫩竹，竹筒的一端留有竹节，另一端去竹节，将糯米或紫糯米洗好装入筒内，倒进清水，然后堵塞筒口，放在火上反复转动烘烤，直至竹筒烤成焦黄状，再慢慢将竹子剥开，竹膜包裹着的香竹饭便脱竹而出，清香扑鼻。

上述副食品都用糯米制作。饭米一般用于制作米线和卷粉（当地俗称米干）。卷粉是日常的副食品，也是赶街和节日中不可缺少的食品。

其二，在节庆、婚、丧活动中，一系列米制食品成为具有象征意义的礼仪食品。例如，有一种叫做“毫诺索”的糯米粑粑，系用梅勺花粉拌以糯米粉，再加进红糖、芝麻、花生，用芭蕉叶包成两寸宽、三四寸长的长方小包，放入甑子内蒸熟后即可食用的普通食品。但被傣族人民赋予其“新增一岁”的象征意义后，便成为傣历新年不可缺少的礼仪食品。届时，家家户户都要制作“毫诺索”。傣族民间谚语说“吃了毫诺索，人就长一岁了”。每人吃一包，就象征人平安地度过了旧的一年，迎来了新的一年，因此，没有吃毫诺索，就等于没有过傣历年。又如，用稻米酿制的饮料——米酒，既是傣族人民日常生活中不可缺少的驱湿、解乏的强身剂，又是节庆婚姻、亲朋欢聚时不可缺少的兴奋剂，也是丧礼和传统宗教活动中不可缺少的祭祀用品。这种用稻米酿制的看似简单和平常的饮料，却在傣族社会生活中发挥着广泛的作用和影响。这也是傣族稻作文化丰富内涵的一种具体表现。

其三，在宗教活动中，一系列米制食品又成为沟通人神联系的物质媒介。例如，有一种叫做“毫火剁店”的食品，系用糯谷在锅中爆出米花，然后去壳加糖挤压后做成糯米花糖。这种食品在日常生活和年节活动中没有严格的规定，可以做也可以不做，由各家各户随心掌握。但如果家中有男孩要升小和尚，就必须做，用于赕佛，送和尚，招待客人等。升小和尚必须具备的米制食品还有一种叫做“毫夺店”，系用糯米炒成米花，用剪碎的红纸、蓝纸、白纸拌入米花中，从小和尚出家门时就开始撒，纷纷扬扬的米花一直伴随着虔诚的信徒们把小和尚从家中送入佛寺。其含义有二：一是增加喜庆气氛并对小和尚表示祝贺；二是祈求佛祖保佑稻田中的谷子就像这满天飞扬的米花一样年年丰收吃不完。此外，还有一种米制食品叫做“毫主”，“主”即种在山上的意思，用糯米饭拌糖，再用芭蕉叶包成一个三角形，就像一座小山一样，故称“毫主”。这种食品在每年“赕撒拉帅”时必须用。赕撒拉帅是在每年的关门节以后同时举行的四种赕佛活动的总称。这四种赕佛活动分别是：

（一）“赕伙垄”。参加这一活动的人家届时要挑一挑 60 斤左右的谷子送到佛寺中，祈求神灵保佑他家生产顺利，粮食丰收，永远够吃。

（二）“赕哄哏”。即赕银子，参加这一活动的人家一般要向佛献上几两银子或一两克金子，或几百元钱，祈求神灵保佑他家永远不缺钱花。

（三）“赕母喂摆乃”。这是一些父母为使自己尚未进入青春期（即月经初潮之前）的女儿也像入寺当过小和尚的男子一样懂得佛礼，而专门为女儿举行的一种佛事活动。但这一活动因花费太高，通常一次至少要花费 2000 多元，故参加这一活动的是村中较为富裕的人家。不过，一家人只要举办一次这样的佛事活动，就能在村中赢得富裕的形象并得到人们的尊重。

（四）各家各户过赕。有的人家上述三种活动都不参加，就各家各户自己到佛寺过赕。所赕内容是敬奉祖先之亡灵和平时杀生之亡灵，这时就需用上“毫主”这种米制食品了。过赕的人家要编 7 个箩箩，分别代表猪、牛、马、狗、鸭、鸡、人之亡灵，在每个箩箩中装一个“毫主”，为这些死去的亡灵祝福，祈求其保佑自己生产顺利，无病无灾。

其四，糯米还是傣族的滋补品。按照傣族传统，妇女生育后 5 天内不能吃油腻食物，产后虚弱的身体主要靠吃紫糯米来滋补；老人年高体弱也主要靠吃紫糯米来保持元气。

从上述内容中我们可以看出，傣族的稻作农耕生产方式决定了傣族的稻米生活方式。而稻米生活方式一经形成，固定为习俗，渗透到社会生活的诸多领域并产生了多方面的社会需求后，便反过来规定了傣族的生产活动和经济发展，使其在没有外部需求刺激的情况下，只能围绕着满足稻米生活方式的需求而展开，从而进一步强化了稻作生计方式和稻作文化在傣族社会中的核心地位。

二、以稻谷生产为中心的经济发展及其变化

20 世纪 50 年代以前，曼远村傣族与西双版纳之外的地区和民族的直接交往不多，封闭的社会环境使他们很少受到外部需求的强烈刺激。因而他们生产的主要是稻谷，消费的主要也是稻谷，自己不能生产而又为生产生活所必需的铁农具和食盐，也主要依靠稻谷来交换。据老人回忆，当时的橄榄坝范围内有 5 个初级市场（集市贸易点，当地人俗称街子），分别距曼远村有 2 ~ 10 公里不等。每个集市都是 5 天 1 街，5 个集市轮流开集，刚好 5 天一个周期。本村人赶街一般挑去谷子、大米、鱼、黄鳝、鸡、鸭蛋等，卖了以后买回火柴、牛肉等生活品和外地商人从缅甸景栋贩来的锄头、犁耙等生产工具。本村铁匠亦买下铁料打制成斧子和长刀以低廉的价格出售给村民。盐巴要到勐腊的磨憨才能买到。当时一挑谷子可以卖一块半开，一块半开只能买 3 斤盐巴。因此，本村年轻人在每年谷子收割后，都要几个人结伴相邀挑着谷子到集市去卖，取得货币后再步行到磨憨，将家中一年所需的盐巴一次买好雇马帮驮回家来。

20 世纪 50 年代到 70 年代，随着中国共产党领导的人民政权的建立，外地干部、农场工人和科技人员大量迁入，打破了西双版纳傣族地区的封闭状态。但外来人员对粮食的大量需求以及后来实行的“以粮为纲”的生产指导方针，反而进一步强化了傣族地区以稻谷生产为中心的单一粮食种植业。傣族传统多样化的辅助生业被限制以至取消。传统的纺织、编织、打铁等手工业亦因国营商业的发展而日趋萎缩，人民生活陷于贫困之中。

表 6－13　1976 年曼远村人口、耕地、粮食及主要经济收入结构表

户数	人口(个)	劳力(个)	水田(亩)	旱地(亩)	粮食总产(公斤)	人均占有(公斤)	总收入(元)	人均收入(元)	农业收入(元)	其中粮食收入(元)	林业收入(元)	牧业收入(元)	副业收入(元)	渔业收入(元)	其他收入(元)
55	293	113	719	229	190151	648	44500	151.8	35567	34352	4217	148	1843	91	2634

资料来源：曼远村统计年报。

从表中可以看出，1976 年曼远村稻谷收入占了全村总收入的 77.19%，整个经济生活以稻谷为中心由此可见一斑。由于生产过于单一，农民经济收入极低，人均总收入虽有 151.8 元，但扣除国家税金集体提留后人均纯收入只有 124 元，再扣除实物分配折价，人均现金收入只有 46 元。人均占有粮食虽有 648 公斤，但扣除公余粮、饲料粮、储备粮和预留籽种后，人均实际占有的粮食只有 362.46 公斤。

进入 20 世纪 80 年代以后，在市场取向改革的推动和国家工业化及城市需求的刺激下，傣族地区以橡胶种植业为突出代表的多种多样的经济作物以及工副业、运输业等新产业迅速发展起来，逐步打破了稻谷生产一统天下的单一格局，经济结构发生了很大变化。具体情况请参阅下表。

表 6－14　1994 年曼远村人口、耕地、粮食及主要经济收入结构

户数	人口	劳力	水田(亩)	旱地(亩)	粮食总产(公斤)	人均占有(公斤)	总收入(元)	人均(元)
76	377	198	734	70	360542	956.3	761813	2020.7

种植业(元)	其中：谷物收入(元)	林业收入(元)	牧业收入(元)	渔业收入(元)	工业收入(元)	建筑业收入(元)	交通运输业收入(元)
424125	159094	141870	78218	7540	32200	19425	58435

资料来源：曼远村统计年报。

从表中可以看出，1994 年与 1976 年相比，曼远村农民的经济生活发生了这样几大变化：一是从单一稻谷生产转变为多样化的经济格局并存及共同发展。其中特别是橡胶生产创造的经济收入已接近或超过粮食收入而成为曼远村农民的又一个经济支柱（表中的林业收入和工业收入实际上就是橡胶生产和加工的收入）。二是多种新产业的快速发展并没有以粮食生产的萎缩为代价，粮食收入虽然在总收入中的比重下降了，但绝对数却大大增加了，说明粮食生产同样获得了大发展；其在经济生活中的中心地位虽然已经动摇，但仍然保持着其他产业难以取代的支柱地位。三是随着粮食生产和多种新产业的全面发展，曼远村农民的生活得到了极大的改善，1994 年，扣除所有费用之后，曼远村农民人均实际占有粮食已达 624 公斤，人均纯收入达到 1546. 84 元。上述变化可以从我抽样调查的 10 户农民家庭中进一步得到证实。详细情况请参阅下表。

表 6－15　1994 年曼远村 10 户农民家庭粮食和主要经济收入结构表

项目 \ 户主姓名	波么糯	波玉波	波空论	波温坊	波温叫	波康光	波温坦	波应香	波况	波温混
文化程度	初小	通傣文	通傣文	文盲	小学	小学	通傣文	小学	文盲	初小
家庭人口	5	6	5	5	4	3	6	4	4	6
劳动力	2	4	4	4	2	2	2	2	3	3
水田面积（亩）	13. 8	14. 9	12	10. 6	8. 5	8. 4	8. 5	8. 5	8. 5	8. 5
种植糯谷（亩）	3	4	2	6. 2	0. 7	1	1	1	2	0. 8
产量（公斤）	750	1600	800	3100	350	400	400	450	700	245
种植饭谷（亩）	10. 8	10. 9	10	6. 2	10	7. 4	7. 5	7. 5	6. 5	9
产量（公斤）	4300	5995	4500	3720	5000	3330	3750	3375	2437	3280
出售粮食收入（元）	1078	1134	1679	4717	2300	738	771	1136	795	1002
橡胶面积（亩）	10	15	18	20	11	10	10	13	7. 5	4. 8
收鲜胶乳（公斤）	2000	3500	3500	2500	2400	2200	600	1000	600	450

续表

项目 \ 户主姓名	波么糯	波玉波	波空论	波温坊	波温叫	波康光	波温坦	波应香	波况	波温混
卖胶收入（元）	5000	10850	10500	7500	7200	6600	1800	3000	1800	1350
种植菠萝（亩）	2	2	6	3	5	5	6	5	4	2
产量（公斤）	1000	2500	8400	5600	4900	6300	5600	7000	4900	3500
卖菠萝收入（元）	200	1000	2940	1400	1470	1575	1400	1750	1225	1050
种植西瓜（亩）	3						3			
产量（公斤）	2400						3000			
卖瓜收入（元）	1575						180			
养牛收入（元）	750	2450	1900			2200	400			2000
养猪收入（元）	1000	1450	1780		1380	400	700	1000	800	1100
工业收入（元）		2360	1200	400	6500	700		4500	700	
运输收入（元）		1500	200		830			1000		300
总收入	9603	20744	20199	14017	19680	12213	6871	12386	5320	6802

注：①这里的工业收入，主要包括农民家庭的碾米机、米线机、加工橡胶和制作民族工艺品的收入。运输业收入主要包括用手扶拖拉机跑运输，出租手扶拖拉机替别人犁田、耙田等收入。②在饭谷种植面积中，有的人家包括了早晚稻面积。

从表中可以看出，橡胶的生产和加工已成为所有10户农民家庭经济收入的主要来源。而稻谷生产首先是满足自身消费，剩余部分才用来出售。用当地农民的话来讲就是“种粮为吃饱肚子，种胶为挣回票子”。这种新型经济结构确乎为曼远村农民带来了物质生活的丰裕。村中几乎家家户户都用种胶挣回的票子建盖了新房，有50多户农民购买了电视机和手扶拖拉机，有六七户农民购置了高档摩托车。与云南省其他地区的农民相比，曼远村农民的生活已达到较高的水平。在实地调查中，一些青年农民雄心勃勃地对我说，照眼下的这种形势再发展3年~5年，我们村就有一部分人家可以购买小轿车了。到那时，你们城里人不能享受的，我们农民就可以率先享受了。

第六节 稻作文化体系中的信仰与习俗

稻作生计方式的长期实践反映在观念意识上，就在傣族社会中形成了一系列带有稻作文化色彩的信仰与习俗。这种反映稻作生计方式的信仰与习俗包含着多方面的内容，下面分别予以阐述和论析。

一、人与自然和谐的生态文化观

据有关资料记载，早在古代，傣族人民在开发自然资源以获取生存的长期实践中，就通过总结正反两方面的经验教训形成了自己的生态文化观。这种观念的主要内容是：

（一）认为人是自然的产物，“森林是父亲，大地是母亲，天地间谷子至高无上”。

（二）认为人与自然是和谐共处的关系，其排列顺序是：林、水、田、粮、人，“有了森林才会有水，有了水才会有田地，有了田地才会有粮食，有了粮食才会有人的生命”。

（三）基于以上认识，人类应该保护森林、水源和动物，选择寨址时要考虑三个条件，一是有山林，二是有河水，三是有可以开垦良田的平坝①。

这说明傣族人民对人与自然关系的认识包含有许多科学理性的因素。曼远村的调查进一步证实了这一点。在曼远村，通晓本民族历史文化而又充当着沟通人神联系中介角色的祭师“波章”老人对我讲了两个观点：

1. 傣族最尊重的有五样东西，一是佛，即菩萨，二是经书，三是佛爷，四是佛塔，五是大青树。大青树在所有傣族地区都是神树，没有人敢砍，人一旦触犯了大青树，非死即病。

2. 人与自然相互关系的排列顺序是树、田、山、水、人。这不仅是人与自然和谐共处关系的反映，也是人与鬼。人与神和谐共处关系的反映。在傣族人民的观念中，与人的生存关系最密切的上述四种自然物都有各自的神灵。

① 参见刀国栋：《傣族历史文化漫谈》，云南民族出版社1992年版，第5页、41页。

其中，树神“绿哈丢瓦达”最大，土地神“埔麻丢瓦达”次之，再次是山神“芭爸丢瓦达”，然后是水神“蛇达”。人必须保证与这些神灵和谐共处，才能在神灵的保佑下获得生存。如果对自然物施加破坏，就会触犯神灵，不仅会受到自然的报复，还会受到神灵的惩罚。

在这里，曼远村傣族对人与自然关系的理性、科学的认识，因披上鬼神观念的外衣而显得更加庄重，更为严肃，更有威慑力。

二、稻作农耕礼俗

（一）民间宗教活动中的农耕礼俗

傣族从“万物有灵”的世界观及其以此为核心的民间宗教信仰出发，认为稻作农业不仅是人与自然相互作用的物质生产，而且是人与超自然神灵相互关系的产物。因此，在稻谷生产过程中，他们除进行辛勤的劳作外，还要举行种种仪式祭祀各方神灵，遵守种种禁忌以取悦于各方神灵，祈求其保佑风调雨顺，稻谷丰收。这样，就形成与生产环节紧密相扣的一系列农耕礼俗和农业祭祀。

1. 择吉日生产。傣族历法亦以 7 天为一周即一个“完梢”。第 1 天叫“完低”，第 2 天叫“完将”，第 3 天叫“完敢”，第 4 天叫“完不”，第 5 天叫“完帕”，第 6 天叫“完苏”，第 7 天叫“完梢”。按照曼远村农民的传统经验，撒秧必须选“完不”这一天，栽秧必须从“完梢”这一天开始，拔秧的属日不能与撒秧的属日相同。而谷子收打后，归仓则必须选“完不”这一天。他们认为，如果上述几项生产活动能够遵循传统选择这几个吉日而禁忌其他日子，就能保证秧苗生长健壮，稻谷籽粒饱满，不受病虫害的侵袭，稻谷归仓后亦能保持谷常在，仓常满。

2. 祭谷魂。由于稻谷栽培在傣族人民生活中具有无比重要的意义，信奉“万物有灵”的傣族人民便很自然地将谷子神圣化，赋予其超自然神灵的身份和法力，形成对“雅奂毫”（谷魂奶奶）的崇拜礼俗和祭祀活动。傣族民间传说认为最早的谷种是天神赐给的，最早教会人们种植稻谷的是其远古领袖“叭桑木底”。傣族古歌谣赞颂谷魂说“你是主，你是王，生命靠着你，人类靠着你"[1]。傣族另一史籍亦记载说，由叭桑木底所创立的"寨神勐神"信仰告诫人们，"森林是父亲，大地是母亲，天地间谷子至高无上"[2]。因此，当佛教传入傣族地区时，"帕召"（佛祖）和叭桑木底便发生了"毫兵召还是召兵召"即谷子是王还是佛祖是王之争。而当佛教逐渐站稳脚跟，势力壮大之后，"帕召"便与"雅奂毫"直接产生了冲突，傣文古籍中记载的《谷魂奶奶的故事》描述了这一冲突的全过程，故事说：

"有一次，帕召和帕英（傣族佛教信仰中低于帕召的神灵）到人间视察，把下界的神仙们召拢来训话。

'神仙们，从今天起，无论是居住在天上、人间，还是水里的一切神和鬼，都得听从帕召和我的指挥。一切的一切，都得由帕召和我来主宰，你们要牢牢记住。'帕英按照帕召的旨意宣布说：'只有帕召，才能决定人类的命运。也就是说没有帕召，人类一切的一切都不会有了。帕召才是唯一至高无上的。在帕召的面前，任何神仙都得跪下磕头，谁要是不遵守，就让谁断子绝孙！'

帕英才宣布完，台下的神仙们就赶快磕头，要求帕召宽恕。但也有一个神不下拜，不磕头，连腰也不弯一弯。这是一位老女神，她站在帕召和帕英面前，昂首挺胸，傲然怒视。帕召见了勃然大怒。

'你是哪路来的老妇神仙，竟敢在帕召和我面前如此放肆?！快快跪下，磕头认罪！'帕英厉声喝道。

'我是世上一切谷类的灵魂，名叫雅奂毫（谷魂奶奶）。我只知道人类离开了谷子就不能生存。因此，我们的神王叭桑木底才宣布说：谷子是至高无上的、神圣的、主宰一切的。我既然是谷类的祖先，当然就不能向你们磕头了。'谷魂奶奶理直气壮地回答。

帕召和帕英听了雅奂毫的回答，怒发冲冠，暴跳如雷，当场就宣布了她的罪状：大逆不道竟敢在众神仙面前对抗佛和天帝，决定把她从神仙的行列中清除出去，打入阴间大油锅，让她断子绝孙。

① 《傣族古歌谣》，中国民间文艺出版社 1981 年版，第 16 页。
② 《谈寨神勐神的由来》，《论傣族诗歌》，中国民间文学出版社 1981 年版，第 113 页。

但是雅奂毫一点不示弱，气愤地离开神仙队伍。回到家里，当天晚上就带着她的子孙们，连夜出走到地球以外的勐龙补干（传说中地球以外的一个大勐中的一座黑山）躲藏起来。

谷魂奶奶这一出走，世上所有的谷种都跟着她跑光了。结果在三年间，人类找不到一粒谷种，庄稼无法种。开始，人们还可以摘野菜、野果来充饥，后来野菜和野果越来越少，到头来连一点也找不到了。河流干涸、寸草不生。人和鸡、鸭、猪、狗等动物，由于吃不上东西，饿死的饿死，逃荒的逃荒。从南到北，从西到东，听不到笑声鼓声，连佛寺也倒塌了，既没有人去祭神赕佛，也没有人给佛爷、和尚送饭。不但人类缺粮，而且鬼神也吃不上饭，闹得天上、人间和阴间一片惊慌混乱。

这时，四面八方的鬼神仙们，纷纷跑去找帕召和帕英诉苦，同声要求把谷魂奶奶请回来挽救人类，只有人类得救了，神仙才能得救。面对这场大饥荒，帕召和帕英早已无能为力，只好承认谷子王至高无上，主宰一切。硬着头皮派众神去请谷魂奶奶回来。”①

这一民间故事经千百年流传早已深深地融入傣族人民的文化心理意识之中。因此，傣族人民虽然笃信南传上座部佛教，但同时也虔诚地崇拜民间宗教中的神灵——雅奂毫。在曼远村，对雅奂毫的祭祀活动主要在栽秧和收割这两个关键时刻进行。傣族认为每个家庭的水田中都有一小块田是全家稻田的心脏，称为头田，傣语叫“好叔牙”，这块田便是雅奂毫的住居地。因此，每年栽秧之前，要由家中老人编制一个小篾箩，内装一个打开一个口的鸡蛋，一包糯米饭和各色山花，带到头田中供奉，并点燃一对蜂蜡先行祭祀。然后由老人率先栽下第一排秧苗，边栽边祈祷说：

“今天是栽秧的好日子，现在是吉利的好时间。祈求谷魂保佑秧苗穗多粒饱快长快大，不要有病虫害，不要被动物糟蹋，颗颗谷子都像鸡蛋那么大。”

老人在头田中栽完头排秧后，才由年轻人接着栽。谷子成熟开镰收割之前，要举行叫谷魂仪式。即由老人站在头田中点燃蜂蜡祈祷后，率先剪下由

① 《谈寨神勐神的由来》，《论傣族诗歌》，中国民间文学出版社，1981年版，第126－127页。

其栽下的头排谷穗，放入小篾箩中，在返家的路上边走边叫：

“雅奂毫回来了，别在野外淋风雨；雅奂毫回来了，保佑我家明年丰收吧！”

由于担心谷魂受到惊吓，因此老人在叫魂回家的路上不能停顿，不能与别人讲话。谷魂请回家后，将其置于粮仓头上，保存到第二年。

3. 祭寨心。寨心傣语叫“宰曼”，“宰”意即“心”，寨心就等于一个村寨的灵魂，它以村子中央一棵大树、一根木桩或几块圆卵石为标志。曼远村寨心的标志是几块石头，埋于土下，平时看不出来（现已建起了正规的寨心祭坛）。祭寨心一年一次，具体时间由“波章”根据村寨中人畜健康状况和水田中稻谷的长势来确定。如果一段时期内村寨中人畜经常生病，或稻谷长势不好，经推测认为可能系鬼怪作祟所致，便要举行祭寨心仪式。祭祀当天村社集体要杀一头牛或一头猪，各家各户凑一点谷子和米，全寨人集中起来用泥巴赶制猪、牛、狗、马、鸡、鸭等动物若干，将其置于一块长宽约两米的正方形篾笆上，同时供上肉、米、谷子等祭品，最后做一个大大的泥巴人，戴着草帽，置于篾笆中央。准备停当后，由波章率全寨人共同祈祷。祷词大意是：

“我们已献上丰厚的祭品，各方鬼怪快快来吃，吃了以后就不要再来捣乱了，保佑我们村子人畜平安，粮食丰收！”

图6－20　曼远村寨心祭坛

波章念完后再由大佛爷带着小和尚念。祈祷完毕，全寨人围拢在寨心周围，由几个身强力壮的中年人挑起竹篾笆，绕着全寨人转三圈后抬到寨外丢掉（意为将各方鬼怪送走了），在丢的地方要用大竹片将篾笆围栅起来，以免鬼怪再出来作祟。每隔三五年还要用竹篾将全村围栅一次，以将各种鬼怪彻底阻挡在村外。祭寨心虽说不是纯粹的农业祭祀，但包含有重要的农业祭祀内容，因而应将其纳入到农耕礼俗之中。作为农耕礼俗的又一个证据，"宰曼"还有户籍管理实际是土地管理的功能。村社成员迁出和外村成员迁入，包括外来和外出结婚的男女成员，均要首先祭祀寨心，取得宰曼的同意。因为每一次人口的迁出和迁入，都伴随着村社内土地和负担的调整。

（二）南传上座部佛教活动中的农耕礼俗

南传上座部佛教在公元6世纪~8世纪从印度通过东南亚传入我国傣族地区时[①]，曾与傣族传统的思想文化发生了激烈的冲突。由于西双版纳傣族民间宗教势力强大，佛教徒在村民中还无立足之地。因此多居住在山林，这样的佛教徒傣语称之为"帕滇"或"帕厅"，意为"山和尚"。据傣族古籍记载，当时双方冲突的焦点集中在究竟是谷子为王还是佛祖为王及其相应的礼仪问题上。由此可见傣族繁荣的稻作文化构成南传上座部佛教传播的最大障碍和最强有力的对手。以后，经过长期的冲突、摩擦和调适，南传上座部佛教逐步在傣族社会中站稳了脚跟，并发展成傣族全民信仰的宗教。然而，这并不表明稻作文化的失败和上座部佛教的胜利。恰恰相反，这是在傣族繁荣的稻作文化温床中，上座部佛教自身进行民族化调适的结果。这一结果就把上座部佛教融入到傣族传统的稻作文化体系之中。这一点，可以从下列两方面得到证明。

一方面，傣族繁荣的稻作农业为上座部佛教在傣族社会中的广泛传播提供了物质基础。上座部佛教教义认为人空、色空、我空，人的生老病死都是苦，因此主张积德行善，谋求自我解脱。而积德行善的一个重要表现就是对佛与僧进行奉献和布施，即赕佛。信徒要通过赕佛才能得福，多赕多得福，

① 对南传上座部佛教于何时传入我国傣族地区，学术界尚有种种不同认识。有的认为早在公元前，有的则认为迟至十五六世纪。笔者认为张公瑾先生提出的公元6世纪~8世纪传入之说较有说服力，兹从其说。参阅张公瑾《傣族文化》，吉林教育出版社，1986年。

图 6－21　曼远村佛寺

少赕少得福。赕佛不仅是为今生“赎罪”，为来世“储蓄”，也是为子孙后代“储蓄”。凡是诚心赕佛的人，不仅今生得解脱，来世得幸福，而且子孙后代也能过上幸福美满的生活；倘若现世不行善，不布施，来世便将受到打入地狱，转世为饿鬼和畜牲的三恶惩罚。因此，广大信徒为求得今生的解脱、来世和子孙后代的幸福，无不以赕佛斋僧为乐事，一户人家一年投入佛事活动中的布施通常都有成百上千斤谷子和若干现金。要做到这一点，一个社会中没有比较充分的剩余产品是不可能的。而傣族繁荣的稻作农业和比较宽裕的经济生活，便为开展赕佛活动提供了经济来源，从而为上座部佛教的广泛传播准备了物质基础。

另一方面，面对傣族强大的稻作文化和民间宗教中的农业祭祀传统，上座部佛教自身也进行了民族化调适。一是通过大佛爷和小和尚直接参与民间宗教的农业祭祀活动（如祭寨心），使自身认同于傣族的传统文化。二是将谷魂奶奶与佛祖斗法，最后以佛祖失败谷魂奶奶胜利而告终的故事，载入佛经并保存在佛寺的藏经室中，这就在实际上承认了傣族稻作文化及其信仰高于佛教信仰的地位。三是上座部佛教自身也形成了一系列农耕礼俗和农业祭祀活动，从而使上座部佛教信仰也融入傣族稻作文化体系之中。曼远村上座部佛教活动中的农耕礼俗和农业祭祀计有下列诸项：

1. 赕新年。每年傣历的6月中旬（公历4月中旬），傣族人民都要欢度“京比迈”即傣历新年。这是一个祈雨求丰收的水崇拜和农耕礼仪（详细内容将在后文阐述）。

2. 赕“谈木兰”。通常在每年栽插结束，关门节过后15天～20天，由“波章”和大佛爷会商确定一个好日子，然后通知各家各户赕谈木兰。届时，每家都要编制一个箩筐。箩筐口用竹篾搭起一个三脚架，上插高高的山茅青草，再插上红、白、黄各色鲜花。箩筐里装一点米、一包饭、一碗肉和蔬菜瓜果以及从几角到几元不等的人民币，送到佛寺中去请大佛爷和小和尚诵经祷告，祈求“雅奂毫”保佑栽下的稻谷就像这山茅青草和各色鲜花一样快长快大、昌盛繁茂。念经结束后祭品就留给帮助念经的小和尚。但家家都把箩筐上的青草和山花带回一半来插到自家的稻田中。

3. 赕“豪迈”，即赕新谷，新米。每年稻谷收打归仓后，由各家各户自择吉日赕豪迈。这一天，要用一张小篾桌供上肉、菜、糯米饭和蜂蜡，然后一个人抬着桌子，一个人挑着新谷和新米各一箩，到佛寺赕佛。篾桌供在佛像前面，新谷和新米则倒入寺庙中预先准备的箩筐中。自带的新谷新米要注满这两个箩筐才吉利，说明你家今年粮食吃不完。如果装不满，就说明你家今年要饿饭，因此，家家都尽可能多带一些。带去的祭品和新谷新米由小和尚念经祝福后便留给佛寺，各人回家煮新米饭吃。这一天的饭一日三餐必须一次煮好，数量要多到三餐吃饱后还有剩余。

三、水的信仰与习俗

如前所述，水是西双版纳傣族稻作文化形成的三根支柱之一。在长期与水的紧密联系中，西双版纳傣族形成了一系列独具特色的对水的信仰与习俗。著名傣学专家高立士先生指出：

> “只要一提起傣族的历史与文化，人们就会很自然地首先联想到水及与水有关的事物：傣族‘傍水而居’，没有住在高山上的傣寨；傣族楼居，以避频繁的水患，不住土墙楼房；傣族从事水稻农业，非常重视生态环境保护，不从事刀耕火种农业，毁林开荒；……傣

族喜居低海拔之河谷平坝，气候炎热，'一日十浴'，并非夸张；傣族不分男女，均习水性，常在水中，故有文身之俗；……傣族的主要肉食是鱼、鸭、鸡及水牛，不食山羊，少食黄牛；傣族水稻农作物、牲畜（水牛）、家禽（鹅、鸭）离不开水，赕佛也要滴水，过节也要泼水，建高脚竹楼的竹、木材料，也需浸泡河中三月半载，才能防虫咬蛀蚀；婴儿呱呱坠地，就以水浴身，接受水的洗礼，一生终结则行水葬（今天傣族行火葬，是佛教传入以后的事），傣族人认为人从水中来，死回水中去。所以傣族非常崇拜水，并像保护生命一样保护水资源。寨神林、勐神林不仅视为祖先神灵居住的家园，而且视为水源林，世代传承，不准砍伐；惜水如油，农田灌溉之水渠，要按水田面积、距主干渠远近，论斤、两来分水（即放水管道水流量之大小）；村边水井塔、桥头、路边的盛水凉亭，盖得非常讲究；傣族音乐、舞蹈、文学、艺术多以水为题材创作，佛寺雕塑除释迦牟尼佛像外，就是司水女神'南托腊尼'；民间歌手'赞哈'为乞求风调雨顺而歌唱，祭祀寨神、勐神，进行赕佛、赕塔及节日期间的滴水、放高升、泼水、赛龙舟，均与乞求雨水、乞求农业丰收有关。"①

另一位著名傣学专家黄惠焜教授则直截了当地说："——用水来形容傣族，是再恰当不过的了。"②"在概括傣族文化总的气质的时候，我曾用了'水的文化'这一概念，现在也还没有新的概念能够替代。"③ 他指出：

"许多世纪以来，西双版纳傣族社会始终在水的托举下缓缓演进。水与人们的生存相联系，与民族的文化相联系，与民族的存亡相联系。在人们的观念中，天地因水而成，人类因水而生，鱼米因

---

① 高立士：《西双版纳傣族传统灌溉与环保研究》，云南民族出版社 1999 年版，第 12－13 页。

② 黄惠焜教授为高立士编译：《傣族谚语》所作序言，四川民族出版社 1990 年版，第 3 页。

③ 黄惠焜教授为赵世林、伍琼华著：《傣族文化志》一书所写的导论，云南民族出版社 1997 年版，第 1 页。

水而长，万物因水而永葆青春。”①

既然傣族是一个“水的民族”，具有“水的文化”，那么，傣族的水文化具有什么样的内涵和特征呢？通过对傣族水文化的调查和研究，我认为，一个民族的水文化，是这个民族在长期利用和管理水资源以求得生存与发展的实践中，基于对周围自然环境的认知与调适而创造出来的一种文化现象。它通常包括这个民族利用水资源的技术、管理水资源的制度和对水资源的认识与信仰等3个方面的内容，是技术、制度、信仰三元结构的有机整合。在这个有机整合的三元结构中，对水资源、水环境的认识与信仰处于核心地位。它是一个民族千百年实践经验的理性总结，或是通过神话传说等想象和幻想形式折光反映出来的历史真实，是这个民族宇宙观、世界观和价值观的重要组成部分，对一个民族水文化的最终形成及其持续发展发挥着关键作用。利用水资源的技术和管理水资源的制度前面已作过阐述，下面着重论述西双版纳傣族对水的信仰与习俗。

（一）神话传说中的水

在西双版纳傣族的神话传说中，与水有关的内容很多。这里仅举几个典型的例子说明之。

1. 地球和人类起源于水

西双版纳傣族的创世神话说：远古时期，没有太阳、月亮和星星，天和地也未形成。整个太空充满着翻腾滚动的气体、烟雾和狂风，下面是一片白茫茫的大海，海面上飘满了泡沫。狂风不停地刮了亿万年，把烟雾、气体和泡沫搅拌在一起，最后凝结形成一个大圆球。这个大圆球在太空中翻腾滚动亿万年后又形成了傣族的创世神王——英叭神。他不吃食物，靠饮水食雾补养身体。威力无比的英叭神决定开天辟地、创造万物。只见他用巨手搓下身上的污垢，与水搅拌后做成一个圆球，这个圆球随着英叭的吼声不断长大，最后凝结成地球。地球飘在海中上下左右翻腾，为使地球稳定下来，英叭神又搓下身上的污垢与水搅拌后做成一个巨大的支架，支架进入海水中变成一

① 黄惠焜：《人类的文化遗产——记西双版纳傣族的传统与文化》，高立士：《西双版纳傣族传统灌溉与环保研究》，云南民族出版社1999年版，第6页。

头巨象，四条巨腿托起地球，巨大粗壮的象身撑开天地，将地球稳稳地固定下来[①]。所以，傣族认为地震是因为巨象站久劳累了，于是伸伸脚、抖抖身所致。

英叭神完成了开天辟地的创世业绩后，决定先创造出与自己一样具有高超本领的神，然后再让这些神去开创地球上的万事万物。于是，英叭神又搓下他身上的污垢，与自己的汗水搅和后做成男女两个神。男神名“布桑该”，女神名“雅桑该”，并送给他们一个仙葫芦，命令他们到大地上来开创万物和人类。他们降临大地后，先将仙葫芦破开，把葫芦中跳动的生命撒向大地，大地上立即长出各种花草树木、飞禽走兽、昆虫鱼虾，但是没有人。他俩又用泥巴合水造人，布桑该捏了三千个男人，雅桑该捏了三千个女人，用水、土、风、火四种物质的精灵灌注到泥人身上，使三千对男女泥人获得了生命。这三千对男女便结成夫妻，繁衍下了今天的人类[②]。

从这则神话中可以看出，在古代傣族人民的意识中，其民族的创世神王、地球、人类都起源于水，这种神话意识当是傣族水文化形成的深层内核。

2. 雨水拯救人类和万物

英叭神完成开天辟地的任务后，将火神安置在一个石山下。火神在石山下熔石炼铁，石水和铁水融合结成夫妻，生下七个火儿子。他们一出世就跳到天上，变成了七个太阳，将大地烤成一个火炉，人类与万物均面临灭亡。这时，人类中出现了一个勇敢的青年名叫“惟鲁塔”，他用十万斤的巨弩和六根用巨石磨制成的石箭，射下了六个太阳。但六个太阳的尸体落地后变成六条燃烧着熊熊烈火的大江，所到之处，万物均被烧死。人类和动物惨死的哭喊声惊动了高居十六层天上的英叭神，他张开神口，把空气中的潮风冷雾吸进肚子，变成口水吐出来，于是倾盆大雨从天而降，将地上的熊熊大火浇灭，人类和万物才得以幸存下来[③]。

---

① 参见征鹏主编：《西双版纳传说故事集》，中国民族摄影艺术出版社 2005 年版，第一集，第 1–5 页。

② 参见高立士：《西双版纳傣族传统灌溉与环保研究》，云南民族出版社 1999 年版，第 15 页。

③ 参见云南省民族事务委员会编：《傣族文化大观》，云南民族出版社 1999 年版，第 224 页；征鹏主编：《西双版纳传说故事集》，中国民族摄影艺术出版社 2005 年版，第一集，第 41 页。

3. 饮水而孕与崇象习俗

西双版纳傣族对象有一种特殊的感情，视象为吉祥、幸福的象征。认为象能给人类带来风调雨顺和五谷丰登，因而至今仍有崇象、颂象、祭象的习俗。究其原因，除了历史上曾有过养象以代牛耕的习俗外，还与一则流传广泛的神话传说有关。这则神话名曰《象姑娘》。说的是："在远古时期，有一个老猎人带着一个女儿在森林中狩猎为生。老猎人死后，其女儿无依无靠只能在森林中采集野菜野果为生。一天，她在森林中走得又渴又累，突然发现一个大象脚印中积满了清水，便扑下身去畅饮一空，感觉十分愉快、舒适。但她回去不久就有了身孕，原来这潭清水是洁白神象的尿液。10 个月后，她生下一女，取名为象姑娘。象姑娘长大后经历千辛万苦找到了她的神象父亲。父亲送她一对白牙，里面装满了人类衣食住所需要的全部东西。象姑娘返回人间后与一个年轻勇敢的猎人结婚成家，过上了幸福美满的生活，并繁衍出了子孙后代"。

一些学者在分析这则神话的内涵时，认为它反映了傣族历史上曾经有过一个以象为图腾的图腾崇拜阶段，或傣族内部曾经融合过一支以象为图腾的氏族①。我无意探讨傣族的图腾崇拜问题，但从这则神话中所反映的饮水而孕的想象和傣族崇象意识中所追求的风调雨顺、五谷丰登的象征意义来看，水这种看似简单的物质，早已被傣族人民赋予了孕育生命的非凡力量。

4. "圣泉"的传说

2005 年 1 月我到西双版纳州就傣族的水文化做专题调查。州民族宗教局的傣学老专家刀新华先生带我实地考察了位于景洪市的傣族"圣泉"。

增减百分点（个） 这里原是傣族历史上景龙金殿国王宫和勐泐故宫遗址。刀新华先生向我介绍说，这股泉水的来历有一个神奇的传说。相传佛祖来此地传经时，当地人因饮水困难而求助于佛祖。佛祖便选择此处将佛杖插入地下而得一清泉，从此无论阴晴旱湿，该泉的水位基本不变，后来此泉水便成了当地傣族人民驱除病魔、祭祀拜祖的必用之物。每当有滴水仪式时，于鸡鸣前（凌晨 4 点）来此取水备用，到如今此泉水仍有明目和治标等功效。

① 参见高立士：《西双版纳傣族传统灌溉与环保研究》，云南民族出版社 1999 年版，第 23 页；云南省民族事务委员会编：《傣族文化大观》，云南民族出版社 1999 年版，第 224 页。

图 6－22　位于景洪市勐泐故宫旧址的傣族“圣泉”

这股泉水以前是西双版纳傣族皇家贵族和议事庭官员的专用水。用水洗浴后不仅可以净身止痒，还能富贵吉祥。我捧水洗手洗脸后果然清冽舒服。这里还有两座古老的佛塔，传说一座佛塔里面藏有释迦牟尼佛的头盖骨舍利，另一座佛塔里面藏有释迦牟尼佛的头发。

这里的佛塔和圣泉，在整个西双版纳州和东南亚的泰国、缅甸、越南、老挝等国的傣、泰、掸、京、老等同属古代百越集团的民族中具有广泛而深远的影响。每年都有大批来自东南亚的南传上座部佛教信徒来此朝拜，用圣泉水净手、洗脸，祈求吉祥安康，并用黄布袈裟对圣泉周围保护良好的森林植被进行念经加持，祈求其涵养圣泉水长流不息，永不枯竭。

图 6－23　“圣泉”取水处

图 6－24　传说藏有释迦牟尼佛头盖骨舍利的佛塔

由于圣泉附近的森林植被保存良好，所以，尽管离圣泉稍远处的后山早已被国营农场种上了大片的橡胶林。但圣泉水从未干枯过，且无论是雨季还是旱季均能保持在同一水位。这一事实更增加了圣泉的神圣性，从而更加有利于圣泉的保护。

图6－25　传说藏有释迦牟尼佛头发的佛塔

图6－26　用黄布袈裟加持保护的森林植被

（二）对水的重要性的认识

傣语称水为“喃木”，称雨水为“喃风”，称井水为“喃播”，称山箐水为“喃木慧”，称热水为“喃还”，称冷水为“喃嘎”，称洪水为“喃木老”，称下雨为“风多”……表明傣族对各种类型的水都有很细致的观察和认知。傣语称风为“垄”，称气也叫“垄”，认为风和气吹在人身上是凉的，因而是看不见的水。风和气会在空中慢慢变化，从看不见摸不着变为看得见摸得着，就变成了雾和雨，最终变成了水，成为人类生存须臾不可缺少的东西[①]。这种对水的理性认识与前述的与水相关的神话及其传说紧密结合起来，就使傣族人民对水产生了一种天然的神圣感和崇敬感。并将水与土地、森林、粮食、生命等重要物质联系起来，形成了一系列对水的重要性的特殊认识。

傣族称土地为“喃领”，“喃”为水，“领”为土，将水置于土之前，是因为傣族在长期的生产实践中认识到，无水之土，植物不能生长；有水之土，才有利用价值[②]。

傣族谚语云“先有水沟后有田”；“建寨要有林和箐，建勐要有河与沟”[③]；“树美需有叶，地肥需有水。”[④] 正确揭示了水在农业生产和人们生活中的重要性。

正是基于对水的重要性的认识，故傣族谚语中经常用水来比喻和形容其他事物，或用水来揭示某件事情的本质。例如，“水流自成渠，体劳累、心安逸”，形容每年岁修沟渠后的愉快心情；“下雨与您同打伞，打雷与您躲田房”，“落水不淌走，入火不烧化”，表达对爱情的坚贞；“夫妻吵架如竹筒水倒，父母骂儿如大雨淋身”，教育夫妻之间、父母和子女之间有矛盾要互相谅解，不要记仇；“水和土都是召的”，“种水田、背负担”，不种田的也要“买水吃、买路走、买地建屋，死了，还要买土盖脸”[⑤]，仅用短短的三句水谚语，就正确揭示出了民主改革前西双版纳土地所有制的本质。

（三）民间宗教信仰中的水崇拜

正是基于对水的崇拜、信仰及其对水的重要性的理性认识，西双版纳傣族在其宗教信仰与节庆活动中形成了一系列水崇拜的祭祀礼仪和用水习俗。现主要依据笔者在景洪市勐罕镇曼远村的三次田野调查资料，将其宗教信仰中的水崇拜与节庆活动中的用水习俗分述于下。

曼远村傣族万物有灵的民间宗教信仰中包含有多种神灵崇拜。其中，对

① 2005 年 1 月笔者赴西双版纳调查傣族水文化时，对州民族宗教局傣族老专家刀新华先生调查访谈笔录。

② 参见高立士：《西双版纳傣族传统灌溉与环保研究》，云南民族出版社 1999 年版，第 12 页。

③ 高立士：《西双版纳傣族传统灌溉与环保研究》，云南民族出版社 1999 年版，第 28 页。

④ 高立士编译：《傣族谚语》，四川民族出版社 1990 年版，第 232 页。

⑤ 高立士编译：《傣族谚语》，四川民族出版社 1990 年版，第 101 页、25 页、31 页、3 页。

图 6－27　曼远村水井

水的崇拜与信仰的祭祀礼仪主要有如下两个。

1. 祭“勐神”、“寨神”活动中的“八月求雨、一月求晴”

“八月求雨、一月求晴”，傣话叫“冷别熬粉、冷景熬烈”，这是西双版纳傣族每年祭祀“勐神”、“寨神”的两次主要活动。傣历 8 月为公历 6 月，正值西双版纳抗旱保苗、求雨栽秧的季节；傣历 1 月为公历 11 月，正值西双版纳稻谷成熟、忌连绵秋雨、需求晴保证稻谷收割归仓的季节。因此，早在古代，西双版纳傣族就形成了通过祭祀“勐神”、“寨神”活动来达到“八月求雨、一月求晴”目的的定期祭祀活动①。全西双版纳最大的“垄南”神山由最高统治者“召片领”亲自主祭，其祭文中就有“佑护西双版纳一年到头，无论干湿季节，风调雨顺。如今要犁田栽秧，不要天旱，祈求苍天降雨，田里水满”② 的明确要求。西双版纳各勐的勐神由各勐“召勐”主祭，各勐议事庭官员、各勐属“傣勐”寨的村社头人及百姓代表参加。属于“傣勐”寨的曼远村，每年都要派出村社头人和百姓代表去参加勐罕一年两次的祭祀“勐神”活动．在勐罕召勐的祭文中，亦有“八月求雨、一月求晴”的明确要求。

① 参见朱德普：《傣族神灵崇拜觅踪》，云南民族出版社 1996 年版，第 38－39 页。
② 同上。

曼远村“八月求雨、一月求晴”的祭祀活动主要集中在一年两次的祭“寨神”活动中。寨神，傣语称“蛇曼”。在西双版纳，由于佛教传播的影响，通用巴利语译音，称“丢拉曼”。曼远村寨神平时由专职巫师“召舍”供养在家中，用一个小篾箩放着红布、白布、蜂蜡、清水和四时鲜花。每月的初八和十五两天，要由召舍将小篾箩抬到设在村后“垄山”中的寨神祭坛去用两个陶制葫芦装清水供奉。村内农户买进猪、牛等大牲畜，或有人口迁出、迁入，都要带一对蜂蜡、一枝山花、一瓶酒去请召舍祭祀寨神。家家户户盖好新房要举行贺新房仪式之前，也要用一个小篾箩装着糯米饭两包、糯米少许、两块肉、五对蜂蜡、半斤酒、几枝山花和一瓶清水，请召舍祭祀寨神后带回家立家神“丢拉很”。家神立起来，才能贺新房。平时寨中谁家人畜生病、田地中稻谷发生病虫害或风水失调，一般都由户主先祭家神。家神控制不了，再带上祭品请召舍祭寨神，祈求寨神来控制。

全寨性的祭寨神活动一年举行两次。第一次在傣历的 8 月 8 日（公历 6 月)，此时正是稻田栽秧急需雨水的时节，故有“八月求雨”的祭祀。祭祀前一天，便要封锁四方寨门，本寨人不能出村，外寨人不能进村。如果外人不知道闯进村来，就要将其留下并罚款参与本村祭祀。祭祀当天清晨，各家各户要杀一只鸡，用芭蕉叶包好，带一对蜂蜡和几两米，集中到寨神祭坛——村后“垄山”中。

图 6－28　曼远村垄山森林植被

图 6－29　曼远村传统的寨神祭坛

图 6－30　曼远村近年来新建的寨神祭坛

大家把祭品放在大树前面的一张小篾桌上。这一天，村社集体要凑钱买一头 20 斤左右的黑色公猪和 4 只鸡。猪由召舍在大树前用棍子敲死，鸡用刀杀死，然后用血祭树，并将血泼洒在大树前面的小竹篓中。召舍敬酒献肉后，率领全村男子磕头祷告。祷词大意是：

“寨神请下来，我们准备了丰厚的祭品，请您下来吃。吃好后请您好好地照管我们曼远，管好人、牛、猪、鸡，不要得病，不要死；管好田中的谷子，让雨水丰沛，不要遭灾，不要得病，不要被虫吃，粮食大丰收，家家有饭吃。所有危害人、畜和稻谷的灾害，都请您撵走。”

祷告毕，召舍转身面对众人进行米卜。即由召舍从祭品中选出一碗好米，双手举过头顶，用右手大拇指和食指随意拈起几粒米，若连续三次拈出的米都为4、6、8、10等双数，就表明祭祀已达到顶期目的，已请来了寨神；反之，则表明寨神尚未请到，还得再次祷告，再次米卜，直至请到为止。最后，由召舍重申垄山规矩：

●不准砍树动草；

●不准在此大小便；

●除召舍外其他任何人不准到代表寨神所住的小草房那里去。

如有违犯，就要罚当事人2只鸡、一斤酒、5对蜂蜡、一包糯米饭，请召舍到垄山为其祭祀讨福，还要请召舍和村社头人到家中吃饭，并为其拴线祝福。

至此，祭礼仪式结束。祭品除留下少许继续供奉在小草房中外，其余全部煮熟后由全寨男子共餐。

第二次在傣历1月8日举行（公历11月），此时正是收割稻谷的大忙时节。再次举行祭祀的目的在于“一月求晴”，感谢寨神的保佑使今年粮食获得了丰收，祈求寨神继续保佑让天不要再下雨了，让田中黄熟的稻谷顺利归仓。第二次祭祀与第一次祭祀内容大体相同，不同的是第二次祭祀的祭文中加进了“求晴”的内容，且祭品只需用鸡而不用猪，全村人也不再聚餐，只是男性老人们集中到召舍家吃一顿饭。

从上述内容中可以看出，寨神勐神作为全村全勐的神灵，所“管辖”的事务较多，但保佑风调雨顺、稻谷丰收，是其最重要的“职责”之一。因此，

傣文古籍《谈寨神勐神的由来》说：“没有‘蛇曼蛇勐’（寨神勐神），就不会有人类的诚实和善良，就不会有吉利安康、风调雨顺、年年丰收。一句话，没有‘蛇曼蛇勐’，我们傣族就等于没有了父母的孤儿，没有灵魂的活人。什么生命啊、欢笑啊、吃住啊、寨规家

规啊等等，就会像没有了主根的一棵‘戈桑麻’（麻桑果树），风来摇晃，雨来难挡，最后只有在混浊的风雨和洪浪的冲击中被吞没、沉下、腐烂、肢解、溶化与消失。‘蛇曼蛇勐’是我们傣族的灵魂，是我们思想的支柱，是我们祖先的形象……是我们傣族永远的、神圣的和高于一切的东西”①。

傣文古籍《谈寨神勐神的由来》一书，还从与佛教信仰相对立的角度，对傣族的寨神勐神的内容，作了清晰的阐述，这里不妨摘录于下。

“寨神勐神”的内容是：

“一、要杀生害命：要打猎，要用快刀剥兽皮。杀猪、杀鸡、杀牛、人类也要厮杀。用‘杀生’来保护人类的生存。二、万物都有魂，死了变成鬼。鬼像人一样用两只脚走路，和人生活在一起。人与鬼中间只隔着一层薄薄的鸡蛋膜，一点不可怕，互相打老庚，人与鬼可以配偶。鬼保护了人，人也保护了鬼。三、父母身上（林间和大地）的万物要保护，要为它们叫魂。谷子收完了要叫‘谷魂’、犁完田要拴‘牛魂’、放鱼塘要叫‘鱼魂’，天干了要叫‘雨魂’，唯独不叫‘佛魂’。四、为了人鬼兴旺，风调雨顺，每年要‘灵曼勐’（祭寨神勐神），要杀鸡杀猪，人鬼共吃，同保安宁。祭过寨神勐神，接着‘祭百家饭’，让全寨各家祖宗的魂在一起吃一顿饭。全寨的魂相亲了，全寨的人才相爱。五、每年要‘祭寨心’，把祸害送出村寨，使寨内吉祥安康。六、只有‘批烘’（不得好死者的鬼）、‘批哈’（瘟神）和‘批帕召’（佛祖的鬼）会害人命，最凶恶，人要用火去烧，要用刀去砍它。七、由于万物有魂、有毒，人死了还要回来生，杀牛要留下牛毛。八、各家的魂是各家的，不是自家的人不要进到里屋去。”

“这就是我们寨神勐神的具体内容。这些内容不是空的。我们封谷子的魂为王为主，是因为谷子是人类的生命。寨神勐神虽然是至高无上了，可是没有谷子它就活不成。我们给牛拴魂，是因为牛帮

① 《谈寨神勐神的由来》，载《论傣族诗歌》，中国民间文学出版社1981年版，第92页。

助人种出谷子。”

“寨神勐神在我们祖先整个人类历史中究竟起了什么样的作用呢？是起了吉利的作用还是祸害的作用？我们的回答是：它保护了我们祖先的灵魂，保护了寨和勐的天地，保护了我们牛马避免瘟疫，保护了我们田地黄谷丰收，保护了我们和睦相亲子孙兴旺。一句话，它保护了我们身上的一切免遭灾难。所以，寨神勐神对于我们傣族来说，是神圣而不可侵犯的。”①

2. 祭祀“水神”

在一年一度放水犁田栽秧时，要举行放水仪式祭祀水神，祈求风调雨顺、稻谷丰收。祭祀时要置备丰盛的祭品，诵读祭文，然后从每条大水沟的水头寨放下一个挂黄布的竹筏，漂到沟尾后，再把黄布拿到放水处祭祀。除了由各条水沟和各村社分别祭祀外，还要由水利总管“召龙帕萨”亲自主持举行对各条水沟与渠道的总祭祀。有一份《杀鸡祭水神祷词》，反映了这一祭祀情况。全文如下：

“今年是吉祥的年份，本官奉议事庭和内外官员之总首领松笛翁帕丙召（召片领）之命令，赐为各大小水渠沟洫之总管。我带来鸡、筷、酒、槟榔、花束和蜡条，贡献于境边渠道四周之男女神祇，请尊贵的神灵用膳。用膳之后，敬求神明在上保佑并护卫各条水沟渠道，勿使崩溃或漏水，要让水均匀地流下来并祈望雨水调顺，好使各地庄稼繁茂壮实，不要让害虫咬噬，不要使作物受损。让地气熏得粮食饱满，保各方粮食丰收。请接受我的请求吧！”②

（四）南传上座部佛教信仰中的水崇拜

南传上座部佛教从印度经过东南亚传入我国傣族地区后，经过长期的发展，逐步成为傣族人民全民信仰的宗教。受其影响，西双版纳傣族的节日也几乎全部成了宗教节日。傣族传统的水崇拜信仰与南传上座部佛教及其节庆活动紧密融合，形成了下列几项与水崇拜密切相关的祭祀礼仪。

① 《谈寨神勐神的由来》，载《论傣族诗歌》，中国民间文学出版社1981年版，第114－115页。
② 转引自张公瑾：《傣族文化》，吉林教育出版社1986年版，第131－132页。

1. 赕新年，亦即“泼水节”

每年傣历的6月中旬（公历4月中旬），傣族人民都要欢度“京比迈”即傣历新年，亦即泼水节。据有关专家考证，泼水节最初起源于印度，曾经是婆罗门教的一种宗教仪式。婆罗门教徒每年有一个宗教节日，要到河边沐浴，以洗去身上的一切罪恶。但是，年老体迈、连走路都困难的人做不到，为此，好心的子女和亲友便到河边挑水回来，为他们泼水洗罪。婆罗门教信徒又认为泼水节是帝释天神降临人间考察凡人善恶的日子，他每年下凡所骑的动物和手中拿着的东西都不一样，人们据此来预测当年农业生产的丰歉，如骑牛拿水壶，就预示雨水充足、五谷丰登；如果是拿着火把，则预示干旱。信徒们看到农业年成的预测后，就互相泼水，以便助天降雨，祈求丰收①。

脱胎于婆罗门教的印度佛教传入东南亚和我国傣族地区后，其宗教神话习俗便与傣族传统的水崇拜信仰结合起来，形成了傣族自己的神话传说及其泼水节习俗。根据西双版纳傣族民间传说，傣历新年最早就起源于农耕，节日期间人们相互泼水祝福的习俗为的就是祈求风调雨顺、农业丰收。据说，创世初期，天地不分季节，世间不分冷暖，人类难以生存。创世神英叭派天神“捧麻点腊”到人间制定季节。但他却随心所欲，胡乱刮风下雨，人类种下的稻谷，不是被洪水冲走，就是被暴热晒死。创世神英叭又派“英达提拉”神来接替捧麻点腊的职务。但是恶神捧麻点腊本领高强，他拒不交出权力。善神英达提拉通过恶神的七个女儿了解到恶神的致命弱点，七姐妹因同时爱上英达提拉便决定杀死父亲。一天晚上，恶神睡熟后，七姐妹便拔下他的一根头发将其脖子勒断，恶神的头颅滚下床来，滚到哪里哪里就燃起熊熊大火。七姐妹只有将其轮流抱在怀里才能扑灭火焰，这就使她们身上沾满了恶神的污血。但是，从此以后善神掌管了风雨冷暖大权，他将一年分为旱、雨、冷三季，年年有序轮回，年年风调雨顺，使人类种下的稻谷年年获得丰收。因此，傣族人民便把消除灾难获得幸福的这一天定为全年之首——新年。过新年时，人们为了怀念和感谢杀死恶神的七姐妹，都要泼水为她们洗去身上的

① 参见陈茜：《泼水节的起源、传播及其意义》，王懿之、杨世光编：《贝叶文化论》，云南人民出版社1990年版，第685页。

污血，扑灭身上的火焰。久而久之，便形成了泼水节的习俗①。

在曼远村，泼水节的头几天，全村人就要洒扫庭院，打扫村寨卫生。泼水节的头一天，全村人要挑清水到寺庙中为佛像洗浴。泼水节这一天，家家户户都要在一张小篾桌上放上两碗肉、两包用芭蕉叶包着的剁生，半斤糯米饭，当年的少许谷种，以及一些瓜果蔬菜、花生玉米等，送到佛寺中赕佛。同时，家家户户都要背一背河沙，提一瓶清水，在佛寺旁边垒起一个沙堆。沙堆上插一根树枝，用一根长长的棉线一头拴在树枝上，一头拴到佛寺中，并在沙堆前平一个沙台，供上竹笋、肉、饭等祭品。全村人先集中到佛寺拜佛，然后围坐在沙堆周围听佛爷念经，人们一边听经一边将清水滴洒在沙堆和树枝上。赕佛仪式结束后，来参与本村过节的基诺族、哈尼族朋友和外村的傣族朋友纷纷上去抢走祭祀供品。本村人则家家户户争着去抢下一截棉线，接下来便是人们相互泼水祝福。人们认为，新年这天浴佛、赕佛、堆沙滴水和相互泼水，能够助天降雨，求得风调雨顺、稻谷丰收；外村人抢走祭祀供品能把因赕佛而求得的福气带回家去；而本村人抢下的这一截棉线用来拴在果树上，各种果子就不会有病虫害，就会大丰收。

从泼水节的神话传说到曼远村的泼水节习俗都说明，西双版纳傣族的“赕新年”无疑就是一个助天降雨、祈求丰收的水崇拜和农耕礼仪。

2. 赕“毫瓦莎”、“奥瓦莎”，即“关门节”和“开门节”

每年傣历的9月15日~12月15日（公历7月~10月），是傣族的关门节时期。傣历9月15日要举行“毫瓦莎”仪式。傣语中的“毫”意为“进入”，“瓦莎”意为“传授佛法期”，毫瓦莎即是“进入传授佛法期”。这一期间年轻人不能恋爱结婚，老年人不能外出走亲访友，寺院中的僧侣也不能外出或返家，故称关门节。傣历12月15日要举行“奥瓦莎”仪式。傣语中的“奥”意为“走出”，奥瓦莎即是“走出传授佛法期”，这天之后，大家便又恢复正常的世俗活动，故称开门节。从宗教信仰的角度来解释，关门节是傣族全体僧俗群众虔心礼佛的时期。在曼远村，除关门和开门两次全寨性的大

① 参见岩峰：《傣族新年与农耕神话》，云南省社会科学院民族文学研究所编：《民族文学研究集刊》，第3辑。

赕外，还有各家各户进行的“赕撒拉帅”等四种中赕，还有每七天一次的小赕，佛事活动确乎频繁。

然而，从傣族的水崇拜、水信仰及其水文化的角度来解释，关门节和开门节礼仪亦可看做是水崇拜礼仪。因为这一时期的几乎所有赕佛仪式都要用水，恰好与水稻生长需要灌溉用水密切相关，当然也与清水所象征的清吉平安密切相关。这里仅以比较典型的毫瓦莎即关门节仪式说明之。

图 6－31　老人到佛寺赕佛：左手提供品，右手提清水

在曼远村，关门节的头一天，全村每一个老人都要准备一挑清水，用当地特有的一种香竹浸泡在水中，直至清水变香，然后挑到寺院中为佛像洗浴。第二天凌晨三四点钟，各家各户都要派一个代表到水井里打一瓶清水，与早已准备好的蜂蜡、肉、饭、山花等祭品一起放置在一个小篾桌上，早早地就抬到佛寺门口去等着，谁去得最早，天神就会更垂青于谁。待全村家家户户的篾桌都围着佛像支好，人到齐后，祭师“波章”便宣布关门节仪式开始。首先由波章率全村人拜佛，接着由波章向大佛爷转达群众祈求风调雨顺、清吉平安的世俗要求，再由大佛爷转呈给佛。整个过程都是先由波章讲一段，然后大佛爷又讲一段，如是者四五次，最后由大佛爷率全村人拜佛，全村人依次到佛像前敬水后仪式结束。所带祭品全部供奉在寺庙中。关门节的第三

天下午，老人们再次挑水到寺庙中给大佛爷和小和尚洗澡，洗完澡后，僧侣们全体“关门”，不能再外出或返家。

3. 洗塔求雨

曼远村“波章”老人对我讲，根据佛经记载，很久很久以前，连续几年天上都不下雨，于是，地上的人、蚂蚁、蜜蜂等万事万物各自的主便联合起来，上天去跟天神“帕雅天”谈判。最后达成协议，天神要在每年的雨季降雨，而且要在夜里下，白天不能下，否则人们无法干活。因此，在曼远村，如果已到稻谷栽插时节天上仍不降雨，人们便认为这一定是天神疏忽所至，于是便要举行洗塔求雨仪式。届时，家家户户都要预先准备好遮雨的草帽和雨伞，然后每家挑一挑水到村子后山的佛塔上去。在塔前面放一大盆水，把寺庙中的司水菩萨“喃托腊尼”请来水盆中。用木头做一条鱼，用火炭画上鱼鳞。由大佛爷拿着鱼沿水盆转上几圈并念颂经书，然后用水洗塔，佛塔便会将人们求雨这一信息转达天神，天上很快就会降雨。据说，本村佛塔已有1000多年的历史，求雨非常灵验。人们挑水洗塔后，天上通常便会降雨下来。

（五）人生礼仪中的用水习俗

正是基于对水的信仰、崇拜及其对水的重要性的理性认识，西双版纳傣族在人生的一系列重要关口，都形成了与水信仰和水崇拜密切相关的用水礼仪和用水习俗。

1. 出生用水

婴儿一旦脱离母体，呱呱坠地，专门的接生婆和家人便要急忙用温水给婴儿洗澡，一方面洗去污垢，另一方面也祈求各方神灵保佑其清吉平安。如果产妇缺乏奶水，人们就会去找一种名叫“帕宾”的长不大的小树，将其树皮、树叶拿来用泡米水煮成药水给产妇喝下。据说这种药水能够催奶，产妇喝下后，就能产生大量奶水。

2. 升和尚用水

20世纪50年代前，傣族男子一般都有一个入寺为僧的过程。当僧侣的过程中可以学习一些佛教经书和傣族的民间礼仪，因而当过和尚的人通常被社会认为是懂礼的人，比较受人尊重，故当时的曼远村大约有90%的男子都当过小和尚。20世纪50年代以后，傣族的南传上座部佛教信仰曾一度遭受历次

图 6－32　曼远村佛塔

政治运动的冲击而趋于淡化。但改革开放后，党和国家宗教信仰自由政策的贯彻落实，又使傣族的宗教信仰走上了正常轨道。今天的曼远村，大约还有50%的男子遵循传统要当几年和尚，因而升和尚仪式便成为傣族男子的一个重要的人生关口和人生礼仪。

入寺为僧完全自愿，时间不限、出进自由。要当和尚的人一般都要先到寺庙中当3个月的“伙勇”，做些杂务，学习一些当和尚的道理和规章制度。3个月期满后由波章、大佛爷和其家长对其进行简单的考试，未通过的就回家明年再来；通过考试的人要先拜一个干爹，这个干爹今后就要将其当作亲生儿子来看待，在其今后的人生历程中必须时时给予关心和帮助。拜好干爹后，就可以择日举行升和尚仪式了。

举行升和尚仪式的头一天，干爹就要将小孩接到家中，为其剃头、洗澡。洗澡时，小孩站在凉台下面，干爹干妈站在凉台上面，用芭蕉叶搭成一个渡槽，干爹干妈顺着渡槽冲水下来，小孩的家人和亲戚众手帮忙，把小孩洗得干干净净。然后由干爹将其背进家中最隐秘的老人住房中，为其拴线祝福。当天晚上，要由干爹和村中老人陪小孩睡觉。举行升和尚仪式这天，要由干爹出面杀猪、杀牛请全村人吃饭。饭后，由干爹背着小孩出门，让其骑在马上，干爹牵着马缰绳，家人抬着干爹送的礼物：行李1套，袈裟6套，各色山花及肉、饭、果、菜、清水等，全村人跟在后面向天空泼洒爆米花和各色纸花。纷纷扬扬的米花一直伴随着虔诚的信徒们把小和尚从家中送入佛寺。在佛寺中，举行正式的拜佛和滴水仪式后小孩就算正式当上了和尚，完成了傣族男子一生中的一个重要礼仪。

3. 治病用水

由于傣族传统文化中存在着水信仰和水崇拜意识，因而人们普遍认为清水能治病，泡米水加草药更能治病。在曼远村，清水和泡米水加草药能治好的病大约有下列诸项：

如果有人感到身上无故疼痛，或皮肤瘙痒，或眼睛疼痛，就请傣族医生“摩雅”或懂行的老人，取一瓶清水，对着清水吹一口气，然后用水抹于患处，就能即刻痊愈。

如果有人感到肚子疼，就请傣族医生“摩雅”或懂行的老人，取一瓶清水，对着清水吹一口气，念一段口供，然后让患者喝下去，就能即刻痊愈。

如果有人不慎摔断了手脚，摩雅就会抓一把紫糯米，再加少许松木屑、鸡骨、甜笋叶等一齐舂细，再倒入泡米水和牛油将其调匀，用芭蕉叶包起来放在火上慢慢熏烤。接着手持一杯清水或米酒坐到病人身边，对着病人的伤口边吹气边念口供。口供词曰：“翁巩洞水，水滴水银，银子水、冷水、酒水，骨头断骨头来，肉断肉来，皮断皮来，好好来，紧紧来啊！”然后叫病人喝一口水或酒，摩雅接着口含一口水或酒喷洒在病人伤口上，再把已经烤热的紫米草药包上去。据说这种方法和药物对治疗跌打损伤非常有效。

如果有人得了疟疾，是老人，摩雅就会用清水泡一盆糯米，通常需泡十多个小时直至泡米水完全混浊，才倒出一碗米水，加上蒜泥和鸦片烟垢，又浸泡几小时后让病人喝下去，疟疾就会得到控制。如果是小孩，就用一种叫“哈和勒”的果子的根，将其用石头挤压出水来，加入石灰水搅拌均匀，待澄清后让其喝下，疟疾亦会很快得到控制。……

4. 盖新房、贺新房用水

有关学者曾将傣族传统的人生价值观概括为四句话："盘田种好粮，积蓄盖新房，老有人送终，死后升天堂。"① 可见盖新房、贺新房在傣族人生旅程中的重要性。因此，在这一人生重要关口的用水礼仪，自然也就反映出了傣族水崇拜、水信仰的意识。

图 6－33 曼远村傣族供奉家神

曼远村傣族盖新房的用水礼仪主要集中在男女两棵中柱的竖立上。男柱傣话叫"抄宽"，女柱傣话叫"抄喃"，必须选择上好的"红毛树"，才能做中柱。立柱这天，男女主人要亲自用清水把代表自己的柱子擦洗干净，然后用自己的衣服和芭蕉秆、甘蔗等象征生命与甘甜、发达的东西把中柱包裹起来，以求清吉平安和万事顺遂。接着要请波章在两块红布和两块白布上写上祈求安康、吉祥的文字。男女两棵中柱均用白布垫底，红布顶头。白布表示龙的肚子，寓意中柱立在龙肚子上；红布表示龙头，寓意用龙头顶起了房子。波章老人对我说，龙生活在水中，有水才有这两棵中柱的生命，这两棵中柱立在龙肚子上，就表示它的生命还在，白蚂蚁就不敢侵袭；用龙头顶起房子，就不怕刮风、打雷、下雨，这座房子就会稳稳当当地立在这里。

新房建好后正式入住之前，要举行贺新房仪式。贺新房这天一大早，新房主人就要用一个小篾箩装上肉、菜、饭、蜂蜡、山花、米酒、清水等祭品，到召舍家去请其帮助祭祀寨神。寓意为向寨神报名、登记、注册，让寨神知道村寨中又多了一所新房，以便寨神予以保护。祭完寨神后，新房主人将篾

① 谭乐山：《西双版纳傣族社会的变迁与当前面临的问题》，载《云南多民族特色的社会主义现代化问题研究》，云南人民出版社，1986 年。

箩及其祭品带回家来，便自然成为家神“丢拉很”，将其供奉在房屋一角。家神立起来，才能贺新房。

家神立起来之后，要请小和尚在新房四周念经驱鬼。新房楼下的四个角落和中间都供奉着一个内装肉、饭、菜、蜂蜡等祭品的小篾盒，和尚们每到一个角落，都要念经几次，燃放一串鞭炮。

图 6－34　贺新房时请小和尚念经驱鬼

图 6－35　贺新房仪式中的祭品

驱鬼结束后房主人要将这 5 盒供品抬到村外水沟边扔掉。然后在楼上请大佛爷和小和尚举行正式的贺新房仪式。仪式要请 4 个大佛爷和若干小和尚。在他们前面供奉着一个用芭蕉秆做成的三脚架，上插各色纸花，并用篾桌供奉着肉、饭、菜等祭品。

在祭品后面约1.5米的距离，亦用芭蕉秆一根和木棒两根搭成一个三脚架，上面挂几块白布，用一根白色粗棉线把纸花和三脚架连接起来。纸花代表神，三脚架象征新房。寓意为请神保佑新房稳固，住新房的人家像山花一样兴旺发达。新房主人跪在三脚架中，其子女和父母跪在三脚架旁边和后边，村中的其他老人跪在周围。每人都手捧一对蜂蜡，虔诚地聆听和尚念经祝福。

图6-36　上新房仪式中聆听和尚念经祝福

图6-37　上新房仪式中聆听和尚念经祝福

念经告一段落，大家把手中的蜂蜡点燃，插在各人面前。然后由一个大佛爷手持佛扇，另一个大佛爷念经，念一段，由波章讲一段，又一个大佛爷则用一把带刺的树枝向新房家人洒一回清水，祝福其平安吉祥，如此反复四五次。

图 6－38　聆听者点燃各自手中的蜂蜡

然后由新房主人在新房中间放置一盆清水，参加贺新房仪式的人们各自用杯子打一杯水，祈祷后又将水慢慢地滴入盆中。至此，贺新房仪式结束。新房主人要宴请所有参加仪式的僧人吃一顿饭。

图 6－39　贺新房仪式中的敬水和滴水祈福

新房主人送走僧人后，全村群众便帮着主人开始搬东西上新房。这时，要由波章老人手持一碗清水和树叶，给每一个搬东西上新房的人和物件洒水，寓意既驱鬼又赐福。

5. 丧葬礼仪用水

死亡是人生旅程中的最后一个关口。在傣族的南传上座部佛教信仰中，

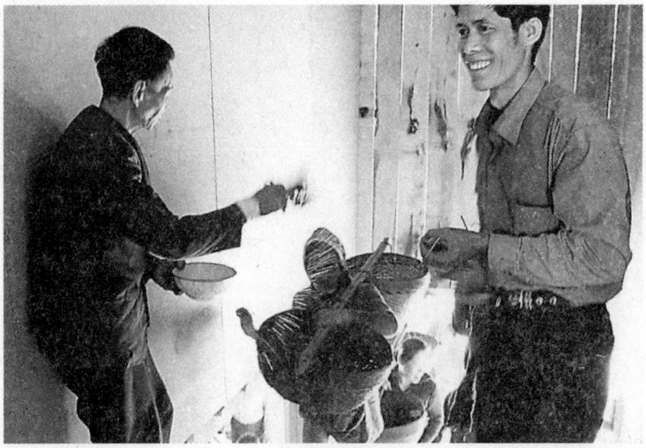

图6－40　曼远村祭师波章用清水为上新房的人和物件驱鬼赐福

死亡连接着今生与来世，因而还是一个比较重要的关口。傣族传统的水崇拜与水信仰意识，也通过这个重要的关口而表现出来。

图6－41　人死后用于避邪驱鬼的清水

在曼远村，人死落气后，家中亲人就要立即用温水给死者洗澡，让其干干净净地到另一世界去。与此同时，要用一个脸盆盛一盆清水，放一把带刺的树枝，用一个小篾箩将其吊挂在庭院门口的树木上，以便前来吊唁和送葬的亲友及村民，在到来和离开时都用树枝蘸水自己洒在头上，寓意为避邪驱鬼，能将不好的东西赶跑，求得清吉平安。

出殡这天，由四个人手持四根大大的芭蕉叶走在前面，一个小和尚手拉一根拴在棺材上的棉线，四个人抬着棺材跟着小和尚前进。值得注意的是送葬队伍中专门有人手提一瓶泡糯米水，出殡之前先在死者床前洒一点，来到公共墓地后，亲友围站在棺材周围聆听小和尚念经。小和尚一边念经，提水的这个人一边在棺材旁和棺材上洒水。我问波章老人此为何意？他告诉我说，泡糯米水是傣族的“洗发香波”，它有清洁、护发和滋养人体的功效，酷爱清洁的傣族人民经常用泡糯米水洗头。经常用糯米水洗头的人生命力很强，不吃不喝都可以坚持活 7 天。而不用糯米水洗头的人不吃不喝最多挨上三四天就不行了。因此，既然一个人活着的时候要用糯米水洗头，那么死后进入鬼的世界，他也需要用糯米水洗头。所以，人死后都要用糯米水给他送葬。

图 6－42　送葬出殡，图中小孩所提的瓶子内即装有糯米水

和尚念经结束后，即由家人打开棺材，把尸体放置在早已准备好的用黑心树木搭成的柴架上，上面再堆放几层黑心树木后便点火焚烧（参看图 6－

43）。看着熊熊大火燃烧起来，送葬队伍便从另外一条路返回，但不能进入村寨，必须先到佛寺中祭拜。每一个人都要抱一下佛寺的大柱子，以使因死人而忐忑不安的心情借助佛的力量和佛寺中稳固柱子的感应而稳定下来，然后才能回家。

图6－43　尸体火化

翌日上午，死者亲友和村民们又敲锣打鼓带上肉、饭、菜、水果、清水等祭品到佛寺中为死去的老人过赕。过赕时大佛爷带一个小和尚靠佛而坐，波章领着其他人面佛而跪。祭品放置在小篾桌上摆在佛像面前，大家点燃蜂蜡供奉在佛像前。先由波章讲话，他把人们祝死者升天和祝生者安康吉祥的请求告诉大佛爷，再由大佛爷转呈给佛。如此者三四次后，大家便把瓶子里的清水滴洒在篾桌上，意为让死者在另一个世界上也有水喝。赕佛仪式结束。（参看图6－44）

综上所述，在傣族人民的宇宙观、世界观和价值观中，水占有十分重要的地位并发挥着十分重要的作用。在这一核心的文化理念指导下，西双版纳傣族形成了一系列与水密切相关的宗教礼仪和用水习俗，形成了一整套可持续利用和管理水资源的技术和制度。有力地保障了西双版纳数千年来人与自然的和谐发展，使西双版纳成为地球北回归线上仅存的最后一块绿洲。在全球性水资源短缺、水环境恶化和水体污染日趋严重的今天，我们不能不由衷地叹服傣族传统水文化中所蕴涵的理性与智慧。

图 6-44　为死者赕佛仪式中的滴水

四、传统道德观和人生价值观中的稻作文化因素

是否有利于稻作农业的发展，是傣族人民衡量是非善恶的一条重要标准。这条标准主要体现在：

（一）在青年男女择偶过程中，身体健壮，劳动力好，种田技术高，是男女双方相互选择的首要条件。而夫妇双方协力种田使粮食满仓，则是家庭和睦的重要保证。傣谚云："夫妻俩同心协力，绝不会缺吃少穿。""仓不缺粮装，夫妻好如故"，"有粮装仓里，夫妻日子甜"[①]。

（二）赞美勤劳，谴责懒惰。大量的傣族民间谚语反映了这一内容，诸如"勤种田地有饭吃，勤下鱼笼得鱼吃"；不要与"披捧"同住一寨，不要与懒汉同为一家[②]，等等。这是农业生产需要勤劳若干才能获得丰收的客观要求在道德观念上的反映。

（三）鼓励生产劳动中的互助行为。诸如"互助能使荒山变良田，团结能使草坪变村寨。要吃饭，同出主意，想丰收，互相帮助"；"种田地，约村人

① 高立士编译：《傣族谚语》，四川民族出版社 1990 年版，第 35 页、79 页、83 页。

② 据说"披捧"是人变的鬼，专门在晚上出来吃赃物，这里将"披捧"与懒汉并列，可见傣族对懒汉的贬斥。参见高立士编译：《傣族谚语》，四川民族出版社 1990 年版，第 199 页。

相助，沟塌方，要共同抢修”①，等等。这是农业生产需要全体村社成员的协调、配合才能有效进行的客观要求在道德观念上的反映。

（四）爱护庄稼，珍惜粮食。这在傣族《祖传家训》、民间谚语以及传统习惯法中都有反映，在上座部佛教信仰中也有反映。有一则解释“关门节”来历的传说，曾说到佛祖每年佛历九月到西天讲经，要三个月才能回来。有一次，佛祖西行讲经时，佛徒数千人到乡下传教，践踏了群众的庄稼，耽误了群众的生产，群众怨声载道，对佛徒不满。佛祖回来得知此事后，深感不安。此后，每逢佛祖到西天讲经时，就把所有佛徒都集中起来，规定在他外出讲经的三个月内不许到任何地方去，只能忏悔，以赎前罪②。

图6－45　关门节曼远村群众拜佛

（五）农忙时应集中精力从事农业生产。每年傣历的9月15日～12月15日（公历7月～10月）是傣族的关门节时期，这一期间年轻人不能恋爱结婚，老年人不能外出走亲访友，寺院中的僧侣也不能外出或返家。如果从农事安排的角度来解释，这一时期也可看作是全村人集中精力从事农业生产的时期③。因为这一时期刚好是栽插结束直至收割前夕水稻生长和管理的关键时

① 高立士编译：《傣族谚语》，四川民族出版社1990年版，第35页、79页、83页。
② 参见江应梁：《傣族史》，四川人民出版社1983年版，第539页。
③ 参见秦家华：《傣族古代稻作文化》，载《贝叶文化论》，云南人民出版社，1990年。

图 6-46　关门节曼远村群众拜佛

期，用佛事活动作为一种外部规范来禁止人们外出，与傣族群众遵循搞好农业生产的传统道德这种内部规范来约束自己不外出，收到的都是同样的效果。即人们在虔心礼佛的同时也集中精力搞好农事管理。因此，傣族社会一年中之所以有一个关门节，在某种程度上也可视为农业生产的客观需求在宗教信仰和道德观念等精神领域中的反映。

图 6-47　曼远村儿童的天然童趣

（六）尊老敬老。在没有现代科学知识的条件下，傣族传统稻作农业的发展主要依靠丰富的实践经验来指导。农业生产技术的学习和掌握也主要依靠家庭中的代际传承。老人通常是实践经验的富有者和生产技术的传授者，在农业生产中发挥着重要作用，因而普遍受到人们的敬重。傣谚云“挡水堵坝靠红土，治理地方靠老人”；“田中土丘是谷魂，村上老人是寨宝”① 等，就充分体现了傣族尊老敬老的道德风尚。

（七）稻作文化的繁荣发达是傣族传统人生价值观的核心追求。西双版纳傣族地区优越的自然条件，优美的田园风光，繁荣的稻作文化以及由此而来的相对优裕的经济生活，对每一个傣族青年都有强烈的吸引力。因此，曼远村30多岁的村长对我说，我们傣族由于生活不错，因而一般不愿意外出当兵、当工人，也不想出去读书，不愿出去做生意，甚至也不愿外出当官，惟愿在家好好种田，当农民。在这种思想指导下，曼远村从20世纪50年代至今还未出过一个高中生，只有一个人因外出当兵而被留在县上工作。其他民族视为人生重大转机因而趋之若鹜的一年一度的招兵、招工和招生机会，在这里却很少有人应招。因此，将傣族传统的人生价值观概括为“盘田种好粮，积蓄盖新房，老有人送终，死后升天堂”这四句话，我认为是符合傣族实际的。在这里，四句话分别阐明了一个傣族人一生在青年、中年、老年和死后

图6－48 优美宜居的傣族庭院

① 高立士编译：《傣族谚语》，四川民族出版社1990年版，第76页、202页。

各个阶段的人生追求。能否实现，又全都取决于第一个阶段即“盘田种好粮”能否实现。其中的道理也很简单，只有盘田种好粮，才能有积蓄盖新房；只有盘田种好粮，才能成家立业，生儿育女，保证老有人送终；只有盘田种好粮，才能有足够的剩余产品来赕佛，以保证多赕多得福、死后升天堂。一句话，只有实现了“盘田种好粮”这一人生第一也是最重要的追求，才能实现其他人生追求。故傣谚云“缺粮样样缺，饭饱样样饱”，说的也是同样的道理。因此，在这个意义上我们可以说，稻作文化的繁荣发达是傣族传统人生价值观的核心追求。

第七节　稻作文化体系中的民族认同与民族关系

傣族传统稻作生计方式反映在民族意识和民族关系上，就构成民族认同的标志和连接山坝民族关系的纽带。从而使这种民族认同意识和优长互补的山坝民族关系亦成为稻作文化体系中的重要组成部分，并反过来进一步强化了稻作文化在傣族社会和山坝民族关系中的地位。因此，本节将从民族意识和民族关系的层面，进一步阐述傣族稻作文化体系的丰富内涵及其相互关系。

一、民族认同与内聚传统中的稻作文化因素

据傣文古籍记载，远古时期一位率领傣族开拓热坝、为傣族的发展立下开拓之功因而深受傣族人民敬仰的首领，在其临终时曾为傣族人民留下两句遗嘱：一句叫做“毫丁岱，来丁吞”，意为“粮满仓，畜满楼”，即要傣族人民无论在哪年哪月，都别忘记种植粮食和饲养牲畜，家家都应当做到粮食满仓，牲畜满楼。而要做到这一点，粮食是最关键的，任何时候都不要忘记。第二句话是“亥丁曼，纳丁勐”，意为“地满寨子，田满坝子”，这是实现粮满仓，畜满楼的保证。因此，土地要越多越好，人多地少是不行的，如果将来出现人多地少的情况，就得想办法另外开辟新地。这位首领还强调说：“这

两句话希望你们像对待财产一样珍惜它，并且世代相传，努力实现。”[①] 自此以后，傣族人民世世代代严格遵循并认真执行这位民族首领的遗言，在西双版纳广阔的热带坝区开田引水，大力发展粮食生产。千百年过去了，傣族人民不仅实现了其远古领袖留下的“粮满仓，畜满楼”和“地满寨子，田满坝子”的遗愿，还在此基础上创造了发达的稻作文化。相对于山区民族而言，发达的稻作文化给傣族带来了下列几大优势：

一是支撑着傣族在经济上成为比较富裕的民族。西双版纳历史上就是多民族地区，除坝区居住着傣族外，山区还居住着布朗、佤、哈尼、拉祜、基诺等民族。据调查，就在曼远村北部的基诺山区，20 世纪 50 年代初许多基诺族村寨除有个别的富裕户外，绝大多数村民都普遍缺粮，生活贫困，以至人们不得不依靠狩猎和采集来作为日常生活的必要补充[②]。这说明基诺族所从事的刀耕火种山地农业在满足人们物质生活需要方面具有很大的脆弱性。而在曼远村，老人对我说，20 世纪 50 年代初全村 29 户人家除有两户人家粮食不够吃外，其余家家户户都有余粮，有五六户人家谷子堆在仓里几年都吃不完，担心其受潮发霉要用锄头去挖出来吹风晒太阳。那两户不够吃的人家一户是铁匠，一户经常在外边做生意，因交不起负担不种田而不够吃，但他们可以很容易地向余粮户换米吃。这说明傣族的稻作农业能够提供比较充裕的粮食，并由此带来其他经济来源，如饲养猪鸡出售等。从而使傣族的经济生活水平远远高于山区民族，成为当地整体比较富裕的民族。

二是支撑着傣族在政治上成为统治民族。傣文史料和社会调查口碑传说一致表明：西双版纳最高统治者——傣族召片领之先祖叭真，以及各勐召勐之先辈，为获得在这一地区的统治地位，曾和山区民族有过极为复杂以及流血的斗争，最后，傣族统治集团取得了对山区的统治地位。大约 400 多年前，召片领将坝区傣族划分为“西双版纳”（即 12 个贡赋单位）的同时，也将其统辖的山区划分为“卡西双火圈”（即 12 个奴役区域）。在每个“火圈”内召片领封山区民族头人为“叭垄”，赐给金伞一把以为权力的象征，同时又委

① 刀国栋：《傣族历史文化漫谈》，民族出版社 1992 年版，第 9 页。
② 瞿明安：《傣族、白族、基诺族文化适应机制的比较研究》，载《民族学》1994 年 1－2 期。

派自己的家臣作为火圈及火圈内各民族寨子的“波朗”实行监督[1]。大约200多年前，召片领又在山区各民族村寨中任命了“叭”、“鲊”、“先”等基层头目，并将基诺族的氏族长老称为寨父、寨母等[2]，从而将山区民族从基层村社到政权组织都统统纳入到傣族的统治体系之中。是什么原因使傣族在与山区民族的斗争中能够取胜并维持其统治地位近800年之久（自1180年召片领一世叭真即位至1956年最末一代召片领被废除）？对此问题目前尚缺乏深入的研究。不过，依据常识便可断定，傣族发达的稻作文化无疑是支撑其成为统治民族的重要经济基础。

三是支撑着傣族灿烂的民族文化长盛不衰并向山区民族广泛传播。傣族是西双版纳唯一具有本族文字的民族。正是在发达的稻作文化基础上，才为上座部佛教的传播提供了温床，才有了傣族繁荣的民间文学和丰富的历史文献[3]，才使傣族在哲学、艺术、科学、宗教、医学等诸多领域都取得了宏富的成果和一系列独创性成就。这些文化成果又在经济利益的吸引和政治力量的支持下向山区广泛传播，使得众多山区民族学会了傣族语言，使傣语成为西双版纳多民族交流的通用语言；一些山区民族的部分村寨还接受了傣族的服饰。布朗族则在傣族影响下信奉了南传上座部佛教等等。恩格斯说：“人们必须首先吃，喝，住，穿，然后才能从事政治，科学，艺术，宗教等等。”[4]傣族发达的稻作文化，正是在满足了傣族人民吃，喝，住，穿等基本生存需要的基础上，支撑并促成了傣族文化的繁荣发展与长盛不衰。

上述经济的、政治的、文化的优势集中起来，就使傣族人民对自己的民族及其文化作出较高评价，从而产生了强烈的民族认同感，久而久之便形成民族的内聚传统。因此，20世纪50年代以前傣族称山区民族为“卡”（傣语意为“奴隶”），不与山区民族通婚。中华人民共和国成立以来，随着国家制定的民族平等、民族团结、各民族共同繁荣发展政策的贯彻实施，这种对山

① 朱德普：《泐史研究》，云南人民出版社1993年版，第389页。

② 杜玉亭：《基诺族简史》，云南人民出版社1985年版，第52页。

③ 张公瑾先生亦认为，比较富裕的经济生活是傣族长篇叙事诗特别繁荣丰富的基本原因。见张公瑾：《傣族文化》，吉林教育出版社1986年版，第77页。

④ 《马克思恩格斯选集》第3卷，人民出版社1972年版，第574页。

区民族的贬低和侮辱性称呼已经消除。但山坝民族之间由于居住环境不同，生计方式不同而形成的经济文化上的差距依然存在。直到今天，我在曼远村调查时曾向10位户主请教他们的子女是否愿与山区民族通婚，得到的仍然全部是否定的回答；而当我进一步问及傣族与山区民族相比究竟有些什么优势时，有9位户主提供了相同的答案，即居住在坝区，水田面积宽，粮食吃不完。由此可见傣族由稻作文化支撑起来的民族认同意识是多么强烈，民族内聚传统是多么巩固。而这又反过来进一步强化了稻作文化在傣族社会中的地位。因此，"文化大革命"中西双版纳地方政府为推广高产品种而强行要求傣族群众全部改糯稻为粘稻时，傣族群众强烈反对并表示："不准我们吃糯米饭，就是不承认我们是傣族。"① 在这里，傣族人民自己把"吃糯米饭"这一传统稻作文化体系中的核心内容，当成了民族认同与民族分界的标志，就足见其地位之显要了。

二、以稻作文化为纽带的优长互补的山坝民族关系

尽管坝区傣族与周边山区民族存在着经济文化上的差距，20世纪50年代以前还存在着政治上的不平等，但这并不影响各民族之间的经济交流及其以此为基础的友好合作关系的发展。山区民族与坝区民族生计方式不同所产生的互补性，恰恰为相互之间开展经济交流提供了客观需求。坝区傣族因稻作农业的发达故有充裕的粮食及就近换购食盐之便利。但是纺纱织布缺少棉花，建房起屋没有山茅草，编制箩筐、篾笆、篾箩等竹器所需之竹料现在也不能完全自给；而山区民族有棉花、有茅草、有竹林、有其他多种多样的山货药材，但以往最缺的就是粮食和盐巴。这种由于自然环境和生计方式不同所产生的互补性，就促使双方自然而然地开展以有易无的经济交流。曼远村老人告诉我，该村的主要交易对象是基诺山的回鲁、回振、曼秀等3个村子。过去曼远村所有人家建房起屋都要到这3个村子的地界去割茅草、打草排，去时就要挑着大米和盐巴以作交换，或直接付半开。基诺族缺粮缺盐时，则会带上自种的棉花和自己编织的箩筐等竹器到本村来换取粮食和盐巴。这样你

① 杜玉亭主编：《传统与发展》，中国社会科学出版社1990年版，第391页。

来我往时间一长双方便交上朋友。经济的交流同时也就促成了文化的传播。3个村的基诺族大都学会了傣族语言，曼远村的重大赕佛节日活动基诺族都会不请自来。他们虽然并不信奉上座部佛教，但却认为参加了赕佛节日活动后自己种的稻谷也会更发一些。由此可见，傣族稻作文化在传统的山坝民族关系中实际上成了连接双方的纽带。

到了20世纪90年代，随着改革开放以来山坝民族经济的发展变化，山坝民族之间经济交往的内容和形式也发生了很大的变化。基诺山区随着水田的开辟和科学技术的推广，已基本实现了粮食自给；遍布山坝许多村寨的商业购销网点的建立，亦使缺少食盐的状况业已成为历史。曼远村傣族绝大多数家庭都住上了瓦房，已不再需要山茅草；许多民族服装在商店里也能买到，因而对山区棉花的需求也大大减少了。不过，旧的需求消失后又产生了新的需求。曼远村傣族在砍树种胶的过程中一些人家把竹子也砍光了，需要竹子时便只有到基诺族朋友那儿去砍。更重要的是随着傣族地区双季稻种植面积的扩大和产业门路的多样化，使曼远村傣族在每年水稻的栽插和收割时常常出现季节性劳力短缺。既要忙于割胶又要忙于水稻栽插，于是他们便大量雇请产业门路不宽、农时节令稍晚的山区基诺族朋友下坝来帮助栽插和收割。一天20元工钱并供应3顿饭的待遇对于并不富裕的基诺族来说也很有吸引力。此外，由于这三个村的基诺族不善于加工米干、米线等副食品，因而曼远村傣族加工的米干米线，至今仍然是相互交往中送给基诺族朋友的常用礼物。由此可见，尽管山坝民族交往的内容和形式都已发生了很大的变化，但是傣族稻作文化作为沟通和连接山坝民族关系的桥梁和纽带，却仍然发挥着重要的作用。

第八节　稻作文化式微与橡胶文化兴起

以上诸节所描述的，多数是我在1995年赴曼远村调查时参与观察和深度访谈所获得的资料。当时我就已经预感到，随着橡胶种植业的发展及其所带来的丰厚的经济收入的不断增长，或许迟早一天，橡胶种植业会取代水稻种植业而成为西双版纳傣族的主导产业。如果这样，傣族传统的稻作文化体系便会随之发生相应的变化。但是，由于1992年西双版纳州人大常委会颁布实施了《西双版纳傣族自治州天然橡胶管理条例》，条例的一个基本方针就是稳定橡胶种植面积，也就是说，为了确保地球北回归线上最后一块绿洲的持续存在，西双版纳的橡胶种植面积不宜再扩大。因此我又设想，随着条例的贯彻落实，曼远村的橡胶种植面积或许便会稳定下来。从20世纪80年代前以水稻种植业为中心的"单中心"结构转变为"种粮为吃饱肚子，种胶为挣回票子"的"双中心"结构，并且长期稳定下去。这样，傣族传统的稻作文化仍然有条件持续发展下去。所以，当时我的判断是，20世纪80年代后新开辟的作为稻作农业的"辅助生业"的橡胶种植业，其发展速度之快、规模之大已逐步超出"辅助"范围而渐居"主导"地位，从而对傣族传统稻作文化的发展构成了严峻的挑战（本章第三节）。然而，事实的发展远远超出了我的判断。2003年和2005年我又到曼远村进行了两次调查，看到的就已经是稻作文化式微和橡胶文化兴起的景象了。这一变化可从下列几个方面反映出来。

一、橡胶种植面积扩大

20世纪90年代末期，随着工业化和现代化进程的快速推进，国内外市场对橡胶的需求进一步扩大。与此同时，地处偏僻的曼远村也用上了液化气，而且，大面积的橡胶林中自然产生众多的枯枝，也可作为生活能源。液化气和橡胶林枯枝作为生活能源取代黑心树后，傣族农民种植与保护铁刀木（黑心树）以作薪炭林的优良传统失去了直接的使用价值。而且，随着旅游业的发展，传统的铁刀木（黑心树）成为制作木象、木马、木笔筒等木质旅游工艺品的上好材料，吸引了许多商家上门来收购。于是，在橡胶种植业和旅游业高额经济收入的驱使下，曼远村农民便将家家户户种植的铁刀木大部分砍光出售给商家，然后种上橡胶树。2005年我再到曼远村调查时，1995年我在曼远村看到的铁刀木，绝大多数已被砍光种上了橡胶和菠萝。今天的曼远村，已从以往的绿阴遍地、天然林环绕的村庄，变成了一个橡胶林环抱的村庄。

图 6－49　砍伐黑心树后新种的橡胶林（林中残留的树桩即为黑心树残根）

图 6－50　橡胶林环抱的曼远村

图 6－51　以往绿树成阴的曼远村后山，已被灰蒙蒙的橡胶林所取代

西双版纳全州的情况也与曼远村相似。在橡胶种植业所带来的丰厚经济收入的驱使下，《西双版纳傣族自治州天然橡胶管理条例》基本没有发挥任何约束作用而变成了一纸空文。许多纯坝区的傣族村寨，甚至将稻田也改成了胶林，致使全州橡胶种植面积一直保持着持续扩大的势头。

表 6－16　西双版纳州国营、民营橡胶种植面积增长统计表

经营者	年代	种植面积（亩）	总计（亩）
国营农场	1956	351	
	1965	120000	
	1976	302700	
	2000	1000000	
民营	1970	471	
	1983	100000	
	2002	1100000	
国营和民营	2002		2100000

资料来源：尹绍亭《西双版纳橡胶种植与生态环境和社会文化变迁》，载孙振玉主编《人类生存与生态环境》，黑龙江人民出版社 2005 年版，第 329 页。

二、橡胶收入占据主导地位

据我调查，从每年的 3 月下旬至 11 月中旬的割胶季节，胶农每隔一天便可上山割胶一次，全年约有 100 天～120 天。大部分人家每天的割胶收入都在二三百元左右，一年一户人家仅橡胶收入便有二三万元。曼远村一些橡胶树较多的人家，每年的橡胶收入可高达十多万元，橡胶种植业已从原来稻作农业的辅助生业变成了村民的支柱产业和主导产业。2005 年我在曼远村做田野调查时，回访了 1995 年我抽样调查的 10 户人家，得出了下面这张调查统计表格。

表6－17　2004年曼远村10户农民家庭粮食和主要经济收入结构表

项目＼户主姓名	波么糯	波玉波	波空论	波温坊	波温叫	波康光	波温坦	波应香	波况	波温混
文化程度	初小	通傣文	通傣文	文盲	小学	小学	通傣文	小学	文盲	初小
家庭人口	7	6	6	6	6	5	5	5	5	7
劳动力	4	4	4	4	3	4	4	4	4	2
水田面积（亩）	14.7	16.6	12.6	12.6	12.6	10.4	10.4	6.3	10.4	12.6
种植糯谷（亩）	无	2	1	无	1	2	2	无	1	无
产量（公斤）	无	990	400	无	400	800	840	无	350	无
种植饭谷（亩）	16.7	14.9	16	14.6	14.6	14	8.4	6.3	16	15.6
产量（公斤）	10600	6600	7500	6900	7000	6900	4740	3600	7740	8760
出售粮食收入（元）	7350	4000	6500	1200	5200	3750	5600	735	6000	4600
橡胶面积（亩）	15	19	28	30	27	18	17	18	16.7	14.8
收鲜胶乳（公斤）	8000	10000	14000	12600	6800	8800	8600	4800	5000	3000
卖胶收入（元）	24000	30000	42000	37800	20400	26400	25800	14400	15000	9000
种植辣椒（亩）	3	3	3	2	1.5	6.5	5	2	2	无
卖辣椒收入（元）	1000	10000	1500	300	1500	6700	3000	5000	4000	无
种植西瓜（亩）	无	无	1	1	无	无	5	0.5	2	无
卖瓜收入（元）	无	无	300	500	无	无	4000	970	4000	无
养牛收入（元）	无	无	无	无	无	1800	无	无	无	3200
养猪收入（元）	800	1300	无	800	1800	2700	4000	1000	1800	450
商业收入（元）	无	无	无	无	6750	无	无	无	无	无
总收入	9603	45300	50300	14017	35650	41350	42400	22105	30800	17250

注：①2003年曼远村对各家各户的水田按人均2.1亩进行了微调，但此后新增和减少的人口就不再考虑；粮食种植面积包括了大小春面积。②市场胶价好时一斤鲜胶乳可卖七八元，这里统一按村民认可的每斤平均3元计算；商业收入是个别人家收购鲜胶乳后所赚取的市场差价。

用这张表与1994年的同样表格相比较，可以看出这样几个明显的变化：

其一，1994年家家户户必种的糯稻，2004年已有4户人家不再种植，从而表明，傣族稻作文化体系中每天必吃糯米饭的生活方式和民族认同标准，已经明显淡化。

其二，各家各户的橡胶种植面积都有了较大的扩展，这10户人家的橡胶种植面积从1994年的119.3亩，增加到了2004年的203.5亩，增长近一倍；与此同时，10户人家出售鲜胶乳的收入也从1994年的55600元，增加到2004年的244800元，增长近四倍。橡胶种植业确乎已成为傣族农民最重要的收入来源。

其三，这些扩大的橡胶面积，除了少数利用原有的菠萝地外，绝大部分都是砍伐铁刀木树林后种上的。

橡胶种植业的发展确乎为曼远村农民带来了物质生活的丰裕和物质现代化程度的提高。村中几乎家家户户都用种胶挣回的票子建盖了新房，购买了手扶拖拉机。男性村民几乎人人都有摩托车和手机。村民用手机通话聊天，每月消费几百元话费已成为平常事。与云南省其他地区的农民相比，曼远村农民的经济收入和物质生活均已达到了较高水平。

三、橡胶文化初见端倪

橡胶种植业在给曼远村傣族带来丰厚经济收入的同时，也使傣族传统的一些生活习俗和观念悄然发展变化。

过去，曼远村的夜晚非常宁静。白天，大家都忙于劳动干活，晚上吃完饭后，村民们就相互串门聊天，或在家看看电视，听老人讲讲故事；现在，由于割胶成了最重要的劳作，而割胶都在夜里3点以后到凌晨太阳出来之前结束，因而家家户户都是中青年去割胶，割好胶后把胶乳交到收购站便回家睡觉。一觉睡到太阳西斜才起床。吃过晚饭后，富裕起来的村民大都驾驶着摩托车，到10公里以外的勐罕镇去喝酒、打麻将、唱歌、跳舞，直至深夜才回来。因此，入夜之后的曼远村就变成了一个喧闹的世界，摩托的轰鸣声和人们的喧哗声此起彼伏。老人们入睡后经常会被一辆辆从镇上回家的摩托车的轰鸣声反复惊醒。

过去，稻作文化是傣族人民自我认同的标志，“不准我们吃糯米饭，就是不承认我们是傣族”。现在，随着稻作文化的式微，橡胶的地位逐步提升，虽然尚未达到民族认同的标志，但已成为傣族人民最重要的家庭财产和可以世代继承的遗产。曼远村的一位傣族妇女在谈到傣族孩子不太喜欢读书的原因时对我说：“你们工作人员好是好，但是你们必须有文化，就像你一样要能写会算，才能当工作人员；而且你的好不能传给后代，所以你们的子女必须好好上学读书。我们傣族有橡胶，不但我们有，还可以传给子孙后代，所以我们的孩子就不愿意好好读书。”

图 6－52　曼远村傣族舞蹈

过去，稻作文化是沟通山区和坝区民族关系的纽带，现在，橡胶文化正在取而代之。在曼远村，橡胶已成为沟通坝区傣族与山区基诺族关系的又一条纽带。在 2005 年的田野调查中我发现，由于曼远村可种橡胶的土地已被全部开发完毕。但为了继续扩大橡胶种植业多带来的丰厚的经济收入，曼远村傣族就将橡胶种植延伸到山区，通过三种形式向山区基诺族承包种植橡胶。第一种是以每亩每年付 18 元租金，连包 30 年的形式，向基诺族包地种橡胶；第二种是由曼远村傣族包种包管，到七八年后橡胶开割时对半分，就不再付租金；第三种是承包基诺族种好已开割的胶树，每棵胶树包割 20 年付承包费 100 元。曼远村的许多人家都分别按这三种形式与基诺族建立了橡胶种植的承包关系。

过去，曼远村是一个民族传统文化活动开展得比较好的村庄。每逢村民起房建屋、婚丧活动，都要开展民族传统文化活动。例如，举行贺新房仪式的当天晚上，新房主人要请民间歌手“章哈”来演唱民族歌曲，全村男女老少都会齐聚到新房，通宵达旦、聚精会神地聆听和欣赏。村中老人去世后，

（二）水土流失加剧

据有关学者对西双版纳土壤的不同利用方式与水土流失关系的20年时间长时段的观测研究，得出如下结果。

表6－18　土壤的不同利用方式与水土流失（西双版纳1965年～1986年）

土地利用类型	水流失		土壤流失	
	Mm/ha. yr	比较（倍）	Kg/ha. yr	比较（倍）
热带雨林	99	1	63	1
橡胶＋茶树	206	2	2241	33
纯橡胶园	283	3	2694	53
刀耕火种地	3395	35	48097	77.8

资料来源：许再富：《混农林系统：热带山地开发的一个新策略》，云南大学出版社，1993年。

从上表可知，纯橡胶林的水流失和土壤流失分别是原生热带雨林的3倍和53倍，仅仅好于刀耕火种地而次于多种经济林混林地。说明纯橡胶林种植是仅次于刀耕火种的导致水土流失的又一个元凶。

曼远村就遭到过一次毁林种胶导致的水土流失的冲击。曼远村西部有一座山，是全村最高的山，山顶海拔900多米，越过山顶，便属于基诺山的地界了。据老人们说，此山直到20世纪60年代仍然是古木参天，几人抱不过来的大树随处可见。"文化大革命"时期，开始有人到这里砍树盖房子，但直到20世纪80年代，这里仍然为茂密的森林所覆盖，故一直保存着一股碗口粗的水源。这股水流进村中的鱼塘又放进坝子的稻田中，成为每年降雨之前育秧保苗的重要水源。但是，自1983年"两山一地"承包到户后，山上的树就被承包户彻底砍光种上了菠萝，后来又种上了橡胶，于是水源也就只剩下手指粗的一股了。1994年5月，下了一场并不太大的雨，这里却爆发了泥石流，水夹带着泥沙填满了鱼塘又冲进稻田中，给承包户造成了极大的损失。

大自然的惩罚引起了村中老人会的重视。反思的结果，他们认为这是砍树种菠萝和橡胶触犯了山神、树神和水神，必须采取祭祀和保护措施才能免遭这些超自然神灵的再次惩罚。于是，在老人会4位领导的具体组织下，全村家家户户凑钱在山中水源出口处修建了两条龙，引水从龙嘴中流下，并在旁边修建了一个坛、一座亭子。工程落成这天，全村人到此举行隆重的祭祀仪式并规定今后任何人都不准再砍水源附近的树木。而且，令人惊奇的是，祭祀仪式结束后不到半年时间，有关这股水的种种"神话"便四处传播开来。据说，从龙嘴中流出的水变成了"药"，这种药能治头疼、肚子疼、脚疼，谁要取水当药，均需带一对蜂蜡到"波章"老人处，由波章为其祈祷祝福后亲自去取水，然后方可治病，保证药到病除。"神话"传开后，吸引了勐海、勐腊、景洪、勐罕镇以及基诺山的人都来这儿取水治病，水源周围的树木林草自然也就再也无人敢碰了。

图6-55　生态破坏遭到自然惩罚后的反思与忏悔

（三）气候发生不利变化

由于毁林种胶的大规模发展，使西双版纳的气候发生了不利变化。表现为气温逐年增高、相对湿度降低、雾日雾量减少，雾罩时间缩短。整个气候呈现出向干暖型方向变化的趋势，使不少生物在干季逐渐失去雾露的恩泽，春旱更为突出。

表 6-19　景洪市 40 年来（1951 年～1990 年）气候变化表

年代＼项目	年平均气温	相对湿度	年雾日（天）	雾持续时间（小时）	雾日水量
1951～1960	21.5 度 C	84%	166	8.1	0.4～0.5 毫米
1961～1970	21.4 度 C	83%	125	6.7	0.1～0.3 毫米
1971～1980	21.9 度 C	82%	115	5.8	0.1～0.3 毫米
1981～1990	22.4 度 C	80%	86	5.2	0.1～0.3 毫米

资料来源：根据《西双版纳州农业志》（打印稿）、《景洪县农业志》（打印稿）和《西双版纳国土经济考察报告》（云南人民出版社 1990 年版）等书的记载整理而成。

（四）天然水源减少

据勐罕镇水利管理站站长跟我讲，随着橡胶种植业的大规模发展，整个橄榄坝已全部被橡胶树包围；一些坝区中的村寨也在房前屋后种上了橡胶。由此带来的一个结果就是降雨量减少、众多的山箐小溪逐渐干枯。20 世纪 50 年代以前，仅靠天然降雨和山箐小溪水就可保证橄榄坝的所有稻田在正常年景满栽满种；20 世纪 80 年代之前，降雨量也比较均匀，兴建水库的主要功能是确保能够按节令栽插。自从进入 20 世纪 90 年代之后，降雨量明显减少且越来越不均匀，整个趋势是以曼远村为界，南部降雨相对较多、北部降雨日趋减少。许多地方要么就是长时间不下雨，但一下往往就是单点暴雨，极易造成局部洪涝灾害。以前，橄榄坝的水库仅靠长流水就可以蓄满，所以每年都要在 10 月雨季结束以后才开始关闸蓄水；现在，每年的 8 月降雨量最多的时候就必须蓄水，否则雨季洪水一过，就很难蓄满水了。每年 1 月～4 月的长流水量还抵不上蒸发量。因此，现在橄榄坝的傣族农民就完全得依靠水库放水才能种上水稻和经济作物，如果没有水库，傣族农民就无法生存了。

（五）生物多样性遭到严重破坏

据曼远村老人回忆，在没有栽种橡胶之前，曼远村后山长满了多种多样的树木和藤蔓植物。其植物种类多达数百种，主要有西南桦、毛毛树、杧果树、攀枝花树、榕树、菩提树、白毛树、红椿树、红梅嘎以及许多难以翻译成汉语的树种和植物。在遮天蔽日的天然林中，常年生活着众多的鸟类和许多小动物。现在，曼远村后山已为单一的橡胶林所取代，由此带来的便是当地村民所说的“山青水不绿，绿林鸟不飞”的单一景观。2005 年 1 月我到曼远村调查时，村民带我到后山踏勘了一番。时值冬天，橡胶树的叶子全落了，在密密的橡胶林中穿行，一点也不遮阳，被亚热带火辣辣的太阳晒得汗流浃背；脚踩在干枯的橡胶叶子上非常滑，一不小心就会摔倒，而且人踩在橡胶叶子上哗哗作响，完全失去了密林的清幽。

综上所述，由于橡胶这一外来物种和国家战略物资在西双版纳的引种成功和大规模扩展，已使西双版纳的生态环境发生了巨大变化。从原来适宜稻作农耕和稻作文化发展的生态环境，逐渐向适宜橡胶生长和橡胶文化发展的生态环境演变，逐步从稻作文化的自然演变为橡胶文化的自然。

当然，橡胶文化这一概念，仅仅是我对西双版纳近五十年来橡胶种植业大规模发展及其对生态环境和社会文化造成巨大影响的一种新概括，它与傣族数千年的稻作文化相比，时光还非常短暂。而且，直到现在，橡胶文化的影响还主要表现在物质层面，其连带影响也仅仅只是浸润到社会层面，尚未进入到精神信仰层面，因此，橡胶文化只是初见端倪。至于它是否真能形成一种结构完整的文化乃至文化体系，能否最终取代稻作文化，还是一个无法预测的问题，只有流逝的时间，才能为我们提供最终的答案。

第九节　从人类学发展理论看西双版纳傣族的发展

以上诸节，我以曼远村为例，系统描述和全面分析了澜沧江下游西双版纳傣族的稻作文化及其变迁情况。应用人类学发展理论来分析和评价这一案例，可以得出以下几点初步结论。

第一，傣族传统的稻作文化，是一种满足人类基本需求的持续发展的文化生态体系。这一文化生态体系以适宜稻作农耕的自然环境为基础，以稻作生计方式为核心，以相应的资源管理制度、农耕礼俗、精神信仰和优长互补的山坝民族关系为保障，维持了西双版纳傣族地区数千年来生态环境的平衡和谐、社会经济的持续发展和民族文化的长盛不衰。当然，这种传统的持续发展，是建立在封闭环境中和傣族人民需求有限基础上的持续发展，因而是一种低水平的持续发展。而且，这种传统的持续发展，主要体现在人与自然的关系方面；由于存在着民族压迫和阶级剥削，在人与人的关系上是不可能平衡和谐的。因此，所谓传统的持续发展模式，与当代可持续发展所要求的生产力高度发达、人民生活富裕和民族平等、政治民主、社会公正、生态环境优美良好的理念，是不可同日而语、等量齐观的。然而，这种传统的持续发展模式，毕竟为人与自然的和谐相处，提供了丰富的经验和宝贵的智慧，是澜沧江流域各民族未来发展可资借鉴和利用的优秀民族文化资源。

第二，中华人民共和国成立后，随着社会制度的变革，随着国家工业化、现代化和市场经济浪潮的迅猛推进，傣族传统稻作文化体系在外部力量的强力推动下，发生了急剧而深刻的变迁。这种空前的文化变迁给傣族的未来发展带来了正负双重影响。

其正面影响是：

1. 随着生产工具的进步，水利化程度的提高，耕作制度的改变，化肥、农药和高产品种、科学耕作方法的推广应用，傣族种植水稻的土地利用率和土地产出率大为提高，耕作程序日趋简化。

2. 随着产业结构的调整和以橡胶为代表的多种经济作物种植业的发展，为傣族农民带来了丰厚的经济收入，使其物质生活有了大幅度的改善与提高。

3. 随着土地和山林经营权承包到户，傣族农民以往十分淡薄的资源权属意识得以强化。随着地方政府制定的一系列管理和保护资源的法律法规和傣族村规民约的贯彻实施，傣族农民依法管理和保护资源的意识和观念得到加强。

4. 随着社会制度的变革、山区民族粮食自给水平的提高和多种经济作物的发展，傣族以往依靠发达的稻作农业支撑起来的政治上的统治地位已经不复存在；经济、文化上的强势地位已经动摇，民族平等不仅在政治上和人们的观念中得到巩固，在经济上和文化上也在逐渐成为现实。

其负面影响是：

1. 随着化肥、农药的大面积使用，单一高产品种的大规模推广，造成农田土壤板结、有机质含量下降，水稻病虫害频繁发生，稻米品质下降，傣族传统持续发展的生态农业已被不可持续的化学农业所取代。

2. 橡胶种植业在给国家财政和傣族农民带来丰厚经济收入的同时，也使热带雨林遭到毁灭性破坏，使西双版纳的自然生态环境，逐步从稻作文化的自然演变为橡胶文化的自然。

3. 随着橡胶文化的兴起，人与自然和谐共处的生态文化观在人们心目中明显淡化，传统文化中爱护环境、保护资源的内部规范日趋松弛，橡胶文化在社会生活中的负面影响日益明显。

4. 随着橡胶文化的兴起，传统的山坝民族关系的纽带被橡胶文化所取代，但山区民族在以橡胶为纽带的民族交往中处于不利地位。

上述正负影响归结为一句话，就是自 20 世纪 50 年代开始，20 世纪 80 年代以来日趋加剧的经济、社会和文化变迁，在促成西双版纳傣族地区经济快速增长的同时，也使其脱离了传统的持续发展轨道，走上了经济增长与环境破坏同步的非持续发展道路。

第三，稻作文化式微，橡胶文化兴起，既是国家权力建构的结果①，也是傣族人民的自愿选择。如前所述，西双版纳的土司制度，直到中华人民共和国成立之后的 1956 年，国家权力对西双版纳傣族土司实行“和平协商”民主改革后才被终止。也就是说，在这之前的几千年时光中，虽然西双版纳早在东汉时期就作为永昌郡的一部分被纳入了汉王朝的版图，但因其地处边远，山河阻隔，中央政权一直未能对其实施直接的统治，而是采取利用当地土著政权实施“以夷治夷”间接统治的策略。中华人民共和国成立后，一方面国家权力通过废除土司制度而在西双版纳建立了直接管理体制，另一方面国家工业化建设所急需的战略物资——橡胶，由于受到外国帝国主义的封锁而不能进口，只能立足国内自己解决，于是，西双版纳和海南岛这两个国内有可能适宜橡胶种植的地方，就成了国家重点关注的地方。为此，国家动用政权力量，调集大量的人力、物力和财力投入到西双版纳，开展了大规模的橡胶引种试验和发展。但是，在改革开放以前，橡胶因其是“战略物资”的重要

① 尹绍亭认为：“如果没有国家政权的保障，要在西双版纳设农场建胶园那是不可能的。反过来说，西双版纳橡胶树的种植，并非自然的选择，亦非历史的偶然，而是国家权力深入该区的表现，是国家政权在该区建构的结果。”尹绍亭主编：《雨林啊胶林》，云南教育出版社 2003 年版，第 2 页。

性而一直被严格地限定在国营农场中才能种植，以至“嵌入型”的国营橡胶农场与周围的傣族社区形成了明显的二元经济和社会结构。国营橡胶农场现代化的经济社会生活与傣族传统的经济社会生活形成了鲜明的对比和反差，成为引发民族矛盾和中央与地方矛盾的一个导火索，因而受到西双版纳地方政府、傣族人民和研究民族问题的学者的强烈反对。为了缓解矛盾，1964 年以后，国营橡胶农场才根据国务院的指示，帮助周围的傣族社区发展了少量的集体性质的民营橡胶。

改革开放以后，党和国家将“富民”作为国家政策的基本取向，鼓励全国各地放手让人民群众开发资源以致富。在此背景下，西双版纳州政府制订了鼓励民营橡胶大发展的政策。傣族群众在脱贫致富的强烈愿望和橡胶种植业高额收入的驱使下，自觉自愿地投入到大力发展橡胶产业的洪流之中。短短 20 多年的时间，就使民营橡胶的种植面积和生产规模超过了国营橡胶。由此带来的橡胶文化的兴起，使傣族数千年来繁荣发达的稻作文化逐渐黯然失色，也使西双版纳走上了非持续发展的道路。从人类学发展理论来看，西双版纳傣族的文化变迁，是正常和典型的传播变迁，是国家引进和发展一种外来植物而傣族人民自愿接受并大力推广这种外来植物而引起的变迁。在国营橡胶的发展过程中，国家权力确实发挥了强大的建构作用；但对民营橡胶的大规模发展，国家权力却没有丝毫的强制因素，而是傣族人民自觉自愿的选择。

第四，政府与民众双重的文化自觉，是西双版纳开辟新的可持续发展道路的关键。既然是国家权力的建构和民众的自愿选择出现了始料不及的后果，使西双版纳在引种和大规模发展橡胶的过程中走上了非持续发展道路。那么，西双版纳要开辟新的、可持续的发展道路，就需要政府与民众双重的文化自觉。这就要求西双版纳州党委和政府，在贯彻落实科学发展观的过程中，深刻认识西双版纳是地球北回归线上最后一块绿洲的特殊地位和各民族的文化特点，充分发挥国家权力正确的领导、帮助和干预作用；同时也要求西双版纳各族民众从气候劣变、水源减少以至饮用水缺乏的现实问题中吸取教训，深刻认识本民族的文化特点和文化优势，自由、自愿、自主、自觉地选择和决定走出一条充分发挥自己的文化优势的、以文化为中心和目的的全面发展道路。

第七章　走向以文化为终极目的的全面发展

从上述几章对云南的基本省情、澜沧江流域的基本特点和上、中、下游三个典型个案的分析中可以看出，云南及澜沧江流域各民族的发展路子、发展模式虽然各具特色，但都共同涉及文化、生态、国家权力与发展这四大主题。生态环境是民族文化形成和各民族生存与发展的基础。国家权力对文化、生态与发展，发挥着正负双重影响。各民族都在国家权力的领导和干预下，通过开发利用自然资源和文化资源以求得发展。文化作为一种资源，它是各民族生存与发展的根基；文化作为一套对生态环境的适应性体系，它在人与自然相互影响的互动过程中，将各民族所处的自然环境也整合进民族文化中，使其成为“人化的自然”和“文化的自然”；文化作为一种价值观，它是推动各民族发展的工具；文化作为一种塑造国家权力的深层力量，它对国家权力的正确行使发挥着重要作用；而文化作为一种各民族所珍爱的自己的生活方式，它便成为各民族在国家权力的正确领导下开发利用自然和文化资源以求得发展的终极目的。因此，文化、生态、国家权力与发展这四大主题，均可由文化这一终极目的所整合和贯通，文化就自然成为澜沧江流域少数民族未来发展的核心主题。为此，作为本书的终章，本章将在前面几章对澜沧江流域少数民族发展进行反思的基础上，应用人类学发展理论，对澜沧江流域少数民族的未来发展，提出以下思考。

第一节　树立以文化为终极目的的人类学发展理念

如前所述，人类学发展理论可以概括为一句话：发展是在国家权力正确的领导、帮助和干预下，文化主体自由、自愿、自主、自觉选择和决定的以文化为中心和目的的人类全面发展。要做到国家权力领导、帮助和干预的正确和文化主体自由、自愿、自主、自觉选择和决定的正确，就必须牢固树立以文化为终极目的的人类学发展理念。而要做到这一点，代表着国家权力的各级党委政府和各民族群众的双重文化自觉，就成为问题的关键。为此，有必要从以下几个方面，充分认识文化的重要地位和作用，在此基础上，开创澜沧江流域少数民族以文化为中心和目的的多样化的发展路子和发展模式。

一、少数民族文化在世界文化多样性中的地位和作用

民族是一个拥有共同文化认同的人们共同体。按照中国传统的民族观，民族不是以血缘和血统而是以文化来区分的。一个民族的文化独特性一旦消失，这个民族也就不存在了；反之，一个民族一旦在发展的过程中被同化和融合，这个民族的文化独特性也就消失了，世界文化宝库就将失去一朵文化奇葩，人类文化多样性就将受到重大损失。因此，文化多样性是世界各民族和全人类共同追求的具有普同性价值的重要目标。联合国教科文组织的《世界文化多样性宣言》指出："文化在不同的时代和不同的地方具有各种不同的表现形式。这种多样性的具体表现是构成人类的各群体和各社会的特性所具有的独特性和多样化。文化多样性是交流、革新和创作的源泉，对人类来讲就像生物多样性对维持生物平衡那样必不可少。从这个意义上讲，文化多样性是人类的共同遗产，应当从当代人和子孙后代的利益考虑予以承认和肯定"①。当今世界共有6000多种语言和几千种生活模式②，亦即自成体系的文化。这些文化的绝大多数都是世界各地的土著居民和少数民族所创造的。土著居民和少数民族的文化在世界现有的近200个国家中虽然不占主导地位，但却是人类文化多样性的重要组成部分，是人类文化宝库中的瑰宝，没有这些文化的存在，人类社会将会失去多彩的面貌和创新的源泉。就以中国和云南来说，全国56个民族中就有55个是少数民族，中华民族悠久的历史和灿烂的文化离不开众多少数民族的巨大贡献；云南26个民族中就有25个是少

① 联合国教科文组织于2001年11月在巴黎举行的第31届会议上通过，载中国民族学会编：《民族学通讯》第138期，第12页。

② 参见联合国教科文组织编、关世杰等译：《2000：世界文化报告——文化的多样性、冲突与多元共存》，北京大学出版社2002年版，第23页。

数民族，澜沧江流域主要聚居着15个少数民族，云南及其澜沧江流域今天绚丽多姿、异彩纷呈的美好形象主要就得益于众多少数民族的文化多样性，如果没有少数民族的文化多样性，云南及其澜沧江流域的形象必将黯然失色。因此，少数民族文化在人类文化多样性中占有重要的地位并发挥着重要作用。

二、文化多样性促进人与人、人与社会的和谐

在人与人之间，公平民主、互相帮助、诚实守信可说是云南少数民族人人皆备的基本道德。在云南的许多少数民族中，历史上就有民主议事、公平处事的社区机制和传统。如西双版纳傣族的“老人会”、迪庆藏族的“家长会”，就是负责民主讨论和公平处理村社事务的机制。只要到过云南民族地区的人都会亲身感受，在任何一个民族村社中，一家有事全村帮忙是无需任何人号召和教导的自然风习。村中无论谁家起房建屋，全村人都会主动前往帮忙，使一栋干栏式房屋常常只需一天时间就能建成。村中谁家人缺粮，全村所有人家都会主动提供帮助。据联合国教科文组织高级专家黄高智先生分析，表意文字“和”由两个词根组成：“禾”指稻谷和小麦；“口”代表嘴。“和”字的意思是：当每张嘴里都有了米饭时，当所有的人都有食物时，才会有和平①。因此，虽然云南民族地区生产力发展水平不高，贫困人口较多，但在党和政府的帮助和各民族内部互助机制的作用下，云南少数民族贫困地区也仍然长期保持着和谐稳定的局面。云南少数民族与人交往讲究诚实守信，瑶族“万物中金子最贵，为人在世，信用最贵”② 的谚语，代表了云南少数民族共同的价值取向。

在人与社会之间，云南少数民族的和谐文化主要表现在族际关系和跨界民族关系的和谐上。云南的许多少数民族都有共同起源的神话传说。古老的纳西族东巴经《崇搬图》(《创世纪》)讲，人祖崇忍利恩与天女衬红褒白生了3个儿子，大了都不会说话。后来派蝙蝠到天上，探知天神子劳阿普秘方即用黄栗树两枝、柏树一枝，诚心祭天。果然祭仪还未毕，马来吃蔓菁，儿

① 黄高智：《内源发展——质量方面和战略因素》，中国对外翻译出版公司1991年版，第3页。
② 参见高发元主编：《中国西南少数民族道德研究》，云南民族出版社1990年版，第93页。

子心一急，一齐喊出声。长子说的是藏话，变成藏族；次子说的是纳西话，变成了纳西族；幼子说的是白话，变成了白族[①]。德昂族的《天王地母》神话说人种为葫芦所生，“一天雷鸣闪电，劈开葫芦，里面有103人，就是汉、傣、回、傈僳、景颇、阿昌、白等民族”[②]。类似的神话传说和民间故事，在云南的几乎每一个少数民族中都可以听到。它既反映了云南各民族同源异流、异源合流而又源流交错，各民族你中有我、我中有你而又各具个性，逐渐成为中华民族多元一体格局重要组成部分的民族关系历史；又反映了云南各民族经过漫长的历史发展在中华人民共和国成立后逐渐形成平等、团结、互助、和谐的社会主义民族关系现状，因而自然成为今天构建和谐云南可资利用的宝贵文化资源。

在云南各民族的宗教信仰中，也有很多有利于和谐社会建设、与社会主义社会相适应的文化资源。诸如佛教“庄严国土、利乐有群”和“人间佛教”的思想；道教“济世利人、护国爱民”的思想；伊斯兰教“爱国是伊玛尼（信仰）的一部分”和“两世吉庆”的思想；天主教“爱国爱教都是天主的诫命”和“爱主荣人”的思想；基督教强调的“一个好教徒应该是一个好公民，爱自己的祖国是一个基督徒的本分”和“作盐作光、荣神益人”的思想，以及各种宗教戒律中普遍存在的引导信徒弃恶扬善和各民族传统宗教中普遍存在的人与自然和谐相处的思想，等等，无疑都是构建和谐云南可资开发利用的宝贵文化资源。

云南是一个立体地形、立体气候导致立体民族分布的省份。分布在坝区和山区的不同民族基于自然条件和资源的差异与互补，形成了独特的和谐文化，这里仅举一个典型的实例予以说明。居住在红河沿岸哀牢山区呈立体分布的傣族和哈尼族，在长期的农业生产活动中结成了相互依存的“牛马亲家”。这种“牛马姻缘”一般以居住在河谷平坝热区的傣族为一方，居住在山区的哈尼族为另一方，双方为适应立体地形、立体气候所带来的农时节令的差异并有利于牲畜的繁殖，经相互协商而结成。这种关系一旦确定下来，山

① 参见郭大烈：《纳西族心理素质初探》，《云南历史研究所集刊》，1982年第1辑。

② 参见高发元主编：《中国西南少数民族道德研究》，云南民族出版社1990年版，第79页、80页。

区和坝区不同民族的两家人便像亲戚一样频繁交往。初春，河谷坝区气候温和，青草嫩绿，正是傣族兄弟撒秧栽秧之季，于是耕牛驮马由傣族兄弟喂养并使用。四、五月间，傣族农闲，而山区哈尼族正是犁田栽秧的时候，耕牛驮马上山归哈尼族喂养并使用。六、七月间，哈尼族稻秧栽完，河谷平坝的傣族又要栽插晚稻了，耕牛驮马又下山归傣家使用和管理。晚稻栽完，河坝炎热无比，而山区气候凉爽，草木青青，耕牛驮马上山来避暑养肥。十月以后，山区气候转冷，草木干枯，而河坝依然气候温和，耕牛驮马又下山来由傣族管理饲养过冬。母畜生产的牛崽和马驹属双方共有财产，出卖或宰杀均相互平分。这种“牛马亲家”，既有利于生产发展和牲畜繁殖，更把不同民族的两家人联结成长年互助、相互依存的“一家人”。坝区傣族种双季稻，粮食比较宽裕，可烧柴就非常困难；山区哈尼族粮食紧缺，找烧柴却很容易。于是，傣族“亲家”常常送米上山，哈尼“亲家”常常送柴下山，山上山下，互通有无，亲如一家[①]。

云南位于中国的西南角，处于东亚亚热带季风区、南亚热带季风区和青藏高原三大区域的交汇与过渡地带。澜沧江·湄公河自古以来就是云南与东南亚各民族迁徙流动和经济文化交流的走廊。早在远古时期，中原文化、青藏高原文化、东南亚、南亚文化就通过天然形成的河谷通道和民族走廊在云南交流与汇集。云南亦与上述地区和国家建立起了多种多样的交流关系。这种关系经过数千年绵延不断的发展到今天呈现出日趋活跃、日趋频繁、日趋多样化且规模日益扩大的趋势。东南亚、南亚国家有很多华人华侨，他们与中华文化和云南民族文化有着割不断的血脉联系；云南各民族与东南亚、南亚国家的许多民族，有着族缘、亲缘和地缘关系，双方在文化上的交流与合作，已成为中国与东南亚、南亚众多国家和平友好国家关系和跨界民族关系的重要组成部分。所有这些，为构建和谐云南、和谐中国乃至和谐世界提供了重要而宝贵的文化资源。

① 参见郭家骥主编：《云南的民族团结与边疆稳定》，民族出版社1998年版，第128页。

三、文化多样性促进社会的创造性

一个和谐的社会绝不是一个万马齐喑、死气沉沉的社会，而是一个新鲜活泼、充满生机与活力的社会。正如生态环境多样性、生物多样性是自然界生气勃勃的源泉一样，文化多样性是一个社会创造活力的源泉。如前所述，人类文明起源的规律表明，地理过渡地带比单一地带具有更为复杂多样的自然条件，为古人类的生存繁衍提供了更为广阔的可选择空间①。云南正好处于东亚亚热带季风区、南亚热带季风区和青藏高原三大区域的交汇与过渡地带，天然形成的生态环境多样性和生物多样性使云南成为我国迄今所知最早的古人类发源地之一。从距今170万年前的元谋人到属于早期智人（古人）的昭通人、属晚期智人（新人）的西畴人和丽江人等，使云南在古人类进化的主要环节上构成了一个系列②。进入新石器时代以后，人类活动的足迹已遍布云南全境，迄今所发现的三百多处新石器时代遗址和地点，几乎遍及全省所有县市。这些土著居民在如此复杂多样的自然环境中生存，就必然发展出适应各自环境的生产方式和生活方式，从而形成多元、多类型、多区域异彩纷呈的文化，这就为多民族格局的形成奠定了基础。在以后漫长的历史发展进程中，云南各族人民在保持与发展各自丰富多彩的民族文化的同时，还共同创造了灿烂的古滇文化、爨文化、南诏大理文化、元明清时期独特的滇文化，辛亥革命、护国运动、红军长征过云南和中共云南地下党活动创造的革命文化、抗日战争时期创造的抗战文化，以及独特的茶马古道文化、马帮文化等等。这些积淀丰厚的民族文化和历史文化为今天的云南留下了大批文化名城、名镇、名村、名人以及数不胜数的文化遗产，为构建和谐云南提供了丰厚的文化资源。直到今天，依托于民族文化多样性和历史文化多样性的云南，其文化事业繁荣和文化产业发展仍然在全国独树一帜。因此，云南各民族在文化上从来就不乏创造，而这种创造活力的源泉，就来自云南的文化多样性。联合国教科文组织指出：“各种复杂系统从其多样性中汲取力量；一个物种从

① 参见《中华文明史》第一卷，河北教育出版社1989年版，第14页。

② 参见张兴永等：《从元谋“东方人”和“蝴蝶腊玛古猿”的发现三论滇中高原与人类起源》，《云南社会科学》1987年第3期。

基因的多样性中汲取力量；生态系统从生物的多样性中汲取力量；人类社会从文化的多样性中汲取力量。”① 江泽民同志强调指出：“多样性是世界存在的本质特征。”② 胡锦涛总书记亦强调指出：“我们应该维护和尊重世界的多样性。世界各国人民在漫长的历史进程中创造了各自独特的文化、传统、信仰和价值观。多样性是世界文明的基本特征。多样性意味着差异，差异需要交流，交流促进发展。各种文明在交流中相互学习和借鉴，不断丰富和发展，将使我们的世界更加绚丽多彩、更加充满生机和活力。”③

四、文化多样性促进社会的稳定性

虽然美国著名政治学家塞缪尔·亨廷顿提出的“文明冲突论”，的确揭示了不同文化与文明在接触和交流中发生碰撞和冲突的一面，但是，不同文化与文明通过接触和交流达成理解、宽容和多元共存，才是中国文化史和云南文化史中更为基本的一面。仅以云南文化发展史为例。云南是全国民族成分最多因而也是全国民族文化多样性最为丰富的一个省。云南同时也是全国多民族省（区）中民族关系最为和谐的省份之一。云南的多民族、多族群和多元文化格局早在远古时期就已经形成。在漫长的历史发展进程中，云南各民族之间的关系尽管也有相互矛盾、互相排斥、隔阂冲突以至武力争斗的一面，但更为基本的和占主导地位的却是相互吸收、互相依存、友好合作和共同发展的另一面。云南各民族在长期的交往合作中形成了大杂居、小聚居、各民族交错杂居的民族分布格局；形成了以汉族为主体又与众多少数民族长期共存的民族人口结构和基层社会结构；形成了同源异流、异源合流而又源流交错、各民族不断分化融合因而你中有我、我中有你而又各具个性的源远流长的血缘和亲缘关系；形成了云南山区与坝区之间、边疆与内地之间以及各民族之间优长互补、相互依存的经济文化联系；使云南各民族与祖国内地的关

① 联合国教科文组织编：《世界文化报告——文化、创新与市场》“序言”部分，北京大学出版社2000年版。

② 中共中央文献研究室编：《江泽民论有中国特色社会主义》（专题摘编），中央文献出版社2002年版，第526页。

③ 胡锦涛：《世代睦邻友好 共同发展繁荣——在莫斯科国际关系学院的演讲》，载《人民政协报》2003年5月29日。

系由浅入深、由松散到紧密并逐渐成为中华民族多元一体格局中不可分割的一部分。这些特点在近代各民族共同抵御外侮的斗争中得到进一步升华，最终形成了云南各民族的中华民族意识，为云南长期保持民族团结和边疆稳定奠定了坚实的民族文化和历史文化基础①。中华人民共和国成立50多年云南民族关系发展的历史也表明，凡是文化多样性受到压抑和否定的时期，都是云南民族关系紧张、边疆动荡不安的时期，20世纪50年代末到“文化大革命”时期就是如此；而凡是文化多样性得到尊重、支持、倡导和弘扬的时期，都是云南民族关系团结和谐、边疆稳定安宁的时期，20世纪50年代初期和改革开放以来直至今天云南的稳定和谐发展就是证明。因此，从自然界来讲，生态环境多样性和生物多样性的存在，有利于生命支持系统功能的保持及其结构的稳定②；从人类社会来讲，文化多样性确保了人文世界的丰富多彩和社会的和谐稳定。

五、文化多样性促进人与自然和谐

在人与自然之间，云南各民族普遍具有人与自然和谐相处的传统文化。如前所述，云南是一个生态环境多样性、生物多样性和民族文化多样性“三多一体”的省份，澜沧江流域又是云南基本省情的典型缩影。在长期生存与发展的实践中，云南及澜沧江流域各民族早就在水土养人和人适应、利用和养护水土这一人与自然的复杂互动过程中，形成了各具地方与民族特色的生态智慧、生态知识和生态文化。典型的如纳西族的人与自然是同父异母兄弟的生态文化观；藏族的人与自然混融一体的认识；普米族的人与自然是朋友的观念；傣族“森林是父亲、大地是母亲”、“有了森林才会有水、有了水才会有田地、有了田地才会有粮食、有了粮食才会有人的生命”的认识，以及除回族外，云南及澜沧江流域几乎所有民族都信仰的传统宗教中的植物崇拜、动物崇拜和自然崇拜所包含的文化与自然一体融合的思想，等等。

已故著名的美籍华人考古人类学家张光直先生，在比较分析了世界各主

① 参见郭家骥主编：《云南的民族团结与边疆稳定》，民族出版社1998年版，第124－125页。

② 参见林文棋：《从国家公园建设的角度看滇西北地区生物多样性的保护》，吴良镛主编：《滇西北人居环境可持续发展规划研究》，云南大学出版社2000年版，第540页。

要文明发源地丰富的考古资料后，提出了一套全世界向文明转进的两种形态的理论，即著名的“连续与破裂”的理论。他认为，中国与西方两大文明之间的深刻差异，从文明肇始之日起就已存在；之所以如此，是因为他们受不同的原则所支配，也就是受两种不同的宇宙观和文化理念所支配。张先生指出：“中国文明、玛雅文明和其他很多文明代表古代一个基层的进一步发展，在此基层上发展出来的文明，都是连续性的文明。在这些文明的城市、国家产生的过程中，政治程序（而非技术、贸易程序）都是主要的动力。在此基层发展的过程中，某些地方发生过一些飞跃性的突破。我们知道的一个突破性文明是苏美尔文明。它后来通过巴比伦、希腊、罗马而演进到现代的西方文明。所以现代西方的文明从苏美尔文明开始就代表着一种从亚美文化底层突破出来的一些新现象。这种文明产生的财富的累积和集中的程序，主要不是政治程序而是技术、贸易程序……”① 张先生进一步指出：“中国古代文明的一个可以说是最令人注目的特征，是从意识形态上说来它是一个整体性的宇宙形成的框架里面创造出来的。……中国古代文明是一个连续性的文明。连续性文明的产生不导致生态平衡的破坏而能够在连续下来的宇宙观的框架中实现。”这种连续性文明的特征主要表现为：“人类与动物之间的连续、地与天之间的连续、文化与自然之间的连续。”西方文明类型的特征：“不是连续性而是破裂性——即与宇宙形成的整体论的破裂——与人类和他的自然资源之间的分割性。走这条路的文明是用由生产技术革命与以贸易形式输入新的资源这种方式积蓄起来的财富为基础而建造起来的。”而“对中国、玛雅和苏美尔文明的一个初步的比较研究显示出来，中国的形态很可能是全世界向文明转进的主要形态，而西方的形态实在是个例外。”②

在另一篇文章中，张先生进一步明确将中国文化的这种连续性特点与中国现代化的成功联系起来。他指出：“中国传统的‘天人合一’概念，建基于人类和自然之间一种和谐的关系，建基于传统文化行为的一致性。这些行为表现在农业、建筑、医药、畜牧、烹饪、废物处理，以及物质生活的每一方

① 张光直著：《中国青铜时代》，生活·读书·新知三联书店1999年版，第482－483页。

② 张光直著：《中国青铜时代》，生活·读书·新知三联书店1999年版，第487页、495页、496页。

面……我坚信，若要成功实现现代化，或者，实际上国家能生存下去，中国必须既要有技术与贸易，又要‘天人合一’。如果能够重新发扬‘天人合一’这个概念，将可对全人类有重大贡献。”①

为了帮助人们能够比较清晰地理解张先生提出的理论框架，华语世界的著名人类学家李亦园教授，把张先生的理论具体化为下面这张表。

表 7－1 中西文明理念差异分析表

	中国文明连续性（Continuity）的变化	西方（苏美尔 Sumerian）文明断裂（rupture）性的变化
生产工具	石、木、骨、蚌器的延续（青铜器用于政治、宗教、祭祀与兵戎）。	金属器用于生产。
人际关系	民族、宗族的延续。	地缘团体取代亲缘。
文字的应用	亲族和宗教仪式为主。	技术、贸易的记录（契约社会的出现）。
城乡关系	原有氏族关系的延续，政教中心的城市。	城乡分离，交易中心的城市。
财富累积与集中	经由政治与仪式手段。	经由技术发明与贸易手段。
权力的获得	政治与宗教的结合，巫师（Shaman）与圣王的统治。	国家与庙宇的分立。
意识形态及宇宙观	人与自然及超自然的连续（存有的延续 Continuity of being）。	人与自然及超自然的分隔与对立（存有的断裂 rupture of being）。

资料来源：李亦园《生态环境、文化理念与人类永续发展》，《广西民族学院学报》2004 年第 4 期。

① 张光直：《“天人合一”的宇宙观与中国的现代化》，张光直著：《考古人类学随笔》，生活·读书·新知三联书店 1999 年版，第 49－51 页。

从表中可以看出，早在文明肇始之初，中国与西方就在生产力与生产关系、经济基础与上层建筑的诸多方面，走上了完全不同的道路。这种差异，在人与自然的关系特别是生产工具的使用上表现得最为明显。从夏朝转入商朝是中国开始利用青铜器的时期。商朝的青铜器都用做礼器、酒器和兵器，而商代所使用的农器则延续了新石器时代的石器、木器、蚌器和骨器。但是苏美尔（Sumerian）不同，它最早用青铜刀来收割小麦。所以李亦园先生说："西方的学者常常笑话说，你们中国人好笨，发明青铜器却不用来生产。我们中国人不是笨，我们中国人从那个时代开始就是希望跟自然和谐，我们不愿意用很有用、很有效的东西来破坏自然，从那时候开始我们就是这样。我们认为自己跟宇宙是一体的，是连续的，与整个宇宙在一起，不管是天、地、虫、草都跟我们是一体的，牵一发而动全身；我们的立场是要与自然保持和谐、互相尊重。我们当然知道用青铜器来生产比较有效，产生更多食物，但多不一定是好。这一点从那时候开始就是我们基本宇宙观。"而且，"这种延续的态度，不但开始于史前时代，而且延续几千年，一直到现代；还延续到所有海外的华人，他们都共同具有这样的观念，只要他受过中国文化的教育，不管他第几代在海外，都还延续这样子在他们的日常生活态度上"①。

世所公认，中华文明是全世界所有文明中唯独一个持续发展数千年延续至今而从未中断过的文明。之所以能够如此的原因固然很多，但中华文明从肇始之初就形成的"天人合一"的生态文化理念和一整套人与自然相和谐的生态文化，当是一个非常重要的原因。

云南各民族是中华民族多元一体格局的重要组成部分。在长期生存与发展的实践中，云南各民族通过与各自所处自然环境的互动与调适，创造形成了丰富多彩、各具地方与民族特色的生态文化，不仅有力地保证了各民族数千年的持续发展，而且极大地丰富了中华民族"天人合一"的文化理念，为中华文明的长期延续作出了独特的贡献。

---

① 李亦园：《生态环境、文化理念与人类永续发展》，《广西民族学院学报》2004 年第 4 期。

六、开创以文化为终极目的的多样化发展模式

云南及其澜沧江流域“三多一体”的基本特点，作为中华民族连续性文明的重要组成部分的云南少数民族文化的长期延续与发展，客观上就决定了云南必须走以文化为中心和目的的多样化发展道路，开创多样化发展模式。这一模式可抽象并形式化为“四多一体”模型。

生态环境多样性、生物多样性和民族文化多样性，既是云南基本的省情特点，又是云南发展的三大优势。是云南能在全国乃至全世界独树一帜的三大品牌，是云南实现可持续发展的宝贵资源，是云南实现全面、协调、可持续发展并最终能在西部乃至全国后来居上的坚实基础，具有无比珍贵的价值。

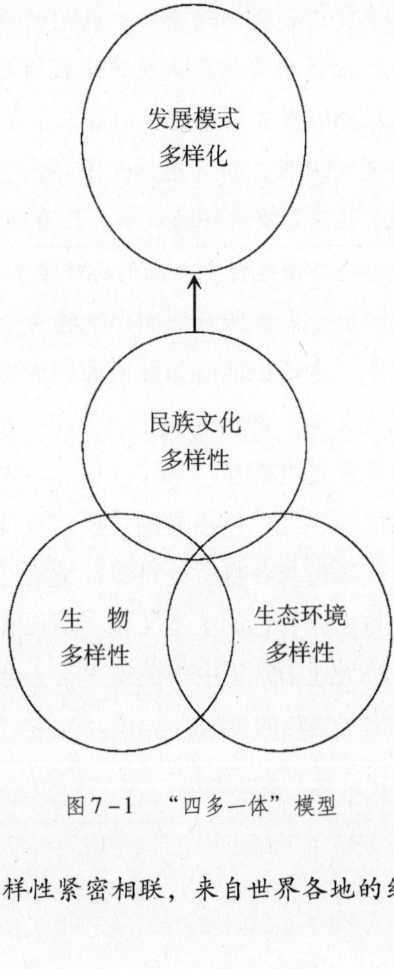

图7-1　“四多一体”模型

“生物多样性与文化多样性紧密相联，来自世界各地的经验证实，如果生物多

样性遭到损害，文化多样性也很难幸免。”[①] 反过来说，在云南三大多样性相互依存的互动格局中，民族文化多样性居于核心位置。对于维持这一格局的良性互动还是恶性循环，发挥着关键作用。云南的民族文化多样性一旦消失，与其相互依存的生态环境多样性和生物多样性也将随之消失。而云南的“三多一体”格局一旦消失，云南就将成为一个没有任何优势和特色的落后省份。这是一个任何人都不可接受的非常可怕的前景。澜沧江流域也不例外。实事求是地讲，云南要在 GDP 增长和单纯的经济实力上与中国沿海省（市）相比，不仅过去和现在的差距是巨大的，就是在今后相当长的时期内要缩小差距也是困难的。但云南“三多一体”的省情特点，却使云南具有率先走上以文化为中心和目的的可持续全面发展道路的条件和优势。而这样的条件和优势恰恰又是沿海省（市）所不具备的。只要云南率先走上了这条道路，就标志着云南整体社会发展实现了后来居上，成为一个与全国任何省（区、市）相比也毫不逊色的、具有独特比较优势的省份。而要做到这一点，关键措施就是在三多一体格局基础上，开创以文化为终极目的的多样化发展模式，形成“四多一体”发展格局。

第二节　保护与发展民族文化多样性

既然要走以文化为中心和目的的多样化发展道路，开创多样化发展模式，那么，保护与发展民族文化多样性就成为题中应有之义和当务之急。

一、提高对文化保护与发展重要性的认识

早在 20 世纪 90 年代，美国著名的政治学家塞缪尔·亨廷顿就提出了“文明的冲突”的理论，尽管这一理论对世界八大文明发生冲突的预言值得商榷，但他对文化重要作用的突出强调却引起了全世界的广泛关注。他指出：冷战结束后，“在人类历史上，全球政治首次成了多极的和多文化的”。文明

① 联合国教科文组织、世界文化与发展委员会编，张玉国译：《文化多样性与人类全面发展——世界文化与发展委员会报告》，广东人民出版社 2006 年版，第 140 页。

的冲突模式“强调文化在塑造全球政治中的主要作用，它唤起了人们对文化因素的注意”①。2003年，他发表《再论文明的冲突》的长篇文章，进一步明确指出：“21世纪是作为文化的世纪开始的，各种不同文化之间的差异、互动、冲突走上了中心舞台，这已经在各个方面变得非常清楚。在一定程度上，学者、政治家、经济发展官员、士兵和战略家们都转向把文化作为解释人类的社会、政治和经济行为最重要的因素。”②

中国共产党不愧是一个与时俱进的伟大政党。面对世纪之交国际风云变幻、全球多元文化相互激荡且文化的作用日趋重要的现实，1997年党的十五大报告便将文化与经济、政治并列，系统提出了我国社会主义初级阶段的经济、政治和文化纲领。党的十六大报告明确指出：“全面建设小康社会，必须大力发展社会主义文化，建设社会主义精神文明。当今世界，文化与经济和政治相互交融，在综合国力竞争中的地位和作用越来越突出。文化的力量，深深熔铸在民族的生命力、创造力和凝聚力之中。全党同志要深刻认识文化建设的战略意义，推动社会主义文化的发展繁荣。”③ 党的十七大报告进一步明确提出了文化大发展大繁荣的任务。报告指出：“当今时代，文化越来越成为民族凝聚力和创造力的重要源泉、越来越成为综合国力竞争的重要因素……中华民族伟大复兴必然伴随着中华文化繁荣兴盛。要充分发挥人民在文化建设中的主体作用，调动广大文化工作者的积极性，更加自觉、更加主动地推动文化大发展大繁荣。”④ 这些论述，标志着党中央对文化的重要地位和作用的认识达到了前所未有的战略高度，对于云南民族文化的保护与发展具有重要的指导意义。现在的关键问题是，要通过大张旗鼓的宣传、教育与培训，将党中央的认识转变为全省各族干部群众和全社会的共识。

---

① ［美］塞缪尔·亨廷顿著、周琪等译：《文明的冲突与世界秩序的重建》，新华出版社1998年版，第2页。

② ［美］塞缪尔·亨廷顿：《再论文明的冲突》，载《马克思主义与现实》2003年第1期。

③ 江泽民：《全面建设小康社会 开创中国特色社会主义事业新局面——在中国共产党第十六次全国代表大会上的报告》，人民出版社2002年版，第38页。

④ 胡锦涛：《高举中国特色社会主义伟大旗帜 为夺取全面建设小康社会新胜利而奋斗——在中国共产党第十七次全国代表大会上的报告》，《中国共产党第十七次全国代表大会文件汇编》，人民出版社2007年版，第32－36页。

二、制定和完善保护与发展民族文化的法律、法规和政策

我国是共产党领导下的社会主义国家。党和政府在人民群众心目中具有至高无上的地位，党和政府的肯定和支持，是在中国成就任何事业的基本前提。早在1996年，中共云南省委就提出将云南建成民族文化大省的战略构想，这就从大政方针上解决了保护与发展云南民族文化的战略问题。国家和云南省也先后制定颁行了一批保护与发展民族文化的法律法规。国家除了在《文物保护法》中有详尽规定外，在《民法通则》、《民族区域自治法》、《森林法》、《继承法》、《矿产资源法》、《治安管理处罚条例》、《传统工艺美术保护条例》、《档案法》、《大气污染防治法》、《环境保护法》、《著作权法》、《城市规划法》、《军事设施保护法》等法律法规中均有条款规定了对民族文化的保护。云南省也结合实际，制定了大量涉及民族文化保护和文化产业发展方面的地方性法规和单行条例，较有代表性的诸如《昆明历史文化名城保护条例》、《滇池保护条例》、《云南省珍贵树种保护条例》、《云南省关于〈中华人民共和国文物保护法〉的实施办法》、《云南出版管理条例》、《云南省环境保护暂行条例》、《昆明市城镇绿化条例》、《丽江历史文化名城保护条例》、《云南省文化市场管理条例》等等。特别是2000年5月，云南省人大常委会通过颁行了《云南省民族民间传统文化保护条例》，在没有母法的条件下，在全国率先为民族民间传统文化保护立了法。这是一个创举，说明云南的工作已经走在全国前列。

此外，我国已经加入了一系列有关和涉及文化保护与文化发展的国际公约，诸如《关于禁止和防止非法进出口文化财产和非法转让其所有权的方法的公约》、《保护世界文化和自然遗产公约》、《国际统一私法协会关于被盗或者非法出口文物的公约》、《知识产权协定》、《保护工业产权巴黎公约》（简称《巴黎公约》）、《伯尔尼保护文学和艺术作品公约》（简称《伯尔尼公约》）、《世界版权公约》、《保护表演者、录音制品制作者和广播组织国际公约》（简称《罗马公约》）、《保护录音制作者防止其示意制品被擅自自制公

约》（简称《日内瓦公约》）等①，说明云南民族文化的保护与发展，已经有法可依。目前存在的主要问题有：

一是尚未形成保护与发展民族文化的法律法规体系或框架。现行法律法规，除了《文物保护法》和《云南省民族民间传统文化保护条例》等少数几个专讲民族文化保护与发展外，其余有关民族文化保护与发展的法律规定都分散在其他的法律法规中，显得分散、零乱而主题不突出，实际工作中难以操作。

二是虽已加入了众多国际公约，但这些国际公约中的有关规定尚未转化为中国和云南省的法律，因而执行起来也有困难。

三是相关法律法规因缺少与之配套的实施细则而难以执行。例如，《云南省民族民间传统文化保护条例》颁行至今已经多年，但政府行政部门至今仍未制定出实施细则。而且，这个条例在民族文化保护与发展的财税、融资、知识产权以及与国际接轨等方面仍然存在大量空白。又如，《云南省文化市场管理条例》第32条规定："各级人民政府应当采取具体措施，积极培育和扶持民族自治地方和其他少数民族地区的文化市场，促进少数民族文化的繁荣发展，丰富各族人民的文化生活，为加速少数民族地区的经济建设和改革开放服务。"这本是非常好的规定，但因对各级人民政府需要采取的"具体措施"无明确规定，因而难以操作和执行。

针对这些问题，我们建议：

第一，省政府应尽快组织专门力量，系统调研制定和完善云南民族文化保护与发展的法律法规体系和框架。初步设想，这一体系和框架应由一部母法、若干部子法和与之相配套的一系列实施条例和实施细则构成，是一项庞大、复杂的系统工程。

第二，尽快将已经加入的国际公约变为本国的法律。按照国际公约的规定，加入了国际公约的国家，要尽快把公约的规定转化为本国的法律。因此，云南省应积极向中央呼吁，争取全国人大尽快将这些公约本国化，在此基础上，云南省才能尽快将其地方化。

---

① 参见中国民主同盟云南省委员会课题组：《加强我省地方法制建设促进民族文化资源保护和文化产业健康发展》，打印稿，2002年。

第三，由于上述两项工作均十分复杂，都将是需耗时数年才能完成的工作，因此，为了满足民族文化保护与发展的迫切需要，现在就应着手制定已有法律法规的实施细则和具体措施，并尽快颁布执行。

三、少数民族文化保护的筛选与评估标准

文化变迁论告诉我们，文化是一条流动的长河，处于永恒的变迁过程之中。因此，我们不可能将一个民族的文化原封不动地全盘保护下来，在全球化、现代化和市场经济利益驱动的今天更是如此。我们只能将一个民族最核心的、最能体现其民族特征的、最符合时代要求的、最能实现人与人、人与社会、人与自然和谐相处和可持续发展的文化事项，坚决地保护下来。所以，要做好云南的民族文化保护工作，就必须首先对云南各民族的文化资源进行筛选与评估。而要做好民族文化资源的筛选与评估工作，又必须科学地确定筛选与评估的标准，以便使筛选与评估工作具有可以遵循的、理论与实践相统一的依据。初步设想，可以大体提出下列几条筛选与评估的标准。

（一）对每一个民族的文化进行筛选与评估，不求面面俱到，但求特色鲜明，内涵丰厚，具有典型性和代表性。

（二）重点选择在各民族社会生活中仍然发挥功能与作用的活着的文化；特别关注现代化进程中面临危机的和正在流失的文化；优先考虑文化积累较浅、很容易消亡的小民族文化；对于已经消亡或流失的某些重要文化，可考虑采取适当的措施在特定的地区予以恢复重建。

（三）重点选择各民族自我推崇、自我评价较高的文化事项，即那些对内能促进民族认同、增强民族自信心和自豪感；对外能代表民族形象、促进民族发展的文化内容。

（四）重点选择各民族传统文化中有利于生态环境多样性、生物多样性保护、有利于人与自然和谐相处、有利于促进各民族经济、社会、文化、生态可持续发展的文化内容。

（五）重点选择各民族传统文化中有利于民族团结、社会和谐、国家统一；有利于家庭、邻里、人际关系和睦，与社会主义社会相适应的文化内容。

（六）经过筛选确定的民族文化保护与发展内容，应符合党和国家民族宗

教政策的规定和要求。

四、建立民族文化保护村（区）

近年来，云南大学的尹绍亭教授等一批学者在美国福特基金会的资助下规划建立了5个民族文化生态村，在国内外产生了广泛影响。1999年~2000年，云南省政府和美国大自然保护协会合作、由云南省社会科学院和云南民族大学主持完成的《滇西北保护与发展行动计划》之“文化模块”，在滇西北迪庆、怒江、丽江、大理等4个州（市）的15个县（市）的怒江、澜沧江、金沙江“三江并流”地带，规划了60个民族文化保护村（区）的建设，仅澜沧江上游，就包括了下列多个民族文化保护村（区）。

表7-2　澜沧江上游民族文化保护村（区）初选表

县名	保护村（区）名
德钦县	1. 明永、西单太子雪山藏族生态文化保护区（包括斯农、明永、西单、雨崩4个村）。 2. 奔子栏藏族木制工艺、服饰及歌舞文化保护村（以习木贡村为中心）。 3. 茨中藏族宗教文化及葡萄酒生产技术文化保护村。
维西县	1. 其宗藏族热巴舞文化保护村。 2. 叶枝傈僳族“阿尺木刮”（山羊的歌舞）文化保护村。 3. 康普喇嘛寺藏族佛教文化保护村（以喇嘛寺村为中心）。
原丽江县	1. 玉龙雪山纳西族文化保护区。包括文海（生态文化）、玉湖（民居）、玉龙（采松果祭大自然、白沙细乐）、束河（皮革制作工艺）。 2. 依陇东巴文化保护区（包括署明、巴甸、依支等村，以署明村为中心）。 3. 黄山东巴文化传统教育及纳西族饮食文化保护村。 4. 石头城纳西族古代建筑文化保护村。
剑川县	1. 石宝山白族歌会文化保护区（以石龙村为依托）。 2. 狮河白族木雕工艺文化保护村。
兰坪县	1. 罗锅箐普米族生态文化保护村（包括大羊场、箐花、河边、下甸等村）。 2. 挂登、弩弓普米族服饰与歌舞艺术保护村，以挂登为中心。 3. 回龙普米族雪门会文化保护区（包括庄河、大竹箐等村）。

续表

县名	保护村（区）名
云龙县	1. 旧州乡白族民间戏剧文化保护区（包括下坞、汤邓、汤涧等村）。 2. 庄坪白族本主文化保护村（依托自然太极图）。 3. 诺邓白族民居建筑文化保护村。 4. 大达白族民间戏剧（吹吹腔）文化保护村。 5. 天池生态文化保护区，以海头寺为中心，包括与之接壤的8个自然村。 6. 顺荡桥梁建筑文化保护村。
洱源县	1. 梨园生态文化保护村。 2. 松鹤唢呐音乐文化保护村。 3. 起凤白族砚台雕刻工艺文化保护村。 4. 凤翔白族田家乐民俗文化保护村。 5. 西山白族歌舞文化保护村。 6. 邓川白族饮食文化保护区。 7. 右所白族歌舞与民族教育文化保护村。 8. 双廊白族街市建筑文化保护村。
大理市	1. 三汶笔白族大理石制作工艺文化保护村。 2. 庆洞白族"绕三灵"文化保护村。 3. 喜洲、周城白族文化（建筑、扎染、歌舞、饮食等）保护区。 4. 吊草彝族生态文化保护区。 5. 挖色白族刺绣工艺文化保护村。

资料来源：引自何耀华主持：《滇西北保护与发展行动计划》（文化模块）课题成果，郭家骥主编：《云南民族地区发展报告（2005－2006）》，云南大学出版社2006年版，第29－32页。

上述成果虽已纳入云南省“十五”发展计划，却由于种种原因没有付诸实施。但规划成果还是产生了广泛影响。一些文化自觉意识较强的州（市）、县（市、区）政府，按照规划提出的设想自己建设了一批文化保护村（区），对民族文化保护发挥了积极作用。现在看来，澜沧江全流域至少可以规划建设100个左右的民族文化保护村（区），这样，对于澜沧江流域少数民族走上以文化为终极目的的发展道路，将产生难以估量的影响。

五、发展民族文化产业

文化产业是在国外蓬勃发展的新兴朝阳产业，近年来在国内也有了快速发展。然而，文化产业这一概念，目前尚无公认的明确定义。1998年，联合国教科文组织召开“文化政策促进发展”政府间会议专门研究文化产业化问题。会议指出：“发展可以最终以文化概念来定义，文化的繁荣是发展的最高目标。”“文化的创造性是人类进步的源泉，文化多样性是人类最宝贵的财富，对发展是至关重要的”。因此，“文化政策是发展政策的重要组成部分”，“未来世纪的文化政策必须面向和更加适应新的飞速发展的需要”①。上述论点，说明文化与发展是紧密联系在一起的。目前，国内外学术界对文化产业的认识包含着十分庞杂的内容。本书所讲的不是一般意义上的文化产业，而是民族文化产业，因而对民族文化产业必须给出一个初步的定义。我认为，民族文化产业是国民经济结构中以区域民族文化资源为基础，通过资源开发、产品生产、市场流通、文化服务等产业化运作而获得利润，从而使文化资源拥有者的生活得到改善，文化多样性得到有效保护、传承与发展的经济文化一体化活动。因此，凡以保护、开发和利用民族文化多样性资源而获取经济收益的所有经营性行为，均可视为民族文化产业。发展民族文化产业的意义在于：通过民族文化产业发展，可以使少数民族群众增加收入，改善生活，从而使其真正认识到自身文化的价值，唤醒并强化对本民族文化的自觉意识和文化自信心、文化自豪感。反过来提升他们保护本民族文化的积极性、主动性和自觉性。形成文化保护与经济发展相互协调、互相促进的良性互动，推动其自觉走向以文化为终极目的的全面发展道路。根据这一规定，本书的分析主要包括以下内容。

（一）民族工艺文化产业

民族工艺文化是少数民族乡村社区最具发展潜力的民族文化产业之一。全省许多少数民族地区都有自己一村一品、一乡一业的工艺品制作。这些工艺品都有久远、深厚的历史文化积淀，以特定区域的自然生态环境为根基，有特殊的消费人群为市场，经千百年历史变迁迄今仍然保持着旺盛的生机与活力。著名的有鹤庆县新华村白族的铜银工艺品制作、德钦县奔子栏镇藏族的木制工艺品制作、新平县嘎洒乡土锅寨傣族的土陶工艺品制作、阿昌族的户撒刀制作、许多民族的竹编工艺品制作等等。以少数民族群众为主体，以

① 转引自熊清华等著：《锻铸发展的魂魄》，云南人民出版社2002年版，第86页。

少数民族乡村社区为基地大力发展民族工艺文化产业，既有利于民族文化的保护与传承，又能为文化资源拥有者和文化创造者带来丰厚的经济收入。

（二）民族歌舞乐文化产业

云南少数民族不分男女老少几乎人人能歌、个个善舞，不少人还会演奏多种民间乡土乐器，具有丰富的民间歌舞乐文化资源，堪称是歌舞乐的王国。近年来，随着民族文化大省建设认识与实践的深入，各地纷纷采取措施，把以往养在深山人不识、充满乡土气息的民族民间歌舞乐文化资源发掘出来，走出深山、走进城市并推向市场。使云南民族自治地方的几乎每一个县，都有了按照产业化运作的民族民间歌舞乐文化展演队伍，有的还创出了品牌并取得了丰厚的经济效益。如丽江市，截至2002年，以“大研镇纳西古乐会”和“东巴宫”为代表的纳西古乐演奏团体就达20个，整个“纳西古乐产业”年收入至少有上千万元；由丽江民族歌舞团与深圳能量实业有限公司合作组建的丽水金沙演艺有限公司，完全按商业化运作推出的民族风情舞蹈诗画《丽水金沙》晚会，自2002年5月正式公演以来，平均每月观众都有上万人次，年产值达1000多万元①。由著名舞蹈艺术家杨丽萍领衔主演的大型民族民间原生态歌舞《云南映象》，因其取自原汁原味的云南民族舞蹈元素，采取云南最具特色的民族音乐，尊重各民族宗教信仰的元素组合，服装道具设计制作采取各民族着装的生活原型，70%的演员来自云南各州市甚至田间地头的本土演员等“贴近生活、贴近实际、贴近群众”的原创精神，自2003年8月公演以来便引起全省、全国乃至国外的强烈反响，创造了民族歌舞乐演出的辉煌业绩。

（三）民族节日文化产业

云南少数民族的节日文化丰富多彩。改革开放以来，随着党和国家尊重少数民族风俗习惯政策的贯彻落实，几乎每一个民族都有了自己的法定节日，节日期间便是各种民俗文化活动的集中展演时期，其中蕴含着巨大的商机。因此，少数民族的传统节日文化，早已被各地当作“文化搭台、经济唱戏”的平台而进行开发。诸如白族的“三月街”、彝族的“火把节”、傈僳族的

① 笔者于2003年10月在丽江市文化局调研访谈资料。

"阔时节"、拉祜族的"葫芦节"、纳西族的"三朵节"等，都在进行节日活动的同时给少数民族群众带来了丰厚的经济利益。近年来，随着民族文化大省建设理论与实践的发展，人们逐渐认识到，文化不仅能够搭台，而且也能够唱戏，仅仅是节日文化活动本身，便能带来滚滚的人流和财源。于是，各地对将民族节日文化活动进行产业化开发的积极性空前高涨。不仅对各民族传统的节日活动进行多方面的宣传，而且还创造了许多根植于各民族传统文化的新型节日文化。诸如每年举办一次时间长达一个月时间的昆明国际旅游节、每年定期举办一次的"罗平菜花节"、"腾冲火山热海旅游节"等等。仅昆明国际旅游节，便在全省 16 个州市设有分会场，在每年的 4 月 10 日至 5 月 10 日整整一个月的时间内，全省 26 个民族的节日文化活动都得以集中展示，由此带来了数百万游客和数十亿元人民币的收入。

（四）民族服饰文化产业

云南少数民族的服饰文化多样性堪称世所罕见，对其进行产业化开发亦有广阔的市场前景。目前，产业开发搞得较好的大理白族自治州的白族服饰和巍山的扎染衣裙，已形成一定的规模并畅销国内外，取得了较好的经济效益；一些少数民族村寨如马关县、屏边县的苗族村寨，利用与国外苗族的关系，把苗族妇女组织起来，加工精美的苗族服饰和蜡染制品，远销到美国和越南，闯出了一条脱贫致富奔小康的路子；许多少数民族群众则将加工好的民族服饰拿到各个旅游景区景点向游客销售，也取得了一定的经济效益；一些大宾馆、大酒店如昆明的锦华大酒店，还招收了一批刺绣技艺精湛的少数民族农村妇女，专门为外宾表演少数民族手工刺绣，表演者亦有可观的经济收入；而在民族文化生态村建设中，少数民族的服饰文化自然成为保护与开发的重点项目。2003 年 2 月，我在对基诺山巴卡小寨进行实地考察时，就亲眼看到一群日本游客在参观游览该村的同时，兴高采烈地向村民购买基诺族服饰和基诺族用传统的挑花刺绣工艺制作的领带。此外，党和政府为尊重少数民族风俗习惯而在民族地区投资兴建的许多国有和集体的民族服装厂、民族特需用品生产厂家等，也在进行着少数民族服饰文化的产业化开发。

（五）民族饮食文化产业

受云南生态环境多样性的影响，云南少数民族饮食文化的多样性亦堪称世所罕见。仅楚雄彝族自治州，初步调查整理出的具有地方民族特色的菜谱就达300多种[①]，据此初步推断，云南全省的地方民族菜肴当有数千种。这些民族特色菜肴的用料，从普通的山茅野菜到多种花、草、虫、鱼再到各种珍奇的山珍海味，无不应有尽有。这些原料都是无污染、无农药的天然生态有机食品，正好符合当代中国人解决温饱问题后回归自然、追求绿色食品的时代潮流。再加上许多少数民族的菜肴烹饪方法都有吃鲜、吃生、吃青且烹炒不过度的良好习惯，因而获得了广大食客的欢迎并赢得了良好的市场商机。现在，民族自治地方的几乎每一个县、乡，都开设有本乡本土本民族的特色菜馆，并将其扩展到北京、上海、昆明等大都市。仅省会城市昆明，就有大大小小的各民族特色饭馆上百家，诸如拉祜酒家、傣味园、傣香饭店、龙欣园白族餐厅、香格里拉藏族风情宫、摩梭饭店、僾尼山庄、怒江大峡谷酒店石月亮餐厅等等。据说，最火爆的时候仅白族风味餐馆在昆明就有200多家[②]。少数民族饮食文化产业所创造的经济效益也是显著的。据调查，仅大理白族“三道茶”一项，就在大理州开设了10多个展演饮茶点。旅游旺季时每天展演数百场，淡季时每天展演几十场，每场10多人至100多人不等。每人参观饮茶费10至15元，每天都有数千至数万元的收入[③]。再加上其他餐饮费用，民族饮食文化产业所创造的经济效益，在大理州每年数十亿元的旅游业收入中当占有一个相当的份额。此外，近年来在市场上销售日趋火爆的来自红河哈尼族彝族自治州的“云南干红葡萄酒”，来自迪庆藏族自治州的“香格里拉·藏秘”系列干红、干白酒等，已成为云南少数民族饮食文化产业中的精品名牌。由此可见，民族饮食文化产业开发具有广阔的前景。

（六）民族建筑文化产业

民族建筑文化是民族特色最直观的形象化表现和民族特色的标志性符号。因此，随着民族文化大省建设理论与实践的发展，对少数民族建筑文化保护

① 笔者于2003年9月赴楚雄州调查访谈资料。亦可参阅楚雄州经济贸易委员会、楚雄州民族事务委员会编：《楚雄彝族自治州民族特色风味食谱》，2002年内部出版。

② 参见徐朝霞等：《民族风味 都市新时尚——昆明民族餐饮面面观》，载《今日民族》2003年第8期。

③ 笔者于2003年9月赴大理州调查访谈资料。

与产业化开发的问题，已引起了民族自治地方各级党委、政府及各界有识之士的重视，并为此采取了一系列措施。一是各地都提出了保护少数民族传统建筑的明确要求，对已毁损的古建筑的修复都必须严格遵守“修旧如旧”的原则。二是一些自治地方如大理州，早在几年前就已明确规定，凡在楚雄至大理、大理至丽江公路两侧新建的白族住宅，都必须严格按照白族传统风格修建，以使游客一进入大理地界，坐在车上就能欣赏到白族传统民居的风韵；迪庆藏族自治州为增加州城的藏文化特色，新建的州政府和州政协办公大楼就按照藏族传统的碉楼式民居来修建，带动了大批宾馆、酒店也纷纷改造成藏式建筑。三是许多地方在规划建设大批民族文化生态村、民族文化特色保护村、保护区的同时，也明确制定了这些村、区的民族建筑文化保护与开发方案。四是各地都积极鼓励具有从事民族传统建筑工艺技能的各民族工匠，大力进行民族建筑文化的产业化开发。如剑川的木匠、大理的石匠、鹤庆的泥水匠、藏族的画师等等，都获得了展示自己才能的广阔空间。以上诸多民族建筑文化产业的发展，虽无确切的统计数字反映其所取得的经济效益，但从“剑川木匠走天下”的民谚所反映的历史盛况，到今天剑川县仅从事木雕工艺生产一项每年就创产值四五千万元的现实来看①，整个云南民族建筑文化产业所创造的经济效益，当是一笔可观的数目。

（七）民族医药文化产业

民族医药文化是民族文化的奇葩，是少数民族群众以生命为代价、积千百年救死扶伤、治病救人的实践经验和教训凝结而成的瑰宝，是完全符合当今世界绿色健康潮流的具有巨大开发价值的民族文化产业。目前，经民族学和医学专家调查整理并经国家医疗管理部门鉴定认可的自成体系的主要有藏医学、苗医学、彝医学、傣医学、瑶医学等。但尚未系统调查整理的其他民族的医药文化还很多，是一个有待深入发掘的民族文化多样性宝库。仅以彝医学为例，彝族民间草医曲焕章先生，广采彝族民间验方并结合自己的祖传秘方，于1914年研制出“云南白药”并形成产业化生产后，历经90多年畅销国内外而不衰；20世纪90年代以来，云南盘龙云海药业有限公司根据彝药

① 笔者于2003年9月赴大理州调查访谈资料。

开发的“排毒养颜胶囊”，风靡全中国、享誉海内外；近年来，楚雄雁塔药业有限公司开发出的彝族新药“彝心康”、“彝止痛”胶囊，大姚金碧制药厂开发出的彝族新药“咽舒欣”胶囊和口服液，云大科技、云南特安呐制药将彝族草药与现代高科技结合开发出的“益心康”胶囊等新药，均取得了巨大的经济效益[①]。其他如迪庆州的藏医药文化、西双版纳州和德宏州的傣医药文化、红河州的瑶医药文化、文山州的苗医药文化以至澜沧县的拉祜医药文化、西盟县和沧源县的佤医药文化等等，都有不同程度的产业化开发并取得了一定的经济效益。

（八）民族文化旅游业

近年来，云南以自然景观多样性和人文景观多样性的双重优势吸引了大批海内外游客，旅游业已迅速发展为全省新的经济增长点。2002 年，全省接待海外旅游者 130.36 万人次，比上年增长 15.23%，旅游外汇收入 4.19 亿美元，增长 14.25%；接待国内旅游者 5110.10 万人次，增长 11.60%，国内旅游收入 255 亿元，增长 12.65%；旅游业总收入 289.93 亿元，增长 12.84%。旅游业总收入相当于全省 GDP 的 12.8%[②]。上述国内外旅游者数量及其旅游业收入，民族自治地方占有相当大的份额。仅原丽江地区，以丽江和宁蒗两个民族自治县为主的旅游业，2002 年共接待海内外游客 337.5 万人次，其中，海外游客 14.28 万人次，外汇收入 4180 万美元。旅游综合收入达 23.4 亿元。以旅游业为主的第三产业所取得的收入，在整个国民经济中所占的比重达到 47.3%。而据丽江市文化局和旅游局估计，目前，在整个丽江的旅游业收入中，大约有 70% 来自自然景观即是通过生态旅游创造的，另外 30% 来自人文景观即是通过文化旅游创造的[③]。由此可见，民族文化旅游业是一个能够创造巨大财富的文化产业。随着云南民族文化保护与发展工作的推进，云南的民族文化旅游业所创造的财富将会日趋增多。

---

① 参见彝族古文献与传统医药开发国际学术研讨会组委会编：《彝族古文献与传统医药开发国际学术研讨会论文集》，云南民族出版社 2002 年版，第 5 页。

② 参见省政府研究室编：《2003 年云南经济年鉴》，德宏民族出版社 2003 年版，第 188 页。

③ 笔者于 2003 年 10 月赴丽江调查时，在丽江市文化局和旅游局访谈资料。

六、确保少数民族参与民族文化保护与发展的权益

少数民族群众是各民族文化的创造者、拥有者和传承者，对其文化具有与生俱来的天然权利。因此，任何保护与发展民族文化的行动，特别是可以赢利的民族文化产业开发项目，都必须以各民族群众为主体，而绝不允许将其排除在外。这种参与应该是全方位、全过程的参与，从保护与开发什么，怎样保护与开发直到保护与开发的具体行动，都要有各民族群众的广泛参与，并确保他们通过参与而获得应有的利益。

七、建立重大建设项目的参与式社会文化影响评价机制

我国在重大工程建设之前进行生态环境影响评价的决策机制早已建立，许多情况下环境影响评价已经具备了一票否决的权威。而社会文化影响评价机制尚未建立。然而，大量的事实证明，重大工程建设所带来的社会文化影响决不亚于环境影响。许多社会文化问题的尖锐和严重程度甚至超过了环境问题。例如，由于缺乏社会文化影响评价，昆明市这一国家级历史文化名城的历史文化风貌，早已随着旧城改造而变得荡然无存；建水古城的珍贵历史文化建筑也在三番五次遭到破坏，等等。对这些人类数千年历史发展创造积淀下来的珍贵文化遗产的破坏所造成的恶果，绝不亚于对生态环境的破坏。因此，建立重大工程项目的参与式社会文化影响评价的决策机制已经势在必行。这也是中国融入全球化与国际惯例接轨的必然要求。

第三节　运用国家权力认真做好水电移民工作

既然要走以文化为中心和目的的多样化发展道路，开创多样化发展模式，就不应回避澜沧江流域国家水电大开发导致移民群体强制性文化变迁的问题。一方面，中国是一个发展中的大国，在现实的国际局势中，中国作为一个大国的崛起和中华民族复兴对能源的需求只能主要立足于国内自己解决；云南是中国西部的一个欠发达省份，云南的发展和各民族群众的脱贫致富也只能主要立足于对本省优势资源的开发。21 世纪，中国的目标是建成一个现代化

强国，云南的目标是建成一个在西部领先的现代化强省。而要实现国家和云南省的目标，对澜沧江流域丰富的水能资源进行大规模开发，便成为一种必然的选择。未来几十年，澜沧江流域不可避免地将迎来水电开发建设的高潮。然而另一方面，全国和全省以往几十年进行水电建设的实践经验都证明，只要建大坝、修电站，就必然对生态环境、民族文化和电站移民带来或多或少的负面影响。因此，如何在两难困境中闯出一条新路，在进行水电建设的同时，将水电建设对生态环境、民族文化和移民群众的负面影响减至最低、降至最小便成为一个必须进行科学研究和慎重决策的重大问题。

我认为，党中央提出的以人为本，全面、协调、可持续的科学发展观和人类学发展理论，为在水电建设中走出新路指明了方向。为此，按照科学发展观和人类学发展理论的要求，根据漫湾三村水电移民安置与发展的实践经验，我就澜沧江流域水电建设对移民的影响评估及移民安置与发展的对策，提出如下初步的意见。

一、移民安置的基本类型和模式

在过去的水电建设中，云南省曾尝试过外迁、就地后靠和城镇非农等三种移民模式。实践下来，只有在延续农业开发模式下实行外迁和就地后靠这两种模式基本可行，而城镇非农模式却遭到了完全的失败。所谓城镇非农模式，是指将移民群众安置到城镇附近，从农业人口转变为城镇人口，将移民补偿资金分配给各家各户让其自己去从事非农产业，或将移民补偿资金集中起来，由集体组建股份合作制企业去从事非农产业。这种移民模式之所以会失败，其主要原因有三：

一是低估了从农民转变为市民的艰难。“农”民与“市”民看起来只有一字之差，但却内含着巨大的差别。从农民的日出而作、日落而息到市民的夜以继日、三班倒、连轴转；从农民的自由散漫到市民的纪律约束；从农民的粗犷豪放到市民的精细准确；从农民的爽朗大方到市民的精打细算；从农民的率意而为到市民的目标约束；从农民的地域限制到市民的自由流动；从农民的受教育程度普遍较低到市民的受教育程度普遍较高等等，是一个至少需要几代人时间的从经济到文化、从物质到精神、从外部环境到心灵深处甚至是脱胎换骨的艰难的调适和转变过程，绝非短时间可以适应这种转变。

二是低估了移民办企业、闯市场所面临的巨大风险和困难。漫湾电站移民的实例表明，移民自办企业尽管曾经有过辉煌红火的时期，但市场一旦发生较大波动，刚刚转变为市民的“农民”移民企业，是不具备抗击或规避这种风险的能力的。因为种种原因，这些移民企业一般都只能从事一些短、平、快的项目如开办小旅馆、小饭馆、小百货商店等。在激烈的市场竞争中，缺乏市场竞争能力和经验的移民企业，是很容易倒闭的。

三是高估了移民群众的能力。在城镇非农移民模式的设计者看来，只要把移民补偿资金发到群众手中，移民群众为生计所迫就一定会千方百计想办法去开辟新的生计。殊不知补偿资金一发到移民手中，祖祖辈辈依靠种地为生的移民，在没有组织领导、没有经过任何培训、没有任何经营门路和经验的条件下，根本不知道把钱投向什么产业。于是，负责任、谨慎从事的人就把钱存入银行吃点利息。而一些不负责任的移民群众就拿着钱天天上赌场、下饭馆，不到一年半载，就把补偿资金全部吃光、喝光和输光了，又回过头来找政府的麻烦。而移民之所以陷入困境，归根结底又是修电站造成的，修电站产生的移民是由地方政府负责安置的，地方政府对移民负有不可推卸的责任。因而政府也不能不管，结果就使地方政府背上了沉重的负担。

因此，实践证明，通过城镇非农模式安置移民是不成功的。所以，我的研究和论述仅限于延续农业开发模式下的外迁和就地后靠两种类型。

二、外迁移民影响评估

外迁是水电建设移民的一种主要类型和模式。所谓外迁移民，就是把原居住在河谷平坝地区，因受水电建设大坝回水淹没影响的群众，通过政府协调而跨区域搬迁到外地的移民。外迁移民模式的优点是，能跳出本乡本土的狭窄空间，在更大的空间范围内来选择适宜的定居点和配置资源，因而这种移民模式更有利于移民群众生产生活的恢复与发展。然而，由于受行政区划和地方利益的限制，这样的空间范围内也不可能无限大，通常也只能局限在县域范围内，因而可供选择的地点仍然是有限的，与移民老家的条件也是不能相比的，故其优点的发挥条件也是有限的。而且，这种移民模式对于少数民族移民群众来说，存在着更为复杂的社会文化适应问题。其影响主要表现在如下几个方面。

（一）对生产生活的影响

外迁由于脱离了本乡本土的狭窄空间，在更大的空间范围内来安排，因而给移民划定的耕地面积一般较宽，有利于移民群众生产的恢复与发展。面临的问题主要有：

一是缺水。外迁移民原来居住的河谷地区都是流域内生产生活条件较好的地区，土地肥沃、物产丰富、水源充足、生态环境良好。外迁地通常都是荒山荒地或新开辟的生地，虽然土地面积较宽，但土壤贫瘠、物产稀少、生态环境较差。更为严重的是水源普遍缺乏，不仅缺乏生产用水，也缺乏生活用水。各级政府都曾为解决外迁移民的水源问题投入了巨大的人力、物力和财力，但由于荒山荒地天然缺水，最终也很难获得圆满的解决。由于缺水，花费大量人力、物力、财力为移民群众开出的水田无法耕种，导致粮食短缺，移民群众要靠买粮来维持温饱；由于缺水，导致人畜饮水困难，饮用脏水使疾病增多；由于缺水，生活必需的蔬菜无法种植，要靠买菜来维持生活。作为农民，吃粮吃菜都要靠购买来维持，就大大加重了移民群众的经济负担。

二是能源短缺。外迁移民主要靠烧柴来做饭和取暖，外迁安置地划分给他们的柴山，因面积较小，一般都不能满足需要。

三是住房困难。外迁移民搬到新居后，多数只能建土木结构的住房。但由于缺少地方性病虫害知识，没有采取相应的防护措施，新建住房在短短的几年时间中，木结构梁、柱就被蚂蚁和虫子蛀空，变成危房。这对外迁移民是一个沉重打击，一些移民会因此而自杀身亡。

（二）对经济发展的影响

由于缺乏灌溉用水，发展粮食生产受阻，地方政府只有扶持移民群众大力发展甘蔗等耐旱经济作物。而经济作物的种植又使移民面临较大的困难。

一是资本投入较大。经济作物种植一般都是需要较多前期投入的产业，从平整土地、购买籽种、化肥到中期管理，都要持续不断地投入。而移民群众大都是贫困人口，外迁后建房支出一般就耗尽了全部经济积累，虽然政府有一点扶持发展的资金投入，但远远不能满足需要。银行贷款贷富不贷贫，移民群众往往只能向民间高利贷寻求支持，致使大多数移民债台高筑。再加上买粮、买菜甚至买水的支出，资本短缺对移民经济发展造成了严重影响。

二是市场风险较大。流域内少数民族传统生产方式都是以粮食种植业为主，经济作物为辅。粮食多了卖不掉可以留着自食或饲养猪鸡，因而传统生产方式基本没有什么风险。外迁以后，由于缺水问题无法解决，只能转向发展经济作物为主。发展经济作物一般可以选择的都是茶叶、甘蔗、橡胶、水果、干果等产业。这些产业的发展与加工企业和国内外市场紧密联系在一起，在很大程度上受制于企业和市场，因而移民群众辛辛苦苦生产出来的经济作物，常常会受到企业压级压价收购和市场供求关系变动导致价格波动的影响。

（三）对教育的影响

一是教育政策的影响。澜沧江流域各民族的语言文字不同，在原居地因为基本都是本民族实行区域自治的地方，一般都进行民族语和汉语的双语教学，有条件的地方还进行民族文字和汉文的共同教学；民族自治地方政府还对少数民族学生实行一系列特殊优惠政策，这对于提高少数民族群众受教育的积极性、提升教育质量和保护民族文化都具有特别重要的意义。然而，一旦受水电建设影响需要外迁，特别是需要跨县（市、区）远距离外迁时，迁入地或许就不再是民族自治地方，少数民族学生所享受的特殊优惠政策就会大打折扣。双语文教学就会被取消，就会严重影响外迁少数民族移民的教育积极性和学生的教育质量。

二是为受教育而加重经济负担的影响。由于移民外迁后生产生活和经济发展受到影响，导致收入降低，生活困难。因而即便是同样的教育费用，对搬迁以后的移民群众也就成了一种沉重的负担，致使移民孩子的入学率普遍降低，辍学率普遍提高。

三是由于安置地过于偏僻，距离学校较远，影响了移民学生的就读。

（四）对医疗卫生的影响

在这方面，外迁移民一般会面临四个问题。一是由于安置地过于偏僻，距离医疗卫生机构较远，因而出现看病困难的问题。二是移民搬迁后生产生活困难、经济收入下降而导致有病无钱医，看不起病。三是某些特殊的地方病如疟疾、痢疾等的防治问题。由于移民工作过于粗疏，使外迁移民根本不知道迁入地某些特殊地方病的严重危害及其防治知识，以至造成严重后果。四是缺乏对地方性虫害的防治知识，致使小小的虫子在短短的几年时间内蛀空了移民花费全部积累盖起的新房，给移民的心理造成了严重的打击。

（五）对社会关系的影响

在传统社会和传统居住地，生活于其中的每一个人，都与周围的人建立了复杂的血缘、亲缘、地缘、业缘等社会关系。亲戚、朋友、乡亲、邻里、同学、同事之间，大家都是熟人，相互之间守望相助。外迁移民脱离了原来的社会环境也就疏离了原来的社会关系。而在新的社会环境中由于人生地不熟，新的社会关系又尚未建立起来，因而遇到急事很难向亲朋好友寻求支持，常常处于孤立无援的困境。致使许多外迁移民碰到困难后，还得跋山涉水返回老家去寻求支持。

（六）对民族关系的影响

外迁移民进入一个新的环境，首先面对的就是不同的人群和不同的民族。为了生存，移民群体必须和周围的民族打交道。移民群体人数较少而又初来乍到，人地两生，在与周围民族的交往中自然就成了弱势群体，因而对周围人群的态度非常敏感。而迁入地本土居民由于原有的资源环境被移民占用，挤压了本土居民的生存空间，政府的补偿又往往不足或不到位，故难免有迁怒于移民群体的行为。再加上语言、宗教信仰、风俗习惯等文化上的不同，双方交往中就必然会发生种种矛盾和冲突。如果处理不当，就会影响社会稳定和民族团结。按照以往的移民安置经验，在外迁移民搬入新的居住地后，与迁入地本土居民在民族关系方面大约有十年左右的冲突时期。在这段时期，双方常常会因为争水源、争土地、争山林、争牧场等资源竞争而发生冲突。也会因为语言不通、宗教信仰和风俗习惯不同导致双方互不理解、互不尊重而发生冲突，冲突激烈时甚至会发生大规模的械斗。因此，移民外迁安置后的最初10年，安置地的地方政府和移民部门应高度重视移民与本土居民的民族关系协调问题。冲突期结束后，双方的民族关系就会进入一个磨合和调适时期。这时期一般不会再发生大的矛盾和冲突，但地方政府和移民部门仍然要进行长期的民族关系协调工作。要在移民安置地形成良好的民族关系，也许至少需要几代人的时间。

（七）对妇女和弱势群体的影响

妇女通常是一个社会的弱势群体。在移民群众的老家，在传统的农业社会，妇女的主要职责是料理好家庭生活，发展生产的重任主要由男性承担。而移民外迁后，随着经济结构的转变，妇女在生产中也挑起了重担。如种植橡胶后每天深夜即起床割胶，种植甘蔗后抢节令砍甘蔗等，都是劳动强度很大的工作。这样一来，料理家庭生活的重担没有丝毫减轻，却又增加了生产的重担，使得外迁移民家庭中妇女的负担更加沉重。

贫困户和残疾人也是一个社会的弱势群体。在移民群众的老家，贫困户和残疾人通常都能得到亲朋好友的帮助和接济。而移民外迁后，随着原有社会关系的疏离，散失了来自亲友的周济，从而使原来的贫困户和残疾人在外迁后变得更加贫困。

（八）对各民族宗教信仰的影响

澜沧江流域各民族的宗教信仰异常复杂，世界五大宗教基督教、天主教、伊斯兰教、佛教、道教俱全；佛教中，汉传佛教、藏传佛教、南传上座部佛教三种教派俱全；除回族外，各民族还都有自己的民族民间宗教信仰，如白族的本主崇拜、彝族的土主崇拜和其他民族万物有灵的传统宗教等。宗教的存在既有普遍适应性，如世界五大宗教；又有地域特殊性，如藏传佛教、南传上座部佛教和各民族的民间传统宗教等。对于具有普遍适应性的宗教信众来说，无论搬迁到哪里，只要有教堂和寺庙，能过上正常的宗教生活，精神就会有依托，心理就会得到满足。而对于某些具有地域特殊性的宗教信众来说，主要是对于地域特殊性极为突出的藏传佛教、南传上座部佛教和各民族的民间传统宗教信众来说，外迁移民就会成为一种非常痛苦和艰难的抉择。因为他们所信仰的宗教，是适应当地特殊的自然和文化生态环境而存在的，其中包含着独特的宇宙观、世界观、价值观和与生俱来的宗教感情。这种宗教一旦离开其原生的环境，在其他地方就很难存活，因而外迁移民就将成为没有宗教皈依和精神慰藉的人。因此，对于这部分信众，一旦受到水电建设的影响而需要外迁时，其特殊的宗教信仰将成为一个难以逾越的障碍。故对其最好不要选择外迁模式，实在需要外迁时，也只能选择在同一宗教文化圈中安置。

（九）对各民族风俗习惯的影响

澜沧江流域各民族的风俗习惯异常复杂，各民族的衣食住行、婚姻家庭和节庆习俗都各不相同。风俗习惯一般都具有地域特殊性，是适应特定环境而产生并形成的特殊习俗。如傣族分布在热带、亚热带坝区，住通风凉爽的干栏式楼房，喜食酸冷食物，穿透气凉爽的薄衣薄裙，信仰南传上座部佛教，过泼水节；藏族分布在高寒地区，住厚墙避风的藏式楼房，喝酥油茶、青稞酒，食糌粑，穿厚重保暖的藏袍，信仰藏传佛教，过藏历新年等。这种特殊的风俗习惯是分别适应高寒缺氧的青藏高原和低海拔的热带、亚热带地区的生态环境而形成的，具有特殊的地域适应性。我们很难想象，能将澜沧江下游的傣族搬迁到上游的高海拔地区，或将上游高海拔地区的藏族搬迁到下游的低海拔热带地区。如果发生了这样的情况，那么，移民工作受到强烈和坚决的抵制，就是完全正常和必然的。各民族的宗教节日、各民族特殊的饮食和服饰习俗等，都是外迁移民不会轻易放弃的，因而也是动员移民外迁的一个阻力。此外，流域内的许多民族，都有祖先崇拜的习俗，移民一旦外迁，移民中的老人去世后就很难再安葬到祖坟上，移民也失去了每年定期扫墓和祭拜祖先的条件。这也是影响移民外迁的一个重要障碍。因此，在选择移民外迁安置点时，应尽可能选择与移民老家的生态环境大体相同的地方。不过，风俗习惯毕竟是世俗的，它虽然有地域特殊性和长期稳固性，但却没有宗教的天赋神圣性和排他性。因而在类似的生态环境中具有跨地区变化和适应的空间。因此，只要安置地有适当的安排，风俗习惯不会成为移民外迁的不可逾越的障碍。

（十）对民族文化活动的影响

民族文化需要通过活动来实现保护和发展。而民族文化活动能否举行、举行过程中能否达到一定的规模和影响，则与活动地点的社会环境、民族构成和文化氛围密切相关。澜沧江流域各民族每年都要举行一系列的宗教、节庆、歌舞和体育活动，如彝族、白族的“火把节”、傈僳族的“阔时节”、傣族的“泼水节”、拉祜族的“葫芦节”等等。许多民族文化活动是将宗教祭祀、民族节日、歌舞表演和体育活动融为一体的，因而需要专门的“圣地”和比较开阔的活动空间和活动场所，更需要得到周围其他民族村寨群众的尊重、宽容、理解、接受、欣赏乃至参与，才能营造出万众参与、众人皆醉、人人歌舞的狂欢气氛，才能达到活动的目的和效果。而外迁移民一旦远迁他乡，周围都是陌生的环境，既没有举行活动的“圣地”及活动空间、活动场所，更没有周围村寨的群众对其民族文化活动理解、尊重、欣赏和参与。致使外迁移民的民族文化活动很难在新家举办起来，即便在政府支持下有组织地举办，也因参与人员太少而完全达不到移民老家的气氛和效果。这也是外迁移民不适应、不安心于新环境的一个十分重要的原因。

（十一）对生态环境的影响

外迁移民安置地虽然一般都是荒山荒坡，但为安置移民就必须平整宅居地、开田开地砍烧柴。这就必然会对周围的生态环境造成破坏。

（十二）对移民群众心理的影响

澜沧江流域各民族除藏族实行半农半牧外都是农业民族。农业民族心理上的一个重要特点是安土重迁，对生养自己的乡土家园有强烈的依恋情感。俗话说，“在惯的山坡不嫌陡”，生养自己的家园再差，也会心安理得地坚守下去；外面的世界再精彩，也总是抱有某种陌生和疏离的情感。何况外迁家园的环境和条件还比不上自己的传统家园，因而想老家、恋老家、有朝一日重返老家便成为外迁移民不安心于新环境生活的难以摆脱的心理情结。根据以往的经验，外迁移民搬到新家后，一些老人、妇女、贫困户和残疾人等弱势群体，往往会因为种种原因而反复跑回老家去。这样的事情每发生一次，就会对全村移民的心理上造成一次创伤。根据我的调查和观察，外迁移民要最终心安理得地融入新环境将会是一个漫长的过程，也许需要两三代人的时间。因此，如何采取切实可行的措施促使外迁移民尽快安心于新的环境和新的家园，是外迁移民安置需要长期付出艰辛努力的一项重要工作。

三、就地后靠移民影响评估

就地后靠是水电建设移民的又一种主要类型和模式。所谓就地后靠移民，就是把原居住在河谷平坝地区，因受水电建设大坝回水淹没影响的群众，通过政府协调就地迁移到半山区或高山区居住的移民。就地后靠移民的优点，一是搬迁以后的生计来源仍然在传统农业范围内，保持了传统生产生活方式的连续性，因而不存在生产和生活的适应困难；二是就地搬迁保持了传统的社会资源、社会关系（民族、村寨、邻里、亲朋等）和文化环境的延续性，因而不存在社会文化的适应困难。然而，就地后靠移民面临的最大困难，就是自然资源的刚性约束。应该看到，澜沧江流域各民族的祖先都是充满智慧的，移民村寨的祖先经过千百年的生产生活实践所最终选定的村寨定居点，都是当地最适宜人类生存和居住的最佳地点。故所有的移民只要一谈起老家，便会立即变得眉飞色舞、兴高采烈；而一谈到搬迁以后的新家，便会立即变得黯然神伤。因为当地已经很难找到一块能与其老家相媲美的居住地了。于是，新的居住地一定比老家差，水、土地、森林、牧场等自然资源的刚性约束导致就地后靠移民在较长时间内很难恢复到原有的生活水平。因此，在传统农业范围内选择就地后靠虽然是移民较易适应的一种模式，但也是很难恢复到其原有生活水平的一种模式。其影响主要表现在如下几个方面。

（一）对生态环境的影响

澜沧江流域两岸的高山区一般都还是森林茂密、生态良好的地区。河谷坝区的移民往山上一搬，就必然造成对生态环境的严重破坏。根据我的调查研究，要安置一个几十户 100 多人的村寨，从为生活建房平整宅居地到为发展生产开垦水田和旱地，一般要毁掉大约 2000 亩左右的森林和牧场。森林和牧场被毁以后的直接后果，就是大面积的水土流失，陡坡地上还会形成滑坡和泥石流。而且，村民定居后的生活能源需求还要驱使其长期不断地砍树，从而对生态环境造成持续不断的破坏。

（二）对生产生活的影响

一是缺水严重影响生产的恢复与发展。根据我对澜沧江流域的研究，流域内河谷居民以往都是主要以种植水稻为生的。动员移民搬迁时政府都承诺要在新的居住地为其开垦至少同样面积的水田，政府也确实帮助开出了水田，但却因缺水而无法耕种。为了兑现承诺、平息众怒，开初的几年政府甚至不惜代价从澜沧江中提水灌溉来保证移民的水稻栽种。但终因成本太高，种一亩水稻所花费的电价比直接从市场购买稻谷还高出数倍而不得不放弃，致使水田变成了旱地。在旱地上只能种植玉米、土豆等粗粮，而且，新开的地大多贫瘠，粮食单产很低，因而必须靠买粮来维持生存。由于缺水，生活必需的蔬菜无法种植，只有靠买菜来维持。由于缺水，移民只有出钱向周围村寨的居民购买引水权，支付“水头钱”，才能使最基本的人畜饮水得到保障。作为农民，生存所必需的粮食、蔬菜和水都要通过购买获取，其经济负担之沉重也就可想而知了。

二是丧失了许多传统的经济资源。移民群众搬迁到山区后，丧失了原来居住在河谷平坝地区占较高比重的渔业资源；传统的畜牧业也因牧场资源缩小而萎缩，使其生产方式和经济结构日趋单一，影响了就地后靠移民生产生活的恢复与发展。

三是生活能源短缺。移民原来居住在河谷平坝地区时，因山林面积较宽，获取烧柴非常容易。搬迁到山区后，因资源有限各家各户分到的山林面积就大大减少了，生活能源就出现了困难。虽然政府和移民部门会扶持其建沼气池以替代烧柴，但因粮食短缺养不起猪，沼气产气不足，实际上也就不可能替代烧柴，许多移民家庭就只有每天派专人到江边去捡烧柴，既费力又困难。

四是移民负债严重。由于水、土地、森林、牧场等自然资源的刚性约束，使就地后靠移民的生产生活很难恢复起来；吃粮、吃菜、喝水都要花钱购买，又加重了移民的经济负担。因此，就地后靠移民为发展生产，有的甚至就为了维持生存，就不得不向亲友借债，有的甚至借高利贷。

（三）对经济发展的影响

由于缺乏灌溉用水，发展粮食生产受阻，地方政府只有扶持移民群众大力发展甘蔗等耐旱经济作物。而经济作物的种植又使就地后靠移民面临着与外迁移民基本相似的较大的困难。

（四）教育和医疗卫生困难

就地后靠移民往半山区和高山区搬迁后，就远离了原有的学校和医疗卫生机构。由于路途遥远，小学生一般要到几公里以外的村小，中学生一般要到几十公里以外的乡级中学去读书。由此而来的往返交通费、住校的食宿费等开支，加重了移民家庭的经济负担，一些困难家庭的孩子因此而辍学。与此同时，原有的医疗卫生机构也因移民的搬迁而变得十分遥远，从而也就增加了移民群体看病就医的困难。

（五）对交通、通信、市场和现代文明的可及性下降

就地后靠移民从河谷平坝往半山区、高山区搬迁，就意味着从交通要道和人口聚居地区往更为偏僻闭塞的深山区迁移。由此而来的一个直接影响，就是交通不便，信息不灵，距离市场和现代文明更远。根据我的调查研究，许多就地后靠移民搬到新家后，虽然政府紧接着为其修通了简易公路，但与其老家相比，距离当地小区域内政治、经济、文化中心的路程，一般都延长了几公里，没有公交班车，出行全靠脚走；无钱安装固定电话，移动通信信号覆盖不到；运输困难，农副产品到市场交易的几率下降，交易成本提高；看电影、看戏、参加文化活动、接受科普教育和接受现代文明的机会更少等等，给移民群众的物质和精神生活带来了不利影响。

（六）对新老居民关系或民族关系的影响

就地后靠一般都是政府通过协调并支付一定的费用，将分布在半山区或高山区居民原有的土地、森林和牧场征用过来，或直接将国有林地划出来，提供给移民居住的。这就使移民群众一搬到新居，便要面临新老居民的关系。如果新老居民分属于不同的民族，还要面临复杂的民族关系问题。一方面，老居民的土地、森林、牧场等资源被政府低价征用，利益受损。而征用补偿费一般都难以及时到位，更增加了老居民的不满。在日常生活中便难免有迁怒于移民群体的行为。另一方面，移民群体自身就是最大的利益受损者，心情本来就不好，一遇问题便会火冒三丈、大动干戈。因而双方很容易为水、土地、森林、牧场等资源的竞争和使用发生矛盾。例如，由于缺水，人畜饮水大都要到几公里以至十几公里以外的地方引水，但引来的水尚未到达移民村寨，早就被沿途其他的村寨拦截而去了，从而不断出现因争水而引发的新老居民之间的冲突。如果形成积怨，为一些生活小事也会发生冲突。如果新老居民分属于不同的民族，这种矛盾和冲突便会酿成影响民族团结的大问题。

（七）对生产生活方式和风俗习惯的影响

就地后靠移民虽然就在本乡本土范围内移动，但区域内不同民族的文化和习俗却有河谷平坝、半山区和高山区立体分布的差别。在山区与坝区的不同民族之间，以往存在的是山区与坝区因生态环境不同导致生产生活方式不同而形成的优长互补关系，以及在千百年来的交往和交流中达成的相互理解

和宽容。然而，河谷坝区的居民一旦搬迁到山区，就会出现一系列问题。

坝区地势平坦、海拔较低、降水丰沛、水利条件较好、热量较多，因而澜沧江流域的坝区民族如傣族和白族都以种植水稻为主要生计。围绕着这一核心的生计模式，傣族和白族都形成了一整套独特的宇宙观、世界观、生产方式、生活方式、风俗习惯和宗教信仰。例如，傣族对水神、树神、土地神、谷魂的崇拜和祭祀。白族把主要的灌溉沟渠都赋予了神灵的形式，并将这些神灵作为自己所崇拜的能够保障其风调雨顺、五谷丰登的“本主”，供奉在本主庙中。两个民族都形成了一整套精耕细作的稻作农耕技术，形成了一整套以稻米为中心的饮食习惯，形成了与稻作农耕各个环节密切相关的一系列节日风俗、歌舞文化、民间文学、民间艺术等等。两个民族的移民一旦搬迁到山区，由于山高坡陡无法开出水田，或即便开出了水田也缺水灌溉。以水稻种植为核心的生计模式及其相关的一整套宇宙观、世界观、生产方式、生活方式、风俗习惯和宗教信仰，就将随之消失。就会造成坝区民族文化瑰宝的中断和消失，以及坝区民族对山区生计方式及山区文化的适应困难。

（八）对民族文化活动的影响

移民搬迁之前，每一个村寨都有自己开展民族文化活动的空间和场所，如文化室、文化馆和文化广场等。而搬迁到新家后，由于土地资源的限制和迫于生计，文化活动场所一般都很难得到恢复和重建，从而影响了移民群众民族文化活动的开展。这也是导致移民不安心的一个重要原因。

四、移民安置与发展对策建议

（一）移民安置应遵循的基本原则

要做好少数民族移民群众的安置工作，应遵循以下几条基本原则。

1. 各级政府站在国家和全社会整体利益和长远利益的高度，站在维护全社会公平正义的高度，以社会公益代表者、管理者和调控者的身份，运用所掌握的国家权力约束水电开发企业，协调社会各种利益群体，千方百计尽最大努力将移民群众的损失降到最低。衡量一个水电建设项目成功与否的最重要标志，不仅要看其创造了多少 GDP 和财政收入，而且也要看其是否将受电站建设直接影响的移民群众的利益损失降到了最低。因为移民群众作为水电建设中的最直接的利益攸关方，他们对水电建设的支持与否，是关系到水电建设能否可持续发展的最重要因素。

2. 建立以移民群众为主体的参与式决策机制。主要内容包括：以移民群众为主体参与移民政策的制订和实施；以移民群众为主体自主选择移民模式；动员移民群众参与对移民安置区的调查、勘测和决策工作；动员移民参与政府扶持的移民发展项目的决策和实施等等。

3. 移民政策公开透明、搬迁利弊公开透明。应通过广泛、深入、细致的动员和宣传工作，使移民政策家喻户晓，使移民群众真正了解搬迁后的有利条件和不利因素。政府准备采取哪些措施来帮助其发挥有利条件和克服不利因素，确保移民群众享有充分的知情权，以消除群众的忧虑和误解。

4. 建立公平合理的利益补偿和分配机制。针对澜沧江流域的水电建设，国家和云南省政府早已制订了一系列的移民搬迁补偿政策。但是，一些已建电站执行下来的结果，总的情况是水电开发企业和各级政府获得了巨大的利益，而对移民群众的补偿却严重不足。之所以出现这样的结果，一个重要原因就是对移民群众因为搬迁而带来的政治、经济、文化、社会、生态乃至心态等多方面的巨大损失估计不足；对移民安置区重建良好的政治、经济、文化、社会、生态和心态环境所存在困难和需求的估计，更是严重不足。为此，在澜沧江流域今后的水电开发中，应对水电建设移民进行参与式社会文化影响评价，实事求是地认识评估他们面临的困难和恢复重建的多方面合理需求。在此基础上，建立公平合理的利益补偿和分配机制。对于已建电站的移民，应由开发商和政府出资对其进行长期帮助，扶持其尽快恢复发展。移民群众的生活及安置区的政治、经济、文化、社会、生态和心态环境一天没有恢复到或略高于搬迁前的水平，对他们的扶持和帮助就一天也不能停止。对于拟建电站的移民，则应尝试建立移民以土地和房屋入股、按期分红的利益共享机制来确保移民群众得到可持续的公平合理的利益补偿。

5. 移民安置以外迁为主，就地后靠为辅。根据前面的分析，外迁移民虽然面临很多复杂的社会文化适应困难，但这些困难大多是可以通过调整政策和做好工作而得到解决的。而这种移民模式有利于移民群众迅速恢复生产生活的优点却是其他移民模式所不可比拟的；就地后靠移民模式虽然面临的困难比较单纯，但自然资源刚性约束导致移民群众生产生活恢复困难的弊端却是致命的，是人为努力很难改变的。因此，两相比较，还是外迁移民模式面临的问题虽然复杂但却是可以通过人为努力逐步解决的。因而是一种弊端相对较轻、较少的移民模式。应将其作为优先选择的移民模式来推行。

6. 整村搬迁、整村安置。同一民族、同一宗教文化和同一风俗习惯的人群集中安置，以减少移民群众的疏离感、失落感、被剥夺感、孤立无援感和软弱无力感。

7. 积极开展移民安置的国际合作。移民安置工作尽管比较敏感，但并不涉及国家机密，因而完全可以开展国际合作。西方国家如加拿大等国具有水电建设移民安置的成功经验，可供我国借鉴和汲取。目前，一些国外非政府组织对云南水电建设的批评意见较多，我们完全可以用“尊重差异、包容多样”的胸怀，与其开展对话乃至合作，力争吸引他们参与到如何更好地安置水电移民的建设性工作中来，化消极因素为积极因素。

（二）负责任地选择移民安置区，坚决落实土地补偿政策

根据我的调查研究，移民安置区的生产生活恢复发展缓慢，既有土地补偿政策不落实的问题，更有补偿的土地质量过低的问题。应该承认，在许多移民安置区，政府已尽很大力量落实移民的土地补偿，甚至为移民开出了水田，但终因资源的刚性约束和缺水这一关键问题无法解决，也就使移民的生产生活难以得到恢复和提高。为此我建议：

1. 对移民安置区进行综合决策。对移民安置区的选择，事关移民群众今后的前途和命运，一定要在移民群众的参与下做认真细致的调查和勘测工作，多方听取意见。综合考虑移民群众的政治、经济、文化、社会和生态等多方面的利益需求，进行民主决策、科学决策、慎重决策。特别要强调的是，一定要在有足够资源补偿和水资源短缺问题有望解决的条件下，才能最终决策。同时建立决策问责制，对决策失误者和失职、渎职者进行严肃查处。

2. 认真落实各项已有的移民政策。不折不扣地认真落实各项移民政策，包括土地和房屋补偿政策、青苗补偿政策、大牲畜补偿政策、后期扶持政策等，予以完全兑现。

3. 创新移民安置政策。凡是有利于移民可持续发展的政策，诸如移民以

土地房屋入股，持续参与电站分红的政策；由电厂出资创办移民学校，移民子女免费入学的政策等，都应该积极尝试和探索。

4. 负责任地解决遗留问题。对于已经搬迁安置，但因资源不足和水源短缺已确实无法完全落实土地补偿数量和质量的移民群众，政府应将困难实事求是地告诉群众，以取得移民群众的谅解。同时负责任地解决问题，或二次搬迁，或扶持移民群众开辟新的、更多的生计来源。

（三）保护生态环境

无论是外迁安置区还是就地后靠区，为安置移民就要开垦土地、建盖房屋，因而都要毁掉大片森林和草场，这是不可避免的。人为的努力只能是将破坏降至最低并力争早日恢复。为此就需要：

1. 以外迁安置为主，减少就地后靠安置，保持大坝库区良好的生态环境，减少库区水土流失和泥沙淤积，延长电站使用寿命。

2. 尽可能选择对生态环境破坏较小的地方作为外迁安置区，扶持移民发展绿色产业，资助移民种树种草，改善和建设生态环境。

3. 在移民安置区大力推广沼气建设并实施沼气入户工程。采取政府全额投资、群众投劳的方法为每一个农户建设一口沼气池，以逐步减少并最终替代群众生活能源对木材的需求，从而有效地保护生态环境。

（四）认真解决水源问题

无论是外迁安置还是就地后靠安置，几乎所有的移民安置区都面临着水源短缺或水源距离村寨路途十分遥远的问题。之所以如此的道理也很简单，在人口众多的中国和人地关系十分紧张的云南，凡是水草丰美的地方均已被我们的老祖宗所开发，留给移民群体可选择的生存空间无论如何也不可能比他们的老家更好，甚至就连水源可以基本满足需要的地方也很难找到。因此，水源短缺将是所有移民安置区面临的共同问题，也是非常棘手难以解决的问题。初步设想，可行的办法有以下几点：

1. 扩大移民安置空间。政府加大协调工作力度，在跨州（市）甚至跨省区的更大的空间范围内，为移民选择适宜的生存和居住地点，同时还要兼顾民族文化的保护。

2. 建设水窖。采取由政府全额投资、群众投劳的办法，为每一个移民家庭修建一个水窖（大、中、小根据各地的降雨量确定），尽可能收集天然降雨用于生产生活。

3. 实施有保障的远距离调水。在科学勘测水源水量的前提下，由政府投资下决心实施远距离调水，采取钢管深埋的方式，确保水源不被中途拦截。

4. 节约用水。扶持和指导移民群众发展节水农业，建立节水型生活方式。

（五）保护民族文化

1. 认真贯彻落实党和国家的民族政策和宗教政策，将同一民族、同一种宗教的信众集中安置在一起，将少数民族移民群众信仰的宗教寺庙的建设纳入移民村寨建设规划，由政府拨款、严格按照宗教仪轨进行设计和建设。使信教的少数民族移民群众一搬到新居，就能过上正常的宗教生活。同时，按照宗教仪轨的要求，恢复各种宗教活动，并依法进行管理，引导宗教与社会主义相适应。引导信教群众积极发展生产、改善生活。

2. 认真贯彻落实党和国家的民族政策，尊重少数民族移民群众的风俗习惯。将同一民族、同一习俗的人群集中安置在一起，保证各种民族特需商品的供应。在移民新居的规划、设计和建设中，建筑材料和内部装饰应尽可能现代化，但外观式样则应尽可能保留民族传统风格。同时，为每一个移民村寨建设一个民族文化广场和民族文化活动室，为恢复和开展民族文化活动提供基本条件。最初几年由政府拨款，资助移民安置区的各民族恢复自己的各种节日活动、传统体育活动和歌舞娱乐活动。待各种民族文化活动全面恢复正常后，政府退出由民间自己组织。为使外迁移民能够尽快安心地融入新的环境，应由政府资助其将祖坟也同时搬迁和安置到新的居住区。这样既体现了党和政府对少数民族移民群众的人文关怀，也有利于少数民族移民群众安心于新环境的生活，彻底放弃再搬回老家的念头。

3. 认真贯彻落实党和国家尊重和发展少数民族语言文字和大力发展民族教育的政策，在每一个少数民族移民村寨建立一所寄宿制民族小学。在集中连片的少数民族移民聚居区建立寄宿制民族中学。在民族中小学中实行民汉双语文教学，组织力量编撰民族文化乡土教材，并将其纳入学校的正式课程。同时，对移民学生实施免费教育。

（六）开展多种培训工作

鉴于要把移民群众的生活及安置区的政治、经济、文化、社会、生态和心态环境恢复到或略高于搬迁前的水平，是一项长期、复杂、艰巨的系统工程。因此，对与移民安置有关的各种人群，开展多种内容、多种形式的培训，就是一项必须长期坚持的工作。初步设想，至少应开展以下培训工作。

1. 对水电开发商、移民工作的决策者、移民管理机构的工作人员，进行参与式决策方法和农村发展理论、发展方法的专业培训；开展马克思主义民族宗教理论、党和国家的民族宗教政策和民族学、人类学、宗教学、社会学基本知识的培训；组织管理人员和移民代表外出参观考察学习等。

2. 对移民安置区周围的非移民村寨的居民、管理移民安置区的相关单位和部门领导，开展移民政策及相关的法律法规、马克思主义民族宗教理论、党和国家的民族宗教政策和民族学、人类学、宗教学、社会学基本知识的教育和培训。

3. 对移民群众开展多方面培训。一是移民政策及相关的法律法规、参与式决策的理论和方法、马克思主义民族宗教理论、党和国家的民族宗教政策和民族学、人类学、宗教学、社会学基本知识的教育和培训。二是移民安置区的地方性知识培训，包括当地的自然环境、资源条件、地方性疾病和农作物病虫害的防治知识、房屋建盖知识、周围村寨的民族文化状况等等。三是因地制宜发展生产、改善生活的各种技术、技能培训等。

后　记

本书是我近十多年来主要集中在澜沧江流域从事民族学、人类学田野调查与研究工作的一个总结性成果。1994 年以后，我参加和主持了多项关于澜沧江流域民族文化、生态环境与可持续发展的研究项目。

1995 年，我受联合国教科文组织“世界文化发展十年”活动中的“自然资源管理的传统实践与文化背景”项目的资助，到澜沧江下游西双版纳州景洪市勐罕镇对曼远村傣族进行了两个多月时间的调查研究。撰写出版了《西双版纳傣族的稻作文化研究》一书，开始将研究视野转向文化生态学和生态人类学，并逐渐集中到澜沧江流域。

1998 年，我主持国家社科基金“云南省民族地区可持续发展研究”项目。经过课题组几年时间主要对澜沧江流域的调查研究，撰写出版了《生态文化与可持续发展》一书。

1999 年 ~2001 年，我先后参加了美国大自然保护协会和云南省政府共同合作的“滇西北保护与发展行动计划”中的“文化模块”研究项目，美国大自然保护协会资助的“梅里雪山拟建自然保护区对当地藏民的影响”等项目的研究，对澜沧江上游的迪庆、丽江、大理等州（市）的少数民族文化进行了多次田野调查。

2002 年，我受香港乐施会委托，参加“漫湾电站建设的社会影响评估”项目研究。负责对澜沧江中游受漫湾电站建设影响的三类移民社区进行深入的个案调查并撰写调研报告。

2003 ~2005 年，我参加了由尹绍亭教授主持的日本文部省资助项目“亚洲热带季风区生态环境史研究”。先后两次重返曼远村对傣族稻作文化和水文化作追踪调查。

2006 年，我受国家水利部长江水资源保护科学研究所的委托，对整个澜沧江流域综合规划中的少数民族文化保护和移民安置与发展工作进行了多点调查。

为完成上述项目而进行的多次田野调查，为我积累了有关澜沧江流域的大量的第一手个案调查资料。此外，自1998年~2007年，我作为省政协民族宗教委员会委员，每年都有机会参加省政协民族宗教委员会组织的考察活动。其中有几次就集中到澜沧江流域进行考察，从中也收集到了大量的涉及全流域的宏观资料。这种点面结合、微观调查与宏观考察相结合的脚踏实地的田野工作，为本书的撰写奠定了坚实的基础。

在长期的田野调查实践中，我逐步摸索形成了一套自认为是行之有效的调查研究方法。这一方法的具体实施可分为如下3个方面和12个步骤：

一、预研究

（一）根据学术建设、社会发展需要、自己的兴趣爱好及以往的积累，慎重决定研究选题。

（二）尽可能收集与研究选题相关的理论著作和二手资料，进行认真阅读和消化。

（三）拜访对此问题有先期研究的相关学者和熟悉情况的实际工作者，虚心向其学习和请教，以期得到点拨和指教。

（四）预考察。在正式进行田野调查之前先到与课题研究相关的区域进行范围较大的预考察。其主要目的有三：一是通过与基层干部群众座谈和自己的亲身观察，选择、确定能为研究选题提供材料和答案的田野调查点；二是通过预考察形成初步的研究假设和研究思路；三是通过预考察拟定初步的研究框架和研究提纲。

（五）选择多个田野调查点。鉴于云南各民族大杂居、小聚居的分布特点，对一些重大问题的研究必然涉及多个民族和多个区域，即便是专门研究一个民族，要获得全面的认识和把握也要涉及这个民族下面分布在不同区域的多个族群（支系），仅靠单点民族志材料已经很难说明问题。而必须依靠不同区域、不同民族、不同族群分别代表不同类型情况的多点民族志材料的支撑，才能获得全面而正确的认识。因此，预考察应在较大区域范围内选择和